불안과 괴로움

인문정신의 탐구 26

불안과 괴로움

하이데거, 니체, 그리고 초기 불교의 4성제

권순홍 지음

도서출판 길

지은이 **권순홍**(權純烘, 1960~)은 충남 천안에서 태어나 연세대 철학과를 졸업했다. 같은 대학교 대학원에서 하이데거에 관한 연구로 석사학위(1987)와 박사학위(1997)를 받았다. 현재 군산대 역사철학부 철학전공 교수로 있으며, 2012년 『유식불교의 거울로 본 하이데거』로 제4회 대한철학회 운제철학상을 수상했다.
논문으로 「실유 대 실존: 토마스의 실유의 형이상학과 하이데거의 실존론적 존재론」, 「하이데거와 타인의 문제」, 「현대 기술과 도시적인 삶의 일상성: 영화 '중경삼림'이 보내는 두 가지 철학적 메시지」 등이 있으며, 저서로는 『유식불교의 거울로 본 하이데거』(도서출판 길, 2008) 등이 있다. 역서로는 『헤게모니와 혁명: 그람시의 정치이론과 문화이론』(월터 L. 아담스, 학민사, 1986), 『서양철학사』(윌리엄 사하키안, 문예출판사, 1989), 『사유란 무엇인가』(마르틴 하이데거, 도서출판 길, 2005), 『HOW TO READ 하이데거』(마크 A. 래톨, 웅진지식하우스, 2008), 『사회적 존재의 존재론 1』(게오르그 루카치, 아카넷, 2016) 등이 있다.

인문정신의 탐구 26

불안과 괴로움 하이데거, 니체, 그리고 초기 불교의 4성제

2022년 4월 30일 제1판 제1쇄 발행

2023년 9월 20일 제1판 제2쇄 인쇄
2023년 9월 30일 제1판 제2쇄 발행

지은이 | 권순홍
펴낸이 | 박우정

기획 · 편집 | 이승우
전산 | 한향림

펴낸곳 | 도서출판 길
주소 | 06032 서울 강남구 도산대로 25길 16 우리빌딩 201호
전화 | 02) 595-3153 팩스 | 02) 595-3165
등록 | 1997년 6월 17일 제113호

ⓒ 권순홍, 2022. Printed in Seoul, Korea

ISBN 978-89-6445-257-8 93100

머리말

『유식불교의 거울로 본 하이데거』(도서출판 길, 2008)의 끄트머리에 다음 글을 예고하는 물음이 나온다. "정녕 하이데거에게도 차이화(差異化)의 사건은 괴로움이 아닌가? 죽음의 가능성으로 선구(先驅)할 때마다 피어오르는 불안의 안개를 차이화의 사건이 과연 말끔히 제거할 수 있겠는가?" 마르틴 하이데거(Martin Heidegger)가 볼 때, 목적지가 없는 실존의 길에서 지루하고 고단한 현존재의 발걸음을 위로할 수 있는 것은 걸어갈 때마다 횡적 차이화의 방식으로 매번 달라지는 실존의 '어떻게'에 대한 풍경일 것이다. 그러나 붓다의 가르침에서 볼 때, 실존의 차이화는 현존재가 생물학적 탄생과 생물학적 죽음 사이에서 존재하면서 경험하는 무상성(無常性)의 특징일 따름이다. 불안을 거두어가기는커녕 실존의 차이화야말로 도리어 불안을 불러들이는 선천적 조건에 지나지 않는다. 불안은 괴로움이다. 탄생과 죽음 사이에서 그때마다 일어나는 무상한 실존의 차이화가 불안의 기분을 환기해 현존재에게 괴로움을 끼친다.

앞의 물음에서 예고된 글이 바로『불안과 괴로움: 하이데거, 니체, 그리고 초기 불교의 4성제』이다.『유식불교의 거울로 본 하이데거』가 근원적 시간과 아뢰야식(阿賴耶識), 비본래성(非本來性)과 변계소집성(遍計所執性), 본래성(本來性)과 의타기성(依他起性) 등을 놓고 하이데거와 유식불교(唯識佛教)를 동이점(同異點)에서 서로 비교하는 비교철학적 글이라

5

면, 『불안과 괴로움』은 그렇지 않다. 언뜻 비교철학적 글로 비치기는 하겠지만, 이 책은 프리드리히 니체(Friedrich Nietzsche)의 후기 철학, 현존재에 대한 하이데거의 실존론적 존재론, 4성제(四聖諦)의 가르침을 서로 비교하는 가운데 셋의 동이점을 밝히는 비교철학적 글이 아니다. 오히려 『불안과 괴로움』은, 있는 그대로 있는 삶의 진실을 어떠한 은폐나 위장도 없이 있는 그대로 환하게 밝히는 4성제에 비추어 힘을 향한 의지, 영원 회귀, 초인(超人) 등과 같은 니체의 후기 철학과 현존재의 실존론적 존재론을 비판적으로 조감하고 평가하는 글이다.

이 글에 뜻밖으로 니체가 동승하는 것은, 적어도 『존재와 시간』(*Sein und Zeit*)의 초기 하이데거가, 19세기의 유럽인에게 닥친 것으로 니체가 진단한 도덕적 허무주의의 역사적 공간에서 현존재의 실존을 현상학적으로 관찰하는 까닭이다. 물론, 이것만은 아니다. 어림하다시피 도덕적 허무주의의 역사적 환경에서 니체와 하이데거 모두 신의 죽음의 사건을 공유하는 만큼 철학적 대구(對句)를 이루기 마련이다. 말하자면 힘을 향한 의지와 영원 회귀에는 원인과 목적이 없고, 근원적 시간과 현존재의 실존에는 원인과 목적이 없다는 점에서 둘은 철학적 대구를 이룬다. 그러나 철학적 대구의 이면에 둘 사이의 철학적 대조가 도사린다. 가령 어떻게 살 것인가의 문제를 두고 둘이 철학적으로 대조된다. 니체가 삶을 절대화한다면, 하이데거는 죽음을 절대화한다는 점에서 그렇다. 니체가 이 글에 동승하는 것은 이렇게 둘이 철학적 대구를 이루는 한편에서 철학적 대조를 이루는 까닭이다.

전체 3부로 구성된 이 글의 맥락을 직조하는 물음은 선행 물음, 중간 물음, 최종 물음 등 셋이다. 이 글의 선행 물음에 대한 풀이에서 불안 현상의 실존론적 구성과 기능이 밝혀진다면, 중간 물음에 대한 풀이에서는 현존재의 불안과 범부(凡夫)의 괴로움이 서로 대비되는 가운데 해명된다. 그러나 어디까지나 이 글의 과녁은 삶이 삶을 놓고 마치 삶의 필연인 것처럼 스스로 제기하는 물음, 곧 삶에 관한 삶의 최종 물음이다. 이 글의 끄트

6

머리에서야 비로소 최종 물음이 표면으로 떠오르면서 밝게 풀이된다.

『유식불교의 거울로 본 하이데거』와 『불안과 괴로움』 사이에 긴 시간이 흘렀다. 이 글을 쓸 생각을 품은 것은 10여 년 전이었다. 긴 시간의 공백이 생긴 것은 글쓴이의 개인적 불행 탓이다. 이렇게 소생해 글을 쓰고 다듬어 출간하는 것으로 불행의 괴로움을 갚음하는 것은 개인적으로 뜻깊은 일로 생각된다.

이미 발표한 논문을 저본으로 삼아 이 글의 제1부와 제2부를 작성했다. 한국연구재단의 우수논문지원사업에 선정된 「불안의 실존론적 구성과 비본래성의 가능성」(과제번호 2015S1A5A2A020476/『철학논총』, 제78집, 새한철학회, 2014), 2011년도 군산대 연구교수 연구비 지원을 받은 「현존재의 실존과 불안의 두 얼굴: 잠복한 불안」(『철학논총』, 제76집, 새한철학회, 2014), 「현존재의 실존과 불안의 두 얼굴: 근원적 불안」(『현대유럽철학연구』, 제51집, 한국현대유럽철학회, 2018), 2018년도 군산대 연구교수 연구비 지원을 받은 「현존재의 근원적 불안과 선구하는 결단성」(『범한철학』, 제99집, 범한철학회, 2020), 「무상과 괴로움」(『불교학보』, 제55집, 동국대 불교문화연구원, 2010) 등이 제1부와 제2부의 저본이다.

물론, 이 글의 구성과 일관된 문맥에 어그러지지 않도록 앞의 저본을 첨삭의 방식으로 거듭 다듬고 조탁했다. 두 번에 걸쳐 군산대 연구교수 연구비 지원을 받은 것은 이 글을 출간하는 데에 가장 큰 힘이 되었다. 전(前) 교무처장 고승기 교수님, 전 교무처장 이성수 교수님, 전 인문대학장 이혜자 교수님께 큰 감사를 드리며, 군산대의 무궁한 발전을 기원한다. 생명의 위기에서 소생할 수 있는 기회를 마련해준 허리나은병원 이재학 원장님께 고마움을 전한다.

2022년 3월
권순홍

■ 차례

제1부

※

현존재의 실존론적 불안과 두 얼굴

현존재의 실존론적 존재론에서 불안이 실존의 본래성과 한 조를 이룬다는 것은 잘 알려진 사실이다. 흔히들 불안을 거론하면 본래성을 떠올리곤 하고, 본래성을 거론하면 불안을 떠올리곤 한다. 그것은 불안이 세인(世人)의 공공적 세계에서 현존재를 개별화하면서 그의 고유한 존재에 직면하도록 하는 까닭이다. 그러나 불안 현상을 현존재의 특출한 개시성(開示性, Erschlossenheit)으로 다루는 『존재와 시간』 제40절에서 이러한 통념이 깨진다. "현존재가 그에게 속하는 개시성 일반을 통해 본디부터 존재론적으로 자기 자신 앞으로 옮겨오는 한에서, 그가 자기 자신 **앞에서 도피할 수** 있다."[1] 이 말부터 불안에 대한 통념을 무색하게 만든다. 사실, 현존재를 자기 자신에 직면하도록 그의 고유한 존재 앞으로 데려가는 특출한 개시성은 불안이다. 주의해야 할 것은 불안의 개시성에서 자기 자신에 직면할 때에나 도리어 현존재가 자기 자신 앞에서 세인의

---

[1] Martin Heidegger, *Sein und Zeit*, Tübingen: Max Niemeyer Verlag, 1972, p. 184(앞으로 본문 안에서 'SZ'로 약기한다).

일상적 공공성으로 도피할 수 있다는 점이다. 현존재를 세인의 일상적 공공성에서 구출해 본래성의 가능성으로 건너가도록 인도하는 것이 바로 불안이라는 것이 불안에 대한 통념이다. 그럼에도 이러한 통념과 달리, 오히려 불안이 현존재를 비본래성의 가능성으로까지 유인하는 것으로 볼 수밖에 없는 것은 현존재가 불안의 기분에 처할 때에나 비로소 자기 자신 앞에서 일상적 공공성으로 퇴락하기 때문이다.

현존재 앞에 본래성의 가능성을 제시하는 것으로 널리 알려진 불안이 어떻게 비본래성의 가능성마저 제시하는지를 오해의 여지없이 환히 밝히는 것이 제1부의 주요한 문젯거리이다. 통념에 어그러지는 불안의 실상을 온전히 드러내려면, 우선 불안의 실존론적 구성과 기능을 밝혀야 한다. 불안 현상을 구성하는 세 가지 구조계기 가운데 무엇보다도 불안해함의 구조계기를 주시해야 한다. 본래성의 출발선 앞에 서도록 현존재를 섬뜩하고 안절부절못하는 불안의 기분으로 위협하는 것이 이 구조계기의 실존론적 기능이기에 그렇다. 어림짐작하다시피 불안의 위협에 대한 현존재의 반응은 둘로 대별된다. 위협을 따르든가 그 반대로 위협에서 도주하든가 둘 가운데 하나로 현존재는 불안의 위협에 반응하기 마련이다. 불안의 위협에서 도피할 때 현존재가 비본래성의 가능성으로 넘어간다면, 불안의 위협에 순종하면서 본래성의 출발선 앞에 설 때 현존재는 본래성의 가능성을 장악하게 된다. 현존재를 비본래성의 가능성에 빠뜨릴 만큼 저강도의 위협을 수평적으로 행사하는 불안이 잠복한 불안이다. 반면에 본래성의 가능성을 장악하도록 현존재에게 고강도의 위협을 수직적으로 발휘하는 불안이 근원적 불안이다.

물론, 잠복한 불안과 근원적 불안을 별개의 불안으로 쪼개진 것처럼 보아서는 안 된다. 별개의 불안이라면 두 불안이 현존재를 동시에 조율할 수도 있기 때문이다. 현존재가 두 불안이 가하는 위협의 동시성에서 본래성과 비본래성으로 갈린다는 것은 있을 수 없는 일이다. 그렇기에 두 불안은 별개의 불안이 아니고 같은 불안이어야 한다. 같은 불안이되,

다만 그때마다 얼굴의 표정이 다를 뿐이다. 앞으로 불안이 과연 어떻게 본래성의 가능성과 비본래성의 가능성을 모두 현존재에게 제시하는가를 길잡이로 삼아 불안 현상 일반의 실존론적 구성과 기능을 풀이하는 한편, 잠복한 불안의 얼굴과 근원적 불안의 얼굴이 제각기 어떤 표정을 짓는지를 밝힐 것이다.

사실, 불안 현상에 대한 하이데거의 실존론적 분석론을 다루는 이 글의 제1부를 인도하는 물음은, 언뜻 말한 것처럼, '어떻게 불안이 현존재에게 본래성의 가능성과 비본래성의 가능성을 모두 제시하는가?'이다. 이 물음의 궁금증은 제1부에서 가실 것이다. 그럼에도 그 뒷맛이 개운하지는 않을 것이다. 불안에 대한 실존론적 분석론을 깊숙이 살펴보면, 여전히 켕기는 것이 남았기 때문이다. 말하자면 불안은 세인의 공공적 세계에서 언제 어디에서나 현존재를 섬뜩하고 안절부절못하는 기분으로 괴롭힌다. 현존재에게 불안은 그저 괴로움일 따름이다. 잠복한 불안이 비본래적 현존재를 저강도로 은근히 괴롭힌다면, 근원적 불안은 본래적 현존재를 고강도로 공공연히 괴롭힌다. 실로 현존재의 실존 양태가 본래성과 비본래성으로 양분되는 한, 현존재는 세인의 공공적 세계에서 어떤 양태로 실존하든지 간에 불안의 기분으로 항상 괴롭기 마련이다. 어떻게 존재하든지 간에, 세인의 공공적 세계에서 불안의 괴로움을 떨칠 수도 없고 피할 곳을 찾을 수도 없다는 것이 마음에 켕긴다.

그런 만큼 '어떻게 불안이 현존재에게 본래성의 가능성과 비본래성의 가능성을 제시하는가?'라는 물음이 해결되었다고 해서 불안을 둘러싼 안개가 다 걷히는 것은 아니다. 오히려 물음이 꼬리를 문다. 통념과는 달리, '왜 불안이 현존재에게 본래성의 가능성과 비본래성의 가능성을 모두 제시하는가?'가 의혹의 대상이다. 무해한 물음처럼 보이지만 불안이 괴로움임을 헤아려야 한다. 그렇다면 '왜 현존재가, 본래성과 비본래성 등 어떠한 실존 양태로 존재하든지 간에 존재하는 내내 불안의 괴로움을 겪을 수밖에 없는가?'가 의혹의 본모습이다. '어떻게'의 물음이

15

제1부의 논의를 끌어가는 물음이라면, '왜'의 물음은 이 글의 제2부와 제3부를 끌어가는 물음이다. 무엇보다 '왜'의 물음은 불안 현상에 대한 하이데거의 실존론적 분석론을 다루는 제1부의 논의와 4성제 가운데 고성제(苦聖諦)를 다루는 제2부의 논의를 매개하는 오작교나 다름없다. 만약 '왜'의 물음이 성립하지 않는다면, 제1부와 제2부는 잠은(潛隱)한 상호연관성을 잃고 별개의 논의로 따로 놀기 십상이다. 제1부와 제2부가 제3부에서 합류하는 것은 다 '왜'의 물음의 매개 덕분이다.

　이뿐만이 아니다. '왜'의 물음이 없다면, 하이데거의 실존론적 불안 담론을 4성제에 견주면서 비판적으로 조감하고 풀이하고 평가하는 제3부의 논의가 애초에 불발할 것이다. 설령 제3부의 논의가 펼쳐진다 하더라도, 논의의 정당성이 심하게 흔들릴 것이다. 역시 그렇지 않은 것은 '왜'의 물음이 논의의 길잡이가 된 덕분이다. 불안 현상에 대한 실존론적 분석론을, 다시 말해 하이데거가 불안의 유정성(有情性)과 죽음으로의 기투(企投)를 씨줄과 날줄로 삼아 짠 현존재의 실존론적 존재론을 4성제의 유기적 맥락에 옮겨놓고 치우침 없이 공정하게 평가하는 데에도 '왜'의 물음에 대한 해명이 크게 기여한다. 현존재에 대한 하이데거의 실존론적 존재론이 자리한 역사적 좌표에서 후기 니체와 초기 하이데거 사이의 철학적 친화성을 밝히는 데에도, 또한 니체의 후기 철학을 균형적으로 평가하는 데에도 '왜'의 물음이 간접적으로 기여한다. 이렇게 '왜'의 물음은 제1부와 제2부를 매개하는 한편, 제3부의 논의를 이끌어가는 길잡이 구실을 한다. 넓게 말해 '왜'의 물음은 현존재와 범부, 현존재의 실존론적 존재론과 4성제, 불안과 괴로움 사이에서 낯섦, 생소함, 소원함 등을 덜어내고 둘을 매개하는 가운데 현존재의 실존론적 존재론의 문제점을 드러내는 데에 주춧돌 역할을 한다.

　그러나 '왜'의 물음의 근본 의미는 따로 있다. 꼬리에 꼬리를 물고 물음이 연발하는 것이 물음의 미덕이기는 하지만 무한퇴행에 빠져서는 안 된다. 더는 물음을 야기하지 않을 최종 물음을 캐내는 데에 기여할 때에나 꼬리를 물고 연발하는 물음이 성가시지 않고 반가운 법이다. 물론, 최종 물음에 답이 없다면 물음의 연발은 끝나지 않고 무한히 퇴행할 것이다. 그 경우 물음의 연발은 그럴듯한 사이비 물음의 진열에 지나지 않는다. 무릇 최종 물음이라면, 앞선 모든 물음을 해소할 답이 있어야 한다. '왜'의 물음은 이 글에서 좀처럼 모습을 드러내지 않던 삶에 관한 삶의 최종 물음을 고스란히 들추어낸다. 바로 여기에 '왜'의 물음이 이 글에서 차지하는 근본 의미가 있다.

삶과 관련된 최종 물음과 답이 무엇인지는 이 글의 끄트머리에서 밝혀질 것이다. 그 물음이 최종적인 것은, 그것이 사람마다 다른 마음의 청탁(淸濁)이나 감수성 여하를 떠나 누구라도 삶을 살아가면서 한 번쯤 묻지 않을 수 없는, 설령 묻지 않는다 해도 태어날 때부터 르네 데카르트(René Descartes)의 본유관념처럼 마음에 내장된 그러한 물음이기 때문이다. 삶에 대한 최종 물음이야말로 이 글의 숨은 배경인 한편, 이 물음에 답하는 것이 이 글의 최종 목적이다. 그 물음의 최종성을 헤아릴 때, '어떻게'의 물음은 이 글의 선행 물음이고 '왜'의 물음은 중간 물음이다. 사실, '어떻게'의 물음이 제1부의 논의를 이끌고 '왜'의 물음이 제2부의 논의를 이끈다는 점에서, 게다가 '왜'의 물음이 제1부와 제2부를 매개하면서 제3부의 논의를 견인한다는 점에서 두 물음을 각각 이 글의 선행 물음과 중간 물음으로 보아야 할 것이다.

제1장

──

불안의 실존론적 구성과 두 얼굴

하이데거는 불안이 현존재에게 본래성의 가능성과 비본래성의 가능성 등 두 가능성을 함께 제시한다고 말한다. 불안이 주변 세계의 적소(適所) 전체성을 무너뜨림으로써 현존재를 개별화한다는 점에서 현존재에게 본래성의 가능성을 제시하는 것은 문제되지 않는다. 그러나 현존재에게 불안이 비본래성의 가능성마저 제공한다는 것은 불안의 개별화에 어긋나는 것처럼 보인다. 여기에서는 불안의 실존론적 구성과 그 기능을 풀이하되, 불안이 본래성의 가능성 이외에 비본래성의 가능성마저 어떻게 현존재에게 제시하는지를 밝히고자 한다.

불안이 어떻게 비본래성의 가능성을 제시하는지를 밝게 드러내기 위해서는 먼저 불안의 구조계기와 실존론적 기능을 살펴야 한다. 불안은 그것 앞에서 그것 때문에 불안해한다. 요컨대, 불안은 불안거리, 불안의 까닭 및 불안해함 등 세 가지 구조계기로 구성된다. 세계의 열린 공간으로 피투된 현존재의 현사실적 존재가 불안거리이다. 불안거리는 불안의 기분을 현-존재에서 가능하게 하는 선천적 조건이다. 불안의 까닭은 홀로 개별화되는 현존재의 본래적 존재가능의 가능성에 있다. 현존재 앞에 본래적 실존의 출발선을 긋는 것이 바로 불안의 까닭이다. 불안해함은 현존재가 불안의 실존론적 유정성을 어떻게 실존적으로 경험하는가를 말한다. 현존재는 섬뜩함이나 안절부절못함의 기분에서 불안의 유정성을 실존적으로 경험한다. 주목해야 할 것은 불안이 섬뜩하고 안절부절못하는 기분으로써 현존재를 본래적 실존의 출발선 앞에 서도록 위협한다는 점이다. 불안의 위협에 순종할 때, 현존재는 본래성의 가능성을 장악한다. 그러나 불안의 위협 앞에서 도피할 때, 현존재는 비본래성의 가능성으로 새고 만다. 현존재가 비본래성의 가능성에 봉착하는 것은 바로 불안의 섬뜩한 기분 앞에서, 곧 불안의 위협 앞에서 세인의 일상적 공공성으로 도피할 때이다. 불안이 본래성의 가능성 이외에 비본래성의 가능성마저 현존재에 제시하는 것은 바로 이러한 맥락에서이다.

한편, 불안은 현존재의 근본 유정성답게 가장 폭넓고 가장 근원적인 개시성으로 활약한다. 이를테면 불안의 근본 유정성에서 본래성과 비본래성 등 두 가능성이 함께 개시된다는 말이다. 실로 불안의 개시성이 가장 폭넓은 것은 불안의 유정성이 현존재의 존재를 그 두 가능성에서 개시하기 때문이다. 불안의 개시성이 가장 근원적인 것은 불안의 유정성이 현존재를 고유한 자기로 개별화하는 가운데 그의 존재를 본래성의 가능성에서 개시하되, 피투된 본래적 세계-내-존재-가능으로 개시하기 때문이다. 피투성, 기투 및 퇴락성 사이의 구조 통일성에서 현존재의 존재를 염려로 규정할 수 있는 것은 다름 아니라 가장 폭넓고 가장 근원적인 불안의 개시성에서이다.

1. 난맥에 빠진 불안의 현상학

하이데거는 『존재와 시간』 제40절에서 불안 현상을 구조계기 전체에 걸쳐 해명한다. 제35절에서 제38절까지 현존재의 일상적 실존과 퇴락

(Verfallen)의 현상을 섬세하게 설명한 다음, 곧바로 현존재의 존재를 그 구조 통일성에서 염려로 밝히지는 않는다. 그 대신에 먼저 불안 현상을 적극적으로 해명한다. 여기에는 그럴 만한 까닭이 있다. 그 까닭이 무엇인지는 "현존재의 일상성의 이 구조 전체를 그 전체성에서 파악하는 데에 성공할 수 있을까?"(SZ, p. 181)라는 물음에 대한 답에서 찾을 수 있다. 일상성에서 현-존재 또는 세계-내-존재의 구조 전체를 파악하는 데에 실패하지 않기 위해서는 우선 거기에 합당한 개시성을 마련해야 한다. 짐작하다시피 그 개시성이 불안의 유정성[1]이다. 불안의 유정성에서 현-존재의 일상적 구조 전체가 개시되는 한, 거기에서 파악할 때에나 성공할 수 있다는 것이 그 답이다. 그렇기에 불안 현상을 밝히 풀이해야 하기는 하지만, 그 전에 먼저 앞의 질문부터 살펴야 한다. 질문에서 그냥 지나쳐서는 안 될 것은 '일상성'과 현존재의 존재의 '구조 전체'이다.

일단 현-존재의 구조를 전체성에서 해명하고자 할 때, 왜 일상성에서 현존재를 관찰해야 하는지를 톺아보아야 한다. 소극적으로 답하면, "……현존재의 존재가 인간의 어떤 이념에서 연역되어서는 안 되기"(SZ, p. 182) 때문이다. 가령 실체적 영혼처럼 형이상학적 사변에서 창작된 모호한 인간의 이념에 준해 현존재가 어떻게 세계의 열린 공간에서 존재하는지를 규정해서는 안 된다. 그 이념이 창작된 이념인 한, 현존재의 존재를 전체성에서 드러내기는커녕 형이상학적으로 일그러뜨리기 십상이기 때문이다. 그러나 일상성(Alltäglichkeit)은 말 그대로 "현존재가

---

1 'Befindlichkeit'의 번역어로 '정상성', '심정성', '정황성', '처해 있음' 등이 쓰인다. 다소 낯설지만 '유정성'(有情性)은 'Befindlichkeit'를 우리말로 옮긴 번역어이다. 'Befindlichkeit'는 재귀동사 'befinden'에서 나온 추상명사이다. 재귀동사 'befinden'은 '현존재가 거기에서 존재하되, 어떤 기분에 젖어 존재한다'라는 것을 의미한다는 점에서 이의적이다. 'Befindlichkeit'를 유정성으로 옮긴 것은 이러한 이의성을 살리기 위해서이다. '유정하다'가 우리말로는 형용사이지만, 실존론적 문맥에서는 '어떤 기분에 젖은 채(情) 존재한다(有)'라는 의미에서 동사적으로 읽어야 할 것이다. 유정성의 이의성에 대해서는 마크 A. 래톨, 권순홍 옮김, 『How to Read 하이데거』, 웅진지식하우스, 2008, 218쪽 참조.

》매일《을 보내면서 실존하는 **바로 그 양태**"(SZ, p. 370) 또는 "》한평생《 현존재를 두루 지배하는 실존의 특정한 **어떻게**(ein bestimmtes *Wie*)"(SZ, p. 370)이다. 그런 만큼 현존재를 관찰할 때에는 일상성에서 현상학적으로 관찰하는 수밖에 없다.

이러한 맥락에서 간과해서는 안 될 것은 일상적 실존의 특정한 '어떻게'를 규정하는 자가 누구냐이다. 예상하다시피 일상적 상호공동존재 (Miteinandersein)에 관한 매뉴얼을 제정하는 자는 나도 아니고 너도 아니고 그저 누구라고 특정하게 지목할 수 없는 세인(das Man)이다. 세인이 "일상성의 》가장 실재적 주체《"(SZ, p. 128)이기에 일상적 실존에 관한 매뉴얼을 규정하는 것은 어디까지나 세인이다. 실로 "세인은 세계와 세계-내-존재에 대한 가장 친밀한 해석의 밑그림을 그림"(SZ, p. 129)으로써 현존재가 일상적 상호공동존재로 어떻게 세인의 공공적 세계 (öffentliche Welt)에서 존재할 수 있고 또 존재해야 하는지를 일상성의 주체답게 미리 규정한다. 일상적 상호공동존재의 양태에 대한 안내자 구실을 하는 매뉴얼이 다름 아니라 세인의 공공적 피해석성(öffentliche Ausgelegtheit)이다. 말하자면 공공적 세계에서 흔히 접하곤 하는 이러저러한 세계내부적 존재자나 사건과 사고, 일거리와 흥밋거리 등을 세인이 의미화하듯이 나도 그렇게 의미화하고, 세인이 이해하듯이 나도 그렇게 이해하고, 세인이 해석하듯이 나도 그렇게 해석하고, 세인이 말하듯이 나도 그렇게 말하는 것은 내가 공공적 피해석성의 매뉴얼을 숙지한 덕분이다. 세인은 공공적 피해석성의 매뉴얼을 공공적 세계에 터를 잡은 일상적 현존재에게 거저 제공한다. 그 덕에 현존재는 일상성에서 매일을 보내면서 세인 사이에서 무료로 유포된 공공적 피해석성의 매뉴얼을, 예컨대 잡담(Gerede)을 나누는 가운데 자연스레 배우고 익힌다.

누구라도 습득해 모나지 않게 실존하도록 세인이 일상적 공공성에 관한 매뉴얼을 현존재에게 널리 배포하는 것은 그의 실존을 일상적으로 지배하고 규정하기 위해서이다. 다시 말해 그것은 세인이, 일상적 상호공동존재의 방식으로 공공적 세계에서 실존하는 모든 시민에게 "자신의 실질적인 독재"(SZ, p. 126)를 행사하기 위해서이다.[2] 안타까운 것은 그럼에도 "현존재가 상호공동존재로서 이러한 '해석되어 있음' 속에 놓여 있으며, 거기에서 성장한다"[3]라는 점이다. 한술 더 뜨면, "현존재는 우선 이러한 일상적 피해석성 속에서 성장하거니와, 그것을 결코 기피할 수가 없다"(SZ, p. 169). 세인의 일상적 공공성(alltägliche Öffentlichkeit)을 떠나 현존재의 존재를 달리 관찰할 수 없는 것은 바로 이러한 까닭에서이다. 요컨대, 현존재의 존재를 구조계기의 전체성에서 밝히기 위해서는 그가 세인의 공공적 세계에서 일상적 상호공동존재로 어떻게 실존하는지를 현상학적으로 관찰해야 한다. "현존재가 우선 세인이고 대체로 그렇게 세인으로 머무는"(SZ, p. 129) 만큼, 말하자면 현존재가 세인의 일상적 공공성으로 퇴락하자마자 익숙해진 공공적 피해석성의 매뉴얼대로 그렇게 일상적 상호공동존재의 방식에서 세인으로 존재하는 만큼, 현존재의 존재를 현상학적으로 구조 전체성에서 샅샅이 관찰할 수 있는 것은 세인의 일상적 공공성에서이다.

현존재의 존재를 일상적 공공성에서 관찰할 때, 현존재는 "**퇴락하고-개시되는, 피투되고-기투하는 세계-내-존재**"로, 그것도 "**》세계《 곁에서 존재하고 타인과 공동으로 존재하면서 가장 고유한 존재가능에 관심이 가는 세계-내-존재**"(SZ, p. 181)로 드러난다. 이 경우에 일터에서 컴퓨터 같은 세계내부적 용재자(用在者, Zuhandenes)를 동료와 함께 배려의 방식으로 취급한다거나 일하면서 동료를 고려의 방식으로 돕는다는 것

---

2 현존재가 세인의 독재 아래에서 일상적 상호공동존재로 어떻게 존재하는가에 대해서는 문동규, 「일상에서 이상으로: '이상적인 삶을 위한 이정표'」, 『철학논총』, 제60집, 새한철학회, 2010, 180~86쪽 참조.

3 마르틴 하이데거, 김재철 옮김, 『시간 개념』, 하이데거 전집, 제64권, 도서출판 길, 2013, 107쪽(앞으로 본문 안에서 '제64권'으로 약기한다). '해석되어 있음'이나 '피해석성'은 모두 'Ausgelegtheit'의 번역어이다.

이 중요한 것은 아니다. 또한 용재자에 대한 실존적 배려(配慮, Besorgen)
나 동료에 대한 실존적 고려(顧慮, Fürsorge)에서 자기 자신의 가장 고유
한 존재가능(Seinkönnen)에 대한 염려(Sorge)를 놓쳐서는 안 된다는 것
이 중요한 것도 아니다.[4] 현존재의 존재를 구조계기 전체에서 밝히는 데
에서 관건이 되는 것은 '퇴락하고-개시되는, 피투되고-기투하는 세계-
내-존재'이다. 바로 이 대목에 현존재의 존재를 구성하는 구조계기가 빠
짐없이 열거되었기 때문이다. 현존재의 존재를 구조 전체성에서 구성하
는 구조계기로는 피투성(被投性, Geworfenheit), 기투(企投, Entwurf), 퇴락
성(Verfallenheit)이 있다.

　언뜻 언급한 것처럼 불안은 현-존재의 구조 전체성을 있는 그대로 굴
절 없이 개시하는 유정성이다. 다시 말해 "현존재가 자신을 자기 자신
앞으로 데려가는 개시하기(Erschließen)의 방식"이, 그것도 "현존재 자신
이 …… 어떤 방식에서는 **단순해진 채**로 접근되도록"(SZ, p. 182) 그렇
게 현-존재의 골조를, 곧 염려의 구조 전체를 환히 드러내는 개시하기
의 방식이 바로 불안이다. 하이데거가 볼 때, 불안의 유정성이 개시성으
로서 지녀야 할 특징은 두 가지이다. 두 특징이 무엇인지는 "그것은 현존
재의 존재를 가까이 끌어와야 한다는 그 잠정적 과제의 성취를 위해 현
존재 자신에게 놓인 **가장 폭넓고 가장 근원적인** 개시 가능성들 가운데
하나를 찾아야 한다"(SZ, p. 182)라는 말[5]에서 드러난다. 현존재의 존재

4　'배려'(配慮)는 도구 등 용재자에 대한 현존재의 관계방식을 나타내는 하이데거의 고
　유한 용어이다. 배려를 사전적 의미로 이해해서는 안 된다. 배려에서 주목해야 할 것은
　'배'(配)의 의미이다. 예컨대, 부엌 같은 특정한 적소성의 공간에서 도구의 지시 맥락에
　준해 칼과 도마, 그릇 등 도구끼리 어떻게 '짝지어' '배치할 것인가'를 헤아린다는 뜻으
　로 배려의 의미를 이해해야 한다. '고려'(顧慮)는 타인에 대한 현존재의 관계방식을 나
　타내는 용어이다. 역시 사전적 의미로 이해해서는 안 된다. 역시 고려에서 주목해야 할
　것은 '고'(顧)의 의미이다. 특정한 적소성의 공간에서 용재자를 배려하는 가운데 만나는
　타인을 '돌아보면서' 타인이 자신의 고유한 자기를 염려하도록 어떻게 그를 '돌볼까'를
　헤아린다는 뜻으로 보아야 할 것이다. 물론, '배려'나 '고려'가 'Besorgen'과 'Fürsorge'
　의 철학적 의미를 다 담아내는 것은 아니다.

를 피투성, 기투, 퇴락성 등 구조계기의 전체성에서 드러낼 수 있는 불안의 유정성은 가장 폭이 넓어야 하고 가장 근원적이어야 한다는 뜻이다. 이 두 특징이 무엇을 뜻하는지는 뒤에서 밝혀질 것이다. 다만 개시 가능성 가운데 하나라고 해서 불안 말고도 가장 폭넓고 근원적인 개시 가능성이 또 있을 것으로 예단해서는 안 된다. 『존재와 시간』에서 하이데거가 그 두 특징을 지닌 개시성으로 거론하는 것은 오직 불안의 유정성밖에 없다. 불안이, 현존재의 존재의미를 시간성(Zeitlichkeit)에서 찾아나가는 현존재의 실존론적 존재론에서 "특출한 유정성"(SZ, p. 184), "근본 유정성"(SZ, p. 189)의 자리를 차지하는 것은 이러한 까닭에서이다.

사실, 세인의 일상적 공공성에서 현-존재의 구조 전체를 파악할 요량으로 현존재를 관찰하는 것까지는 아무런 문제가 없다. 문제는 불안의 현상학을 본격적으로 다루는 『존재와 시간』의 제40절이다. 막상 불안 현상에 대한 하이데거의 실존론적 분석을 따라가다가는 바로 제40절과 그 언저리에서 불안에 대한 기대나 통념에 어긋나는 뜻밖의 말을 듣게 되기 때문이다. "그러나 불안에 특출한 개시하기의 가능성이 들어 있는데, 그것은 불안이 개별화하기 때문이다. 이 개별화는 현존재를 그의 퇴락에서 도로 데려와 그에게 그의 존재의 가능성으로 본래성(Eigentlichkeit)과 비본래성(Uneigentlichkeit)을 명백하게 보여준다"(SZ, p. 191)라는 문장이나, 제41절에 나오는 문장이기는 하지만 "가장 고유한 존재가능**을 향해**, 이로써 본래성과 비본래성의 가능성을 향해 자유롭게 열려 있다는 것은 불안에서 근원적이고 기초적인 구체화로 현시된다"(SZ, p. 191)라는 문장에서 갑자기 복병을 만난 셈이다. 불안이 일상적 상호공동성의 주변 세계에서 현존재를 고유한 자기로 개별화함으로써 퇴락으로부터 되찾아오는 것까지는 불안의 근원적 개시성을 잘 보여준다는 점에서

---

5 인용문에서 '그것'은 '현존재의 실존론적 분석론'(existenziale Analytik des Daseins)을 가리킨다.

아무 문제가 없다. 그러나 퇴락에서 겨우 벗어난 현존재에게 불안이 다시 본래성의 가능성과 비본래성의 가능성을 함께 제시한다는 것은 불안의 근원적 개시성에 위배되는 것처럼 보인다. 퇴락이 비본래성으로의 퇴락이라면, 불안이 퇴락에서 벗어난 현존재 앞에 본래성의 가능성 이외에 다시 비본래성의 가능성을 마저 제시한다는 것은 어쩌면 모순인 듯 보인다.

지금 등장한 복병과 관련해 서로 엇갈리는 불안 현상에 대한 하이데거의 진술을 제40절에서 더 예증할 수도 있다. 구태여 상반되는 진술을 더 예시한다면, **"퇴락의 이반은 도리어 불안에 근거를 두고, 불안이 제 편에서 공포(恐怖)를 비로소 가능하게 한다"**(SZ, p. 186)라는 문장과 "불안은, 퇴락한 채 자신을 》세계《와 공공적 피해석성에 준해 이해할 수 있는 가능성을 그렇게 현존재에게서 빼앗는다"(SZ, p. 187)라는 문장을 들 수 있다. 불안 현상에 대한 하이데거의 실존론적 분석론이 서로 어긋나는 견해를 병치하는 바람에『존재와 시간』의 "제40절에 담긴 그의 불안의 현상학은 지극히 이해하기 어렵다"[6]라고 토로할 정도로 난해하기가 그지없다는 것은 사실이다. 제40절을 읽다가 불안 현상에 대한 하이데거의 현상학적 관찰과 그 기술에서 정리가 덜 된 내용이 있는 듯한 인상을 받는다고 해서 이상할 것까지 없을 정도이다. 그럼에도 위안이 되는 것이 있다. 애초부터 현-존재 또는 세계-내-존재의 전체적 구조계기에 퇴락성이 포함된다는 점이, 그렇기에 불안의 유정성에서 의당 퇴락성이 개시되어야 마땅하다는 점이 혼란과 당혹의 미궁에서 벗어날 실마리가 된다는 말이다.

이제 불안 현상에 대한 현상학적 관찰에 짙게 낀 안개를 제거하기 위

---

6 William D. Blattner, "The Concept of Death in *Being and Time*", *Heidegger Reexamined. Dasein, Authenticity, and Death*, ed. H. Dreyfus, M. A. Wrathall, New York: Routledge, 2002, p. 318.

해서라도 직접 안개 속으로 용감하게 걸어 들어가야 할 것이다. 불안이 현존재를 고유한 자기로 개별화함으로써 퇴락에서 그를 구출할 만큼 대단한 위력을 가진 유정성임은 분명하다. 그럼에도 불안은 현존재를 퇴락의 소용돌이에서 구출한다 하더라도 현존재에게 다시 비본래성의 가능성마저 제공한다. 과연 그 내막은 무엇인가? 어떻게 그럴 수 있을까? 혹시라도 불안이 현존재의 실존에서 서로 엇갈리는 두 얼굴을 짓지나 않는가? 이러한 물음을 염두에 두고 불안이라는 "이 현상을 그 근본적인 실존론적-존재론적 구성과 기능에서 해석하고자 하는 시도"(SZ, p. 190)가 바로 제1장이다. 여기에서는 우선 불안 현상이 어떠한 구조계기로 어떻게 구조화되는지를 밝히고자 한다. 이렇게 불안 현상을 실존론적 구조계기에서 낱낱이 밝히는 한편, 그 계기들의 실존론적 기능을 마저 해명하고자 한다. 구조계기에 준해 불안 현상을 환히 밝히고 또 현존재의 실존에서 불안의 구조계기가 제각기 어떤 실존론적 기능을 맡는지를 아울러 밝힐 때나 비로소 제기된 물음에 답할 수 있기 때문이다.

2. 불안거리와 실존론적 기능

불안의 실존론적 구조는 세 가지 구성적 계기로 짜인다. 불안이 불안해할 거리(Wovor der Angst), 불안이 불안해하는 까닭(Worum der Angst), 그리고 불안해함(Sichängsten)이 바로 불안 현상을 구조화한다. 뭉뚱그리면 불안은 그것 앞에서 그것 때문에 불안해한다. 이 셋 가운데 불안이 그것 앞에서 불안해한다는 것은 불안이 불안해할 거리, 곧 불안거리를 나타낸다.[7] 공포의 기분이 공포거리를 앞에 둔 것처럼 불안도 불안거리를

---

7 불안은 그것 앞에서 불안해한다. 흔히들 불안의 '그것 앞에서'를 '불안의 대상'으로 옮긴다. 이해가 그렇듯이, 불안은 인식작용이 아니다. 불안이 유정성으로서 개시성에 속한다

앞에 둔다. 쉽게 말해 공포거리나 불안거리가 없이는 공포의 기분이나 불안의 기분이 발생할 수 없다. 공포 현상과 불안 현상이 세 가지 구조계기에서 구조적으로 서로 유사하기도 하고 또 두 기분을 경험해보아도 똑부러지게 분간하기도 쉽지는 않지만, 그 두 현상은 결코 동일한 기분이 아니다. 우선 공포거리와 불안거리부터 서로 천양지차를 보인다. 공포거리는 "용재자, 전재자(前在者, Vorhandenen) 또는 공동현존재(Mitdasein)의 존재양태를 띤, 세계내부적으로 만나게 되는 것"(SZ, p. 140) 등이다. 예컨대, 부엌이라는 적소에서 식재료를 다듬는 용도로 쓰이는 부엌칼 같은 용재자나 산길에 널린 돌멩이 같은 전재자, 한마디로 도구나 사물 등 세계내부적 존재자와 공동현존재의 타인이 공포거리이다. 공포거리는 세계내부적 존재자답게 특정한 방역(方域)에서, 이를테면 특정한 적소성(適所性, Bewandtnis)의 맥락에서 서서히 다가온다. 그것도 유해성을 띤 채로 현존재에게 다가온다.

불안거리는 그렇지 않다. 우선 "불안거리는 세계내부적 존재자(inner-weltliches Seiendes)가 아니다"(SZ, p. 186). 용재자와 같은 세계내부적 존재자가 아닌 만큼, 그것은 특정한 용재자를 용도성에서 규정하는 적소성과는 아무런 상관도 없다. 사정은 오히려 정반대이다. 공포에서와는 달리, 불안에서는 아예 적소성이 맥을 못 춘다. 눈여겨보아야 할 것은 불안의 기분에서 "그것이 모조리 붕괴하기" 때문에[8] "세계내부에서 용재하고 전재하는 것 가운데 어떠한 것도 불안이 불안해할 거리로

는 점에서 '불안의 대상'이라는 표현은 좀 어색하다. 게다가 "…… 인식작용의 개시 가능성은 …… 기분의 근원적 개시하기에 비해 그 범위가 너무 좁게 미친다"(SZ, p. 134)라는 말에서 알 수 있는 것처럼 인식작용은 유정성의 개시성에 미치지 못한다. 하물며 유정성 가운데 근본 유정성인 불안의 근원적 개시성을 인식작용에 비할 수는 없다. 이러한 이유에서 불안의 '그것 앞에서'를 인식작용을 연상시키는 '불안의 대상'으로 옮기지 않고 '불안거리'로 옮긴다. '불안거리'의 번역어에 대해서는 마르틴 하이데거, 소광희 옮김, 『존재와 시간』, 경문사, 1995, 360쪽 참조.
8 인용문에서 '그것'은 '적소 전체성'을 가리킨다.

기능하지 않는다"(SZ, p. 186)라는 점이다. 불안거리가 세계내부적 존재자 가운데 있을 수 없는 것은, 가령 날카로운 부엌칼처럼 부엌이라는 특정한 적소에서 특정한 용도성을 갖는 특정한 용재자가 불안거리가 될 수 없는 것은, 이렇게 불안의 기분에서 주변 세계의 적소 전체성(Bewandtnisganzheit)이 모조리 와해하는 까닭이다. 불안에서 적소성의 맥락이 해체됨으로써 용재자는 졸지에 벌거벗은 채로 덩그러니 놓인다. 예컨대, 여러모로 쓸모가 많던 컴퓨터가 이제는 컴퓨터가 아니다. 컴퓨터는 그 도구적 용도성을 제공하던 적소성이 무너지면서 한낱 전재자인 양 벌거벗은 채로 외따로 있게 된다. 그렇다고 해서 컴퓨터가 이론적 관찰 대상이 되는 것도 아니고, 되도록 멀리서 바라보아야 할 객관적 관찰 대상이 되는 것도 아니다. 아예 컴퓨터는 불안의 눈에 뜨이지 않는 만큼 있어도 그만이고 없어도 그만이다. 그것은 적소성의 맥락이 와해함으로써 컴퓨터, 책상, 의자, 책, 스마트폰 등과 같은 "세계내부적 존재자가 그 자신에서 그렇게 철저히 중요하지 않게 된"(SZ, p. 187) 까닭이다. 한때 작동하지 않은 탓에 이러저러한 근심거리가 되었던 컴퓨터가 작동해도 그만이고 작동하지 않아도 그만이다. 그것은 불안의 눈에 뜨이지 않는 만큼 더는 근심거리나 걱정거리가 되지 않는다. 하물며 그것이 불안거리가 될 리는 만무하다.

이렇게 세계내부적 존재자는 적소 전체성의 맥락이 세계에서 붕괴하면서 불안거리가 되지 않는다. 적소성의 붕괴와 함께 아예 불안의 눈에는 세계내부적 존재자가 보이지 않는다. 도구적 쓸모조차 잃은, 눈에 뜨이지도 않는 세계내부적 존재자를 앞에 두고 불안해할 현존재는 아무도 없다. 한편, 특정한 적소성의 맥락에 놓인 공포거리에서는 가까이 다가오는 특정한 방역 또는 방향이 중요하지만 불안거리는 그렇지 않다. 그것도 역시 불안에서 적소 전체성의 맥락이 허물어진 탓이다. "위협적인 것으로 적소성을 가질 수 있는 이러저러한 것을 불안에서 만나지 않는다. 따라서 역시 불안은 위협적인 것이 가까이 다가오는 특정한 》여기《와 》저기《를 》보지《 못한다"(SZ, p. 186). 이 말에서 알 수 있는 것처럼 번득이는 칼을 들고 특정한 방향에서 서서히 다가오는 어두운 그림자를 보고 느끼는 기분은 불안이 아니다. 그것은 단지 공포일 따름이다.

이제 불안거리와 관련해 새겨두어야 할 것은 "불안거리에서는 》그것이 아무것도 아니고 아무 데에도 없다《는 것이 드러난다"(SZ, p. 186)라는 점이다. 주변 세계의 열린 공간 어디를 둘러보아도 고려의 방식으로 교류하고 배려의 방식으로 관리해야 할 타인의 공동현존재와 세계내부적 존재자가 불안의 눈에 보이지 않는다. 타인과 세계내부적 존재자가 있어도 그만이고 없어도 그만인 것처럼, 마치 '무'(無)인 것처럼 불안의 눈에 들어오지 않는다는 점에서 불안거리는 세계내부적 존재자 가운데 어떤 존재자에서도 발견될 수 없고 또 세계의 열린 공간 어디에서도 발견될 수 없다. 이렇게 세계 어디를 둘러보아도 세계내부적 존재자 가운데 불안거리가 보이지 않는다면, 불안거리의 혐의를 벗을 수 없는 것으로 남은 것은 세계밖에 없다. 무엇보다도 적소 전체성의 맥락의 해체로 "세계가 완전한 무의미성(Unbedeutsamkeit)의 성격을 띠게 된다"(SZ, p. 186)라는 점이 중요하다. 와해한 적소 전체성의 맥락에서 각기 배정된 의미를 잃어버린 채 세계내부적 존재자와 타인은 무의미성의 세계에서 아무런 의미도 없이 덩그러니 놓이게 된다. 이제 불안의 눈앞에 남은 것은 의미 없는 황량한 세계밖에 없다. **"불안거리는 세계 자체이다"**(SZ, p. 187)라는 말처럼 문득 의미 없는 이 황량한 세계가 불안거리에 해당하는 것으로 보인다.[9]

---

9 적소성의 맥락에서 한 도구는 다른 도구를 지시한다. 예컨대, 책상은 책을 지시하고, 결국에는 최종적으로 책은 책을 읽는 현존재를 지시한다. 책상은 책을 읽기 위한 수단이라는 점에서 책을 지시하고, 책은 현존재에게 지식을 전하기 위한 수단이라는 점에서 현존재를 지시한다. 적소성의 맥락을 따라 한 도구가 다른 도구를 지시하지만, 도구의 지시 맥락은 더는 도구처럼 용재성(Zuhandenheit)으로 규정될 수 없는 존재자, 곧 도구를 사용하고 이용하는 현존재에서 끝난다. 하이데거는 도구의 지시 맥락 전체에서 한 도구가 다른 도구를 지시하는 것을 다시 "의미화한다"(be-deuten)(SZ, p. 87)라는 용어

하이데거가 볼 때, 세계는 길이, 넓이, 부피 등에서 양적으로 측정될 수 있는 연장된 사물이 듬성듬성 배치된 데카르트의 물리적 공간도 아니고, 머무는 존재자 없이도 그 자체로 존재하는 아이작 뉴턴(Isaac Newton)의 절대적 공간도 아니다. 게다가 세계는 용재자나 전재자 등 어떠한 세계 내부적 존재자도 아니고 또 그 총합도 아니다. 오히려 세계는, 적소성의 맥락이 붕괴하는 바람에 아무런 적소성도 갖지 '못하고' 또 도구적 용도성 같은 세계내부적 중요성도 갖지 '못하는' 세계내부적 존재자나 그 총합이 '아니라'는 의미에서 졸지에 무의 지위를 차지한다. 세계의 무(Nichts)는 세계내부적 존재자가 '아니라'(nicht)는 의미에서, 곧 "세계에서 나타나는 것, 규정된 것 가운데 아무런 것도 아님, 아무런 세계적인 것이 아님"[10]이라는 의미에서 본 무이다. 무는 실로 아무런 것도 실유(實有)하지 않는다는 것을 의미하는 "총체적 무"(SZ, p. 187) 또는 종교적·형이상학적 사변에서 절대적 유의 반대로 간주되는 절대적 무가 아니다. 무는 그저 존재자가 '아니라'는 의미에서 부정의 무를 가리킨다.

하이데거가 세계의 무를 언급할 때, 그 '무'는 세계내부적 존재자가 '아니라'는 것을 알리는 부정의 무에 지나지 않는다. 그가 "불안이 불안해할 거리인 세계의 무는 가령 세계내부적 전재자의 부재가 불안에서

로 나타낸다. 지나쳐서는 안 될 것은 도구의 지시 맥락과 의미화 맥락이 서로 반대 방향을 취한다는 점이다. 지시 맥락의 종점을 이루는 현존재가 의미화 맥락의 기점을 이룬다는 말이다. 이를테면 현존재가 책을 의미화하고, 책이 책상을 의미화한다. 세계는 이러한 "유의미성"(Bedeutsamkeit)(SZ, p. 87)으로 맥락화된 의미의 세계이다. 불안에서 적소 전체성의 맥락이 해체됨과 동시에 유의미성의 관련 전체가 증발하는 가운데 세계의 열린 공간이 드러난다. '불안거리는 세계 자체이다'라고 말한다고 해서 불안에서 아무런 의미 없이 벌거벗은 세계가 말 그대로 불안거리가 되는 것으로 보아서는 안 된다. "…… 불안은 유정성의 양태로 처음으로 세계를 세계로 개시한다"(SZ, p. 187)라는 말처럼, 무의미성의 세계는 불안의 기분에서 개시되는 무의미성의 세계로 보아야지 불안거리로 보아서는 안 된다.

10 Martin Heidegger, *Prolegomena zur Geschichte des Zeitbegriffs*, GA Bd. 20, Frankfurt a. M.: Vittorio Klostermann, 1979, p. 401(앞으로 본문 안에서 '제20권'으로 약기한다).

경험된다는 것을 말하지 않는다"(SZ, p. 343)라고 못을 박는 것도 이러한 까닭에서이다. 무이기에 세계는 존재자가 아니지만, 그럼에도 존재자는 세계에서 존재한다. 근원적 시간(ursprüngliche Zeit)의 시간화(時間化, Zeitigung)와 함께 환히 열리는 개방성의 거기(Da)가, 곧 현(現)이 바로 세계이다.[11] 존재자가 존재하는 것은 바로 거기의 '현'에서, 곧 세계의 열린 공간에서이다. 세계의 열린 공간이 없다면 인간도 존재자로서 딱히 존재할 곳이 없다. 인간은 여느 존재자와 마찬가지로 거기의 '현'에서, 곧 세계의 열린 공간에서 존재하기 마련이다. 인간이 현존재(現存在, Dasein)로 규정되는 것도 세계의 열린 공간으로 던져진 채 거기의 '현'에서 존재하는 덕분이다. 거기의 '현'이 바로 세계이기에 현-존재는 세계-내-존재(In-der-Welt-sein)이기도 하다. 현존재가 세계의 열린 공간으로 피투된 채 거기에서 존재하는 이상, "…… 이 세계는 존재론적으로 본디부터 세계-내-존재인 현존재에 속하는"(SZ, p. 187) 것으로 보아야 한다. 이렇게 세계가 피투된 세계-내-존재의 세계인 한편으로 자기(Selbst), 내-존재(In-Sein)와 함께 세계-내-존재를 구조적으로 구성하는 한에서 **"불안이 불안해할 거리는 세계-내-존재 자체이다"**(SZ, p. 187).

여기에서 오해해서는 안 될 것이 있다. 세계-내-존재 또는 현-존재가 불안거리이지, 세계-내-존재나 현-존재의 방식으로 존재하는 인간 존재자가 불안거리는 아니다. 불안거리를 세계-내-존재나 현-존재의 방식으로 존재하는 존재자로 착각해서는 안 된다. 만약 그렇게 착각한다면, 불안은 갑자기 불안의 비본래적 파생태에 지나지 않는 공포로 전락하고 말 것이다. 현존재가 세계에 피투된 채 세계-내-존재로 실존한다는 것이, 한마디로 피투된 세계-내-존재의 '어떻게'가 바로 불안거리이다. 우리말 어법에 맞지 않는 낯선 표현이지만, '어떻게'야말로 현존재

---

11 근원적 시간화에서 어떻게 개방성의 세계가 열리는지에 대해서는 권순홍, 『존재와 탈근거, 하이데거의 빛의 형이상학』, 울산대학교출판부, 2000, 485~99쪽 참조.

의 존재를 잘 특징짓는다. 다름 아니라 "이 존재자의 근본 범주는 어떻게(das Wie)이기"[12] 때문이다. 현존재의 존재 또는 실존이 '무엇'(Was)이 아니고 '어떻게'라는 것은 존재나 실존이 형상(eidos)이나 본질(essentia) 의 실체적 틀로 환원되지 않는다는 것을 말한다. 현존재에게는 그를 특정한 방식으로 존재하도록 미리 규정하는 실체적 형상이나 본질이 없다. 그러한 형이상학적 군더더기 없이 그저 현존재의 존재는 존재한다는 의미에서 본 존재수행(Seinsvollzug)이고, 현존재의 실존은 실존한다는 의미에서 본 실존수행(Existenzvollzug)이다. 이렇게 현존재의 존재나 실존은 명사(名詞)가 아니고 동사(動詞)라는 점에서 존재하기나 실존하기의 '어떻게'와 다름없다.[13] "**현-존재**의 존재성격들에 대한 분석은 실존론적 분석이다. 이것은 그 성격들이 전재자의 속성이 아니고 본질적으로 존재하는 실존론적 방식들(existenziale Weisen zu sein)이라는 것을 말한다"(SZ, p. 133). 여기에서 밝혀지는 것처럼 유정성, 이해, 기투, 배려, 고려, 염려, 자기존재(Selbstsein), 공동존재(Mitsein) 등과 같은 현존재의 존재성격들은 역시 현존재의 명사적 속성이 아니고 현-존재의 동사적 작용이다.

현존재가 세계로 피투된 이상, 그가 현-존재 또는 세계-내-존재로 실존한다는 것은 하나의 현사실(現事實, Faktum)이다. 현사실이라는 말 그대로 현존재가 세계에서 실존한다는 것은 아무런 문젯거리가 되지 않을지 모른다. 그러나 결코 그렇지 않다. "현존재가 관계할 수 있고 또 항상 어떻게든 관계하는 존재 자체를 우리는 **실존**이라고 부른다"(SZ, p. 12). 현존재의 실존은 이렇게 존재관계의 '어떻게'로 규정된다. 알다시피 현존재가 실존하도록 관계하는 존재는 책상에 얹힌 책이나 들길에서 발에 차이는 돌 같은 이러저러한 세계내부적 존재자의 존재가 아니고 자기

---

12 Martin Heidegger, *Der Begriff der Zeit*, Tübingen: Max Niemeyer Verlag, 1995, p. 18. 물론, '이 존재자'는 '현존재'를 가리킨다.
13 존재의 '어떻게'에 관한 더 자세한 설명으로는 권순홍, 『유식불교의 거울로 본 하이데거』, 도서출판 길, 2008, 52~56쪽 참조.

자신만의 고유한 존재와 그 '어떻게'이다. 문제는 직장에서 그의 빈자리를 대신하는 동료가 있을 수는 있지만, 세계의 열린 공간에서 그의 존재의 '어떻게'를 대신할 자는 아무도 없다는 점이다. 아무도 그의 죽음을 대신할 수 없는 것처럼 그의 존재의 '어떻게'를 대신할 수는 없다. 설령 종교적으로 상상되곤 하는 절대적 권능의 최고 존재자일망정 그의 존재의 '어떻게'를 대신할 수가 없다. 대신하자마자 그는 그이기를 멈추기 때문이다.

결국 현존재는 싫어도 몸소 그의 고유한 존재 및 그 '어떻게'와 관계해야 한다. 말하자면 현존재는, 그의 고유한 존재가 아무리 "현존재의 짐 성격"(Lastcharakter)(SZ, p. 134)을 고스란히 노출한다 해도, 존재의 짐을 스스로 짊어져야 한다. 달면 삼키고 쓰면 뱉듯이, 현존재는 그의 현사실적 존재를 놓고 삼켰다 뱉었다 할 수 없다. 더구나 현존재는 고장이 난 부품을 새 부품으로 갈아끼우듯이 그때마다 짐스러운 존재를 부담이 없는 가벼운 존재로 갈아끼울 수도 없다. 현존재는 피투된 세계에서 실존하면서 그때마다 누구도 대신할 수 없는 그 자신만의 고유한 존재를 한눈팔지 않고 스스로 떠맡고, 스스로 돌보고, 스스로 보살필 도리밖에 없다. 현존재는 언제나 그때마다 세계-내-존재로서 '어떻게' 실존할 것인가를 놓고 홀로 깊이 고민하고 번민하지 않을 수 없다. 다름 아니라 이렇게 자신의 고유한 현사실적 존재와 그 '어떻게'가 현존재에게 불안거리로 다가온다. 요컨대, 현존재가 세계로의 피투성에서 '어떻게' 세계-내-존재로 실존할 것인가가 그의 두 어깨를 무겁게 내리누르는 존재의 짐답게 그에게 불안거리를 끼친다.

불안거리와 관련해 짚어야 할 것이 또 있다. 불안거리를 의문문으로 바꾸면 '왜 불안이 현존재에게 발생하는가?'로, 이를테면 '왜 현존재는 불안의 유정성에서 존재하는가?'로 바꿀 수 있다. 불안거리를 앞에 두고 현존재가 불안해한다는 것은 동어반복이 아니다. 흔히들 그렇게 생각하듯이, 불안거리를 앞에 둔 사람이 불안해하는 것은 당연한 것 아니냐고 간단히 생각해서는 안 된다. 현존재의 실존에서 불안거리가 맡는 실존론적 기능을 간과해서는 안 된다는 말이다. 사실, 불안을 일으키는 원인에 대한 물음을 제기하고 거기에 답하는 것이 바로 불안의 세 가지 구조계기 가운데 불안거리의 계기가 떠맡은 실존론적 기능이다. 그러나 원인 (aition, causa)은, 가령 아리스토텔레스(Aristoteles)의 실체론의 공구함에 담긴 형이상학적 개념에 불과하다. 더욱이 세계의 열린 공간만을 남기고 온갖 세계내부적 존재자가 보이지 않도록 불안의 눈앞에서 무의미성으로 가라앉은 이상, 불안의 존재자적 원인을 타인, 용재자, 전재자 등에서 찾는다는 것은 있을 수 없는 일이다. 기초존재론(Fundamentalontologie)에서부터 하이데거의 존재사유를 줄곧 관통하는 사유의 형식은 선천주의(先天主義, Apriorismus)이다.[14] 그 물음을 선천주의의 틀에 대입해야 할 까닭은 여기에 있다.

선천주의적 틀에 놓고 볼 때, 이제 '왜 현존재에게 불안이 발생하는가?'를 묻는 물음은 '불안을 현존재에서 가능해지도록 선천적으로 조건 짓는 것은 무엇인가?'로 바뀐다. 불안거리의 구조계기는 이렇게 불안의

---

14 "존재론적으로 묻는다는 것은 죄다 》선천성(Apriori)《에 대한 물음이고 》선천성《에 대한 규정이다"(Martin Heidegger, *Metaphysische Anfangsgründe der Logik im Ausgang von Leibniz*, GA Bd. 26, Frankfurt a. M.: Vittorio Klostermann, 1978, p. 184) 또는 "존재론이 존재시적(存在時的, temporale) 학문이기 때문에만 존재론에는 선천성과 같은 것이 존재한다"(Martin Heidegger, *Die Grundprobleme der Phänomenologie*, GA Bd. 24, Frankfurt a. M.: Vittorio Klostermann, 1975, p. 461)라는 하이데거의 존재론적 명제에서 간파할 수 있듯이, 그의 기초존재론은 시종일관 선천주의의 궤도를 밟는다. 불안 현상에 대한 실존론적 분석론도 이 궤도를 벗어나지 않는다는 것은 말할 나위가 없다(앞으로 본문 안에서 각각 '제26권,' '제24권'으로 약기한다). 선천주의가 그의 기초존재론을 어떻게 관통하는지에 대해서는 Martin Heidegger, *Die Grundprobleme der Phänomenologie*, pp. 461~69 참조. 한편, 하인리히 오트(Heinrich Ott)가 볼 때, 선천주의는 전·후기를 망라해 하이데거의 사유를 관통한다. 이 점에 대해서는 하인리히 오트, 김광식 옮김, 『사유와 존재, 마르틴 하이데거의 길과 신학의 길』, 연세대학교출판부, 1985, 25~27쪽 참조. 기초존재론의 선천주의적 특징에 대한 더 자세한 풀이를 보려면 권순홍, 『유식불교의 거울로 본 하이데거』, 163~70쪽 참조.

기분을 가능하게 하는 선천적 조건에 대한 물음으로 바뀐다. 그 답은 이미 제출된 대로 피투된 현-존재, 피투된 세계-내-존재 또는 그 '어떻게'이다. 군이 질문의 형식으로 불안거리의 구조계기를 변경해 분석하는 것은, 불안의 기분에도 선천적 가능성의 조건이 있어야 한다는 것을 강조하기 위해서이다. 만약 불안의 선천적 조건이 없다면, 불안은 고작 우연의 손끝에서 놀아나는 우발적 기분으로 추락할 것이다. 그러나 불안의 발생은 결코 우연이 아니다. 불안이 우연이라고 치면 실로 우스꽝스러운 일이 얼마든지 벌어질 수 있다. 예컨대, 생물학적으로 태어나 죽을 때까지 단 한 번도 불안을 경험하지 못하는 사람이 있을 수 있다. 불안장애(anxiety disorder)나 공황장애(panic disorder)를 앓는 환자조차도 불안을 경험하지 않을 수 있다. 반대로 때를 가리지 않고 아무 때나 불안이 불쑥불쑥 들이닥칠 수도 있다. 이를테면 의식을 잃고 기절한 사람이 불안에 쫓겨 손발의 기운이 잦아들고 입속의 침이 마르고 숨을 쉬지 못하면서 헐떡거릴지도 모른다. 심지어 죽은 사람에게서도, 또는 길가에 아무렇게나 놓인 돌멩이에서도 불안이 일어날지 모른다. 그러나 그렇지 않다. 불안은 그야말로 우발적으로 아무 때에나, 아무에게나, 아무렇게나 발생하는 우연이 아니다. 불안에는 엄연히 그것을 가능하게 하는 선천적 조건이 있다. 불안거리의 구조계기는 다름 아니라 불안에는 불안을 일어나도록 조건 짓는 선천적 가능성의 조건이 엄존한다는 것을 말한다. "……유정성은 피투성에 근거를 둔다"(SZ, p. 340)라는 말에서 어루 헤아릴 수 있는 것처럼, 불안의 선천적 조건이 세계로의 피투성에서 현존재에게 존재의 짐으로 부과된 현-존재나 세계-내-존재의 '어떻게'임은 말할 나위가 없다.

3. 불안의 까닭과 실존론적 기능

불안거리에 대한 분석에서 자연스레 불안의 까닭이 도출된다. 역시 불안의 까닭에 대한 실존론적 해명에서도 열쇠를 쥔 것은 적소 전체성의 붕괴이다. 불안거리조차 될 수 없도록 세계내부적 존재자가 도구적 쓰임새마저 잃고서 아무런 의미도 없이 세계의 열린 공간에서 섬처럼 외따로 동떨어진 채 있는 것은 적소성의 와해 탓이다. 당연한 말이지만, 이번에는 같은 이유로 세계내부적 존재자가 현존재를 위해 아무런 기여나 역할도 하지 못한다. "》세계《가 더는 아무것도 제공하지 못하며, 타인의 공동현존재도 마찬가지인"(SZ, p. 187) 것은 불안의 높은 파고에서 주변 세계의 적소 전체성이 와르르 무너진 탓이다. 적소성의 맥락으로 촘촘히 짜인 일터에서 함께 일하던 동료도, 가까운 이웃도, 한집에서 같이 생활하는 소중한 가족도 불안의 기분에서는 나에게서 등을 돌린다. 컴퓨터나 스마트폰처럼 애지중지하던 물건도 불안의 기분에서는 등을 돌린 채 나를 위해 아무런 구실도 하지 못한다. 불안의 기분과 함께 적소성의 맥락이 해체되자마자 흡사 모든 것이 "창백한 무자비 속에서"(SZ, p. 343) 나에게서 등을 돌린 형국이다. 나에게 그렇듯이, 불안의 기분에서라면 "모든 용재자와 전재자가 어떤 사람에게도 더는 》말할《 것이 하나도 없다"(SZ, p. 343).

이렇게 타인과 세계내부적 존재자가 모두 나를 외면하는 한, 믿을 것이라고는 나 자신밖에 없다. 나를 돌볼 수 있는 것은 나 자신일 따름이다. 불안의 기분에서라면, 가령 늘 나와 동행하던 아내 또는 남편마저도 나를 보살필 수가 없다. 단적으로 말해 그것은 "불안이 현존재를 개별화하고 그렇게 그를 》홀로 있는 자기(solus ipse)《로 개시하기"(SZ, p. 188) 때문이다. 개별화하는 불안의 기분에서 현존재가 불안해할 까닭은 그 기분에 처한 현존재 말고 달리 있을 수가 없다. 역시 "불안이 불안해하는 까닭은 세계-내-존재 자체이다"(SZ, p. 187). 물론, 여기에서 언급된 세계-내-존재는 불안의 기분에서 고유한 자기로 개별화되는 1인칭의 현존재에 지나지 않는다. 세계-내-존재임에도 불안의 개별화에 처한 이상, 타인이나 여느 세계내부적 존재자가 홀로 개별화되는 현존재를 격려하고 위로하고 지지할 것으로 생각해서는 안 된다. 주변 세계 어디에서도 개별화되는 1인칭의 현존재가 의지하고 기댈 것은 없다. 믿고 의지하고 기댈 것이 있다면, 그저 홀로 개별화되는 현존재 자신밖에 없다. 자기 자신 이외에 의지할 것이 없다는 것은 사실 감당하기 어려운 불안의 괴로움이다. 하이데거는 이 괴로운 실상을 담담한 어조로 진술하되, "그러나 이 세계-내-존재에게는, 그가 자기 자신에게 위임된 채로 그때마다 이미 **하나의 세계로** 피투된다는 것이 속한다. 현존재가 자기 자신에게 떠맡겨진다는 것은 불안에서 근원적으로, 구체적으로 드러난다"(SZ, p. 192)라고 한다.

　문제는 자기 자신에게 떠맡겨진 채 홀로 개별화되는 현존재가 어떻게 자기 자신을 믿고 자기 자신에게 의지하고 기대는가이다. 흔히들 현존재가 자신을 믿는다고 하면, 그가 그의 권력이나 지위나 재산이나 인맥 등에 기대고 의지하고 거기에서 힘과 의지처를 구하는 것으로 본다. 그러나 그렇지 않다. 튼실한 인맥에서 차용할 수 있는 권력도, 스스로 움켜쥔 재산도, 애써 확보한 명예와 지위도 불안의 기분에 휩싸인 1인칭의 현존재에게는 믿을 거리나 의지할 거리가 결코 되지 못한다. 어디까지나 불안이 주변 세계의 적소 전체성을 해체하면서 현존재를 개별화하기 때문이다. 불안의 개별화에서 개별화되면 개별화될수록 현존재로서 믿을 것이라고는 여전히 홀로된 1인칭의 그 자신밖에 없다. 다시 말해 개별화되는 현존재가 의지하고 기댈 것으로는, 그가 실존의 방식으로 존재하는 한에서, 그의 실존 또는 실존의 가능성밖에 없다. 아무리 부자이고 높은 지위에 있다손 치더라도, 돈이나 땅 같은 세계내부적 용재자나 인맥 같은 타인의 공동현존재에 의지하고 기댈 수는 없다. 불안의 개별화에서 그 자신에게 위임된 1인칭 현존재의 유일한 재산은 그의 실존과 실존의 가능성에 있기 때문이다. 물론, 이 가능성은 세계내부적 배려의 가능성은 아니다. 세계-내-존재일망정 온갖 세계내부적 존재자가 무의미성으로 침전된 황량한 세계에서 그 자신에게 맡겨진 채 홀로 있는 자기로 개별화되는 탓에, 불안에 처한 현존재로서는 "배려된 것에 일차적으로 기초를 둔 실존의 존재가능으로 자신을 기투하는 것이 불가능하다"(SZ, p. 343). 이러한 이유에서 불안의 기분에서 개별화되는 1인칭의 현존재는 흔한 배려거리(Besorgbares)에서, 가령 공공적 세계에서 쉽게 구할 수 있는 일거리나 흥밋거리에서 실존의 가능성을 얻을 수는 없다.

자기 자신으로 개별화되는 현존재로서 비근한 배려거리에서 가능성을 찾을 수도 없고 또 그리로 자기기투(Sichentwerfen)를 행할 수도 없다는 것은 문젯거리가 되지 않는다. 오히려 그 반대이다. "이 불가능성의 노출은 …… 본래적 존재가능의 가능성을 번쩍이게 하는 것을 의미하기"(SZ, p. 343) 때문이다. 불안의 까닭에 대한 실존론적 분석에서 가장 중요한 것은 바로 '본래적 존재가능의 가능성'이다. 염두에 두어야 할 것은 하이데거가 본래적 가능성이 번쩍인다고 말하지 않고 본래적 존재가능의 가능성이 번쩍인다고 말한 이유이다. 그 이유는 앞으로 차근히 밝혀질 것이다.

예상하다시피 현존재가 스스로 불안해하는 까닭은 '본래적으로 존재할 수 있는 가능성'에 있다. 다시 말해 불안의 까닭은 본래적 가능성으로 자기 자신을 기투함으로써 본래적으로 실존할 수 있는 현존재의 가능성에 있다. 이렇게 불안의 까닭에서 본래성이 아니고 본래성의 가능성이 개시된다는 것이 이 구조계기의 고갱이이다. 을씨년스러운 무의미성의 세계에서 믿고 의지할 것이 하나도 없는 현존재가 개별화의 어둠에서 혼자 벌벌 떠는 것이 불안의 까닭이어서는 안 된다. 개별화의 어둠에서 밝게 빛나는 것은 현존재가 그때마다 고유한 본래적 가능성으로의 자기기투에서 그렇게 본래적으로 존재할 수 있는 가능성, 곧 본래성의 가능성이다. 불안의 유정성에서 환하게 빛나는 것은, 곧 거기에서 밝게 개시되는 것은 본래적 존재가능의 가능성이다.

　그렇기에 불안의 기분에 처하자마자 현존재가 처음부터 불안의 개별화에서 당장 본래적 가능성으로 자신을 기투함으로써 그렇게 본래적으로 실존하기 시작하는 것으로 성급하게 추측해서는 안 된다. 불안이 현존재에게 기투해야 할 본래적 가능성을 골라 제공하지는 않기 때문이다. 제4장에서 밝히겠지만, 본래적으로 실존할 수 있도록 현존재에게 고유한 본래적 가능성을 골라 제공하는 것은 죽음의 가능성이다. 어디까지나 불안은 유정성일 뿐이지 그 이상은 아니다. 불안의 유정성에서 홀로 개별화되는 세계-내-존재 또는 현-존재에게 밝히 개시되는 본래성의 가능성이 불안이 불안해하는 까닭이다. 고유한 자기로 개별화되는 현존재의 본래성이 불안의 까닭이 아니고, 본래성의 가능성이, 본래적 존재가능의 가능성이, 본래적으로 존재할 수 있는 가능성이 불안의 까닭이다. 불안의 기분에 처한 현존재는 본래성의 가능성에 직면한 채 바로 그 가능성 때문에 불안해한다. 현존재가 본래성의 가능성 때문에 불안해하는 것은 좌고우면하지 않고 그가 책임존재(Schuldigsein)와 죽음으로의 기투에서 죽음의 가능성이 제공하는 본래적 가능성으로 과감히 자신을 기투하는 가운데 그렇게 본래적으로 실존하기 위해서이다.

　불안의 까닭이 현존재의 본래적 존재가능의 가능성에 있다는 것은 매우 중요한 지적이다. 불안거리나 불안의 까닭이 세계-내-존재라는 점에서 겉보기에 형식적으로 다를 것이 없기에 둘을 실존론적 기능에서 구별하기는 어렵지만, 그럼에도 그 지적을 나침반으로 삼아 구별할 수가 있기 때문이다. 물론, 둘이 같다고 해서 "마치 불안이 …앞에서도, … 때문에도 불안해하지 않아도 되는 양 불안거리와 불안의 까닭의 구조적 성격들이 합병된다"(SZ, pp. 342~43)라고 생각해서는 안 된다. 둘이 같다는 것은 고작 "둘을 성취하는 존재자가 같은 것, 곧 현존재라는 점"(SZ, p. 343)만을 가리킬 따름이다. 이렇게 불안거리나 불안의 까닭이 같은 현-존재나 세계-내-존재에 있기는 하지만, 그렇다고 해서 둘이 불안의 현상에서 맡은 실존론적 기능마저 같은 것으로 보아서는 안 된다. 불안거리와 불안의 까닭은 실존론적 기능에서 엄연히 서로 다르다. 게다가 현-존재나 세계-내-존재의 '어떻게'에 찍는 방점도 서로 다르다. 불안거리는 현-존재나 세계-내-존재의 피투성에 방점을 찍는다. 피투성에서 본 현-존재나 세계-내-존재의 '어떻게'가 불안거리에 해당한다. 반면에 불안의 까닭은 기투에 방점을 찍는다. 기투에서 본 현-존재나 세계-내-존재의 '어떻게'가 불안의 까닭에 해당한다. 다른 이유가 있는 것은 아니다. 불안의 까닭은 현-존재나 세계-내-존재에 있되 그의 본래적 존재가능의 가능성을 그에게 개시하는 한편, 불안거리는 역시 현-존재나 세계-내-존재에 있되 거기의 '현'(現)이나 세계로의 피투성에서 그의 현사실적 존재를 개시하기 때문이다.

불안거리의 실존론적 기능이 불안의 선천적 가능성의 조건에 있다면, 불안의 까닭의 그것은 현존재에게 본래성의 가능성을 제공하는 데에 있다. 비유하건대, 현존재는 불안의 까닭에서 드디어 본래적 존재의 출발선에 선다. 실로 불안의 까닭은 본래성의 출발선이나 진배없다. 불안의 까닭에서야 비로소 현존재는 처음으로 본래적 가능성으로의 자기기투에서 본래적으로 실존할 수 있는 가능성에 봉착하기 때문이다. 현존재가 본래적으로 존재할 수 있는 것은 그가 불안의 까닭에 호응해 본래성의 출발선 앞에 설 때이다. 다시 말하지만, 불안의 까닭은 현존재의 본래적 자기기투가 아니다. 세인의 일상적 공공성의 거리에서 흔하게 볼 수 있는 그렇고 그런 배려거리에 더는 현혹되지 않도록 현존재 앞에 본래성의 출발선을 그어주는 것이 바로 불안의 까닭이다. 현-존재의 현사실을 그의 피투성에서 개시하는 불안거리의 실존론적 기능과는 달리, 본래적 가능성으로의 자기기투를 위해 본래적 존재가능의 가능성을 개시하는 불안의 까닭의 실존론적 기능은 본래성의 출발선이 된다는 데에 있다.

4. 불안해함과 실존론적 기능

불안 현상의 셋째 구조계기는 불안해함이다. 불안해함은 기분이다. 곧 불안해함은 현존재가 불안의 기분을 실감한다는 말이다. 중요한 것은 "기분이 》사람이 어떤 심정이며 어떤 심정이 될지《를 드러낸다"(SZ, p. 134)라는 점이다. 이러한 기분의 개시성을 참작해 의문문으로 바꾸면, 불안해함은 '불안의 기분에서 현존재는 어떤 심정인가?' 또는 '불안에서 현존재는 어떤 기분인가?'로 옮길 수 있다. 사실, 불안해함은 바로 이 질문에 대한 답이나 마찬가지이다. 사족과 같지만 불안의 까닭도 의문문으로 고칠 수 있다. '왜 현존재는 도피하지 않고 기꺼이 불안해하는가?'가 의문문의 형태로 바뀐 불안의 까닭이다. 다시 불안의 불쾌한 기분의 성격을 참작해 고치면, '왜 현존재는 도피하지 않고 기꺼이 불안의 기분을 견디어야 하는가?'가 불안의 까닭에 대한 적합한 의문문이다. 현존재가 불안의 고약한 기분을 뿌리치지 않고 기꺼이 견디고 감내하는 것은 쉬운 일이 아니다. 그것이 쉽지 않은 까닭은 바로 불안해함의 구조계기에서 드러난다.

불안해함의 계기는 현존재가 지금 당장 불안해한다는 것을, 곧 그가 불안의 기분에 처했다는 것을 말한다. 알다시피 기분은 유정성을 자신의 실존론적·존재론적 조건으로 취한다. 현존재가 불안의 기분에 처하는 것은 그가 불안에서 유정하게 존재하는(befindet) 까닭이다. 불안해함의 계기에서 중요한 것은 불안에서 유정하게 존재하는 현존재에게 불안의 기분이 어떠하냐이다. 불안의 실존론적·존재론적 유정성이 현존재에게 어떤 실존적·존재자적 기분으로 실감되는가가 불안해함이라는 구조계기의 정곡이라는 말이다. 불안장애나 공황장애를 앓아본 사람은 불안의 유정성이 어떤 기분으로 엄습하는가를 잘 알 것이다. 가령 공황발작이 습격할 때, 그 사람은 "강한 공포, 곧 죽지 않을까 하는 불안"에 시달리는 한편, "호흡곤란, 심계 항진, 흉부 통증, 흉부 불쾌감, 질식감, 혹은 숨이 답답한 느낌, 현기증, 현훈감 내지 휘청거리는 느낌, 자기나 주위가 달라진 것 같은 비현실감, 손발이 저리는 감각 이상이나 몸의 떨림과 진전"을 겪으며 "때로는 돌발적인 열감이나 냉감, 땀 흘림 등이 나타나고 동시에 실신하거나 죽거나 또는 미치거나 어떤 사고를 저지르지 않을까 하는 공포 등이 엄습한다".[15] 공황발작에서 겪는 '자기나 주위가 달라진 것 같은 비현실감'이 무엇을 말하는지는 이미 불안거리에 대한 실존론적 분석에서 밝혀졌다. 적소성의 맥락이 해체되면서 가깝고 친숙하게 접하고 사용하던, 예컨대 컴퓨터, 책상, 책, 연필 등과 같은 익숙한 도구가 더는 도구로서 아무런 쓸모도 갖지 못하고 낯선 공간에 드문드문 외따로 배치된 무의미한 사물인 양 불안의 눈에서 멀어져가는 것을 공황장애 환자는 겪는다. 이것만이 아니다. 그는 당장 심장 마비로 죽을 것만 같은 무시무시함, 무서움, 살벌함, 두려움, 아찔함 등의 심적 증상과 침이 마르고 손발이 후들거리고 숨을 쉴 수 없어 헐떡이고 심장이 터질 듯이 두근거리며 가슴이 꽉 막힌 듯이 조여오는 신체적 증상을 동시에 겪기 마련이다.

하이데거의 선천주의적 틀에서 볼 때, 정신의학에서 다루는 불안장애나 공황장애는 실존론적 불안의 실존적·존재자적 형태로 실존론적 불안에서 기어나온 생리학적 파생태에 지나지 않는다. 요컨대, 불안장애나 공황장애에서 "불안의 생리학적 발현이 가능한 것은 그저 현존재가 그의 존재의 바닥에서 불안해하기 때문일 뿐이다"(SZ, p. 190). 그 반대는 아니다.[16] 생리학적 불안에 대한 선천주의적 해석을 따르는 한, 공황장애 환자가 무서움, 두려움, 질식감, 답답함 등과 같은 심적 증상과 현기증, 현훈증, 호흡곤란, 두근거림, 흉부 통증, 흉부 불쾌감 등과 같은 신체적 증상을 겪는 것은 본디 실존론적·존재론적 불안의 유정성이 실존적·존

---

15 민성길 외, 『최신정신의학』, 일조각, 1996, 244쪽.
16 Martin Heidegger, *Prolegomena zur Geschichte des Zeitbegriffs*, p. 401 참조.

재자적으로, 곧 생리학적으로 그렇게 실감되기 때문이다.

실존론적 불안의 기분은 그 불안의 생리학적 파생태와는 다르다. 하이데거는 실존론적 불안의 유정성에서 발산되는 불안의 실존적 기분을 섬뜩함과 안절부절못함으로 간추린다. 가령 "불안에서 사람은 》**섬뜩해**진다《"(SZ, p. 188)라는 말이다. 불안에서 섬뜩한 기분이 현존재에 배어드는 것은, 친숙한 세계내부적 존재자 가운데 어떠한 것도 불안거리가 아니고 또 세계내부적으로 어디에서도 불안거리가 있을 수 없는 까닭이다. 적소 전체성의 붕괴와 동시에 세계내부적 존재자와 타인이 눈에 뜨이지도 않는 황량한 세계에, 곧 세계의 무에 현존재가 직면하는 한, 그는 불안의 섬뜩한 기분에 처한 셈이다. 가령 어디에서 닥치는지도 모르겠고 무엇에서 닥치는지도 모르겠지만 어쨌든 불안이 나를 공격할 때, 모골이 송연해지도록 나는 섬뜩한 기분에 휩싸인다. 불안의 존재자적 출처를 모른다는 것이, 곧 불안거리가 세계내부적으로 어디에도 없고 또 아무런 것도 아니라는 것이 나를 더욱더 무시무시하게, 섬뜩하게 조인다.

한편 "…… 섬뜩함은 동시에 안절부절못함을 뜻한다"(SZ, p. 188). 섬뜩함(Unheimlichkeit)도 그렇지만 안절부절못함(Nicht-zuhause-sein)은 고향이나 집에서 누구라도 누릴 수 있는 아늑하고 편안하고 익숙하고 낯익고 친숙한 기분이 싹 가셨을 때, 사람이 느끼곤 하는 당혹스럽고 을씨년스러운 기분이다. 현존재는 우선 대체로 세인의 일상적 공공성에서 늘 만나던 사람을 만나고 늘 사용하던 용재자를 다루면서 편안하고 친숙하게 안주하곤 하지만, 불안이 엄습할 때는 결코 그럴 수 없다. 그때 적소성의 붕괴와 함께 세인의 공공적 세계에서 돋보이던 "일상적 친숙함이 무너진다"(SZ, p. 189). 불안에서 순식간에 일상의 친숙함이 허물어질 때, 현존재는 낯설고 스산한 객지에서 집을 잃은 아이처럼 갑자기 안절부절못하게 된다. 불안이 눈을 감고도 돌아다닐 수 있을 정도로 친숙해지고 익숙해진 주변 세계의 적소 전체성을 해체할 때, 이렇게 현존재가 당하는 불안의 기분이 바로 안절부절못함이다.

현존재가 피투된 현-존재의 현사실 '앞에서' 본래적 존재가능의 가능성 '때문에' 불안해한다는 실존론적·존재론적 진술이 중요한 것은 아니다. 중요한 것은 현존재가 친숙한 주변 세계에서 불안의 유정성을 실존적으로 어떻게 경험하는가이다. 이 실존적 경험을 드러내는 것이 바로 불안해함의 구조계기이다. 실로 현존재는 불안의 실존론적 유정성을 섬뜩하고 안절부절못하는 실존적 기분에서 여실히 경험한다. 공황장애나 불안장애에서 현기증, 현훈증, 호흡곤란, 두근거림, 흉부 통증, 흉부 불쾌감, 손발 저림, 땀 흘림, 침 마름 등과 같은 신체적 증상이나 두려움, 무서움, 아찔함, 초조함 등과 같은 심적 증상으로 생리학적 불안이 경험되는 것처럼, 실존론적 불안은 섬뜩한 기분이나 안절부절못하는 기분에서 실존적으로 경험된다. 말하자면 현존재가 불안에 처했다는 것을, 곧 불안에서 유정하게 존재한다는 것을 그는 섬뜩함과 안절부절못함 같은 불안의 실존적 기분에서 경험한다.

여담이지만, 불안이 어떤 기분인지를 정신의학에서나 심리학에서 개념적으로 명쾌하게 설명하고 규정하기는 쉽지 않다. 불안의 기분을 경험할 때 사람마다 그 경험의 감각질(qualia), 강도, 농도 등이 제각각일 수 있기 때문이다. 경험의 감각질이나 강도가 각자 다른 만큼 어떤 사람에게는 불안의 기분이 그리 섬뜩해지지 않을 수도 있고, 반대로 어떤 사람에게는 공포와 분간할 수 없을 정도로 경악스러운 기분으로 돌변할 수도 있을 것이다. "그 두 현상이 대개 구별되지 않아 공포인 것이 불안으로 불리고, 불안의 성격을 띠는 것이 공포로 호칭된다는 사실"(SZ, p. 185)을 보더라도, 무엇이 두려움, 공포, 경악, 전율 등의 기분과 다른 불안만의 섬뜩한 기분인지를 똑 부러지게 분간하는 것은 어렵기 마련이다. 인용된 공황발작의 사례에서도 보았지만, 주로 신체 증상으로 불안의 기분을 서술하고 공포와 불안을 그리 확연하게 가르지 않는 것도 다 이러한 이유에서이다.[17] 그럼에도 "현존재의 섬뜩함"을 "실존론적-존재론적으로" 규정한다면, 그 불쾌한 기분은 "현존재를 현존재 자신에서부터 쏘아

맞히는 위협(Bedrohung)"(SZ, p. 189)이라고 할 수 있다. 바로 섬뜩함의 위협이, 곧 섬뜩한 불안의 기분이 현존재에게 가하는 위협이 불안해함의 실존론적 기능이다. 다른 이유가 있는 것은 아니다. 현존재가 불안에서 유정하게 존재한다는 것은 그가 불안의 기분에 처한 채 섬뜩하고 안절부절못하는 불쾌함을 실존적으로 경험한다는 것을 말하고, 다시 불안의 기분에 대한 현존재의 실존적 경험은 그가 불쾌한 불안의 기분에서 자신에서부터 자신에게로 닥치는 위협을 경험한다는 것과 다를 바가 없기 때문이다.

물론, 공포의 기분도 현존재를 위협하기는 한다. 다만 그것은 현존재를 위협하되, 불안의 위협과는 달리 현존재 자신에서부터는 위협하지 않는다. "'위협받음'은 현존재의 존재 자체에 놓여 있어야 한다"(제64권, 56쪽). 이 인용문에서 금방 눈치챌 수 있는 것처럼 불안의 경우에 위협의 진앙지는 현-존재 또는 세계-내-존재의 피투성에 있다. 그러나 공포의 경우에 위협의 진앙지는 타인의 공동현존재를 위시해 적소성의 맥락에 놓인 세계내부적 존재자에 있다. 곧 공포의 진앙지는 특정한 방역에서 서서히 접근해오는 위협적인 것에 있다. "현존재의 현사실적 존재가능에 해가 되도록, 배려된 용재자와 전재자의 주위에서 …… 가까이 다가오는 위협적인 것"(SZ, p. 341)이 발산하는 무서운 기운이 바로 공포의

---

17 '불안'은 의학사전에서 "명확한 원인이 없는 근심, 걱정, 두려움 등의 감정으로서, 생리적 변화(빈맥, 발한, 진전 등)가 수반되는 것"(이우주 엮음, 『표준 의학사전』, 아카데미서적, 1993, 172쪽)으로 규정된다. 여기에서 볼 수 있듯이, 불안은 빈맥, 발한, 진전 등과 같은 신체적 증상을 곁들인 근심, 걱정, 두려움 등의 기분으로 설명된다. 한편, 공황장애의 공황은 "극도의 또는 불합리한 공포와 불안"(같은 책, 1766쪽)으로 규정되는데, 공포와 불안이 정신의학적으로 엄격하게 구분되지 않는다는 것을 알 수 있다. 하이데거가 "그러한 일이 불안과 비슷한 유정성에서 일어난다면, 그것은 일상적 지성이 불안과 혼동하는 공포이다"(SZ, p. 344)라고 말하는 것은 정신의학에서부터 이렇게 공포와 불안이 구분되지 않고 혼동되는 까닭이다. 정신의학 등 일상적 지성이 이 둘을 혼동하지만, 그러면 그럴수록 하이데거는 이 두 현상의 구조계기에 대한 실존론적 분석에서 둘을 엄격하게 구별한다.

위협이다. 게다가 공포의 경우 위협적인 것은 "닥치지 않고 그냥 지나칠 수 있는 가능성"(SZ, p. 141)을 갖는다. 불안의 위협은 그렇지 않다. 불안의 경우에 불안을 부르는 선천적 가능성의 조건이 현-존재로의 피투성이기에, 불안의 기분은 현존재를 위협하다가 위협을 멈추거나 그 반대로 위협하지 않다가 위협을 가하거나 하지는 않는다. 불안의 기분은 낮이나 밤이나 가리지 않고 꾸준히 현존재를 위협한다.

또한 불안은 공포처럼 이러저러한 배려거리를 향한 현존재의 특정한 존재가능에서 그를 위협하지 않는다. 불안의 섬뜩하고 안절부절못하는 기분에서 "위협을 받는 것은 이러저러한 배려가 아니고 **세계-내-존재 자체이다**"(제20권, p. 402). 물론, 위협을 받는 세계-내-존재는 적소 전체성의 붕괴로 세계내부적 존재자가 몽땅 무의미성으로 침전된 쓸쓸한 세계에서 자기 자신으로 개별화되도록 그렇게 위협을 받는 일상적 현존재이다. 다시 말해 일상적 현존재가 세인의 일상적 공공성에서 탈출해 고유한 자기로 돌아가도록 위협을 받는다. 이렇게 불안의 기분이 1인칭의 현존재로 개별화되도록 위협하는 한, 현존재가 불안의 기분에서 무엇을 향해 무엇을 하도록 위협을 받는지는 자명하다. 일단 현존재는 불안의 까닭에서 개시되는 본래성의 출발선 앞에 서도록 위협을 받는다. 제4장에서 논하겠지만, 또한 현존재는 좌고우면하지 않고 곧장 양심의 부름에 응해 책임존재와 죽음으로의 기투를 단행하도록 불안의 기분에서 위협을 받는다. 결국 세인의 공공적 세계에서 널리 돌아다니는 현사실적 가능성들 가운데 죽음의 여과기에서 거른 본래적 가능성으로 자신을 기투하도록 현존재는 위협을 받는다. 이렇게 불안의 기분은 본래적 가능성으로의 자기기투에서 본래적으로 실존하도록 현존재를 위협한다. 다름 아니라 섬뜩하고 안절부절못하는 기분을 휘두르면서 본래적으로 실존하도록 현존재를 위협하는 것이 바로 불안해함의 실존론적 기능이다.

한편, 불안의 기분에서 고유한 자기로 개별화되도록 현존재가 왜 그렇게 위협을 받는가를 물으면, 불안거리와 불안의 까닭이 같은 현존재의 존재인 까닭이라고 대답해야 한다.[18] 하이데거는 둘 사이의 동일성이 함축하는 실존론적 의미를 풀이하기를, "현존재는 그의 존재에서, 그의 세계-내-존재에서 **그의 존재 자체가 관심이 되는** 존재자이다"(제20권, p. 405)라고 한다. 흔히들 그렇게 생각하듯이, 불안하다고 해서 불안해하는 자기 자신을, 곧 불안의 기분에 젖은 자신의 고유한 존재를 도려내려고 해서는 안 된다. 오히려 그 반대로 불안해하는 한, 현존재는 자신의 고유한 존재에 관심을 두는 가운데 고유한 존재를 장악해야 한다. 불안은 일상적 공공성의 타성에서 벗어나 고유한 존재에 관심을 집중하도

---

18 불안 현상의 세 가지 구조계기는 결국 고유한 자기로 개별화되는 1인칭의 현-존재 또는 세계-내-존재로 수렴된다. 현-존재 또는 세계-내-존재의 현사실적 존재를 불안거리로 해서 피어난 불안이 세인의 무리 속으로 흩어진 일상적 현존재를 고유한 자기로 개별화하는 한편, 불안의 까닭에서 개시되는 본래성의 출발선 앞에 서라고 섬뜩한 기분으로 현존재를 위협하는 것이 바로 불안 현상이다. 불안거리, 불안의 까닭, 불안해함 등 구조계기가 모두 1인칭의 고유한 자기로 개별화되는 현존재를 맴돈다는 점에서, 사실이 셋은 다 동일한 1인칭의 현존재를 가리킨다. 불안이야말로 현-존재의 실존론적 맥락에 깊이 자리한 "이러한 실존론적 》유아론《"(SZ, p. 188)을 고백하는 것이라고 하지 않을 수 없다. 김동규는 "…… 멜랑콜리는 실존론적 불안의 또 다른 이름이다"(김동규, 「하이데거 철학의 멜랑콜리」,『하이데거연구』, 제19집, 한국하이데거학회, 2009, 88쪽)라는 의미에서 불안 현상을 멜랑콜리의 기분에서 분석하는데, 이것은 다름 아니라 불안 현상이 1인칭으로 개별화되는 현존재의 실존론적 유아론을 떠나지 못하는 까닭이다. 특히 흥미로운 것은, 세계내부적 존재자이든지 타인의 공동현존재이든지 간에, 타자 일반이 현존재의 자기 속에 내면화된다는 것을 그가 밝힌 점이다. 세계-내-존재는 곧 "자기-내-존재"(같은 글, 96쪽)와 다름없다는 말이다. 이 점에 대해서는 같은 글, 113~18쪽 참조. 불안, 무거운 심정, 슬픔 등과 같은 검은 멜랑콜리가 전·후기에 걸쳐 하이데거의 사유를 조율하는 철학적 기분으로 자리 잡은 것은 하이데거가 "자기중심적인 존재론, 곧 자기(자기로서의 하나, 동일성)로 모든 것을 수렴하고 끊임없이 반복적으로 자기에게로 회귀해야만 하는 '엄밀한' (혹은 강박적인) 존재론"(김동규,「만해의 '기름'과 하이데거의 '멜랑콜리': 비근대와 탈근대, 동과 서, 그리고 시와 철학의 만남」,『존재론연구』, 제23집, 한국하이데거학회, 2010, 163~64쪽)의 궤도를 여전히 달리기 때문이다. 김동규는 이 글에서 타자를 향해 열린 만해(萬海) 한용운(韓龍雲)의 '기름'의 시(詩) 정신과 하이데거의 자기중심적 존재론을 비교하면서 자기로 닫힌 하이데거의 자기중심적 존재론의 특징을 잘 풀이한다. 이 점에 대해서는 같은 글, 149~65쪽 참조.

록 현존재를 추동한다. 불안해하는 내내 현존재가 자신의 고유한 존재 자체를 떠나기는커녕 오히려 그 존재 자체를 맴도는 것은 "…… **이 존재 자체 앞에서 불안해한다는 것이 이 존재 때문에 불안해한다는 것이기**" (제20권, p. 405) 때문이다. 불안 현상에 직면할 때 현존재가 세인의 일상적 공공성에서 어지럽게 이리저리 흩어진 관심의 가닥을 모아들여 자신의 고유한 존재 자체에 집중할 수 있는 것은, 불안거리와 불안의 까닭이 동일한 덕분이다. 제4장에서 밝히겠지만, 고유한 자기를 잃고 일상적 공공성에서 세인-자기(Man-selbst)로 떠돌던 현존재로 하여금 고유한 자기를 되찾도록 할 셈으로 그렇게 현존재가 자기 자신을 부르는 것은, 곧 현존재의 존재에서 양심의 부름이 일어나는 것은 흩어진 관심을 고유한 자기로 모아들이는 불안이 양심 현상을 조율하는 까닭이다.

5. 불안의 두 얼굴

지금까지 논의된 불안 현상의 실존론적 구성과 기능에 대한 풀이에서 해명된 것이라고는 불안이야말로 현존재에게 본래성의 가능성을 제공하는 유정성이라는 점밖에 없다. 특히 불안해함의 계기가 섬뜩하고 안절부절못하는 기분으로써 본래성의 출발선 앞에 서도록 현존재를 위협한다는 점에서 특출한 유정성이라는 것이 분명해졌다. 한편, 불안이 어떻게 현존재에게 비본래성의 가능성을 들이미는지는 안타깝게도 여전히 오리무중이다. 그러나 걱정할 것까지는 없다. 곤혹스러운 이 문제가 뜻밖에 쉽게 풀릴 수 있기에 그렇다. 사실, 제40절에 답이 이미 은연중에 제시되었다. "퇴락한 채 공공성의 편안함 **속으로** 도피하는 것은 안절부절못함 **앞에서**, 곧 피투된 채 그의 존재에서 그 자신에게 위임된 세계-내-존재로서 현존재에 서린 섬뜩함 **앞에서** 도피하는 것이다"(SZ, p. 189)라는 말에서 그 문젯거리에 대한 답이 보인다. 말하자면 섬뜩하고 안절부절못하는 기분 앞에서의 도피가 바로 편안한 일상적 공공성으로의 퇴락과 다를 바가 없다는 점에 답이 있다. 사실, 일상적 공공성으로의 퇴락이 현존재를 본래성과 소격(疏隔)하게 만드는 소외로 몰고 가고, 다시 "…… 이 소외가 …… 현존재를 그의 비본래성으로, **그 자신의** 한 가지 가능한 존재양태로 몰아넣는다"(SZ, p. 178)라는 점에서 결국 퇴락은 비본래성으로의 퇴락에 지나지 않기 때문이다. 요컨대, 현존재가 불현듯 비본래성의 가능성에 다다르는 것은 섬뜩함과 안절부절못함 앞에서 그가 도피하는 탓이라는 말이다. 바로 이 지점에서 불안 현상이 어떻게 현존재에게 비본래성의 가능성을 제공하는지가 드러난다. 불안이 현존재에게 본래성의 가능성 이외에 비본래성의 가능성마저 제공하는 것은 뜻밖에 섬뜩함과 안절부절못함의 기분에서이다.

흔한 상식에서 볼 때, 사람이 섬뜩함과 안절부절못함 앞에서 도피하는 것은 그 기분이 즐거움이나 기쁨과는 달리 불쾌하고 고약한 기분인 탓이다. 초기 불교에서 말하는 낙수(樂受)와 고수(苦受)가 그렇듯이, 즐겁거나 유쾌한 기분이 사람을 그 기분을 즐기도록 끌어들이는 반면에, 섬뜩함이나 안절부절못함 같은 괴로운 기분은 사람을 거기에서 도망하도록 자극한다. 이러한 상식이 틀린 것은 아니다. 그러나 불안의 기분을 불안 현상에 대한 실존론적 맥락에서 톺아볼 때, 왜 현존재가 섬뜩함이나 안절부절못함의 기분에서 편안한 일상적 공공성으로 도피하는지가 더욱더 확연하게 밝혀진다. 이미 언급했다시피 불안은 섬뜩하고 안절부절못하는 기분을 내뿜으면서 본래성의 출발선에 당장 서도록 현존재를 위협한다. 섬뜩함과 안절부절못함의 기분 앞에서 도피한다는 것은 사실 현존재에 대한 불안의 실존적 위협 앞에서 그가 도망한다는 말과 다름없다. 누구에게라도 삶에서 이러저러한 위협이 닥치면 먼저 도망하고 싶은 충동이 일어나는 것은 정한 이치이다. 현존재가 불안의 기분에서 섬뜩해지고 안절부절못하게 된다는 것은 그가 불안의 위협에 날카롭게 노출되었다는 것을, 다시 불안의 위협에 꼼짝없이 노출되었다는 것은 그가 그 위협에서 일상적 공공성으로 도피할 채비를 갖추었다는 것을 가리킨다. "…… 내존재가 세계로 몰락함에서 그의 존재를 고려할 때, 몰락하는 고려함은 틀림없이 현존재의 '**위협받음**'에 근거하고 있다"[19](제64권, 56쪽). 결국 현존재가 일상적 공공성으로의 퇴락에서 비본래성의 가능성으로 굴러떨어지는 것은 그가 불안의 위협에 적나라하게 노출된 탓이다. 실로 현존재가 섬뜩함과 안절부절못함에서 도피하는 것은 섬뜩함과 안절부절못함이 단순히 불쾌한 기분이어서가 아니다. 그가 그 기분에서 도피하는 것은 그 기분이 그에게 성가신 위협으로 닥치기 때문이다. 그 도피는 뜨거운 냄비에 손이 닿을 때 생리적으로 즉각 냄비를 뿌리치는 것과 같은 신체적 고통에 대한 즉각적 반응이 아니다. 오히려 그것은 불안의 위협에 대한 현존재의 가능한 실존적 관계이되, 그의 존재에 속하는 엄연한 실존론적 현상이다. 곧 섬뜩함과 안절부절못함 앞에서의 도피는 편안한 일상적 공공성으로의 도피와 함께 퇴락의 현상을 구성한다.

상식적으로 보더라도 사람이 위협에 처할 때마다 어떤 반응을 보이는 것은 말할 것도 없이 자연스러운 현상이다. 지렁이도 밟으면 꿈틀한다는 말처럼, 어떠한 위협이든지 간에 사람이 위협을 당할 경우에 위협에 반응하기 마련이다. 모름지기 위협에 무반응으로 일관할 수는 없는 법이다. 위협에 아무런 반응을 보이지 않는 것도 일종의 반응이기 때문이다. 그렇다면 사람이 비겁을 무릅쓰고 노출된 위협 앞에서 급히 도주하는 것도 엄연한 반응이기는 하다. 하이데거가 볼 때, 섬뜩하고 안절부절못하는 불안의 위협 앞에서 세인의 일상적 공공성으로 현존재가 도주하는 것도, 곧 비본래적 실존의 가능성으로 물러서는 것도 불안의 위협에 대한 현존재의 실존적 반응이다. 물론, 불안의 위협에 대한 현존재의 실존적 반응에는 한 가지가 더 있다. 이미 앞에서 거듭 논의한 것처럼 현존재가 불안의 위협에 순종할 수도 있다. 말하자면 본래적 가능성으로 자신

---

19 '몰락함'으로 옮긴 낱말은 'Verfallen', 곧 '퇴락'이다.

을 기투할 수 있도록 불안의 까닭의 구조계기가 그어놓은 본래성의 출발선 앞에 서는 것도 불안의 위협에 대한 현존재의 실존적 반응이다. 불안 현상의 실존론적 맥락에서 볼 때, 현존재가 불안의 위협에 반응하는 길은 바로 이 두 가지이다. 불안의 위협에서 도피하는 것과 불안의 위협에 순종하는 것이 위협에 대한 실존적 반응이다.

문제는 불안의 위협에 대한 두 가지 실존적 반응이 서로 정반대의 방향을 취한다는 점이다. 현존재가 불안의 까닭이 그은 본래성의 출발선을 뒤로 하고 세인의 품으로 도로 내빼는 것이 섬뜩함과 안절부절못함 앞에서의 도피라면, 거꾸로 세인의 품을 박차고 나와 본래성의 출발선에서 본래적으로 실존할 수 있도록 죽음으로 달려가는 것이 섬뜩함과 안절부절못함에 대한 순종이다. 다시 말해 섬뜩하고 안절부절못하는 위협 앞에서의 도피가 현존재를 비본래성의 가능성으로 빠뜨린다면, 섬뜩하고 안절부절못하는 위협에 대한 순종은 반대로 현존재로 하여금 본래성의 가능성을 장악하게 한다. 이쯤에서 경계해두어야 할 것이 있다. 섬뜩함과 안절부절못함 앞에서의 도피가 현존재에게 비본래성의 가능성을 열어놓는 반면에 불안의 까닭이 본래성의 가능성을 제시한다고 해서, 불안해함의 구조계기는 현존재를 비본래성의 가능성에 빠뜨리는 선천적 조건에 상당하는 한편 불안의 까닭의 구조계기는 그를 본래성의 가능성으로 보내는 선천적 조건에 상당하는 것으로 보아서는 안 된다는 말이다. 다시 선천주의의 언어로 말하면, 불안의 까닭은 본래적 실존을 존재론적으로 가능하게 하는 선천적 조건을 이루는 한편, 불안해함은 비본래적 실존을 가능하게 하는 선천적 조건을 이루는 것으로 보아서는 안 된다.

만약에 이렇게 불안의 까닭과 불안해함에 각각 본래성과 비본래성의 선천적 조건을 배당한다면, 이것은 불안 현상을 얼마든지 해체될 수 있는 레고 블록 덩어리로 치부하는 셈이다. 알다시피 불안거리, 불안의 까닭 및 불안해함의 세 가지 구조계기는 레고 블록이 아니다. 이 셋은 애초부터 따로 분리되지 않는다. 이 셋은 본디 상호관계에서 구조적 통일성을 형성하도록 서로 구조화되는데, 다름 아니라 불안 현상이 바로 셋의 구조적 통일성이다. 불안 현상은 결코 조각조각 해체될 수 없는 셋 사이의 구조적 통일성일 따름이다. 그렇기에 불안 현상이 불안의 까닭에서는 본래성과 연결되는 반면에, 불안해함에서는 비본래성과 연결되는 것으로 곡해해서는 안 된다. 현존재가 불안해함의 계기에서 섬뜩함이나 안절부절못함 같은 불안의 기분을 위협의 형태로 실존적으로 겪는 것은 구조적 통일성의 불안 현상 전체를 겪는 것으로 보아야 한다. 섬뜩함과 안절부절못함의 위협을 앞에 놓고 도피하든지 순종하든지 간에, 현존재는 불안의 유정성에서 불안 현상 전체와 실존적으로 관계한다. 현존재가 도피나 순종의 방식으로 불안해함의 계기 하나와 관계하는 것으로 착인(錯認)해서는 안 된다.

불안의 유정성이 현존재에게 각각 본래성과 비본래성의 가능성을 제시하는 것은 바로 이러한 맥락에서이다. 이제 "가장 고유한 존재가능을 **향해**, 이로써 본래성과 비본래성의 가능성을 향해 자유롭게 열려 있다는 것은 불안에서 근원적이고 기초적인 구체화로 현시된다"(SZ, p. 191)와 같은 문장이 몰아오는 뜻밖의 혼란과 당혹감은 불안의 위협에 대한 현존재의 두 가지 실존적 반응에서 가셨을 것이다. 다시 말해 '어떻게 불안이 현존재에게 본래성의 가능성과 비본래성의 가능성을 모두 제시하는가?'라는 이 글의 선행 물음에 관한 의구심은 가셨을 것이다. 세인의 일상적 공공성과 잠복한 불안 사이의 역학적 관계에서 현존재가 어떻게 비본래성의 가능성으로 흘러가는지가 제2장에서 밝히 해명될 때에나, 비로소 선행 물음은 해소될 것이다.

그렇기는 하지만 아직 이 당혹감을 둘러싼 안개가 다 걷히지 않았다. 도대체 섬뜩하고 안절부절못하는 불안의 기분이 가하는 위협을 놓고 왜 현존재가 정반대 방향의 반응을 보이는가가 안개에 가린 문제의 정체이다. 언뜻 사람마다 타고난 심리적 성향이 다르다는 점에서 문제를 해결할 수 있을 것으로 생각하는 사람이 있을 수 있다. 예컨대, 불안의 위협에 직면하자마자 도피하는 사람은 소심하거나 비겁한 성향의 사람인 반면에, 위협에 대응하는 사람은 대담하거나 정직한 성향의 사람이라고 생각할지 모른다. 그러나 현존재는 이러저러한 심리적 성향, 경향, 기질 또는 성격을 쓸어담은 심리적 주체의 캡슐이 아니다. 이와 같은 그릇된 생각이 드는 것은 "이 현존재가 고립된 자아-주체로, …… 하나의 자아 점(Selbstpunkt)으로 평가될 때"(SZ, p. 179)이다. 현존재는 어디까지나 고립된 자아-주체이기는커녕 열린 현-존재이고 열린 세계-내-존재이다. 사람의 상대적인 심리적 성향이나 기질 여하로 불안의 위협에 대한 반응이 달라지는 까닭을 추론해서는 안 된다.

불안의 위협에 대한 현존재의 실존적 반응 또는 관계가 달라지는 것은 현존재의 심리적 경향이나 성향에 달린 일이 아니다. 그렇다면 불안의 위협 자체에서 대안을 찾아야 할 것이다. 요컨대, 불안이 섬뜩하고 안절부절못하는 기분으로써 현존재를 어떻게 위협하는가에, 위협에 대한 실존적 관계가 바뀌는 까닭이 있다는 말이다. 이를테면 현존재가 불안의 위협에 도피의 방식으로 관계할 수도 있고 또 순종의 방식으로 관계할 수도 있는 것은 불안의 위협이 어떤 양상을 띠는가에 달린 일이다. 한편, 불안의 기분에서 위협의 양상이 달라지는 데에도 다 이유가 있다. 불안의 위협이 어떤 양상을 띠는가는 불안의 힘에 달린 일이라는 말이다. 불안 현상의 구조적 통일성에서 볼 때, '불안거리'를 가능성의 선천적 조건으로 취하는 불안의 기분이 '불안해함'의 계기에서 현존재를 '불안의 까닭'으로 가도록 위협한다는 것이 불안 현상의 전모이다. 여기에서 주시해야 할 것은 결국 불안의 위협이다. 불안이 섬뜩하고 안절부절못하는 기분을 발산하면서 현존재를 본래성의 출발선에 서도록 위협할 때, 불안은 현존재에게 힘을 행사하기 마련이다. 특히 불안의 힘에 관한 한, 마음에 새겨두어야 할 것은 "불안의 기분을 출중하게 만드는 위력(Mächtigkeit)의 가능성"(SZ, p. 344)이라는 말이다. 이미 거론한 것처럼 현존재가 불안의 실존론적 유정성을 실존적으로 경험하는 것은 불안의 기분에서이다. 이렇게 현존재가 불안의 유정성에서 섬뜩하고 안절부절 못하는 불안의 기분을 겪는 것은 실은 불안이 힘으로 현존재를 위협하는 것이나 다름없다.

사실, 불안의 위협이 도피와 순종 가운데 어떤 실존적 반응을 자아내는가는 힘의 강도와 양상에 달린 일이다. 예상하다시피 불안의 위력이 저강도(低强度)의 힘에 지나지 않는다면, 현존재는 그 힘이 가하는 위협에서 세인의 일상적 공공성으로 얼마든지 달아날 수 있을 것이다. 거꾸로 불안의 위력이 고강도(高强度)의 힘을 구사한다면, 현존재로서 그 힘에서 헤어나기가 쉽지 않을 것이다. 오히려 현존재는 불안의 고강도의 힘을 추진력으로 삼아 본래성으로 달려갈 것이다. 물론, 불안이 저강도의 힘을 차곡차곡 모아 한순간에 터뜨린다면, 필시 현존재가 저강도의 위협에서일망정 도망하기는 용이하지 않을 것이다. 반면에 고강도의 힘을 한순간에 터뜨리지 않고 가득한 물통에서 물이 찔끔찔끔 새듯이 뜨문뜨문 터뜨린다면, 고강도의 위협에서일망정 도망하기가 어렵지는 않을 것이다. 현존재가 불안의 위협에 직면해 세인의 일상적 공공성으로 도망하는 것은, 그 저강도의 힘이 한순간으로 집약된 채 폭발하지 않고 항상 현존재를 좇으면서 본래성의 가능성으로 가도록 저강도로 고르게 위협하기 때문이다. 이와 달리 현존재가 불안의 위협에 당해 본래성의 출발선에서 본래성을 향해 달리는 것은, 결단의 순간에 고강도의 힘이 그야말로 벽력이 내리치듯이 현존재를 단번에 돌연히 때리기 때문이다.

저강도의 힘을 낱낱의 지금에 걸쳐 고르게 행사하는 불안의 경우, 현존재는 불안의 위협에서 세인의 비본래적 상호공동존재로 쉽사리 도피한다. 반대로 결단의 한순간에 고강도의 힘을 단번에 터뜨리는 불안의 경우, 현존재는 그 위협의 실존론적 기능에 충실하게 본래성의 출발선에서 죽음으로 선구한다. 『존재와 시간』의 제40절이 곤혹스럽고 혼란스러운 것은 하이데거가 힘의 강도와 양상을 달리하는 이 두 불안을 명료하게 갈라서 친절하게 설명하지 않은 탓이다. 다시 말해 제40절의 문맥을 따라 불안 현상의 전모를 깔끔하게 이해하기가 어려운 것은, 그가 이 두 불안을 서로 구별하지 않은 채 필요할 때마다 둘 사이를 오가면서 불안 현상의 실존론적 구성을 설명한 탓이다. 두 불안을 달리 구분해 부르는 이름이 없는 것도 다 이러한 탓이다. 그러나 『존재와 시간』에서 두 불안 의 이름으로 삼을 만한 명칭이 언뜻 엿보이기는 한다. 다름 아니라 "잠복 한 불안"(latente Angst)(SZ, p. 192)과 "근원적 불안"(ursprüngliche Angst) (SZ, p. 308)이 그 두 명칭이다.[20] 저강도의 힘을 낱낱의 지금마다 수평 적으로 고르게 행사함으로써 도피의 반응을 부르는 불안의 이름으로는 '잠복한 불안'이 맞다. 한편, 고강도의 힘을 결단의 순간에 단번에 수직 적으로 휘두름으로써 순종의 반응을 유도하는 불안의 이름으로는 '근원 적 불안'이 맞다.

불안의 위협과 관련해 한 가지 더 짚어야 할 것이 있다. 일단 살펴야 할 것은, "이렇게 …곁에서 퇴락한 채 존재하기에서(in diesem verfallenden Sein bei…), 세인의 공공성이 친숙하지 않은 모든 것을 억누르는 탓에 대 체로 잠복한 불안과 함께 부패된(verdeckt) 채 있는 섬뜩함 앞에서의 도피 가, 명료하게든지 그렇지 않든지 간에, 또 이해되었든지 그렇지 않든지 간 에 고지된다"(SZ, p. 192) 또는 "이렇게 …곁에서 퇴락한 채 존재하기에 서 섬뜩함으로부터의 도피가, 곧 가장 고유한 죽음을 향한 존재 앞에서 의 도피가 고지된다"(SZ, p. 252)라는 문장이다. 인용된 두 문장에서 주시 해야 할 것은 다름 아니라 '섬뜩함 앞에서의 도피'와 '섬뜩함으로부터의 도피'이다. 사실, '섬뜩함 앞에서의 도피' 대신에 '불안 앞에서의 도피'라 고 표현한다 한들, 문제가 될 것은 없다. 섬뜩함이 불안의 기분이기에 그 렇다. 그럼에도 하이데거는 '불안 앞에서의 도피'라고 표현하지 않는다.

---

20 하이데거는 1929년 프라이부르크 대학의 취임강연인 「형이상학이란 무엇인가?」에 서 현존재를 본래성의 가능성으로 안내하는 불안을 직접 '근원적 불안'이라고 부른다. 이 점에 대해서는 Martin Heidegger, *Wegmarken*, GA Bd. 9, Frankfurt a. M.: Vittorio Klostermann, 1976, pp. 115~18 참조(앞으로 본문 안에서 '제9권'으로 약기한다).

여기에는 이유가 있다. 간단히 말해 불안이 현존재의 근본 유정성이라는 것이 그 이유이다. 아무리 현존재가 불안의 섬뜩함 앞에서 세인의 무리 속으로 도피한다고 하더라도, 그가 불안의 유정성과 영영 결별할 수 있는 것은 아니다. 섬뜩함이나 안절부절못함 같은 불안의 실존적 기분을 떠난다고 해서 현존재가 불안의 실존론적 유정성을 통째로 제거할 수 있는 것은 아니다. 사람이 명랑하고 유쾌하다고 해서 섬뜩함 같은 불안의 기분이 그의 마음에서 소멸하고 그 빈자리를 명랑, 유쾌함, 즐거움 등과 같은 여느 기분이 차지하는 것으로 보아서는 안 된다. 하이데거가 볼 때, 사람이 명랑하다고 해서 불안의 기분이 소멸하지는 않는다. "불안은 거기에 있다. 불안은 그저 잠들어 있을 뿐이다"(제9권, pp. 117~18)라는 말 그대로, 그저 불안의 기분은 명랑의 기분 밑에서 부폐(覆蔽)된 채로 잠들어 있는 것으로 보아야 한다. 다름 아니라 그것은 아무리 쾌활하고 명랑한 현존재라고 해도 불안의 유정성을 그의 존재에서 제거할 수 있는 것은 아니기 때문이다. 하이데거가 '불안 앞에서의 도피'라는 표현을 쓰지 않는 것은, 불안의 기분이 명랑 같은 여느 평범한 기분 밑에서 부폐된 채로 있을망정 현존재가 기어코 불안의 실존론적 유정성과는 결별할 수 없다는 것을 알리기 위해서이다. 다시 말해 현존재가 세인의 공공적 세계에서 세인 사이에 섞여 일상적 상호공동존재에 관한 매뉴얼대로 비본래적으로 실존한다 하더라도, 그는 결코 불안의 유정성을 얼굴에서 가면을 벗기듯이 그의 실존에서 벗길 수는 없다.

불안의 유정성은 근본 유정성답게 이렇게 불안해함의 구조계기를 놓고 현존재가 어떤 실존적 태도를 취하는가를 따라 본래성의 가능성을 개시하기도 하고 비본래성의 가능성을 개시하기도 한다. 불안해함의 구조계기에 대한 현존재의 실존적 관계 또는 반응에서 불안의 유정성이 본래성의 가능성과 비본래성의 가능성을 개시한다는 것은 무척 중요한 불안 현상의 특징이다. 드디어 왜 불안의 유정성이 가장 폭넓고 가장 근원적인 개시성인지가 이러한 맥락에서 밝히 드러나기 때문이다. 우선 불안의 유정성은 현존재의 실존을 본래성과 비본래성 등 두 가능성에서 공히 개시한다는 점에서 가장 폭넓은 개시성의 감투를 쓴다. 한편, 불안의 유정성이 현존재를 본래성의 출발선에 세우는 만큼 불안의 유정성은 영광스럽게도 가장 근원적인 개시성의 자리를 독차지한다. 불안의 유정성을 가장 폭넓고 가장 근원적인 개시성이라는 점에서 풀이하면, 현존재는 세계로의 피투성에서 세계-내-존재로 현사실적으로 존재하되, 본래성과 비본래성 등 두 가능성 앞에 직면한 채 그렇게 존재하는 특출한 존재자로 불안의 유정성에서 개시된다고 말할 수 있다. 다시 불안 현상을 세 가지 구조계기에서 뭉뚱그리면, 현존재는 세계로의 피투성에서 세계-내-존재로 현사실적으로 존재하되, 불안의 위협에 대한 실존적 관계에서 본래적 세계-내-존재-가능(In-der-Welt-sein-können)으로 자신을 기투하든가 세인의 일상적 공공성으로 퇴락하든가 그렇게 존재한다고 말할 수 있다.

실로 개시성의 위력이 가능한 본래성을 넘어 가능한 비본래성에까지 미친다는 점에서 불안은 그야말로 특출한 근본 유정성이다. 이 대단한 개시성의 위력은 세계, 자기 및 내-존재의 계기로 나뉘어 분석된 현존재의 존재를 구조 전체성과 구조 통일성에서 규정하는 데에 그 기초가 된다. 사실, 현존재의 존재가 구조 통일성에서 염려로 규정되는 것은 불안의 개시성의 위력 덕분이다. 가장 폭넓은 근원적 개시성으로 맹활약하는 불안의 유정성이 없다면, 혹은 불안의 유정성이 가장 근원적인 개시성으로만 활약하고 가장 폭넓은 개시성으로는 활약하지 못한다면 현존재의 존재가 염려로 규정될 수조차 없을 것이다. 어디까지나 불안의 유정성이 불안의 까닭의 구조계기에서는 "세계-내-존재-가능"을, 불안거리의 구조계기에서는 "피투된 세계-내-존재"를, 불안해함의 구조계기에서는 "세계-내-존재의 한 방식"으로 비본래성의 가능성마저 도피와 퇴락의 형태로 제시하는 섬뜩한 기분의 위협을 드러내는 만큼 현존재의 존재는 이 셋 사이의, 곧 "실존론성(Existenzialität), 현사실성(Faktizität)

및 퇴락 존재(Verfallensein)"(SZ, p. 191) 사이의 구조적 통일성으로 밝혀진다. 하이데거는 붙임표로 그 구조 통일성을 살려 현존재의 존재를 산뜻하게 규정하는데, "〔세계내부적으로 만나는 존재자〕 곁에서-존재하기로서 〔세계〕-안에서-이미-자기를-앞질러-존재하기"(Sich-vorweg-schon-sein-in-〔der-Welt-〕 als Sein-bei 〔innerweltlich begegnendem Seienden〕)(SZ, p. 192)가 그것이다. 단 하나의 낱말로 말하면, 현존재의 존재는 "염려"(SZ, p. 192)이다. 이렇게 현존재의 존재를 실존론성 또는 기투, 현사실성 또는 피투성, 퇴락 등 세 가지 구조계기에서 염려의 구조적 통일성으로 제시할 수 있는 것은 불안의 개시성이 여느 유정성보다 더욱더 근원적이면서도 폭넓은 덕분이다.

현존재에게 본래성과 비본래성 등 두 가능성을 공히 제시하는 불안의 근본 유정성이 이렇게 염려의 실존론적 규정에 방법적으로 이바지하는 것까지는 좋다. 그러나 그 근본 유정성의 지위가 불안 현상에 대한 의혹을 일으킨다. 현존재를 비본래성으로 추락하도록 자극하는 것도 불안이지만, 본래성을 선택하도록 응원하는 것도 불안이다. 그렇다면 불안은 둘이어야 하지 않는가? 이 질문이 나오는 것은 당연하다. 현존재를 비본래성으로 빠뜨린 불안이 다시 그를 퇴락에서 건질 수는 없다. 반대로 현존재를 세인의 거리에서 본래성으로 나아가도록 위협하는 불안이 도로 비본래성으로 돌아가도록 그를 유혹할 수는 없다. 같은 불안이 본래성과 비본래성의 두 가능성을 두고 이랬다저랬다 변덕을 부릴 수도 없고 또 부려서도 안 된다. 불안이 둘이어야 하는 것은 바로 이러한 이유에서이다. 각각 잠복한 불안과 근원적 불안으로 호명되는 한, 더욱더 그렇다. 그렇다면 다시 궁금증이 일어난다. 불안이 이렇게 둘이라면, 둘이 아무런 관계도 없다는 말인가? 만약 두 불안이 서로 아무런 관계도 맺지 않는다면, 둘은 현존재를 '동시에' 제각기 불안의 기분으로 물들일 수 있을 것이다. 이 경우에 사달이 난다. 현존재가 두 불안 사이의 불화와 알력 때문에 본래성과 비본래성 사이에서 찢길 것이 뻔하기 때문이다. 사람에게 본이름 말고 자(字)도 있고 별호(別號)도 있는 것처럼, 잠복한 불안과 근원적 불안은 같은 불안이 현존재의 존재에서 그에게 어떤 양상의 힘을 어떻게 끼치는가를 따라 달리 부르는 두 가지 이름으로 보아야 한다. 비유하건대, 사람이 그때마다 표정을 달리하는 것처럼, 두 불안은 같은 불안이 그때마다 서로 다르게 짓는 두 얼굴일 따름이다. 잠복한 불안과 근원적 불안이 불안의 두 얼굴이라면, 둘의 표정은 각기 어떻다는 말인가? 또한 둘 사이의 관계는 어떠한가? 앞으로 이러한 물음을 염두에 두고 두 불안을 각기 그 실존론적 구성에서 밝히 풀이해야 할 것이다.

제2장

잠복한 불안의 얼굴

제1장에서 언급한 것처럼 불안은 현존재에게 본래성의 가능성과 비본래성의 가능성을 모두 제시한다. 불안이 두 얼굴이어야 하는 까닭이 여기에 있다. 현존재에게 본래성의 가능성을 제공하는 불안이 비본래성의 가능성마저 제공할 수는 없기 때문이다. 물론, 그 반대도 마찬가지이다. 이렇게 불안이 두 얼굴을 짓지만 같은 불안의 두 얼굴일 따름이다. 노파심에 다시 말하지만, 두 얼굴의 불안을 별개의 불안으로 보아서는 안 된다. 별개의 불안이라면 두 불안이 동시에 현존재의 존재에서 감돌 수도 있을 것이다. 이것은 있을 수 없는 일이다. 그 경우 본래성과 비본래성의 갈림길에서 현존재가 두 길을 동시에 걸어가려고 할 것이기 때문이다. 아무쪼록 현존재를 본래성의 길로 안내하는 불안이 '동시에' 비본래성의 길로 내몬다거나, 현존재를 비본래성의 길로 내모는 불안이 '동시에' 본래성의 길로 선뜻 이끄는 것으로 생각해서는 안 된다. 같은 불안일 망정 현존재를 본래성의 길로 안내하는 불안의 얼굴과 비본래성의 길로 보내는 불안의 얼굴이 서로 다른 것으로 보아야 한다.

현존재에게 본래성의 가능성을 제공하는 불안의 얼굴이 근원적 불안이라면, 그를 비본래성의 가능성으로 흐르도록 유인하는 불안의 얼굴은 잠복한 불안이다. 마이클 인우드(Michael Inwood)도 그의 『하이데거 사전』에서 이렇게 불안 현상을 둘로 나누어 풀이한다. 필시 이것은 본래성의 가능성 이외에 비본래성의 가능성마저 제공하는 불안 현상의 특징을 그가 나름대로 고려한 까닭일 것이다. 그가 볼 때, "**불안**은 상반된 두 결과를 낳는다. 1. 지속적이고 은밀한 **불안**은 우리를 우리 자신에게서 도망하도록 만들고 친숙한 세계내부적 사물에서 위안을 구하거나 그리로 '퇴락하거나' 하도록 만든다. 2. 이따금 일어나는 노골적 **불안**은 우리를 친숙한 것에서 떼어내고 적나라한 현존재와 그의 적나라한 세계를 드러낸다."[1] 그의 친절은 안타깝게도 여기에서 멈춘다. 고작 그는 『존재와 시간』 제40절에 나오는 불안 현상에 대한 상반된 진술들을 앞에서처럼 간단히 정리하는 것으로 그친다. 도대체 퇴락하도록 만드는 은밀한 불안이 어떤 얼굴의 불안을 가리키고 퇴락에서 현존재를 건지는 노골적 불안은 어떤 얼굴의 불안을 말하는지를, 어떻게 둘 사이에서 상위하는 결과가 발생하는지를 속 시원하게 풀이하지는 않는다.

그럴지언정 인우드가 불안의 두 얼굴을 '은밀한 불안'(implicit anxiety)과 '노골적 불안'(explicit anxiety)으로 명명한 것은 적확하다. 물론, 불안의 두 얼굴을 부르는 이름을 『존재와 시간』에서 찾을 수 없어 그가 그렇게 작명한 것은 아니다. 오히려 새롭게 지은 불안의 이름이 불안의 두 얼굴을 잘 묘사한다는 점에서 그의 작명은 훌륭하기까지 하다. 그럼에도 『존재와 시간』에서 찾은 이름으로 말하면 은밀한 불안은 잠복한 불안으로, 노골적 불안은 근원적 불안으로 호명해야 할 것이다. 이름이야 어찌되었든지 간에, 그가 은밀한 불안과 노골적 불안이, 곧 잠복한 불안과 근원적 불안이 각각 어떤 얼굴의 불안인지를 밝게 풀이하지 않은 점은 무척 아쉽다. 제4장의 말미에서 드러나겠지만, 특히 불안의 실존론적 구조

---

1 Michael Inwood, *A Heidegger Dictionary*, Oxford: Blackwell Publishers, 1999, p. 17.

계기와 각 계기의 실존론적 기능에 비추어 두 얼굴의 불안 사이의 관계가 어떤지를 마저 밝히지 않은 것은 더욱더 아쉽다. 여기에서는 우선 잠복한 불안의 실존론적 구성을 밝히는 한편, 그 불안이 어떻게 현존재를 비본래성의 가능성으로 빠뜨리는가를 밝히고자 한다.[2]

1. 잠복한 불안의 실존론적 구성과 존재의 탈근거

불안이 무엇인가를 묻는다면, 언뜻 동어반복인 것처럼 여겨지겠지만, 불안은 불안거리 앞에서 불안의 까닭 때문에 불안해한다고 대답할 수

---

2 하이데거의 불안 현상을 이해하는 데에 도움이 되는 글은 적지 않다. 아쉬운 것은 모든 글이 근원적 불안만을 분석할 뿐이라는 점이다. 예컨대, 김동규는 『철학의 모비딕: 예술, 존재, 하이데거』에서 현존재의 불안을 "존재론적 불안"(김동규, 『철학의 모비딕: 예술, 존재, 하이데거』, 문학동네, 2013, 49쪽)으로 높이 대접하되, 특히 본래적 현-존재 또는 세계-내-존재를 위한 불안의 존재론적 긍정성에 준해 그 현상을 다룬다. "이처럼 불안 속에서 한 개인의 고유성과 개별성이 도드라진다. …… 개별성이 극대화된다는 것은 결국 탄생과 죽음이라는 무의 심연 '사이'에서 다른 것들에 종속되거나 동화되지 않고 최대한 차이를 산출하면서 살아가는 것을 뜻한다. 극도의 차이, 그 차이의 극대화는 자유를 바탕으로 한다. 이런 점에서 하이데거의 불안은 …… 자유의 불안이다"(같은 책, 49쪽)라는 탁월한 해설에서 볼 수 있듯이, 불안의 개별화를 자유에 바탕을 둔 실존의 '어떻게'의 차이화로 해석하는 것이 흥미롭다. 그러나 아쉽게도 현존재가, 불안의 기분에서 유정하게 존재할지언정, 세인의 공공적 세계에서 어떻게 실존적 차이화의 자유를 상실하고 평준화되도록 조작되는지를 놓쳤다. 불안에는 현존재를 본래성의 가능성 앞에 세우는 근원적 불안 말고 비본래성의 가능성으로 유인하는 잠복한 불안도 있다는 점을 잊어서는 안 된다. 또한 "『존재와 시간』에서 불안은, 단순히 우리를 허무감과 무상감에 빠뜨리는 것이 아니라 우리를 세인들의 세계에서부터 해방시켜서 단독자화하면서 우리에게 그동안 은폐되어 있던 본래적인 실존가능성을 개시하는 동시에 우리의 본래적인 실존까지도 규정하는 기분으로 간주되고 있는 것이다"(박찬국, 『원효와 하이데거의 비교 연구』, 서강대학교출판부, 2010, 176쪽)라는 풀이에서 보는 것처럼, 본래적 가능성을 위한 불안의 존재론적 긍정성만이 강조되기는 마찬가지이다. 역시 그늘진 잠복한 불안의 얼굴이 생략되었다. 하이데거의 불안 현상에 관한 연구물 사이에서 잠복한 불안을 다룬 글이 보이지 않는 것이 애석하다.

있다. 잠복한 불안이든지 근원적 불안이든지 간에, 불안은 모두 불안거리, 불안의 까닭 및 불안해함 등 세 가지 구조계기로 구성되기 마련이다. 하이데거는 불안 현상에 대한 실존론적 분석론에서 근원적 불안을 불안 현상의 본보기로 삼아 그 현상을 설명할 뿐이다. 그는 불안 현상을 잠복한 불안과 근원적 불안으로 나누어 친절하게 동이점에서 설명하지는 않는다. 그럼에도 잠복한 불안의 구조계기를 밝게 풀이하려면, 거기에서 해명된 불안 현상의 실존론적 구성과 기능을 단서로 삼을 수밖에 없다.

잠복한 불안의 경우, 불안거리는 역시 세계-내-존재이다. 그것도 "피투된 세계-내-존재"(SZ, p. 191)이다. 말하자면 현존재가 세계-내-존재로 실존하도록 세계로 던져졌다는 것이 바로 잠복한 불안의 불안거리를 이룬다. 이 불안거리에서 주의해야 할 것은 피투성과 불안거리의 실존론적 기능이다. 하이데거는 유정성과 관련해 피투성을 규정하기를, "그의 어디에서(Woher)와 어디로(Wohin)에서는 차폐되었지만, 그 자신에 즉해 그만큼 더욱더 차폐되지 않고 개시된 현존재의 바로 이 존재성격을, 이렇게 》그가 존재한다는 사실《을 우리는 이 존재자의, 그의 현(Da)으로의 **피투성**이라고 부른다. 실로 그가 세계-내-존재로서 현으로 존재하도록 그렇게 그의 현으로 피투되었다"(SZ, p. 135)라고 한다. 피투성의 실존론적 규정이 무척 복잡해 보이기는 하지만, 세 가지로 간추릴 수 있다. 우선 피투성은 현존재가 존재한다는 사실을 말한다. 그것도 현존재가 어디에서 와서 어디로 가는지는 어둠에 싸였지만, 그가 존재한다는 것만은 누구도 부인할 수 없는 사실이라는 것을 말한다. 한마디로 피투성은 현존재가 존재하지 않기는커녕 존재한다는 점에서 존재의 현사실을 말한다. 또한 현존재가 어디에서 와서 어디로 떠나가는지는 어두울망정, 그가 어디에서 어떻게 존재하는지를 말하는 것이 바로 피투성이다. 현존재는 종교적 인간이 상상하듯이 하늘나라에서 영생하지 않는다. 현존재는 다름 아니라 거기의 '현'에서, 세계에서 존재한다. 피투성은 현존재가 거기의 '현'에서, 세계에서 존재하도록 그렇게 그리로 던져졌다는 사실을 말한다. 게다가 피투성은 현존재가 아무렇게나 존재하지 않고 현-존재 또는 세계-내-존재로 '실존하도록' 거기의 '현'으로, 세계로 던져졌다는 사실을 가리킨다. 끝으로 피투성은, 현존재가 현-존재나 세계-내-존재로 실존한다는 현사실이 유정성에서 개시된다는 것을 말한다. 현존재에 대한 이론적 관찰이나 개념적 인식에서 존재의 현사실이 파악되는 것은 아니다. 오히려 "**유정성이 현존재를 그의 피투성에서 …… 개시한다**"(SZ, p. 136). 이렇게 현존재가 존재한다는 현사실은 유정성에서 개시성의 방식으로 환하게 드러난다.

현-존재나 세계-내-존재의 현사실을 피투성에서 적나라하게 개시하는 것은 바로 불안의 유정성이다. 그 까닭은 분명하다. 세계에서 피투된 채 현-존재나 세계-내-존재로 존재한다는 그 현사실이 바로 불안거리를 이루기 때문이다. 잊지 말아야 할 것은 불안거리의 실존론적 기능이다. 불안을 현존재의 존재에서 일어나도록 조건 짓는 선천적 가능성의 조건이 불안거리의 기능이라는 말이다. 결국 현존재를 불안에서 유정하게 존재하도록 선천적으로 조건 짓는 것은 현-존재 또는 세계-내-존재의 적나라한 현사실이다. 적어도 유정성에서 볼 때, 현존재에게 존재가 곧 불안인 까닭이 여기에 있다. 한편으로 언뜻 생각해볼 때, 존재의 현사실이 불안거리가 된다는 것은 미심스럽다. 흔히들 사람은 이 세계에서 더는 존재하지 못하는 것이 불안거리가 될 것으로 생각한다. 그러나 죽음만이 불안거리가 되는 것은 아니다.

죽음에 못지않게 존재의 현사실은 현존재에게 불안거리가 된다. 그것은 현존재의 존재가 존재수행의 '어떻게'이기 때문이다. 이렇게 현존재에게 존재가 명사가 아니고 동사이기에 그의 현사실적 존재는 불안거리가 된다. 말하자면 현존재가 현사실적으로 존재한다고 해서 저 산의 큰 바위처럼 허구한 날 아무 말도 없이 그냥 그 자리에서 꿈적하지 않은 채 눌러앉은 것으로 보아서는 안 된다. 현존재의 현사실적 존재는 전재자의 전재존재(Vorhandensein)와 같은 것이 아니다. 현존재는 현사실적으로 존재하되, 그때마다 존재의 현사실을 놓고 걱정스러운 눈길로 관심을 보인다. 다시 말해 현존재는 그의 현사실적 존재를 두고 어떻게 존재할까를 걱정한다. 현존재에게 존재의 현사실은 전재자의 전재존재와는 존재론적으로 격이 다른 존재의 '어떻게'이다. 현존재가 피투된 채 현사실적으로 세계-내-존재로 존재하면서 그때마다 어떻게 존재할까를 근심하고 걱정하는 만큼, 존재의 현사실은 불안거리를 이룰 수밖에 없다. 요컨대, 현존재는 피투된 채 세계에서 '어떻게' 존재할까를 '앞에' 놓고 스스로 불안해한다.

존재의 현사실이 현존재에게 불안거리가 될 수밖에 없는 이유는 또 있다. 그것은 이미 피투성에 대한 실존론적 규정에서 소개되었다. "》그가 존재한다는《 순수한 》사실《은 현시되지만, 어디에서 와서 어디로 가는지는 어둠에 묻혀 있다"(SZ, p. 134)라는 것이 바로 그 이유이다. 흔히들 인간이 어디에서 와서 어디로 가는가를 종교에 묻곤 한다. 서양의 초월적 종교에서라면 신 같은 최고 존재자가 바로 인간의 존재의 원인이고 존재의 목적이다. 그 경우 현존재가 세계-내-존재로 어떻게 존재할 것인가를 놓고 깊이 고민할 것은 없다. 그저 초월적 신앙에 의지하면 그것으로 족하다. 다시 말해 초월적 신앙에 의지하는 한, 어떻게 존재할까를 앞에 두고 불안해할 까닭은 전혀 없다. 그러나 하이데거가 볼 때, 현존재의 존재를 최고 존재자와 같은 형이상학적 존재자에 준해 존재자적으로 설명해서는 안 된다. 애초부터 그는 현존재의 실존론적 존재론으로 신을 끌어들이지 않기 위해 처음부터 현-존재 또는 세계-내-존재의 피투성에서 최고 존재자의 자리를 지워버렸다.

한편, 진화론이나 유전학과 같은 생물학적 이론이 현존재의 현사실적 존재를 여실히 밝힐 수 있는 것으로 생각해서는 안 된다. 오늘날 우주 만법(萬法)의 객관적 진리를 향해 질주하는 물리학, 천문학, 생물학, 화학과 같은 자연과학에 현사실적 존재를 놓고 자문을 구한다고 해도 초월적 신앙의 경우보다 더 나을 것은 없다. 설령 양자물리학과 우주론이 마침내 우주의 기원을 밝히고 또 진화론적 생물학이 인간 현존재의 존재자적 유래를 입증하고 진화의 줄기와 갈래를 샅샅이 밝혔다고 해서, 존재의 현사실을 앞에 두고 어떻게 존재할까를 고민하는 현존재의 실존적 과제를 과학이 대신할 수 있는 것은 아니다. 존재의 '어떻게'는 그때마다 그 누구도 대신할 수 없는 나의 것이기 때문이다.

다시 말하지만, 누가 또는 무엇이 현존재를 어떻게 세계로 던지는지는 어둡다. 현존재가 자신을 직접 세계로 던진 것도 아니다. 신 같은 최고 존재자가 현존재를 세계로 던진 것도 아니다. 최고 존재자 또는 절대적 존재자가 피투성의 존재자적 원인도 아니고, 우주 만법에 대한 자연과학적 탐구에서 발굴되는 존재자적 세계 근거가 역시 피투성의 존재자적 원인도 아니다. 실로 피투성에는 그 존재자적 원인이나 근거가 없다. 이렇게 존재자적 원인이나 근거가 없기에 현존재의 현사실적 존재는 어깨에 놓인 무거운 "짐"(SZ, p. 134)과 다름없다. 현존재로서 존재의 현사실을 앞에 두고 어떻게 존재할까를 고민하면서 신 같은 절대적 존재자에 의지하고 싶을 때도 있을 수 있다. 물론, 쳐다볼 수 없을 만큼 아득히 솟은 저 높은 곳에서 하계(下界)를 내려다보는 신에 의지하는 대신에, 가령 재산이나 인맥 같은 세계내부적 존재자에 의지해 그 고민을 해결하려고 시도할 수도 있다. 그러나 세계내부적 존재자는 아예 불안거리조차 되지 않는다. 다시 말해 불안의 기분에서 주변 세계의 적소 전체성이 허물어지는 동시에 세계내부적 존재자는 무의미성으로 침전한다. 이렇게 현사실적 존재의 '어떻게'를 앞에 놓고 의지하고 기댈 것은 세계 그 어디에도 없다. 신도, 세계내부적 존재자도, 공동현존재의 타인도 그 점에서는 마찬가지이다. 이제 존재의 현사실을 짊어진 채 어떻게 존재할까를 고민하고 책임져야 할 당사자는 바로 그것을 짊어진 현존재 자신일 수밖에 없다. "피투성이라는 표현이 **위임**(*Überantwortung*)**의 현사실성**을 시사할 수밖에 없다"(SZ, p. 135)라는 말은 바로 이러한 맥락에서 이해해야 한다.

피투성과 관련해 마지막으로 검토해야 할 것은 근원적 시간이다. 현존재가 거기의 '현'이나 세계로 피투될 때, 그 '현'이나 세계의 열린 공간을 존재론적으로 가능하게 하는 것이 바로 근원적 시간이기 때문이다. 우선 **"탈자적 시간성이 현을 근원적으로 투광한다**(*lichtet*)"(SZ, p. 351)라는 말에서 알 수 있듯이, 현존재의 '현'은 근원적 시간의 자기시간화(Sichzeitigen)에서 근원적으로 투광(透光)되는 개시성의 열린 공간이다. 한편, 주목해야 할 것은 "현의 개시성에서 세계가 함께 개시된다"(SZ, p. 365)라는 점이다. 가령 '현'의 열린 공간에서, 예컨대 세계내부적 존재자의 존재가 개시되는 만큼 이 '현'의 공간이 바로 세계와 다름없다는 말이다. 한마디로 "…… 이것이 탈자적(脫自的, ekstatische) 통일성으로서 시간화하는 그것은 시간성의 지평의 통일성, 곧 세계이다"[3](제26권, p. 272). 이렇게 근원적 시간이, 거기의 '현'이나 세계의 열린 공간을 존재론적으로 가능하게 하는 한에서, 현-존재 또는 세계-내-존재를 존재론적으로 가능하게 하는 선천적 조건이 된다는 것은 틀림없다.[4]

문제는 근원적 시간이다. 근원적 시간은 거기의 '현'이나 세계의 열린 공간을 존재론적으로 가능하게 한다는 점에서, 다시 말해 현존재를 거기의 '현'이나 세계에서 피투된 채 현-존재나 세계-내-존재로 존재하도록 존재론적으로 규정한다는 점에서 말 그대로 근원적이기는 하다. 그런 만큼 시간의 근원성이 피투성에만 미치는 것은 아니다. 실로 근원적 시간이 근원적인 것은 그 "시간성이 염려의 존재의미이기"(SZ, p. 367) 때문이다. 이렇게 근원적 시간은 실존론성, 현사실성 및 퇴락성 등 염려의 구조 전체를 존재론적 맥락에서 선천적으로 가능하게 한다는 점에서 근원의 지위를 구가한다. 흥미로운 것은, 시간이 근원적인 만큼 가능해지

---

3 '이것'은 '시간성'을 지칭한다.
4 근원적 시간이 거기의 '현' 또는 세계의 열린 공간을 가능하게 하는 선천적 조건이라는 점에 대해서는 권순홍, 『존재와 탈근거, 하이데거의 빛의 형이상학』, 405~44, 485~99쪽 참조.

는 것의 힘을 모조리 능가하는 더할 나위 없는 위력을 발휘하는 한편, 가능해지는 것은 가능하게 하는 근원적 시간의 "퇴화"(SZ, p. 334)에 불과하다는 점이다. 가능해지는 것의 선천적 조건은 그것을 가능하게 하는 것에 있다. 선천적 가능성의 조건을 존재론적 힘의 관계로 번역하면, 가능해지는 것은 가능하게 하는 것의 근원적 힘의 젖줄에 매달리기 마련이다. 근원적 시간은 현존재의 존재를 존재론적으로 가능해지도록 규정한다는 의미에서 가장 큰 위력을 자랑한다. 반면에 현존재의 존재는 더할 나위 없는 근원적 시간의 힘에 의지하지 않으면 안 될 만큼 존재론적으로 퇴화했다. 이렇게 근원적 시간은 현존재의 존재에 존재론적 의지처가 되기는 하지만, 정작 시간 자신의 의지처를 확보할 수는 없다. 다름 아니라 근원적 시간을 존재론적으로 가능하게 하는 것이 따로 있다면, 그 시간이 더는 '근원적' 시간의 품위를 유지할 수 없기 때문이다. 근원적 시간의 의지처가 없는 것은 그 시간이 근원적인 까닭이다.[5]

분명한 것은, 현존재가 세계에서 피투된 채 현사실적으로 존재하는 것이 현-존재 또는 세계-내-존재를 존재론적으로 가능해지도록 조건 짓는 근원적 시간의 존재론적 위력 덕분이라는 점이다. 그럼에도 근원적 시간의 경우에 그 시간의 위력을 존재론적으로 가능하게 하는 것이 따로 있을 수 없다. 요컨대, '현'-존재의 존재론적 근거는 근원적 시간에 있지만, 근원적 시간의 존재론적 근거는 애초부터 있을 수가 없다는 말이다. 아무리 가능해지는 것을 가능하게 할 만큼 막강한 위력을 행사한다 하더라도, 니체의 힘 의지가 존재자적으로나 존재론적으로 원인이 없는 것처럼 근원적 시간은 끝내 존재론적 탈근거(脫根據)를 면할 수 없다. 현-존재가 이렇게 근원적 시간의 탈근거에 매달린 이상, 그의 현-존재도 하나의 현사실이기는 하지만 역시 존재론적 탈근거를 면할 수 없다.

---

5 근원적 시간을 가능하게 하는 선천적 조건이 있을 수 없다는 점에 대해서는 권순홍, 『유식불교의 거울로 본 하이데거』, 167~69쪽 참조.

"현존재는 그가 존재한다는 사실의 근거와 토대라는 의미에서 고작 전재자로 있는 것은 아니다. 오히려 근거는 **실존론적** 근거, 곧 개시된 근거이지만, 사실은 **탈근거**(*Abgrund*)이다"(제20권, p. 402)라는 말에서 헤아릴 수 있는 것처럼, 현-존재는 존재자적으로나 존재론적으로나 근거가 없다. 마치 실체 같은 전재자가 형상(eidos)을 존재의 존재자적 근거로 취하는 것처럼 현존재가 가령 "전재하는 영혼"(제20권, p. 402) 같은 것을 실존의 존재자적 근거로 취하는 것은 아니다. 그뿐더러 현-존재는 존재론적 탈근거의 근원적 시간에 의지하는 만큼 역시 존재론적 탈근거마저 피할 수가 없다.

이렇게 현존재의 존재는 존재자적으로나 존재론적으로나 탈근거일 수밖에 없다. 말했다시피 현-존재의 탈근거적 현사실은 불안을 부르는 만큼 불안의 유정성에서나 적나라하게 드러난다. 실로 현존재가 세계에서 피투된 채 현-존재 또는 세계-내-존재로 현사실적으로 존재하는 가운데 그때마다 현사실적 존재의 '어떻게' 앞에서 불안해하는 것은, 피투된 현-존재나 세계-내-존재의 현사실이 존재자적으로도 원인이나 근거가 없을 뿐만 아니라 존재론적으로도 탈근거를 모면할 수 없기 때문이다. 심지어 현존재 자신조차 현사실적 존재의 존재자적 근거나 원인이 될 수 없다. 그러나 현존재가 존재자적으로나 존재론적으로나 근거가 없는 현-존재 또는 세계-내-존재의 현사실을 앞에 두고 불안해한다고 해서 그 탈근거 앞에서 털썩 주저앉는 것으로 보아서는 안 된다. 현존재가 불안거리 앞에서 불안해하는 까닭이 있기 때문이다.

잠복한 불안의 경우에도 불안의 까닭은 세계-내-존재이기는 하다. 잠복한 불안에서든지 근원적 불안에서든지 간에, "불안이 불안해하는 까닭은 세계-내-존재 자체이기"(SZ, p. 187) 때문이다. 이렇게 세계-내-존재라는 점에서 불안거리와 불안의 까닭은 서로 다르지 않다. 그러나 이미 설명했다시피 둘이 같은 세계-내-존재를 두고 찍는 방점은 서로 다르다. 불안거리가 현-존재 또는 세계-내-존재의 피투성에 방점을 찍는다면, 불안의 까닭은 가능성으로의 기투에 찍는다. 말하자면 "불안은 현존재가 불안해하는 까닭으로, 곧 그의 본래적 세계-내-존재-가능으로 현존재를 도로 되던진다"(SZ, p. 187)라는 말 그대로, 본래적 세계-내-존재-가능이 바로 불안의 까닭에 해당한다. 이 불안의 까닭에서 눈여겨보아야 할 것은 '세계-내'가 아니고 '본래적 존재가능'이다. 그 이유는 앞에서 밝혀졌다. 한마디로 그것은 불안의 기분에서 세계의 적소 전체성이 모조리 와해하기 때문이다. 적소 전체성의 맥락이 산산이 해체된 그곳에서는 타인을 비롯해 세계내부적 존재자가 무의미성으로 가라앉으면서 있어도 그만이고 없어도 그만이게 된다. 이렇게 불안은 현존재를 1인칭의 고유한 자기로 개별화한다. 내 재산도, 내 권력도, 내 동무도, 내 동료도, 심지어 최고 존재자도 현사실적 존재의 '어떻게'를 나를 대신해 책임질 수는 없다. 온갖 세계내부적 존재자가 불안의 눈앞에서 포착되지 않도록 무의미성으로 가라앉은 그곳에서 개별화되는 현존재가 맞닥뜨리는 것은 "세계의 무"(SZ, p. 276)일 뿐이다.

세계의 무에서, 곧 세계의 무의미성에서 현존재가 일상적으로 비근한 세계내부적 배려거리를 상대로 해서 존재의 가능성을 찾을 수는 없다. 중요한 것은 무의미성으로 침몰한 어두운 세계에서 그럼에도 고유한 자기로 개별화되는 현존재에게 번쩍이는 빛이 있다는 점이다. 다름 아니라 그것이 그의 고유한 본래적 존재가능의 가능성 또는 본래성의 가능성이라는 것은 앞에서 이미 언급했다. 현존재가 불안의 기분에서 홀로 불안해하는 것은 바로 이 본래성의 가능성 때문이다. 역시 잠복한 불안에서도 불안의 까닭은 본래적 존재가능의 가능성, 본래성의 가능성에 있다. 불안의 까닭에 직면하는 한, 고유한 자기로 개별화되는 현존재는 본래적으로 실존할 수 있도록 본래성의 출발선 앞에 서야 한다. 여기에 불안의 까닭의 실존론적 기능이 있다. 다시 말해 현존재에게 본래성의 출발선이 된다는 것이 바로 불안의 까닭이 맡은 실존론적 기능이다.

한편, 존재자적으로나 존재론적으로나 아무런 근거 없는 실존의 현사실을 감싸고 도는 불안의 기분에서 현존재가 갈피를 잡지 못하고 우물쭈물 망설일 수는 없다. 현존재가 불안의 유정성을 섬뜩함이나 안절부절못함의 기분에서 경험하기 때문이다. 불안해함의 구조계기에서는 섬뜩하고 안절부절못하는 불안의 기분이 중요하다. 요컨대, 불안해하는 가운데 현존재는 실존론적 불안의 유정성을 섬뜩하고 안절부절못하는 실존적 기분에서 경험하기 마련이다. 다만 잠복한 불안이 저강도의 불안인 이상, 섬뜩하고 안절부절못하는 기분을 저강도로 경험하는 것으로 보아야 한다. 물론, 불안에 대한 현존재의 실존적 경험은 그가 그 기분에서 불안의 위협을 당한다는 것을 의미한다. 이를테면 잠복한 불안은 섬뜩하고 안절부절못하는 기분을 저강도로 발산하면서 현존재를 은근히 위협하되, 본래성의 출발선에서 죽음의 관문에 이르기까지 본래성의 도정을 주파한 다음 어서 본래적 가능성으로의 자기기투를 단행하라고 은연중에 위협한다. 이렇게 본래성의 길로 달려가도록 현존재를 섬뜩하고 안절부절못하는 불안의 기분으로써 위협하는 것이 바로 불안해함의 구조계기가 맡은 실존론적 기능이다.

잠복한 불안은 이렇게 세 가지 구조계기로 구조화된다. 게다가 현존재의 존재가 존재수행의 동사인 한에서, 잠복한 불안은 해체될 수 없는 세 가지 구조계기 사이의 구조적 통일성의 '어떻게'나 진배없다. 어디까지나 불안의 세 가지 구조계기는 제각기 분리된 레고 블록과 같은 것이 아니기 때문이다. 구조적 통일성의 맥락에서 잠복한 불안을 총괄하면, 탈근거적 존재의 현사실과 그 현사실적 존재의 '어떻게'를 불안거리로 삼아 섬뜩함이나 안절부절못함의 기분을 저강도로 발산하면서 본래적 존재가능의 가능성으로 가도록 그렇게 은근히 현존재를 위협하는 불안으로 추릴 수 있을 것이다.

2. 세인(世人)의 부드러운 권력과 현존재의 귀순

잠복한 불안이 불안으로서 현존재에게 저강도의 위협을 가하기는 한다. 안타까운 것은 그럼에도 잠복한 불안이 주요한 실존론적 기능을, 무엇보다도 불안의 까닭의 기능을 감당하지 못한다는 점이다. 그 불안은 현존재를 본래성의 길로 가도록 이끄는 데에 실패하고 도리어 비본래성의 가능성에 빠뜨리고 만다. 사실, 그 불안이 잠복한 불안으로까지 호칭되는 까닭이 여기에 있기는 하다. 어쨌든 현존재를 비본래성의 가능성에 빠뜨리는 불안이 두 얼굴의 불안 가운데 바로 잠복한 불안인데, "그리고 불안이 잠복한 채(latent) 세계-내-존재를 이미 늘 규정하기 때문에만, 이 세계-내-존재가 》세계《 곁에서 배려하는-유정하게 존재하는 존재로서 무서워할 수 있다. 공포는 》세계《로 퇴락한 비본래적 불안이되, 공포 자체에 은폐된 불안이다"(SZ, p. 189)라는 말에서 그것을 확인할 수 있다. 이 인용문에서 비본래성의 가능성에 빠뜨리는 사정을 어렵지 않게 간파할 수 있다.

알다시피 불안은 본래적 기분인 반면에 공포는 비본래적 기분이다. 그러나 지금 인용문에서 중요한 것은 이것이 아니다. 또한 현존재가 공포나 명랑 같은 그 밖의 기분에 처할 수 있는 것이, 불안의 근본 유정성이 여느 기분의 실존론적·존재론적 조건을 이루는 까닭이라는 점도 중요한 것은 아니다. 중요한 것은, 현존재가 》세계《로 퇴락하면서 공포의 기분에 처하는 것이 바로 불안 탓이라는 점이다. 특히 눈여겨보아야 할 것은 불안이 잠복한 채 세계-내-존재를 규정하는 탓에 현존재가 》세계《로 퇴락한다는 점이다. 》세계《로 퇴락한다는 것은 세인의 공공적 세계에서 개시되는 세계내부적 존재자로 퇴락한다는 말이다. 불안이 잠복했기에 현존재가 공공적 세계에서 용재자 같은 세계내부적 존재자로 퇴락한다. 세계내부적 존재자로 퇴락했기에 현존재는 때때로 공포를 겪게된다. 공포는 불안과는 달리 특정한 적소성의 맥락에 놓인 세계내부적 존재자를 공포거리로 삼기 때문이다.

불안이 잠복했기에 현존재가 세계내부적 존재자로 퇴락하는 이상, 잠복한 불안이 현존재를 본래성의 가능성으로 달려가도록 힘차게 고강도로 위협하기는커녕 도리어 비본래성의 가능성으로 흘러가도록 그에게 빌미를 제공한다는 것은 틀림없다. 이렇게 잠복한 불안의 경우, 불안의 까닭은 실존론적 기능을 충실히 이행하지 못한다. 잠복한 불안은 불안의 까닭의 실존론적 기능이 요구하는 대로 적소 전체성의 와해에서 현존재를 고유한 자기로 개별화하고 그렇게 개별화되는 현존재를 본래성의 출발선 앞에 세워야 마땅하지만, 그렇게 하지를 못한다. 거기에는 그럴 수밖에 없는 사정이 있다. "이렇게 …곁에서 퇴락한 채 존재하기에서, 세인의 공공성이 친숙하지 않은 모든 것을 억누르는(niederhält) 탓에 대체로 잠복한 불안과 함께 부폐된 채 있는 섬뜩함 앞에서의 도피가, 명료하게 든지 그렇지 않든지 간에, 또 이해되었든지 그렇지 않든지 간에 고지된다"(SZ, p. 192). 바로 이 인용문에서 그 사정이 언뜻 나타난다. 결국 잠복한 불안이 둘째 계기의 실존론적 기능을 충실히 이행하지 못하는 것은 세인의 일상적 공공성이 친숙하지 않은 것을, 노골적으로 말해 섬뜩하고 안절부절못하는 저강도의 기분을 현존재의 존재에서 활개치지 못하도록 억누르기 때문이다. 섬뜩하고 안절부절못하는 불안의 기분이 이렇게 세인의 일상적 공공성 밑에서 부폐된 채로 기를 펴지 못하는 한, 잠복한 불안이 현존재를 개별화하지도 못하고 본래성의 출발선 앞에 세우지도 못한다는 것은 말할 필요가 없다.

세인의 일상적 공공성이 일상성에 친숙하지 못한 불안의 기분을 억누른다는 것은 힘의 역학적 관계를 연상시킨다. 실로 억누른다는 뜻의 그 독일어 낱말(niederhalten)은 쿠데타의 진압을 연상시킨다. 세인은, 독재권력이 반정부 쿠데타를 진압할 정도로 큰 힘을 쥔 것처럼 그렇게 큰 힘을 쥔 것이 분명하다. 세인의 힘이 어느 정도인지는, 그리고 그 특징이 무엇인지는, 세 개의 문장을 비교하면, 금방 알 수 있다. "이 존재양태가 일상적 현존재 자신에게 눈에 띄지 않으면 않을수록 그것은 더욱더 집요하고 더욱더 근원적으로 제 몫을 한다"(SZ, p. 126)라는 문장이 첫째이다. 여기에서 말하는 '이 존재양태'는 세인의 일상적 존재양태 또는 세인의 그늘에 안주하는 현존재의 일상적 상호공동존재의 양태 가운데 하나인 현격성(Abständigkeit)을 가리킨다. "결정적인 것은 공동존재인 현존재가 뜻밖으로 이미 인수한, 눈에 띄지 않는 타인의 지배이다. 사람 자신이 타인에 속하고 그들의 권력을 강화한다"(SZ, p. 126)라는 문장이 둘째이다. 여기에서 타인은 결국 세인을 지칭하고 그들의 권력은 세인의 권력을 뜻한다. "이렇게 눈에 띄지 않고 탐지할 수 없는 가운데 세인은 자신의 실질적인 독재를 펼친다. 세인이 즐기는 것처럼 우리는 즐기고 흥겨워한다. 세인이 보고 판단하는 것처럼 우리는 문학과 예술에 관해 읽고 보고 판단한다. 세인이 물러나듯이, 우리도 또한 》군중《으로부터 물러선다. 세인이 격분하는 것에 우리는 》격분《한다. …… 세인이 일상성의 존재양태를 지정한다"(SZ, pp. 126~27)라는 문장이 셋째이다.

인용된 세 문장에서 세인의 힘과 그 특징을 묘사하는 낱말이 '눈에 띄지 않음'(Unauffälligkeit)이라는 것을 알아챘을 것이다. 공통된 낱말이기 때문이다. 세인은 눈에 띄게 노골적으로 일상적 공공성에 관한 매뉴얼을 일상적 현존재에게 강압적으로 지령하고 그의 일상적 상호공동존재를 남이 보란 듯이 소란스럽게 지배하지는 않는다. 바로 여기에서 세인의 힘, 그 기세가 예상 밖으로 엄청나다는 것을 직감할 수 있다. 보란 듯이 앞에서 거친 완력을 행사하는 자는 보이지 않게 뒤에서 부드러운 힘을 행사하는 자보다 허약한 법이다. 그것은 허장성세에 불과하다. 길거리에서 백성을 총칼로 겁박하는 독재 권력은 속는 줄도 모르게 백성을 속여 그들로부터 자발적인 지지와 동의를 긁어모으는 독재 권력을 능가할 수 없는 법이다. 채찍을 휘두르는 거친 독재 권력은 당근을 앞세우는 부드러운 독재 권력을 당할 수 없는 법이다. 문학과 예술을 놓고 세인처럼 읽고 보고 비평하라고 구태여 채찍을 휘두르지 않아도 일상적 현존재가 선뜻 세인의 뜻을 알아서 떠받들 만큼 세인의 권력은 부드럽지만, 도리어 어떤 권력보다 막강하다. 세인의 권력이 얼마나 막강한지는, 그것이 공공적 세계에서 전혀 탐지되지 못하도록 아예 눈에 띄지 않는다는 점에서 여실히 드러난다. 세인은 공공적 세계에서 드문 것, 예외적인 것, 돌출하는 것, 도드라지는 것, 탁월한 것, 불편한 것, 낯선 것, 비밀스러운 것 등을 예외 없이 친숙하고 낯익고 흔하고 편리하고 쉽고 가볍고 간단하고 평평한 것으로, 곧 그저 그렇고 그런 평균성으로 가라앉도록 억누르고 진압한다. 그것도 일상적 현존재의 눈에 띄지 않도록 그렇게 하루아침에 진압한다. 그럴 정도로 현존재의 일상적 상호공동존재를 향한 세인의 힘은 막강하다. 세인의 권력이 눈에 보이지 않는다는 것은 그 권력이 의외로 막강하다는 것만을 말하지 않는다. 또한 그것은 그 권력의 남다른 특징이 부드러움에 있다는 것을 말한다. 세인의 권력은 부드러운 권력이다. 그 권력은 경성(硬性)이나 강성(强性)의 거친 권력이기보다는 연성(軟性)의 부드러운 권력이다. 세인의 권력은 불끈 튀어나온 근육질의 남성적 권력이 아니다.

세인이 일상성과 공공성을 지배하는 존재론적 권력이듯이, 사실 불안도 일상적 현존재 자신에게 미치는 존재론적 힘이기는 하다. "불안의 기분을 출중하게 만드는 위력의 가능성"(SZ, p. 344)이 분명히 불안 현상에 들어있기 때문이다. 불안의 위력은 다름 아니라 불안 현상의 구조계기에서 선명하게 드러난다. 불안의 유정성에서 세계의 무가 개시되도록 공공적 세계의 적소 전체성을 모조리 무너뜨리고 그 맥락에 놓인 세계내부적 존재자를 아무 쓸모도 없고 의미도 없는 것으로 무력화하는 데에서 우선 불안의 힘을 느낄 수 있다. 게다가 섬뜩하고 안절부절못하는 기분을 내뿜으면서 일상적 현존재를 홀로 있는 자기로 개별화하고 본래성의 출발선 앞에 서도록 위협하고 압박하는 데에서 역시 불안의 위력을 실감할 수 있다. 그러나 잠복한 불안이 달리 잠복한 불안이 아니다. 힘이 있다고는 하지만, 세인의 권력 앞에서 고개를 숙이고 마는 것이 잠복한 불안이다. 가냘프기는 하지만 끈질긴 잠복한 불안의 힘이 마침내 세인의 기세에 진압되기 때문이다. 이렇게 현존재의 본래성의 수면 아래로 가라앉도록 진압된 불안이 바로 잠복한 불안이다.

여기에서 오해해서는 안 될 것이 있다. 세인의 권력이 잠복한 불안의 힘을 진압한다고 해서 거칠게 총칼을 동원하는 것은 아니라는 말이다. 어디까지나 세인은 부드러운 연성의 독재 권력이기에 그렇게까지 난폭하게 진압하지는 않는다. 세인이 어떻게 불안의 힘을 부드럽게 진압하는지를 밝히기 위해서는 먼저 잠복한 불안의 특징과 세인의 부드러운 존재양태를 들추어보아야 한다. 하이데거가 『존재와 시간』의 제40절에서 불안 현상의 실존론적 구성과 기능을 해명할 때, 근원적 불안을 현상학적 관찰의 본보기로 삼는다는 것은 앞에서 말했다. 그 탓에 잠복한 불안의 독특한 특징을 명쾌하게 알아차리기는 쉽지 않다. 그럼에도 제40절에서 근원적 불안과 다른 잠복한 불안의 특징이 언뜻 나타난다. 하이데거는 그 불안의 특징을 슬쩍 서술하기를, "이 섬뜩함은 현존재를 부단히(ständig) 따라붙으면서, 은밀하게(unausdrücklich) 그럴망정, 그가 일상적으로 세인 속으로 빠져들어 가서 자신을 상실한 것을 위협한다. 이 위협은 일상적 배려의 온전한 안정성 및 충족성과 현사실적으로 동행할(zusammengehen) 수 있다"(SZ, p. 189)라고 한다. 이 두 문장에서 잠복한 불안의 특징이 셋으로 나타난다.

우선 잠복한 불안은 끈질기고 줄기차게 현존재를 뒤좇는다. 실로 세인의 무리 어딘가에 숨는다 해도 한순간도 쉬지 않고 숨은 현존재를 졸졸 따라다닌다. 그 불안은 피투된 현-존재나 세계-내-존재의 현사실을 부단히 맴돈다. 이미 밝혔지만, 그것은 잠복한 불안을 일어나도록 조건 짓는 선천적 가능성의 조건이 바로 현-존재나 세계-내-존재로의 피투성, 한마디로 현사실적 실존으로의 피투성에 있기 때문이다. 현존재가 존재자적 원인이나 존재론적 근거 없이 거기의 '현'이나 세계에서 피투된 채 존재하는 한에서 실존의 방식 말고 달리 존재할 수는 없다. 현존재는 그리로 피투된 이상 반드시 현-존재나 세계-내-존재의 양태로 실존할 수밖에 없다. 다름 아니라 바로 이 실존이, 어깨를 무겁게 내리누르는 짐 같은 이 실존이 잠복한 불안의 불안거리를 이루기에, 그 불안은 어디로 가든지 간에 놓치지 않고 항상 부단히 현존재를 따라붙는다. 이러저러한 핑계로 중도에 현존재에 대한 추적을 결코 중단하지 않고 실로 현존재가 생물학적으로 죽을 때까지 '끊임없이 부단히' 그를 뒤좇는다는 의미에서 부단성(Ständigkeit)이 바로 잠복한 불안의 첫째 특징을 이룬다.

둘째 특징은 은밀성(Unausdrücklichkeit)이다. 불안의 위협이 은밀하다는 것과 세인의 권력이 눈에 띄지 않는다는 것은 언뜻 같은 의미의 맥락 안에 놓이는 것으로 보이지만, 실제로는 정반대이다. 눈에 띄지 않는 세인의 권력이 강한 것과는 반대로, 은밀한 불안의 위협은 세인 속으로 흩어진 일상적 현존재를 본래적 존재가능의 가능성 앞에 세울 수 없을 정도로 가냘프다. 잠복한 불안의 위협의 은밀성은 그 불안의 존재론적 힘이 일상적 현존재를 세인의 일상적 공공성에서 빼낼 수 없을 정도로 저강도라는 것을 정직하게 고백한다. 잠복한 불안은 세인의 무리 속으로 흩어진 일상적 현존재를 한눈팔지 않고 부단히 뒤좇아 다니기는 하지만, 그때마다 그를, 세인의 무리에서 홀로 있는 고유한 자기로 개별화되도록 힘껏 섬뜩한 기분을 발산하면서 고강도로 위협하지는 못한다. 기껏해야 그 불안은 일상적 현존재를 졸졸 따라다니면서 고유한 자기로 돌아오도록 말을 건넬 뿐이다. 다시 말해 그 불안은 일상적 현존재에게 고유한 자기로 돌아올 것을 '겉으로 드러나지 않도록 은밀하게' 속삭일 뿐이지, 직접 손을 붙잡아서라도 세인의 무리에서 표가 나도록 그를 떼어내지는 못한다. 잠복한 불안의 경우, 그 위협이 겉으로 드러나지 않는 은밀한 속삭임과 같은 말소리에 그친다는 것을 불안의 은밀성이 솔직히 고백한다. 은밀성은 잠복한 불안의 위협 또는 그 힘이 저강도의 힘에 불과하다는 것을 알린다.

잠복한 불안의 마지막 특징으로는 일상적 배려와의 동행성(同行性,

Zusammengehen)이 있다. 사실, 이 동행성은 언제나 불안이 현존재의 꽁무니를 뒤좇는 부단성의 귀결이다. 현존재가 주변 세계에서 컴퓨터로 문서를 작성하는 등 용재자를 배려하든지 가까운 이웃의 짐을 대신 들어주는 등 타인을 고려(顧慮)하든지 간에, 이에 아랑곳하지 않고 언제나 불안이 그를 따라붙는다. 불안이 현존재를 부단히 추적하는 것은 일상적 배려의 현장에서만은 아니다. 심지어 그가 집에서 편히 잠을 자는 동안에도 불안은 그의 곁을 떠나지 않는다. 현존재가 어디에서 무엇을 하든지 간에 그와 동행하면서 그의 일상적 일거수일투족을 죄다 따라붙는 것이 바로 잠복한 불안이다. 일상적으로 일거리를 배려하는 현장을 위시해 어디에서나 현존재가 불안과 동행하는 것은 물론 불안의 집요한 부단성 탓이기는 하다. 한편, '일상적 배려와의 동행성'에서 중요한 것은 배려보다는 일상성이다. 불안에서는 "사람이 흔히 더 쉽게 섬뜩해지는 어둠도 필요한 것이 아니다"(SZ, p. 189). 그야말로 일상성의 현장이 죄다 잠복한 불안의 거주지이다. 요컨대, 일상성의 모든 현장에서 현존재가 불안과 동행한다는 말이다.

현존재가 일상적으로 언제 어디에서 무엇을 하든지 간에 아랑곳하지 않고 그를 끊임없이 추적하는 불안이 잠복한 불안이다. 또한 추적으로 끝나지 않고 그 불안은 줄곧 고유한 자기로 돌아오도록 은밀히 그에게 속삭인다. 그러나 속삭임도 한두 번이다. 아무리 사랑스러운 어린 자식이라도 밤낮을 가리지 않고 줄곧 쫓아다니면서 부모의 귀에 대고 똑같은 말을 속삭이면, 서로 사랑을 교감할 수가 없다. 도리어 짜증이 나고 성가시게 여겨진다. 은밀한 불안의 속삭임이 이와 같다. 현존재는 쉬지 않고 따라다니면서 본래성의 길로 가도록 은밀하게 속삭이는 잠복한 불안에 지치고 만다. 게다가 그 불안이 속삭일 때마다 저강도의 섬뜩한 기분이 서늘하게 감돌기 마련이다. 저강도의 섬뜩한 기분을 대동하면서 본래성을 재촉하는 잠복한 불안의 끝없는 속삭임은 아무리 저강도의 위협일지라도 분명 견딜 수 없는 고통이다. 이것은 마치 가랑비에 옷이 젖는 것과 같은 형국이다. 그것뿐만은 아니다. 사실 현존재는 회사 같은 공적 조직에서 자리를 놓고 매일 음으로 양으로 동료와 경쟁해야 한다. 설령 경쟁 끝에 더 높은 자리로 승진한다 해도, 그에게 맡겨진 배려거리 또는 일거리를 남들보다 무난하고 신속하게 처리해 능력을 보여야 한다. 그때마다 혹시라도 판단을 그르쳐 잘못된 결정을 내리지 않을까를 노심초사하지 않을 수 없다. 한숨 돌리고 일거리에서 떨어져 쉬려고 하면, 낮은 강도일망정 부단히 따라붙으면서 본래성의 가능성을 조잘대는 잠복한 불안의 위협에 그는 그때마다 매번 적나라하게 노출된다.

이렇게 안팎에서 겹으로 힘들어하는 일상적 현존재에게 따뜻한 손길이 다가온다. 다름 아니라 세인의 부드러운 손길이 그의 앞에 놓인다. 이제 일거리를 두고 어떤 판단과 결정을 내려도 두려울 것이 없다. 모든 것을 세인에게 미루면 그만이다. 이 세상 사람 가운데 누구라도 내 자리에 앉으면 이러한 판단과 결정을 내릴 것으로 생각하면 그만이다. 세상인심이나 세상 사람의 상식이 다 그렇고 세상의 이치가 다 그렇다고 생각하면 그만이다. 이렇게 켕기는 모든 것을 세인에게 미룰 수 있는 것은 "말하자면 》사람《이 세인을 끊임없이 증인으로 끌어대는 것을 세인이 즐길 수 있기"(SZ, p. 127) 때문이다. 실로 "…… 세인은 온갖 판단과 결정을 미리 내려주기 때문에, 세인이 그때마다 현존재 각자에게서 책임을 거두어간다"(SZ, p. 127). 그렇기에 세인의 품에 안기는 한, 책임을 질 일이 생기지 않을 것이라는 든든한 생각이 든다. 아무리 어려운 배려거리일망정 쉽게 풀려나갈 것이라는 기대가 들고 그야말로 만사가 형통할 것이라는 믿음이 생긴다. 한마디로 세인에 대한 그럴듯한 환상이 뭉게뭉게 피어난다. 그것은 "세인이 그때마다 현존재 각자의 짐을 그의 일상성에서 **면책되게 하기**(entlastet)"(SZ, p. 127) 때문이다.

짐(Last)이라고 해서 당장 회사에서 처리해야 할 일거리만이 짐이 아니다. 집안의 우환만이 짐이 아니다. 자식의 대학 입시나 취업에 대한 근심만이 짐이 아니다. 건강 유지나 노후의 삶만이 짐이 아니다. 이러한 짐은 인생을 살면서 특정한 단계에서 짊어지게 되는 일시적 짐에 불과하다. 게다가 가까운 동료나 아내 또는 남편이 대신 짊어질 수도 있는 짐이다. 문제는 현사실적 실존 자체가 현존재에게 짐이 된다는 점이다. 실존의 짐은 현존재가 실존하는 동안 내내 짊어져야 할, 곧 생물학적으로 죽기 전까지 내내 짊어지지 않으면 안 될 짐이고, 그 누구도 대신 들어줄 수 없는 짐이다. 이 실존의 짐 앞에서 불안해하는 현존재에게 세인이 두 팔을 벌리고 섰다는 것은 실로 가뭄 끝의 단비와 같다. 현존재가 잠복한 불안의 위협에서 도피하는 것은, 환언하면 무거운 실존의 짐을 내려놓으려고 세인의 품으로 달려가는 것은 어찌 보면 자연스럽기까지 하다. 세인 쪽에서 억지로 그를 잡아당길 필요가 없다. 현존재가 세인에 대한 환상 속에서 직접 세인의 진영에 투항하면 투항할 뿐이지, 세인이 그에게 투항할 것을 강권하지는 않는다.

이렇게 누구도 대신할 수 없는 무거운 실존의 짐을 앞에 두고 "가볍게 생각하고 가볍게 처리하려는 경향이 현존재에게 있는 한, 세인은 이러한 존재면책(Seinsentlastung)으로써 그를 환대한다"(SZ, pp. 127~28). 다시 말하지만, 세인은 현존재를 일상적 공공성으로 끌어들이려고 전쟁을 치르듯이 군이 무기를 들고 그와 싸울 필요가 전혀 없다. 은밀하고 부단한 불안의 위협을 억누르려고 구태여 난폭한 폭력을 행사할 필요가 없다. 세인의 일상적 공공성으로 통하는 문은 이미 누구에게나 활짝 열려 있다. 세인은 누가 어디에서 무슨 일을 벌이고 어떠한 짐을 지고 어떠한 기분으로 들어오더라도 웃는 낯으로 환대해 맞이할 뿐만 아니라 그 짐을 가볍게 덜어주는 존재면책의 특전까지 베푼다. 재산을 탕진하고 삶의 의욕을 잃은 자식이든지 방탕한 남편이든지 간에, 내치지 않고 측은히 여기는 마음과 용서하는 마음으로 기꺼이 안아 들이는 어머니나 아내를 연상하게 하는 것이 바로 세인이다. 존재면책과 환대(Entgegenkommen)야말로 세인의 권력이 얼마나 너그럽고 부드러운지를 잘 보여준다. 몸을 담은 조직에서 때때로 동료와 부대끼고 촉박한 일상적 배려거리나 일거리를 앞에 놓고 힘들어하며, 또 저강도의 섬뜩한 기분에서 은밀한 불안의 위협에 늘 시달리곤 하는 현존재가 스스로 세인의 일상적 공공성으로 귀순하지 않을 까닭이 없다.

세인의 환대와 잠복한 불안은 서로 가려운 등을 시원하게 긁어준다. 현존재가 선뜻 세인의 공공성으로 귀순하는 것은 마치 두 톱니바퀴가 서로 꼭 맞물리는 것처럼 세인의 존재면책, 환대와 부단성, 은밀성, 동행성의 특징을 띠는 잠복한 불안이 서로 맞아떨어지기 때문이다. 세인은, 실존의 짐을 홀로 질 것을 쉼 없이 끈질기게 속삭이는 그 은밀한 불안의 목소리에 지친 현존재가 스스로 품에 안길 때까지, 활짝 열린 환대의 문 앞에서 존재면책, 평균성, 공공성, 균등화 등의 선물을 들고 마냥 그를 기다릴 뿐이다. 세인은 실존의 짐을 가볍게 느끼도록 품에 안긴 현존재의 어깨를 토닥거린다. 세인이 제공하는 일상적 상호공동존재의 평균성은 성공을 위해 남의 이목을 끌 만한 이력을 굳이 힘들게 쌓을 필요가 없다는 것을 친절히 설명한다. 인생을 살면서 세상 사람 누구라도 흔쾌히 받아들일 만한, 그저 그렇고 그런 평범한 존재가능성을 향해 달려가면 그만이다.[6] 세인이 달리 나설 까닭이 하나도 없다. 세인이 불안의 위협을 진압하는 것은 바로 이러한 방식에서이다. 이를테면 현존재가 잠복한 불안의 추적에 쫓기면서 스스로 세인의 공공성으로 귀순한다는 말이다. 현존재의 귀순이 바로 잠복한 불안에 대한 세인의 진압이다. 이것은 실로 연성의 권력에 잘 어울리는 진압방식이다. 현존재가 자발적으로 세인의 일상적 공공성으로 귀순하는 한, 그는 일상적 상호공동존재로 세인의 공공적 세계에서 실존해야 한다. 그것도 잡담, 호기심, 모호성과 같은 일상적 상호공동존재의 양태에서 실존해야 한다. 물론 이 셋은 "우리가 현

---

6 평균성, 균등화 등 세인의 일상적 존재양태에 대해서는 마크 A. 래톨, 『How to Read 하이데거』, 91~106쪽 참조. 흥미로운 것은 마크 A. 래톨(Mark A. Wrathall)이 여기에서 세인의 독재가 일상적 실존에 끼치는 영향을 마냥 부정적으로만 다루지 않고 긍정적으로도 설명한다는 점이다.

존재의 **퇴락**이라고 부르는 일상성의 존재의 근본 양태"(SZ, p. 175)일 뿐
이다.

3. 잠복한 불안과 세인에 대한 환상

  문제는 퇴락이 곧장 비본래성으로 직행한다는 점이다. 줄기찬 불안의
추적에 시달리다가 세인의 일상적 공공성으로 귀순하자마자 어느새 현
존재는 세인의 공공적 세계에서 비본래적으로 실존할 수밖에 없다. 현
존재가 실존의 비본래성을 취하는 것은 우연이 아니다. 여기에는 다 이
유가 있다. 그러나 흔히들 그렇게 오판하기 십상이듯이, 세인이 비본래
성을 일으키는 범인은 아니다. 현존재를 비본래성으로 밀어넣는 범인
이 세인이 아니라는 것은 "현존재가 퇴락을 향한 끊임없는 유혹을 그 자
신에게 마련해준다. 세계-내-존재가 그 자신에 즉해 **유혹적**이다"(SZ,
p. 177)라는 말에서 입증될 수 있다. 세인이 세인 자신의 품으로 퇴락하
도록 현존재를 유혹하지는 않는다. 오히려 그 반대이다. 현존재 스스로
잠복한 불안의 위협에 언제 어디에서나 시달리던 나머지 세계-내-존재
답게 세인과 그의 일상적 공공성으로 퇴락하고 싶은 유혹을 자아낸다.
세인이 현존재를 퇴락하도록 거친 권력으로 강압하고 강권하는 것은 아
니다. 잠복한 불안의 끈질긴 저강도 위협에서 도피할 셈으로 이렇게 현
존재가 세인으로 퇴락하고 싶은 유혹을 스스로 자아내면서 제 발로 세
인의 일상적 공공성으로 귀순한다. 일상적 공공성의 문을 활짝 열고 귀
순하기를 기다리던 세인은 스스로 귀순하는 현존재를 내치지 않고 순순
히 받아들여 성대하게 환대한다. 게다가 존재면책의 선물마저 귀순자에
게 선사한다.
  존재면책을 선사한다고 해서 세인이 현존재를 꼬드기는 것으로 오해
해서는 안 된다. 오히려 세인이 귀순하는 현존재에게 존재면책의 선물을

아낌없이 내주는 것은 그가 그것을 절실히 원해서이다. 노골적으로 말해 세인이 불안해하는 현존재를 원하지 않고 도리어 불안해하는 현존재가 세인을 원한다. "온전하고 진정한 》삶《을 기르고 이끈다는 세인의 억측이 현존재를 **안도감**으로 데려가는데, 안도감이 들도록 만사가 》최선의 질서 가운데《 있고 모든 문은 열려 있다"(SZ, p. 177)라는 말에서 역시 오해해서는 안 될 것은 '세인의 억측'이다. 언제 어디에서나 잠복한 불안의 기분에서 저강도 위협을 당하는 현존재를 안도하도록 다독이는 그 세인의 억측은, 사실 세인에 대한 현존재의 억측을 말한다. 세인이 억측을 조작해 잠복한 불안에 시달리는 현존재에게 이식하는 것은 아니다. 말하자면 안정된 실체적 토대 위에서 최선의 질서를 유지하는 가운데 진정한 삶을 영위할 수 있으리라고 하는 억측을 세인이 꾸며 불안해하는 현존재에게 세뇌하는 것은 아니다. 현존재가 세인을 놓고 그렇게 그럴싸한 억측을 지어낼 따름이다. 현존재가 안도감을 느낄 만큼 세인의 공공적 세계에서는 만사가 최선의 질서로 굴러가고 술술 풀려나갈 수 있으리라고 스스로 억측하면서 그렇게 세인의 일상적 공공성으로 귀순한다.

이렇게 현존재는, 세인의 공공적 세계에서 존재의 짐을 덜고 진정한 인생을 안정된 상태로 느긋하게 영위하면서 필요할 때마다 따뜻한 위안을 받을 수 있으리라는 억측 끝에, 실로 세인이 그 억측대로 응해줄 것이라는 장밋빛 환상을 품는다. 현존재가 세인에 대한 환상을 깊이 품으면 품을수록 세인의 일상적 공공성으로 퇴락하고 싶은 유혹은 더욱더 기승을 부린다. 안정된 삶과 따뜻한 위안에 대한 기대 어린 환상과 퇴락의 유혹에서 '가볍게 생각하고 가볍게 처리하려는 현존재의 경향'이 무엇을 의미하는지가 확연히 드러났다. 그 환상과 유혹이 자라나는 것은, 현존재가 그를 부단히 추적하면서 본래성의 가능성으로 달려가도록 은밀하게 속삭이는 잠복한 불안의 목소리에 지칠 때이다. 또한 그 환상과 유혹이 최고조에 이르는 것도 역시 마찬가지이다. 그가 잠복한 불안의 속삭임에 설상가상으로 지치고 또 지칠 때 비로소 세인에 대한 환상과 퇴락의 유혹이 절정에 달한다. 분명해진 것은 두 가지이다. 우선 세인의 권력이 부드러운 연성의 권력이라는 점이다. 세인은 근육질의 완력으로 현존재를 억지로 잡아채 일상적 공공성 안으로 끌고 들어오지 않고, 존재면책의 선물을 들고 기다리다가 일상적 공공성으로 귀순하는 지친 현존재를 어머니나 아내처럼 환대해 맞이한다는 점에서 그에게 부드러운 권력을 행사한다. 그다음으로 분명해진 것은 "이 성향은 세계-내-존재로서 현존재의 존재가 짊어진 그의 존재로 인한 **불운이다**"[7] (제64권, 55~56쪽)라는 말에서 단적으로 밝혀지듯이, 세인과 일상적 공공성으로 퇴락하는 것은 현존재 자신의 몫이라는 점이다. 세인을 퇴락의 범인으로 몰아붙여서는 안 된다. 결국 비본래성의 범인은 잠복한 불안의 끊임없는 저강도 위협에서 세인의 일상적 공공성으로 도주하는 현존재 자신이다.

역설적이게도 잠복한 불안의 부단한 저강도 위협은, 세인의 공공적 세계에서 일상적 공공성에 관한 매뉴얼을 따르는 가운데 삶의 안정감, 풍요로움, 만사형통을 만끽할 수 있다는 세인에 대한 환상과 유혹이 싹트고 무럭무럭 성장하도록 현-존재 또는 세계-내-존재에 뿌려진 거름에 지나지 않는다. 사실, 불안의 기분이야말로 그러한 환상과 유혹을 말끔히 현-존재 또는 세계-내-존재에서 씻어내야 한다. 본디 불안은 섬뜩하고 안절부절못하는 기분을 휘두르면서 그 환상과 유혹을 베어내고 현존재를 본래성의 출발선 앞에 우뚝 세워야 한다. 그러나 사정은 정반대로 돌아간다. 도리어 잠복한 불안이 세인에 대한 환상과 유혹을 현-존재 또는는 세계-내-존재에서 싹트고 자라나도록 조장하고 바로 그렇게 세인의 일상적 공공성으로 퇴락하도록 빌미를 제공한다. 그것은 본래성의 가능성으로 가도록 촉구하는 잠복한 불안의 힘이 일상적 공공성의 문을 활짝 열고 기다리는 세인의 부드러운 힘을 당해내지 못하기 때문이다. 다

7 여기에서 말하는 '이 성향'은 일상적 공공성으로의 퇴락을 가리킨다.

시 말해 잠복한 불안이 현존재를 본래성의 길로 가도록 힘차게 견인하지 못하고 그 반대로 비본래성의 길로 보내는 것은 잠복한 불안의 저강도 힘과 위협이 세인의 부드러운 권력에 미치지 못하는 탓이다.

이렇게 현존재를 비본래성의 가능성으로 흐르도록 빌미를 제공하는 저강도의 불안이 바로 잠복한 불안이다. 잠복한 불안이 잠복한 불안인 것은, 불안의 위협적 힘이 현존재의 도주를 막지 못하고 그 반대로 세인에 대한 환상과 유혹을 부추길 정도로 저강도의 약체이기 때문이다. 도끼로 나무둥치를 쪼갤 때도 온 힘을 모아 단번에 쪼개야 한다. 나무둥치를 놓고 헐렁하게 도끼질만 거듭한다고 해서 쪼개지지는 않는다. 잠복한 불안도 현-존재에서 그 환상과 유혹이 처음부터 싹트지 못하도록 단번에 그를 내리쳐야 한다. 그렇게 온 힘으로 위협할 때나 비로소 현존재가 본래성의 출발선 앞에 설 것이다. 다시 말해 잠복한 불안이 저강도일망정 온 힘을 모아 단번에 현존재를 내리칠 때, 그는 돌연히 세인에 대한 환상과 유혹에서 풀려나는 동시에 본래성의 출발선에서 양심 현상과 죽음 현상을 거쳐 본래성을 향해 달려갈 것이다. 애석하게도 잠복한 불안은 그렇게 하지를 못하고 고작 현존재에게 본래성의 가능성을, 겉으로 드러나지 않도록 은밀하게 속삭이는 데에 그칠 뿐이다. 한순간으로 집약된 고강도의 힘이 필요하지만, 잠복한 불안의 힘은 지저귀는 새소리처럼 현존재의 귀에 대고 쉼 없이 속삭이는 저강도의 목소리에 지나지 않는다. 곧 그 힘이 은밀하다는 말이다.

잠복한 불안의 경우에 저강도의 힘은 그 대신에 부단성의 끈기에서 빛을 발한다. 고강도의 힘을 여러 번 연속적으로 거듭 행사하기는 어렵다. 무슨 일을 하든지 간에, 그리로 전력을 아낌없이 쏟아붓는 것은 단 한 번이거나, 많아도 두서너 번이다. 그야말로 죽을 때까지 매순간 전력을 쏟아붓는다는 것은 무척 어려운 일이다. 잠복한 불안의 미덕은 바로 여기에 있다. 그 불안은 세인에 대한 환상이 싹트지 못하도록 온 힘을 모아 단번에 현존재를 내리치지는 못하지만, 그야말로 그가 생물학적으로 죽을 때까지 어디에서나 그를 한순간도 쉬지 않고 부단히 추적한다. 그 불안은 현존재가 회사에서 열심히 일상적 일거리에 몰두할 때조차 그를 놓치지 않는다. 심지어 현존재가 세인의 공공적 세계에서 일상적 상호공동존재의 양태로 비본래적으로 실존할 때도 그를 졸졸 따라다닌다. 예컨대, 유튜브나 카카오톡 등에서 익명의 다수를 상대로 동영상과 잡담에 열중할 때도 그를 따라붙는다. 그 불안의 끈기가 오죽 부단하면, 하이데거가 '일상적 배려의 온전한 안정성 및 충족성'과 '동행할' 수 있다고 말했을까 싶다. 잠복한 불안의 부단성이 불안의 추적이 미치지 않는 '때'가 없다는 것을 말한다면, 일상적 배려와의 동행성은 그 추적이 미치지 않는 '곳'이 없다는 것을 말한다. 그야말로 삶이 불가능해지는 절명의 순간까지 현존재가 언제 어디에서 무엇을 하든지 간에, 그를 부단히 추적하면서 본래성의 가능성을 조잘대는 불안이 잠복한 불안이다. 그 존재론적 힘이 본래적 순간으로 뾰족하게 수직화되는 대신에, 생물학적 탄생에서 사망에 이를 때까지 낱낱의 비본래적 지금으로 고르게 수평화된 불안이 잠복한 불안이다.

비로소 잠복한 불안이 현존재에게 어떻게 비본래성의 가능성의 빌미가 되는지가 밝혀졌다. 현존재를 본래성의 길로 가도록 고강도로 제압하지 못하고 그저 표가 나지 않도록 은밀하게 저강도로 위협할 때, 저강도의 은밀한 위협에 대한 반작용으로 현-존재 또는 세계-내-존재에서 세인에 대한 환상과 퇴락의 유혹이 우후죽순처럼 무럭무럭 자라난다. 바로 이렇게 자라난 세인에 대한 환상과 퇴락의 유혹이야말로 비본래적 가능성의 빌미가 된다. 모름지기 불안은 불안의 까닭의 실존론적 기능에 충실하게 현존재에게 본래성의 가능성을 제공해야 마땅하지만, 정반대로 잠복한 불안은 현존재에게 비본래성의 가능성을 제공한다. 존재론적 힘의 역학적 관계에서 볼 때, 그것은 세인에 대한 미망을 걷어내기는커녕 그 빌미가 될 정도로 고작 저강도의 위협을 은근히 가하는 데에 그칠 뿐인 잠복한 불안으로서 세인의 부드러운 힘을 당해내지 못하는 까닭이다.

그렇다고 해서 잠복한 불안을 결코 우습게 보아서는 안 된다. 잠복한 불안은 말 그대로 잠복한 불안이다. 그 불안이 세인의 힘을 압도하지 못한다고 해서 죽은 듯이 일상적 현존재에게서 숨을 죽이고 있는 것은 아니다. 한마디로 잠복한 불안은 현존재의 존재에서 죽은 적이 한번도 없다. 현존재가 세계에서 피투된 채 실존의 짐을 등에 지고 현사실적으로 실존하는 한에서, 잠복한 불안은 죽지 않는다. 차라리 잠복한 불안은 현존재가 생물학적 죽음에 이를 때까지 죽지 않는다고 해야 옳다. 존재자적으로나 존재론적으로나 아무런 원인이나 근거도 없는 실존의 현사실이 불안거리답게 잠복한 불안을 현존재의 존재에서 가능하게 하는 선천적 조건이기 때문이다. 그렇기에 잠복한 불안은 죽지는 않지만, 그때마다 세인의 공공적 세계에서 공포나 명랑 등과 같은 여느 기분으로 다만 부폐되고 위장될 뿐이다. "안도하는-친숙한 세계-내-존재가 현존재의 섬뜩함의 한 양태이지, 그 반대가 아닌"(SZ, p. 189) 것은 바로 이러한 부폐성과 위장성의 맥락에서이다.[8]

　비본래적 실존의 '어떻게'에서 잠복한 불안은 잠복한 채 항상 죽지 않고 살아 숨을 쉴 따름이다. 이 소식을 하이데거는 시적으로 묘사하되, "불안은 거기에 있다. 불안은 그저 잠들어 있을 뿐이다. 불안의 숨결은 현존재를 통해 부단히 떨린다. 그 숨결은 》겁 많은 사람《에게서는 가장 덜 떨리고, 분주히 일하는 사람의 》예, 예《와 》아니오, 아니오《를 향해서는 들리지 않으며, 내성적인 자에게서는 가장 먼저 떨리고, 본디부터 대담한 자에게서는 가장 확실히 떨린다"(제9권, pp. 117~18)라고 한다.「형이상학이란 무엇인가?」의 잠든 불안은 다름 아니라 『존재와 시간』의 잠복한 불안이다. 잠복한 불안은 현존재의 존재에서 은신한 채 눈에 보이지 않을망정 때를 엿보는 불안이다. 세인의 부드러운 권력에 부드럽게

8　세인의 비본래적 부폐성(Verdecktheit)과 위장성(Verstelltheit)에 대해서는 권순홍, 『유식불교의 거울로 본 하이데거』, 261~81쪽 참조.

진압을 당할망정, 잠복한 불안은 신체의 면역력이 쇠약해질 때를 기다리면서 몸 어딘가에 은신하는 세균이나 바이러스가 그렇듯이 때가 오기를 기다린다. 과연 그때가 언제인가? 양심의 부름이 현존재를 호출할 때이다. 그때 잠복한 불안은 은신의 검은 장막을 거두고 어떤 모습으로 현-존재 또는 세계-내-존재에서 불쑥 튀어오를까? 어림짐작하다시피 잠복한 불안은 근원적 불안의 얼굴을 지으면서 튀어오를 것이다.

제3장

———

근원적 불안의 얼굴

　잠복한 불안은 부단성, 은밀성, 일상적 동행성 등 세 가지 특징이 있다. 이 세 가지 특징에서 볼 때, 잠복한 불안은 현존재를, 그가 언제 어디에서 일상적으로 무엇을 하든지 간에, 쉬지 않고 부단히 따라다니면서 본래성의 가능성으로 가도록 위협하기는 한다. 그것도 그의 귀에 대고 속삭이듯이 은밀히 위협한다. 잠복한 불안의 끊임없는 위협에 지친 나머지, 현존재는 안정된 삶과 만사형통에 대한 기대 속에서 세인에 대한 환상을 스스로 그리면서 세인의 품으로 퇴락하고 싶은 유혹을 스스로 자아낸다. 결국 현존재는 그 환상과 유혹을 빌미로 삼아 세인의 일상적 공공성으로 귀순한다. 세인은 귀순한 현존재를 존재면책의 선물을 제공하면서까지 환대한다. 세인은 현존재를 일상적 공공성으로 끌어들이기 위해 구태여 거친 강성의 권력을 행사하지 않는다. 세인은 부드러운 연성의 권력답게 공공성의 문을 활짝 열어놓은 채 존재면책의 선물을 들고 현존재가 제 발로 귀순하기를 기다릴 뿐이다. 현존재가 비본래성의 가능성으로 흘러가는 것은, 그가 잠복한 불안의 위협에 대한 실존적 반발로 세인에 대한 환상과 유혹을 그리면서 스스로 세인의 일상적 공공성으로 귀순하는 까닭이다.

　여기에서는 근원적 불안의 얼굴이 어떠한지를 실존론적 구성과 기능에 준해 다루고자 한다. 현존재에게 비본래적 실존의 빌미를 허용하는 잠복한 불안과 달리, 근원적 불안은 그를 본래성의 가능성으로 이끈다. 사실, 두 불안의 경우에 실존론적 구성과 기능이 다른 것은 아니다. 잠복한 불안에서나 근원적 불안에서나 공히 세계-내-존재의 피투성이 불안거리의 구조계기를, 세계-내-존재의 가능성이 불안의 까닭의 구조계기를, 현존재에 대한 섬뜩하고 안절부절못하는 기분의 위협이 불안해함의 구조계기를 이룬다. 게다가 세 구조계기의 실존론적 기능도 다르지 않다. 불안거리가 불안의 선천적 가능성의 조건답게 현-존재에서 불안의 기분을 환기하고 불안의 까닭이 그에게 본래적 실존의 출발선을 제공하는 한편, 불안해함이 그를 출발선 앞에 서도록 위협하는 것은 잠복한 불안에서나 근원적 불안에서나 마찬가지이다.

　그럼에도 둘 사이에서 굳이 차이를 찾는다면, 같은 세계-내-존재의 피투성일망정 잠복한 불안이 실존으로의 피투성을 불안거리로 취하는 반면에 근원적 불안이 죽음으로의 피투성을 불안거리로 삼는다는 점을 들 수 있다. 불안거리의 차이가 불안의 위력에서 메울 수 없는 큰 차이를 불러오고, 다시 이 힘의 차이가 실존의 '어떻게'를 본래성과 비본래성의 두 진영으로 갈라놓는다. 맨질량(bare mass)으로 보나 무게로 보나 묵직한 죽음의 짐에서 비례적으로 발생하는 근원적 불안의 위력은 확실한 죽음의 불확정성에서 기하급수적으로 배가된다. 이렇게 배가된 근원적 불안의 고강도 힘은 불안의 까닭의 실존론적 기능을 충족하지 못한 채 고작 비본래성의 빌미가 되고 마는 잠복한 불안의 저강도 힘과는 반대로, 그 실존론적 기능에 충실하게 현존재를 본래성의 출발선에서 죽음을 향해 달려가도록 위협한다.

1. 잡담과 일상적 공공성에 관한 매뉴얼

현존재가 잠복한 불안의 은근한 위협에 줄곧 시달리다가 퇴락의 소용 돌이에 휘말린다는 것은 이미 밝혀졌다. 그야말로 저강도의 섬뜩한 기분을 발산하면서 한순간도 쉬지 않고 본래성의 출발선 앞에 서도록 성가시게 조잘대곤 하는 잠복한 불안의 저강도 위협에 지친 탓에, 현존재가 세인에 대한 환상을 손수 그리면서 세인의 일상적 공공성으로 퇴락하고 싶은 유혹을 스스로 자아낸다. 세인의 공공적 세계에서라면, 이것이냐 저것이냐를 두고 선택의 갈림길에서 동요할 필요도 없고 무엇을 선택하든지 간에 책임을 질 필요도 없을 것이라는 생각이 든다. 실로 만사가 형통하는 가운데 편안한 삶을 안정적으로 영위할 수 있으리라는 생각이 든다. 세인이 공공적 세계의 실력자답게 부담스러운 실존의 짐을 나를 대신해 들어주리라는 생각이 든다. 현존재는 이렇게 세인에 대한 환상을 그리면서 스스로 일으킨 유혹을 이기지 못하고 결국 일상적 공공성으로 퇴락한다.

문제는 "》세계《로의 퇴락성이, 상호공동존재가 잡담, 호기심 및 모호성에 휘둘리는 한에서 이 상호공동존재에 몰두한다는 것을 뜻한다"(SZ, p. 175)라는 점이다. 이 셋은 일상적 '현'의 개시성에 속한다. 특히 주시해야 할 것은 잡담이다. 잡담은 할 일 없는 사람들끼리 실없이 주고받는 쓰잘머리 없는 이야기가 아니다. 잡담은 "일상적 현존재의 이해와 해석을 구성하는 적극적 현상"(SZ, p. 167)이다. 잡담에는 일상적 현존재의 자기해석과 세계해석을 시종일관 규제하는 세인의 공공적 피해석성이 스며들었기 때문이다. 쉽게 말해 공공적 피해석성은 현존재가 일상적 상호공동존재로서 세인의 일상적 공공성에서 어떻게 존재해야 하는가를 미리부터 규정한다는 점에서 일상적 상호공동존재에 관한 매뉴얼과 다름없다. 누구라도 세인의 공공적 세계에서 실존하는 한, 그 매뉴얼에 익숙해지고 친숙해지기 마련이다. 어떻게 현존재가 세인의 일상적 공공성에서 성장하면서 공공적 피해석성의 매뉴얼을 배우고 익히는가 하면, 역시 잡담을 통해서이다. 흔히들 세인이 억지로 매뉴얼을 익히도록 현존재를 강압하는 것으로 생각하겠지만, 그렇지는 않다. 현존재는 잡담을 나누면서 자연스레 매뉴얼을 배우고 습득한다.

잡담의 특징은 그것이 "이야기되는 존재자에 대한 일차적 존재관련(Seinsbezug)"(SZ, p. 168)을 배제한다는 점에 있다. 잡담에서 이야깃거리로 등장하는 존재자를 그 존재에서 이해하고 직접 접하고 겪고 경험하는 것이 중요하지는 않다. 잡담에서 이야기되는 존재자에 대한 존재관련을 챙긴다면, 잡담은 잡담이 될 수 없다. 잡담에서 중요한 것은 그저 이야기를 입에서 입으로 확산하게 한다는 의미에서 이야기되는 것을 "**널리 퍼뜨려 말하고 따라서 말하는** 방법"(SZ, p. 168)이다. 아무나 잡담에 끼어들어 아무런 이야기나 널리 퍼뜨려 말하고, 따라서 말할 수 있는 것은 잡담에서 이야깃거리에 대한 일상적 현존재의 존재관련이 필요 없는 탓이다.

기술의 발달과 함께 잡담의 매체는 실로 다양해졌다. 신문, 잡지, 영화, 라디오, 텔레비전만이 잡담의 매체가 아니다. 개인용 컴퓨터를 비롯해 손에 들고 다니는 스마트폰까지 잡담의 매체가 되었다. 오늘날 놀라운 진보를 이룩한 잡담의 기술이 선보이는 잡담의 터는 사회관계망서비스(SNS)이다. 카카오톡, 페이스북, 유튜브, 카카오스토리, 트위터, 인스타그램 등에서 수많은 사람이 동시에 이러저러한 소식, 사고, 사건, 정보, 경험, 생각, 느낌, 감정, 기분, 견해, 의견, 지식 등을 이야기와 동영상의 형태로 널리 퍼뜨리고 따라서 말한다는 점에서 사회관계망서비스야말로 잡담의 열린 공간을, 하이데거의 용어로 말하면 일상적 상호공동존재의 모든 대중에게 활짝 열린 잡담의 공공적 '현'을 형성한다고 말해도 과언이 아니다.

사회관계망서비스 같은 잡담의 매체에서 사람들은 잡담을 주고받으면서 세상살이에 필요한 이러저러한 매뉴얼을 들여다보고 배우고 익히고 습득한다. 요컨대, 현존재는 알게 모르게 잡담에서 일상적 상호공동존재의 양태를 배우고 거기에 익숙해지고 길들게 된다. 현존재가 잡담에서 부지불식간에 익힌 대로 일상적 상호공동존재로 존재하는 한, 애석하게도 그는 1인칭 대명사로 존재하지 못한다. 설령 입으로는 연신 '나', '나'를 발설한다 하더라도, 그는 1인칭 대명사로 존재하지 못한다. 그는 1인칭 대명사이기는커녕 "중성명사 **세인**"(SZ, p. 126)일 뿐이다. 그럼에도 그는 잡담에서 여전히 '나'를 발설한다. 비록 입 밖으로 '나'를 발설하지 않는다 해도, 다른 누구도 아니고 자기가 말하고 자기가 퍼뜨리고 자기가 따라서 말한다고 여긴다는 것은 변함이 없다. 잡담의 현장에서 볼 때, 일상적 공공성에서 상호공동존재의 양태로 존재하는 "일상적 현존재"는 세인이되, "우리가 **본래적 자기**와, 곧 특별히 장악된 **자기**와 구별하는 **세인-자기**"(SZ, p. 129)에 지나지 않는다. 이야기되는 존재자에 대한 존재관련을 배제하는 이상, 잡담에서는 1인칭의 내가 말하고 2인칭의 네가 들을 수가 없다. 잡담에서 말하고 듣는 자는 다름 아니라 중성명사 세인이다. 카카오톡의 잡담에서 문자를 주고받는 것은 나와 너를 대신하는 세인-자기들이다.

실로 인칭 대명사를 대신하는, 본래적이지 않은 세인-자기가 일상적 잡담의 상호주체가 된다. 짐작하다시피 일상적 공공성의 세계로 퇴락한다는 것은 비본래성으로 접어든다는 것을 의미한다. 하이데거는 일상적 '현'의 개시성을 이루는 잡담, 호기심, 모호성의 세 가지 존재성격에 준해 퇴락의 특징을 설명한다. 은근히 불안해하는 현존재는 잡담의 공공적 피해석성에서 세인에 대한 환상과 함께 "퇴락을 향한 끊임없는 유혹"을 스스로 자아내면서 "자신을 세인 속에서 상실하는"(SZ, p. 177) 가운데 일상적 공공성으로 퇴락한다. 한편, 누구에게라도 열린 잡담의 공공적 개시성에서라면 이해하지 못할 것은 하나도 없기 마련이다. "잡담과 모호성, 곧 만사를 보았고 만사를 이해했다는 것"은 일상적 현존재에게 "그의 존재의 모든 가능성의 확실성, 진정성 및 풍요로움"(SZ, p. 177)을 보장하는 것처럼 비친다. 이러한 까닭에 세인의 일상적 공공성이 현존재에게 삶의 안정감을 제공하는 듯 여겨진다는 의미에서 모호성은 일상적 현존재에게 **"안도감"**(SZ, p. 177)을 내어준다. 현존재에 관한 한, 이해하지 못할 것도 없고 모를 것도 없다는 자신감과 호기심에서 "보편적인 현존재 이해"(SZ, p. 178)를 획득한 것으로 착각하는 가운데 결국 일상적 현존재는 "소외"로 내몰리는데, "이 소외 속에서 가장 고유한 존재가능이 현존재에게 은폐된다"(SZ, p. 178). 소외가 이렇게 일상적 현존재를 본래성에서 멀리 떼어놓는다. 그 탓에 일상적 현존재는 본래적 가능성과 서먹서먹해진다. 물론, 본래성에서 소외된다고 해서 소외가 "현존재를 그 자신이 아닌 존재자에게 맡기는"(SZ, p. 178) 것으로 보아서는 안 된다. 도리어 그는 **"그 자신의** 한 가지 가능한 존재양태"인 "그의 비본래성"에 빠지는데, 더욱더 안타까운 것은 비본래성으로 굴러떨어지자마자 "현존재가 자기 자신 속에 자신을 **붙잡아둔다**는 사실"(SZ, p. 178)이다. 물론, 자기 자신을 붙잡아두는 곳은 결국 그의 비본래성이다. 일상적 현존재가 본래성에서 멀어질 때, 자신을 비본래성에 유폐한다는 말이다.

퇴락의 존재양태를 특징짓는 유혹, 안도감, 소외, 자기유폐 가운데 중요한 것은 역시 소외와 자기유폐이다. 이 둘은 일상적 현존재를 본래성에서 떼어내 비본래성에 가두기 때문이다. 비본래성이 마치 산해진미로 가득하되 정작 먹을 만한 것이 없는 잔칫상과 같기는 하지만, 그럼에도 오히려 실존의 고단한 짐을 대신 짊어질 너그러운 세인이 있기에, 이 세인에게 의존해 얼마든지 진정한 삶을 영위할 수 있으리라는 기대를 품곤 하는 것이 바로 일상적 상호공동존재에 관한 매뉴얼에 통달한 현존재이다. 세인의 일상적 공공성으로 퇴락한다는 것은 공공적 세계의 실력자인 세인에 대한 장밋빛 환상에 홀려 자신을 비본래성에 가두는 것에 지나지 않는다. 이미 잠복한 불안의 얼굴을 다룬 제2장에서 논했지만, 본래성을 등지고 비본래성으로 휩쓸려 들어가도록 현존재를 유인하는 퇴락의 운동을 처음으로 일으키는 것은 다름 아니라 잠복한 불안에 처한 현존재, 곧 잠복한 불안이다. 무릇 불안이라면, 불안의 까닭에서 밝히 개시되는 본래성의 가능성을 선택하도록 섬뜩한 기분으로써 현존재를 위협하고 압박해야 마땅하지만, 안타깝게도 잠복한 불안은 거꾸로 그를 세인에 대한 동경 속에서 일상적 공공성으로 퇴락하도록 유인한다.

이렇게 처음부터 잠복한 불안이 퇴락의 빌미를 이룬다면, 누구라도 본래성의 가능성을 제공할 유정성은 불안이 아니라고 생각할 것이다. 그러나 그렇지 않다. 하이데거는 퇴락의 운동을 가라앉히면서 세인에 대한 일상적 현존재의 그럴싸한 환상과 동경을 깨부술 여의봉을 다시 불안에서 찾는다. 결국 하이데거가 볼 때, 불안의 근본 유정성이 현존재에게 본래성의 가능성과 비본래성의 가능성을 모두 제공한다. 잠복한 불안이 비본래성의 가능성을 은연중에 현존재에게 노출한다면, 반대로 본래성의 가능성을 노골적으로 제시하는 것은 근원적 불안이다. 이렇게 불안은 서로 어긋나는 두 얼굴을 짓는다. 잠복한 불안의 얼굴이 어떠한지는 이미 밝혀졌다. 앞으로 밝혀야 할 것은 도대체 근원적 불안이 어떻게 실존론적으로 구성되는가이다. 한 가지 더 짚어야 할 것이 있다. 현존재를 본래성의 가능성을 선택하도록 위협하는 근원적 불안의 힘이 어디에서 솟아나는가를 마저 밝혀야 한다.

2. 불안거리와 죽음으로의 피투성

불안 현상을 구성하는 실존론적 구조계기는 불안거리, 불안의 까닭, 불안해함 등 셋이다. 이미 설명했다시피 잠복한 불안은 이 셋으로 구성된다. 실존론적 구성에 관한 한, 근원적 불안이라고 해서 예외가 될 수는 없다. 우선 두 불안의 경우, 불안거리는 공히 세계-내-존재이다. 하이데거는 양심 현상과 죽음 현상에 대한 실존론적 분석론의 맥락에서 필요할 때마다 간간이 근원적 불안을 거론하는데, 거기에서조차 그는 여전히

"이 불안의 불안거리는 세계-내-존재 자체이다"(SZ, p. 251)라고 천명한
다. 두 불안의 불안거리가 모두 세계-내-존재라고 해서 막연히 둘이 시
종일관 다를 것이 없는 불안이라고 지레짐작해서는 안 된다. 도리어 둘
모두 불안임에도 전혀 같지 않은 두 얼굴을 짓는다. 같은 세계-내-존재
의 양태를 놓고 강조의 주안점을 서로 달리하기 때문이다. 좀 더 자세히
속내를 들여다보면, 현존재가 세계로 피투된 채 세계-내-존재로 실존한
다는 현사실이 다름 아니라 잠복한 불안에서 불안거리가 된다. 세계의
열린 공간으로 피투된 실존의 현사실이 현존재에게 불안거리가 되는 것
은, 피투성이 말하듯이, 그 현사실의 존재자적 원인과 존재론적 근거가
없기 때문이다. 현사실적 실존의 존재자적·존재론적 탈근거가 이렇게
잠복한 불안의 불안거리를 조성한다.

　근원적 불안의 경우에도 불안거리는 세계-내-존재이기는 하지만, 현
존재가 세계로 피투된 이상 세계-내-존재로 실존하는 가운데 그때마다
반드시 떠맡지 않으면 안 될 특유한 가능성에 주안점을 둔다. 숨김없이
말하면, 근원적 불안은 죽음을 '앞에 둔' 불안이다. "죽음을 앞에 둔 불안
은 가장 고유하고 몰교섭적이고 추월이 불가능한 존재가능을 》앞에 둔《
불안이다"(SZ, p. 251)라는 말에서 언급된 '죽음을 앞에 둔 불안'이 바로
근원적 불안이다. 여기에서 새겨두어야 할 것은 죽음의 실존론적 성격
이다. 죽음은 몸의 생명작용 또는 생명기능이 비가역적으로 종식된다는
의미에서 본 생물학적 또는 의학적 죽음을 말하는 것이 아니다.[1] 죽음은

───────

1 '죽음'에 대한 의학적 정의는 다음과 같다. "생명의 정지. 모든 생체기능의 영구적 정지.
　법률적·의학적 목적을 위하여 다음과 같이 죽음에 대한 정의가 제안되어 있다. (1) 전
　체 뇌기능, (2) 호흡계의 자발기능, (3) 순환계의 자발기능, 이 모든 것의 비가역적 정지"
　(이우주 엮음,『표준 의학사전』, 635쪽). 죽음에 대한 의학적 정의에서 볼 수 있듯이, 인
　간의 의학적 죽음은 몸의 생명기능의 비가역적·영구적 정지로 규정된다. 몸의 생명기능
　가운데 특히 전체 뇌, 호흡계와 순환계의 자발기능의 정지가 어떠한 의학적 방법으로도
　되돌릴 수 없도록 비가역적으로 발생할 경우, 그 세 가지 기능 정지는 법률적으로도 죽
　음으로 인정된다. 죽음에 대한 하이데거의 분류에서 볼 때, 인간의 의학적 죽음은 **"낙명"**

사망의 현실적 사건이 아니고, 더는 실존할 수 없다는 의미에서 본 종말의 가능성일 따름이다. 생물학적 죽음이나 의학적 죽음에서는 심장기능, 뇌기능, 호흡기능의 비가역적 정지와 같은 사망의 현실화 여부가 생사를 가르는 결정적 분기점을 이루겠지만, 실존론적 죽음에서는 "더는-현존재로 존재할-수-없다는 가능성"(SZ, p. 250), "단적인 현존재 불가능성의 가능성"(SZ, p. 250) 또는 **"실존 일반의 불가능성의 가능성"**(SZ, p. 262)이 죽음의 골간을 이룬다. 의학적 맥락에서 죽음이 생명기능의 비가역적 정지에서 실현되는 사망의 '현실성'으로 규정되는 것과는 달리, 현존재의 실존론적 맥락에서 죽음은 더는 현존재로 실존할 수 없는 '가능성'으로 규정된다. 예컨대, 심장박동의 비가역적 정지와 같은 생리적 원인에서 발생하는 현실적 사망은 죽음에 대한 실존론적 분석에서 처음부터 문제가 되지 않는다.

  실존론적 죽음의 맥락에서 맨 처음 살펴야 할 것은 "현존재가 실존하는 한, 그는 현사실적으로 죽기 마련이다"(SZ, p. 251)라는 말이다. 이 말 뜻을 모르는 사람은 아무도 없을 것이다. 산 것만이 죽는다는 것은 누구에게나 다 알려진 자명한 사실이다. 실로 인간이 죽음을 당할 수밖에 없는 것은 이 세상에 태어나 삶을 영위하기 때문이다. 태어난 이상 살아야 하고, 살아야 하는 이상 죽어야 한다. 결국 태어나지 않으면, 죽지 않아도 된다. 하이데거가 볼 때, 현존재에게 죽음이 하나의 현사실로 맡겨진 것은 그가 실존하는 한에서이다. 인용된 문장에는 심오한 죽음의 비밀이 은닉된 것은 아니다. 그것은 현존재가 실존하는 한에서 죽어야 한다는 평범한 뜻을 내보일 뿐이다. 이렇게 현존재의 경우에 실존은 죽음을 짝으로 삼아 내내 죽음과 동행하기 마련이다.

  그러나 문제는 현존재가 애초부터 세계-내-존재로 실존하도록 세계

(*Ableben*)(SZ, p. 247)에 해당한다. 말할 것도 없이 현-존재의 실존론적 죽음을 인간 존재자의 의학적 죽음과 혼동해서는 안 된다.

로 피투되었다는 점이다. 사실, 현존재가 세계-내-존재로 실존하는 것은 그가 세계의 열린 공간으로 피투된 까닭이다. 현존재가 세계-내-존재로 실존하도록 피투된 이상, 원하지 않더라도 그는 실존의 현사실을 짊어져야 한다. "그는 피투된 자답게 **실존으로** 피투된다"(SZ, p. 276)라는 말은 실존의 현사실적 짐을 피하지 않고 현존재가 손수 떠맡아야 한다는 점을 잘 말한다. 실존이 현존재로서 견디기 힘든 짐이 되는 것은 현사실적 실존에 존재자적 원인이나 존재론적 근거가 없는 까닭이기는 하다. 그러나 이것 때문만은 아니다. 실존으로의 피투성이 곧 죽음으로의 피투성과 다름없다는 점에서 역시 실존의 현사실은 현존재에게 더욱더 힘겹고 무거운 짐이 된다. "도리어 현존재가 실존할 때, 그는 역시 이미 이 가능성으로 **피투된**다"(SZ, p. 251)라는 말 그대로,[2] 현존재가 세계-내-존재로 실존하도록 피투되었다는 것은 죽음에 이르도록 죽음의 가능성으로 피투되었다는 말과 진배없다.

현사실적 실존에는 이미 죽음이 여느 가능성에 비해 걸출한 가능성으로 기입된 것으로 보아야 한다. 실존이 현사실적 존재로의 피투성이라면, 현사실적 존재에 이미 더할 나위 없이 탁월한 실존의 가능성으로 죽음이 등록된 것으로 보아야 한다. 말하자면 현존재는 마치 슈뢰딩거의 고양이[3]와 같다. 그 고양이는 살아 있거나 죽었거나 둘 가운데 하나가 아

---

2 '이 가능성'은 '죽음의 가능성'을 가리킨다.
3 예컨대, 전자는 파동-입자의 이중성 같은 양자 중첩의 상태에 있지만, 전자에 대한 관측을 통해 전자의 중첩 상태가 어느 한 상태로 결정되도록 붕괴된다는 닐스 보어(Niels Bohr)의 코펜하겐 해석의 반직관적 허점을 공격하기 위해 에르빈 슈뢰딩거(Erwin Schrödinger)가 제안한 사고실험이 그 유명한 고양이의 역설이다. 지금 양자 중첩, 파동함수의 붕괴 등에 대한 양자역학적 논쟁이 중요한 것은 아니다. 죽음 현상에 대한 실존론적 분석론의 맥락에서 볼 때, 삶과 죽음에 대한 슈뢰딩거의 견해는 에피쿠로스(Epikouros)의 견해와 다를 바가 없다. 산 것은 산 것이고 죽은 것은 죽은 것이라는 것이 삶과 죽음에 대한 그의 견해이기 때문이다. 그러나 인간 현존재이든지 고양이이든지 간에, 살아 있는 모든 생명체에게 삶의 과정은 곧 죽음의 과정이라는 점에서 생명체는 삶과 죽음의 중첩 상태에 처해 있다. 슈뢰딩거가 생각하는 것처럼, 삶과 죽음을 상호배제

니다. 슈뢰딩거의 고양이가 삶과 죽음이 중첩된 상태에 있는 것처럼, '죽음을 향한 존재'(Sein zum Tode)인 현존재의 경우에도 '실존'과 '죽음'은 중첩되었다. 사실, '죽음을 향한 존재'만큼 이 중첩을 잘 표현하는 말도 없을 것이다. 그렇기에 여전히 어색한 어감을 줄지 모르겠지만, 죽음의 가능성은 현사실적 실존으로의 피투성에서 현존재에게 떠맡겨진 실존의 현사실에 속한다. 실존이 세계-내-존재로서 현존재에게 위임된 존재의 현사실인 것처럼, 죽음도 역시 그에게 떠맡겨진 존재의 현사실이다. 실존으로의 피투성에서 동시에 죽음의 가능성으로 피투된 한에서, "현존재는 피투된 세계-내-존재로서 그때마다 이미 그의 죽음에 위임된다"(SZ, p. 259). 현존재가 실존하도록 세계로 피투되자마자 죽음의 가능성으로 마저 피투되는 것은 어찌 보면 당연하다. 실존이 이렇게 죽음의 가능성과 중첩되는 것은 "》죽음의 형이상학《"(SZ, p. 248)에서나 겨우 드러날 엄청난 죽음의 비의가 감추어져서는 아니다. 쉽게 말해 그것은 삶이 언제나 죽음과 동행할 수밖에 없기 때문이다.

현존재가 존재하는 내내 죽음을 피할 수 없는 것이, 그가 피투된 채 세계-내-존재로 실존하는 까닭이라는 것으로 실존론적 죽음의 의미가 다 밝혀진 것은 아니다. 죽음의 음습한 짐을 현존재가 과연 어떻게 짊어져야 하는지를 마저 밝혀야 한다. 해명의 실마리는 죽음의 가능성의 성격에 있다. 하이데거의 실존론적 죽음에서 무엇보다도 관건이 되는 것은 그것이 가능성이라는 점에, 그것도 현존재에게 "특유한 존재가능성"(SZ, p. 240) 또는 "현존재의 특출한 가능성"(SZ, p. 248)이 된다는 점에

에 놓인 별개의 사건인 양 갈라서는 안 된다. 그의 의도와는 반대로 삶과 죽음이 중첩된 상태에 있는 고양이의 역설은 상식에 반하는 역설이 아니고 오히려 생명체의 무상(無常)의 진실을 전하는 것으로 보아야 한다. 양자 중첩, 파동함수의 붕괴와 관련된 보어의 코펜하겐 해석에 대한 반발로 슈뢰딩거가 제안한 고양이의 역설에 대해서는 짐 배것, 박병철 옮김, 『퀀텀스토리』, 반니, 2014, 236~50쪽 참조. 또한 김상욱, 『김상욱의 양자공부』, 사이언스북스, 2017, 43~55쪽; 최무영, 『최무영 교수의 물리학 강의』, 책갈피, 2009, 277~84쪽 참조.

있다. 왜 죽음의 가능성이 여느 가능성과 달리 현존재의 존재를 특징짓는 특출한 가능성이 되는지는 현존재의 존재를 실존의 근원성에서 개시하는 선구하는 결단성에 대한 해명에서나 밝혀질 수 있을 것이다. 그러나 지금 눈여겨보아야 할 것은 현존재에게 본디 실존이 가능성이라는 점이다. 사실, 현존재에게 존재는 존재가능(Seinkönnen)과 다를 바가 없다. 현존재의 존재가 저 뒷산의 바위 같은 전재자의 존재와 다른 까닭이 여기에 있다. 바위는 존재하되 가능성으로는 존재하지 못하지만, 현존재에게는 그의 존재가 곧 가능성과 다름없다.[4]

굳이 그 이유를 밝히겠다면, 염려의 구조계기를 살펴야 한다. 현존재의 존재를 구조 통일성에서 규정하는 것이 바로 염려이다. 실존론성, 현사실성 및 퇴락성이 염려의 구조계기이지만, 지금은 실존론성의 계기를 주목해야 한다. '자기를 앞질러 존재하기'(Sichvorwegsein)가 실존론성의 구조계기에 해당한다. 자기를 앞지른다는 것은 모든 존재자 가운데 현존재만의 특출한 특징이다. 실존론성의 계기에서 볼 때, 현존재는 두 발을 디디고 선 지금의 여기를 과감히 포기하고 앞을 향해 내달린다. 고인 물이 썩듯이, 사람이 디디고 선 곳을 떠나지 않으면 정체(停滯)를 면할 수 없다. 흔한 상식이나 다름없는 세인의 공공적 피해석성에서 볼 때, 지금의 여기를 포기하고 앞을 향해 나아가는 현존재의 발걸음은 진보나 발

---

4 "오직 인간만이 실존한다. 바위는 존재하되, 실존하지 않는다. 나무는 존재하되, 실존하지 않는다. 말은 존재하되, 실존하지 않는다. 천사는 존재하되, 실존하지 않는다. 신은 존재하되, 실존하지 않는다"(제9권, p. 374). 하이데거가 볼 때, 인간의 경우에 존재는 곧 가능성이다. 인간이 존재한다는 것은 가능성으로 존재한다는, 가능성 말고는 달리 존재할 수 없다는 말이다. 한마디로 그것은 인간이 실존한다는 말이다. 신이나 천사 같은 형이상학적 존재자 등 나머지 존재자에게는 현실성이 전부이다. 인간 현존재 이외의 나머지 모든 존재자의 경우에 존재는 곧 현실성이고, 가능성은 고작 무(無)와 다를 바가 없다. 이렇게 나머지 존재자의 경우 현실성이 아니고서는 존재하지 못한다. 그러나 실존하는 인간 현존재의 경우에 현실성은 도리어 존재의, 곧 실존의 결핍이나 퇴화에 지나지 않는다. 게다가 현실성은 인간 현존재를 사물화한다. 하이데거의 용어로 말하면, 현실성은 현존재를 전재자로, 실존을 전재존재로 평준화한다.

전으로 간주된다. 그러나 하이데거는 그렇게 풀이하지 않는다. 그는 앞을 지향하는 발걸음을 가능성으로의 선구로 풀이한다. 현존재가 달려가야 할 앞은 가능성인 반면에 그가 발을 디디고 선 곳은 떠나야 할 현실이기 때문이다. 말하자면 현존재는 가능성으로의 자기기투가 종료되자마자 뒤를 돌아보지 않고 미련 없이 앞을 향해 달려간다. 현존재는 가능성이 화석처럼 현실성으로 굳어지지 않도록 가능성으로의 자기기투를 마치자마자 그때마다 다시 가능성으로 달려간다. 자기를 앞질러 존재한다는 것은 현존재가 기투에서 기투로, 요컨대 현실성의 손아귀에 붙잡히지 않도록 그때마다 매번 가능성에서 가능성으로 달려간다는 것을 의미한다. 실로 현존재에게 존재가 존재가능일 수밖에 없는 것은, 그가 이렇게 자기 자신을 앞질러 가능성에서 가능성으로 달려가는 까닭이다. 현존재의 경우, 존재가 가능성이고 가능성이 존재이다. 현존재에게 현사실적 존재가 가능존재(Möglichsein)이고 가능성을 향한 존재(Sein zur Möglichkeit)인 것은 바로 이러한 연유에서이다. 자기를 앞질러 존재한다는 의미에서 본 염려의 실존론성의 계기가 바로 현존재의 존재를 전재존재와는 달리 존재가능 또는 가능존재로 규정한다. 한마디로 이 구조계기가 가능성을 향한 존재 또는 가능성으로의 선구를 실존론적·존재론적으로 가능하게 한다.

현존재가 세계-내-존재로 실존하면서 그때마다 자기 자신을 앞지르는 한에서, 죽음은 가능성일 수밖에 없다. 달리 말해 현존재의 실존이 가능존재인 한에서, 죽음은 현사실적 실존의 호적에 입적된 특출한 가능성이 될 수밖에 없다. 죽음이 특정 시점에 특정 원인으로 발생할 것으로 예견되는 사망의 현실성으로 실존의 호적에 입적되는 것은 아니다. 만약 죽음이 시점과 원인에서 충분히 예상할 수 있는 사망의 현실성에 불과하다면, 에피쿠로스의 견해대로 죽음은 현존재에게 아무런 두려움도 자아낼 수 없고 아무런 상관도 없을 것이다.[5] 에피쿠로스가 볼 때, "……가장 두려운 악(惡)인 죽음은 우리에게 아무것도 아니다. 왜냐하면 우리가 존재하는 한 죽음은 우리와 함께 있지 않으며, 죽음이 오면 이미 우리는 존재하지 않기 때문이다".[6] 만약 내가 협심증 환자라면, 앞으로 예상되는 나의 현실적 사망을 놓고 미리 불안에 시달릴 필요까지는 없을 것이다. 일상생활에서 심장기능의 정지로 인해 닥칠 현실적 사망을 충분히 예상할 수 있고 또 얼마든지 의학적으로 미연에 예방할 수 있기 때문이다. 이렇게 죽음이 미연에 방지할 수도 있는 사망의 현실성으로 간주될 때, 죽음의 "가능성의 성격"(SZ, p. 253)은 실종되고 만다.

   에피쿠로스가 생각하는 것처럼 죽음이 고작 현실성이라면 사람은 죽음의 원인을 찾아내는 한편, 찾은 원인에 준해 죽음을 미연에 방지하고 예방해야 할 것이다. 결국 죽음은, 예컨대 의학적 처치의 대상이 될 것이다. 그러나 하이데거의 실존론적 죽음은 에피쿠로스의 현실적 사망이 아니다. 그가 볼 때, 죽음은 현실성이 아니고 가능성이다. 그것은 원인을 찾아 미리 예방할 수 있는 사망의 현실성이 아니다. 실존론적 죽음은 현존재에게 어떠한 원인에서 언제 어떻게 닥칠지를 전혀 예상할 수 없는, 원인을 꼭 집어낼 수 없는 특유한 가능성일 뿐이다. 그렇다면 현존재는 어떻게 죽음과 관계해야 하는가? 이 질문의 답은 앞서 제출되었다. 현존재가 자기를 앞질러 매번 가능성으로 달려가는 만큼, 죽음은 가능성으로서 현존재가 달려가야 할 최종적 행선지이다. 현존재는 세계-내-존재로 실존하면서 '자기를 앞질러 존재하기'의 방식으로 언제나 가능성에서 가능성으로 내달리는 한, 죽음의 가능성을 향해 달려가야 한다. "이와 같은 가장 고유한 몰교섭적(unbezügliche) 가능성은 동시에 극한적

---

5 래톨은 에피쿠로스의 견해와는 달리, "죽음이 '우리에게 아무런 것도 아닌' 것이 아니라 우리의 가장 고유한 가능성임"(마크 A. 래톨, 『How to Read 하이데거』, 123쪽)을 역설하면서 죽음의 가능성이 우리의 실존에 어떻게 영향을 끼치는지를 잘 밝힌다. 그가 하이데거의 실존론적 죽음에 준해 에피쿠로스의 견해를 조목조목 논파하는 것은 매우 흥미롭다. 이 점에 대해서는 같은 책, 122~31쪽 참조.
6 에피쿠로스, 오유석 옮김, 「메노이케우스에게 보내는 편지」, 『쾌락』, 문학과지성사, 2019, 43~44쪽.

(äußerste) 가능성이다"(SZ, p. 250)라는 말이 전하는 것처럼, 죽음은 극한적 가능성답게 현존재 앞에 펼쳐진 모든 가능성의 끝에 놓인 최후의 가능성이다. 제3부에서 그 내막을 밝히겠지만, 죽음은 현존재가 달려가야 할 최후의 행선지이기에 도리어 최초의 행선지가 된다. 요컨대, 현존재는 임의적으로 가능성을 선택해 그리로 달려가기 전에 맨 먼저 죽음으로 달려가야 한다는 말이다.

이제 현존재가 세계-내-존재로 실존하도록 피투된 이상, 죽음의 가능성을 어떻게 떠맡아야 하는지가 분명해졌다. "죽음을 향한 존재는 염려에 근거를 둔다"(SZ, p. 259)라는 말 그대로, 현존재는 세계-내-존재로 실존하는 동안에 그때마다 '자기를 앞질러 존재하기'의 방식으로 죽음의 가능성을 향해 선구해야 한다. 한마디로 현존재는 죽음을 향한 존재로 실존해야 한다. 사실, 죽음을 향한 존재가 죽음으로의 선구이고, 그 반대도 마찬가지이다. '죽음을 향한 존재'(Sein zum Tode)는 '죽음을 향해 자기를 앞질러 존재하기'(Sichvorwegsein zum Tode)나 다름없고, 다시 이것은 '죽음으로의 선구'(Vorlaufen in den Tod)나 다름없기 때문이다. 죽음을 향한 존재야말로, 곧 죽음으로의 선구야말로 현존재가 실존하면서 죽음의 가능성과 어떻게 관계해야 하는지를, 죽음의 가능성을 어떻게 떠맡아야 하는지를 잘 보여준다.

이렇게 현존재는 죽음을 향한 존재답게 항상 죽음을 앞에 둔 채로 존재한다. 그렇다면 현존재는 그때마다 이미 불안의 유정성에 처한 셈이다. 근원적 불안이 죽음을 앞에 둔 불안이기 때문이다. 단적으로 말해 "본디부터 죽음을 향한 존재는 불안이다"(SZ, p. 266). 죽음을 향한 존재를 불안의 실존론적 구성에 대입하면, 근원적 불안의 경우에 다름 아니라 죽음의 가능성이, 죽음의 가능성으로의 피투성이, 한마디로 죽음으로의 피투성이 바로 불안거리를 형성하는 것으로 볼 수 있다. "현존재가 불안에서 유정하게 존재하는 것은 그의 실존의 가능한 불가능성의 무 **앞에서이다**"(SZ, p. 266)라는 말이나 "죽음으로의 피투성이 그에게 더욱더 근원적으로, 더욱더 강렬하게 드러나는 것은 불안의 유정성에서이다"
(SZ, p. 251)라는 말에서 확연해지듯이, 실존이 불가능해지는 죽음 또는
죽음으로의 피투성이 불안거리를 조성한다. 현존재가 세계-내-존재로
실존하면서 반드시 인수하지 않으면 안 될 죽음의 가능성으로 피투된
까닭에, 그는 죽음을 향한 존재로 존재하기 마련이다. 이렇게 그가 죽음
으로의 피투성에서 죽음을 향한 존재로 존재하는 내내, 그의 세계-내-
존재를 물들이는 것은 불안의 유정성밖에 없다. 사실, 현존재가 죽음으
로 선구한다는 것은 애초부터 그가 근원적 불안으로부터 위협을 당한다
는 것을 말한다. 제4장에서 해명하겠지만, 현존재로서 근원적 불안의 기
분에 처하지 않고서도 죽음으로 선구할 수 있는 것은 아니기 때문이다.

그러나 방금 인용한 문장은, 근원적 불안의 경우, 잠복한 불안의 경우
와는 달리 죽음으로의 피투성이 불안거리가 된다는 것만을 알려주는 것
은 아니다. 불안거리가 있을 때나 불안이 일어나고 불안거리가 없을 때
는 불안이 일어나지 않는 법이다. 여기에서 알 수 있듯이, 왜 현-존재 또
는 세계-내-존재에서 불안이 일어나는지가 바로 불안거리의 구조계기
에서 에누리 없이 밝혀진다. 사실, 불안거리는 왜 불안의 기분이 일어나
는지에 대한 답이다. 물론, 왜 일어나는가를 묻는다고 해서 형이상학적
질문으로, 곧 불안의 기분을 유발하는 존재자적 원인 또는 실체적 원인
을 묻는 것으로 착인해서는 안 된다. 그것은 타인, 용재자, 전재자 등 어
떠한 세계내부적 존재자도 불안거리가 될 수 없기 때문에 그렇다. 앞에
서 밝혔다시피 그 물음은 불안의 기분을 현존재의 존재에서 일어나도록
선천적으로 조건 짓는 것이 무엇인지를 묻는 선천주의적 질문으로 보
아야 한다. 불안거리가 바로 불안 현상의 선천적 조건을 이룬다. 여기에
불안거리의 실존론적 기능이 있다. 불안의 기분을 현-존재 또는 세계-
내-존재에서 발생하도록 환기하는 선천적 가능성의 조건이 된다는 데
에 불안거리의 실존론적 기능이 있다는 말이다. 이를테면 선천적 가능성
의 조건답게 불안의 기분을 현-존재 또는 세계-내-존재에서 일어나도

록 환기하는 것이 바로 불안거리의 실존론적 기능이다. 불안을 현-존재 또는 세계-내-존재에서 가능해지도록 선천적으로 조건 짓는 불안거리는 세계-내-존재이되, 바로 "피투된 죽음을 향한 존재"로 존재하는 "세계-내-존재"(SZ, p. 344), 한마디로 죽음으로의 피투성이다.

3. 불안의 까닭과 본래성의 가능성

근원적 불안의 둘째 구조계기는 불안의 까닭이다. 잠복한 불안과 마찬가지로 근원적 불안의 경우에도 역시 불안의 까닭은 세계-내-존재이다. 다만 죽음의 가능성으로 던져진 세계-내-존재의 '피투성'에 무게중심을 두는 불안거리와는 달리, 불안의 까닭은 죽음의 가능성으로 던져진 세계-내-존재의 '가능성'에 주안점을 둔다. 하이데거가 죽음의 실존론적 구조의 윤곽을 잡는 곳에서 근원적 불안을 슬쩍 건드리면서 "이 불안의 까닭은 다만 현존재의 존재가능일 뿐이다"(SZ, p. 251)라고 말하는 것은 불안의 까닭이 그리로 피투된 세계-내-존재의 '가능성'을 겨냥하는 까닭이다. 물론, 현존재의 존재가능이 불안의 까닭을 형성한다는 것은 막연한 진술이기에 그 존재가능이 구체적으로 무엇을 말하는지는 여전히 모호하다.

불안의 까닭으로 제시된 현존재의 존재가능이 무엇을 가리키는지를 명료하게 밝히기 위해서는 우선 근원적 불안이 죽음을 앞에 둔 불안이라는 것을 다시 헤아릴 필요가 있다. 가령 근원적 불안이 세인의 공공적 세계에서 흔한 배려거리를 놓고 동료들과 교류하던 현존재를 급습할 때 주변 세계의 적소 전체성이 와르르 허물어짐으로써, 어느새 현존재는 공공적 세계에서 늘 배려하던 세계내부적 존재자 및 함께 배려하던 동료들에게서 동떨어진 채로 고유한 자기로 개별화된다. 근원적 불안이 이렇게 현존재의 개별화를 불러일으키는 데에는 다 그만한 이유가 있다. 다름 아니라 불안거리가 죽음으로의 피투성이라는 것이 그 까닭이다. 알다시피 죽음은 몰교섭적 가능성이다. 그렇기에 죽음으로의 피투성을 선천적 조건으로 발생하는 근원적 불안은 "선구에서 이해된 죽음의 몰교섭성(Unbezüglichkeit)이 현존재를 그 자신으로 개별화한다"(SZ, p. 263)라는 말 그대로, 현존재를 홀로된 1인칭의 고유한 자기로 개별화한다.

이렇게 불안의 개별화에 처한 이상, 현존재로서 믿고 의지할 수 있는 것은 그 자신으로 개별화되는 1인칭의 현존재밖에 없다. 사실, 불안의 습격에서 "내가 실존하는 세계가 무의미성으로 침몰했기"(SZ, p. 343)에 더더욱 그렇다. 내 집처럼 편안하고 내 고향처럼 익숙하던 일상적 주변 세계가 무의미성으로 침몰하면서 서먹서먹하고 두렵고 생경한 이국(異國)이 된 셈이다. 여태까지 함께 일하던 동료도, 책상, 컴퓨터, 스마트폰, 서류뭉치 등과 같은 용재자나 일터도 적소 전체성의 와해와 함께 "불안에서 개시되는 세계의 무의미성"(SZ, p. 343)으로 가라앉는다. 세계내부적 존재자와 타인이 몽땅 무의미성으로 가라앉은 세계의 빈 공간에서 현존재는 아무런 의지처 없이 홀로 개별화될 수밖에 없다. 그렇다고 해서 1인칭의 고유한 자기로 개별화되는 현존재가 불안의 포승줄에 꽁꽁 묶여 전혀 옴쭉대지 못하는 것은 아니다. 불안이 현존재에게 무의미성의 세계에서 개별화의 고독을 떠맡기기는 하지만, 그럼에도 뜻밖으로 소중한 보상을 제공한다.

사실, 불안의 보상이 무엇인지는 이미 앞에서 언급되었다. 그것은 불안이 현존재로 하여금 세인의 공공적 세계에서 흔하게 배려되던 것으로 더는 퇴락하지 못하게 하는 가운데 본래성의 가능성을 그에게 가져온다는 점에서 잘 드러난다. 요컨대, 불안이 개별화의 고독에서 번쩍이는 "본래적 존재가능의 가능성"(SZ, p. 343)을 1인칭의 현존재에게 개시한다는 말이다. 이렇게 현존재는 개별화의 보상으로 무의미성의 세계에서 더욱 더 환하게 번쩍이는 본래적 존재가능의 가능성을 얻는다. 여기에서 근원적 불안의 둘째 구조계기로 적시된 '현존재의 존재가능'은 일단 본래적 존재가능임이, 그것도 '본래적 존재가능의 가능성'임이 밝혀졌다.

잊어서는 안 되는 것은 1인칭의 현존재에게 불안의 까닭이 본래적 가능성 자체가 아니고 '본래적 존재가능의 가능성'이라는 점이다. 본래적 가능성과 본래적 존재가능의 가능성을 혼동하거나 동일시해서는 안 된다. 어디까지나 현존재가 불안해하는 까닭은, 불안의 기분이 들자마자 그 즉시 그가 본래적 가능성으로 자신을 기투하기 위함에 있는 것은 아니다. 불안이 개별화의 고독에서 현존재에게 기투해야 할 본래적 가능성을 직접 골라 제공하지는 않기 때문이다. 불안이 본래적 가능성을 골라 현존재에게 제시하지 않는다고 해서 현존재가 마치 삶의 주체인 양 수많은 현사실적 가능성 가운데 본래적 가능성을 직접 골라 선택하는 것으로 보아서는 안 된다. 피투성에서 미루어 생각할 수 있는 것처럼, 현존재는 본래적 가능성을 손수 고를 수 있는 삶의 주체가 아니기 때문이다. 현존재가 실체적 자아나 주체가 아닌 이상, 어떤 본래적 가능성을 고르고 선택해 자신을 그리로 기투할지는 현존재의 존재자적 권한에 속하지 않는다. 곧 뒤에서 밝히겠지만, 본래적 가능성의 취사선택은 죽음의 존재론적 권한에 속한다. 본래적 가능성으로 자신을 기투하면서 그렇게 본래적으로 존재하기 위해서는 현존재가 불안의 기분을 타고 양심의 부름을 거쳐 죽음의 관문을 마저 통과해야만 한다.

그렇기에 현존재가 불안에 처하자마자 세인의 공공적 세계에서 떠도는 현사실적 가능성 가운데 본래적 가능성을 임의적으로 직접 선택하고 그리로 자신을 마구 기투하는 것으로 보아서는 안 된다. 현존재가 불안해하는 까닭은, 현사실적 가능성 가운데 죽음이 선택하는 본래적 가능성으로 자기 자신을 기투하면서 그렇게 '본래적으로 존재할 수 있는 가능성'을 장악하기 위해서이다. 다시 말해 현존재가 불안해하는 것은, 죽음이 골라주는 본래적 가능성으로 자신을 기투하는 등 그렇게 본래적으로 존재할 수 있도록 먼저 본래성의 출발선 앞에 서기 위해서이다. 현존재에게 불안의 까닭은 본래적 가능성으로의 자기기투에, 본래적 존재에,

곧 본래성에 있지 않다. 앞에서 강조했다시피 오히려 그것은 그렇게 본래적으로 존재할 수 있는 가능성에, 본래적 존재가능의 가능성에, 한마디로 본래성의 가능성에 있다.

환언하면 불안이야말로 현존재에게 본래성의 가능성을 개시하는 근본 유정성이다. 이렇게 근원적 불안은 현존재를 개별화하면서 그에게 본래적 존재가능의 가능성을, 곧 본래성의 가능성을 개시한다. 현존재는 그 자신으로 개별화되는 가운데 죽음이 선택하는 본래적 가능성으로 자신을 기투하는 등 그렇게 본래적으로 실존할 수 있도록 먼저 불안의 까닭이 제시하는 본래적 존재가능의 가능성을 좌고우면하지 않고 용감하게 장악해야 한다. 결국 현존재가 개별화의 고독에서 불안의 불쾌한 기분을 도피하지 않고 기꺼이 감수하고 견디는 것은, 본래성의 가능성을 장악하면서 죽음으로의 선구에서 선택되는 본래적 가능성으로 자신을 기투하기 위해서이다. 한마디로 그것은 현존재가 그렇게 본래적으로 실존하기 위해서이다.

불안의 까닭이 개별화되는 1인칭 현존재의 본래적 실존의 가능성 또는 본래성의 가능성에 있다면, 불안 현상에서 그 구조계기가 떠맡는 실존론적 기능은 그것이 무의미성의 세계에서 본래적 실존의 출발선을 그의 앞에 그어주는 데에 있는 것으로 볼 수 있다. 알다시피 불안의 기분과 함께 적소 전체성이 무너져버린 무의미성의 세계에서 1인칭으로 개별화되는 현존재로서 믿고 의지할 만한 것은 세계내부적 존재자 가운데 남아 있지 않다. 든든한 삶의 자산이나 배경처럼 여겨지던 직장, 동료, 친구, 집, 부동산, 돈 등도 무의미성의 세계에서는 아무런 의미도 갖지 못하고 아무런 위로도 되지 못한다. 세인이 편성한 의미의 맥락 전체가 산산이 해체된 세계에서 1인칭의 외로운 현존재는 마치 '세계의 무'와 직면한 듯하다.

이렇게 존재자적 의지처가 모조리 무기력하게 허물어진다면, 황막한 무의미성의 세계에서 외로운 현존재는 처음부터 일거리에 대한 배려의 방식으로나 타인에 대한 고려의 방식으로나 어떠한 일도 도모하기 어렵다. 그저 황막한 세계에서 외로운 현존재가 할 수 있는 유일한 일이라고는 일단 불안의 까닭에서 개시되는 본래성의 출발선 앞에 서는 것밖에 없다. 물론, 본래성의 출발선 앞에 서는 만큼 앞을 향해 달려가야 한다. 무의미성의 세계에서 현존재가 달려가는 '앞'은 가능성이기는 하지만 세계내부적 배려나 고려의 가능성이 아니다. 근원적 불안의 기분에서 무의미성으로 침몰한 세계에서, 현존재가 본래성의 출발선을 출발해 달려가야 할 앞의 가능성은 그 자신의 고유한 죽음의 가능성밖에 없다. 이렇게 죽음으로의 선구의 출발선이 된다는 것이 다름 아니라 불안의 까닭의 실존론적 기능이다. 요컨대, 불안의 까닭으로 개시되는 본래성의 가능성이 외로운 현존재에게 본래적 실존의 출발선 구실을 한다는 데에 불안의 까닭의 실존론적 기능이 있다는 말이다.

4. 불안해함과 섬뜩한 기분의 위협

근원적 불안을 구성하는 마지막 구조계기는 불안해함이다. 어찌 보면 이 마지막 계기가 불안 현상에서는 가장 구체적이고 생생하고 실감적이다. 불안 현상은 피투성에 근거를 둔 현존재의 실존론적 유정성이다. 현존재가 바로 이 유정성과 실존적으로 관계하는 것은 불안해함의 계기에서이다. 쉽게 말해 불안해함의 계기에서 현존재는 불안의 실존론적 유정성을 실존적으로 경험한다. 군이 공황장애나 불안장애 환자가 아니더라도 사람이 친숙한 일상성에서 섬뜩하거나 안절부절못하는 기분을 때때로 경험하는 것처럼, 현존재는 근원적 불안의 유정성을 섬뜩함이나 안절부절못함의 기분에서 실존적으로 실감한다. 그것은 근원적 불안의 실존론적 유정성이 불안해함의 계기에서 비로소 섬뜩함이나 안절부절못함과 같은 실존적 기분으로 발산되기 때문이다.

이와 같은 근원적 불안의 실존적 기분은 현존재를 당혹스럽고 곤혹스럽게 만든다. 일상적 공공성의 특징을 보면, 불안의 기분이 어떻게 일상적 현존재를 불편하게 흔들어놓는지를 잘 알 수 있다. 사실, 현존재가 세인의 공공적 세계에서 낯선 곳을 가더라도 고향 동네처럼 낯설지가 않고 불편하지 않은 것은, 오히려 기시감이 들 정도로 편안하고 친숙한 것은 "안정된 자신감, 자명한 》편안함(Zuhause-sein)《을 현존재의 평균적 일상성으로 가져오는 세인의 일상적 공공성"(SZ, pp. 188~89) 덕분이다. 세인이 일상적 공공성의 유력자로 군림하는 공공적 세계의 특징은 일상생활에서 안정감, 자신감, 편안함, 경이함 등을 누릴 수 있는 "친숙해 있음"(제64권, 44쪽)이다. 세인의 공공적 세계에 친숙하다는 것은 "세계를 신뢰함", "세계에 자신을 내맡기는 것"(제64권, 44쪽)과 다름없다. 믿고 의지하고 자신을 내맡길 정도로 친숙한 덕택에 그 세계 어디에서라도 내 집처럼 편안하다는 것이 공공적 세계의 특징이다. "'일상인'이 존재의 주체로 있는 한, 이 내존재에게 타인들과 함께하는 친숙하고 확실하며 평균적이고 공공적인 일상성에서 두려워할 것은 더 이상 아무것도 없다"[7](제64권, 58쪽)라는 노래가 저절로 나올 정도로 세인의 일상적 공공성은 내 집에 있는 것처럼 편안하다.

그러나 불안의 기분이 들자마자 현존재는 안절부절못하게 된다. 그것은 불안이 익숙한 적소 전체성과 의미의 맥락을 와해함으로써 공공적 세계의 친숙함이나 편안함을 몽땅 파괴하는 까닭이다. 한때 내 집과 같던 공공적 세계가 더는 내 집에 있는 것처럼 편안하지 않은 것은 현존재가 안절부절못하는 불안의 기분에 처할 때이다. 불안은 편안한 집 바깥으로 내쫓긴 듯이 안절부절못하게 그를 조율한다. 한편, 불안은 친숙한 공공적 세계에서 두려울 것이 없던 일상적 현존재를 갑자기 소름이 돋을 정도로 섬뜩한 기분에 빠뜨린다. 섬뜩함이야말로 실로 불안다운 기분

---

7 '일상인'은 세인으로 옮긴 'das Man'을 가리킨다.

이다. 섬뜩한 기분이 드는 것은, 공포의 경우와 달리 불안을 일으키는 존재자적 원인이 어디에도 없기 때문이다. 말하자면 불안을 일으키는 원인이 세계내부적으로 "아무런 것도 아니고 어디에도 없음"(SZ, p. 188)에도 불안이 현존재를 엄습할 때, 그는 섬뜩함의 기분을 당한다. 노출된 침입자보다는 종적과 모습을 드러내지 않는 무명의 암살자가 더 두렵고 무섭듯이, 불안을 일으키는 불안거리가 세계내부적으로 어디에도 없고 아무런 것도 아니라는 것이 섬뜩한 기분을 유발한다.

현존재가 불안의 실존론적 유정성을 섬뜩함과 안절부절못함의 실존적 기분에서 경험한다는 것으로 불안해함의 계기가 다 해명된 것은 아니다. 현존재가 그 기분을 당한다는 것은 다름 아니라 그 기분에서 고강도의 위협을 받는다는 것과 다를 바가 없다. 실로 섬뜩함과 같은 불안의 고강도 기분은 현존재에게 크나큰 위협이 된다. 섬뜩한 기분에서 멀리 도주하고 싶을 정도로 현존재는 불안의 기분에서 크게 고강도로 위협을 받지만, 그렇다고 해서 불안이 특정한 행동을 하도록 현존재를 오싹하게 위협하는 것은 아니다. 예컨대, 강도가 어두운 골목에서 흉기를 내 등에 들이대는 것은 지갑을 내놓고 신용카드의 비밀번호를 털어놓는 등 특정한 행동을 하도록 나를 위협하기 위해서이다. 불안의 위협은 강도가 일으키는 이러한 공포의 위협과는 다르다. 불안의 "위협은 그 자체로 규정되지 않아서 현사실적으로 구체적인 이러저러한 존재가능을 하도록 위협하면서 달려들 수는 없다"(SZ, p. 187).

불안해함의 계기에서 현존재가 불안의 고강도 위협을 당하지만, 이 위협은 불안해하는 현존재 자신에서부터 그 자신을 타격하는 위협이라는 점에서 공포의 위협과는 사뭇 다르다. 동어반복처럼 보일지 모르지만, 불안의 기분에 처한 현존재가 불안의 기분에 처한 현존재 자신을 위협한다. 거칠게 말해 불안이 불안을 위협한다. 곧 불안거리가 섬뜩하고 안절부절못하는 불안의 고강도 기분을 환기해 불안해하는 현존재를 불안의 까닭으로 가도록 위협한다. 불안의 위협은 이렇게 불안 현상의 울타리를, 곧 불안의 기분에서 유정하게 존재하는 1인칭의 현-존재를 떠나지 않는다. 불안거리, 불안의 까닭 및 불안해함 등 세 가지 계기가 구조적으로 통일된 현상이 불안이기 때문이다. 특정한 방역에서 서서히 다가오는 특정한 세계내부적 존재자를 공포거리로 삼는 공포 현상과는 달리, 현존재 자신의 특출한 가능성이, 곧 죽음의 가능성이 불안거리를 형성한다는 점에서 더더욱 불안의 위협은 불안 현상을, 곧 불안해하는 현존재를 떠나지 않는다. 결국 불안의 위협이 불안 현상을 떠나지 않는 이상, 불안의 기분은 불안해하는 현존재를 불안의 까닭으로 가도록 위협하는 것으로 보아야 한다. 불안의 까닭이 본래적 존재가능의 가능성이라는 점은, 게다가 그것이 불안해하는 현존재에게 본래적 실존의 출발선이 된다는 것이 불안의 까닭의 실존론적 기능이라는 점은 이미 밝혀졌다. 그렇다면 본래적 실존의 출발선 앞에 현존재를 세우는 것이, 말하자면 세인의 공공적 세계에서 알게 모르게 익혀온 일상적 상호공동존재에 관한 매뉴얼대로 만사가 형통하리라는 환상을 품은 채 내 집처럼 느긋하게 존재하던 타성에서 벗어나 본래성의 출발선 앞에 어서 서도록 일상적 현존재를 고강도 위협의 방식으로 죄어치는 것이 바로 불안해함의 계기의 실존론적 기능임은 두말할 나위 없다.

5. 근원적 불안의 고강도 힘

이렇게 근원적 불안은 섬뜩하고 안절부절못하는 불안의 고강도 기분을 겪는 현존재를, 그 실존론적 기능에 충실하게 본래적 실존의 출발선 앞에 서도록 위협한다. 위협에서 직감할 수 있는 것처럼, 불안은 이따금 발생하는 인간의 심리적 기분이나 신체적 감정이기 이전에 현존재의 실존을 언제나 그때마다 본래적으로든지 비본래적으로든지 간에 구동하는 '힘' 자체이다. 현존재의 실존에서 불안을 특출한 현상으로 도두보는 것은 그때마다 본래성과 비본래성 사이에서 실존의 '어떻게'가 바뀌도록 실존에 파급되는 불안의 힘 때문이다. 불안의 힘 또는 위력은 섬뜩함이나 안절부절못함과 같은 불안의 기분에서 출렁인다. 근원적 불안의 위력이 얼마나 대단한지는 불안의 기분에 현존재가 혼비백산하는 데에서 볼 수 있다. 근원적 불안의 섬뜩한 고강도 기분이 불러온 "이 혼비백산(Benommenheit)이 그러나 현존재를 》세계적《 가능성에서 되**찾아올** 뿐만 아니라 동시에 그에게 **본래적** 존재가능의 가능성을 **준다**"(SZ, p. 344) 라는 말 그대로, 세인의 공공적 세계에서 그저 그렇고 그런 배려거리를 놓고 일상적 공공성에 관한 매뉴얼을 따라 흔한 가능성을 도모하던 일상적 현존재를 거기에서 빼내 올 만큼, 게다가 고유한 자기로 돌아온 현존재를 본래성의 출발선 앞에 세우고 어서 죽음으로 선구하라고 다그칠 만큼 불안의 위협은 가히 위력적이다. 잠복한 불안과 달리, 근원적 불안은 이렇게 생물학적으로 태어나면서부터 일상적 공공성에 관한 매뉴얼을 착실히 익혀온 일상적 현존재를 드디어 세인의 일상적 공공성에서 빼내는 동시에 그를 죽음으로 선구할 수 있도록 본래성의 출발선 앞에 우뚝 세운다는 점에서 실로 놀라운 고강도의 위력을 그에게 행사한다.

이제 잠복한 불안에 견주어 근원적 불안의 고강도 위력이 어디에서 어떻게 솟구치는지를 밝혀야 한다. 사실, 불안의 실존론적 구성에서 볼 때, 잠복한 불안과 근원적 불안은 다를 것이 없다. 세계-내-존재의 피투성이 불안거리를, 세계-내-존재의 가능성이 불안의 까닭을, 현존재에 대한 섬뜩하고 안절부절못하는 기분의 위협이 불안해함을 각각 이룬다는 점에서 두 불안은 다를 바가 없다. 구태여 작은 차이를 찾자면, 같은 세계-내-존재의 피투성임에도 하나는 실존으로의 피투성이고 다른 하나는 죽음으로의 피투성이라는 점을 들어야 한다. 전자가 잠복한 불안의 불안거리를 이룬다면, 후자는 근원적 불안의 불안거리를 이룬다.

물론, 실존과 죽음이 현-존재 또는 세계-내-존재의 '어떻게'로서 구조적 통일성을 형성한다고 해서, 곧 슈뢰딩거의 고양이에서처럼 중첩되었다고 해서 불안거리의 작은 차이를 간과해도 좋다는 것은 아니다. 이 두 피투성의 가격을 같은 값으로 매겨서는 안 된다. 불안거리의 작은 차이가 불안의 위력에서 메울 수 없는 큰 차이를 불러오고, 다시 위력의 차이가 실존의 '어떻게'를 본래성과 비본래성의 두 진영으로 갈라놓는다. 사실, 그 이유는 이미 불안거리의 실존론적 기능에서 시사되었다. 불안의 위력이 저강도의 힘과 고강도의 힘으로 갈리는 것은 불안거리의 실존론적 기능에 달린 일이라는 말이다. 불안 현상에서 불안거리는 불안을 가능하게 하는 선천적 조건으로 작용한다. 쉽게 말해 불안이 일어나는 것은 불안거리가 있기 때문이다. 불안거리가 있기에 불안이 일어난다면, 불안거리가 무겁기에 불안이 무거워진다고 말할 수 있다. 근심거리가 크면 마냥 근심이 깊어지는 것처럼, 불안거리가 무거우면 무거울수록 불안의 강도는 더욱더 커진다. 이를테면 불안의 강도는 불안거리의 무게에 비례한다는 말이다.

사실, 잠복한 불안의 경우에 현존재가 피투된 세계-내-존재로서 어떻게 실존할 것인가가 불안거리를 이룬다. 물론, 어떻게 실존할 것인가가 불안거리로 부상하는 것은 어떠한 존재자적 원인이나 존재론적 근거 없이 실존의 '어떻게'를 현존재가 스스로 돌보고 보살펴야 하기 때문이다. 쉽게 말해 직장이나 경력, 인맥이나 재력 등과 같은 삶의 존재자적 근거에 기대거나 대중적으로 널리 영향력을 행사하는 이러저러한 사상이나 인물에서 삶의 지침을 표절하거나 하지 않고 어떻게 실존할 것인가를 스스로 고민하는 가운데 스스로 보살펴야 하기에, 현존재는 불안에 젖기 마련이다. 그러나 어떻게 세계에서 실존할 것인가의 짐은 어떻게 죽음과 관계할 것인가의 짐보다는 그래도 가볍다. 잠복한 불안의 불안거리가 근원적 불안의 불안거리보다 가벼운 것은, 어떻게 실존할 것인가에 대한 깊은 번민 속에서 실존의 '어떻게'를 보살피는 데에 성공하지 못한다고 해서 그 자리에서 당장 실존에 종지부가 찍히는 것은 아니기 때문이다. 현존재가 실존의 '어떻게'를 놓고 번민 가득한 밤을 보내지 않는다 하더라도, 설령 그것을 모른 척한다 하더라도 실존의 현사실이 폐기되지도 않으며, 더군다나 일상성에 관한 매뉴얼에 충실하게 일상적 상호공동존재의 방식에서 그냥 세인-자기로 줄곧 실존할 수도 있다.

그만큼 실존의 짐이 죽음의 짐보다 가볍다. 이것은 현존재의 실존에서 무게를 측정할 때에만 그러한 것이 아니다. 맨질량을 측정하더라도 죽음의 맨질량이 실존의 그것보다 더 무겁다. 실존은 어쨌든 실존한다는 것을 가리키지만, 죽음은 다시 언제 존재할지를 기약할 수 없는 존재의 최종적 종말이나 끝을, 어쨌든 현존재로서 더는 실존할 수 없게 될 최종적 가능성을 지시하기 때문이다. 물론, 죽음의 맨질량은 죽음으로 선구하는 현존재에게서나 죽음에서 도피하는 현존재에게서 달라지지는 않는다. 설령 일상적 공공성에서 죽음을 한낱 "세계내부적으로 발생하는, 주지된 사건"(SZ, p. 253)으로 치부하면서 죽음의 현사실에서 멀리 도주한다 하더라도, 차라리 멀리 도주하는 만큼 도리어 일상적 현존재에게 죽음의 그늘은 더욱더 짙게 깔린다. 일상적 현존재가 죽음을 늙어서 겪을 먼 미래의 평균적 사망 사건으로 생각하면서 일상의 비근한 배려거리에 몰두한다 하더라도, 그러면 그럴수록 그의 실존에 돋을새김된 죽음의 두 글자는 더욱더 선명하게 부상한다. 한마디로 현존재가 하루하루 실존하면 실존할수록 그만큼 더욱더 죽음에 가까이 이를 수밖에 없다. "…… 현존재의 일상성이 죽음**에서부터의** 퇴락하는 도피로써 입증하는 것은, 세인이 》죽음에 대한 상념《 속에서 노골적으로 처신하지는 않는다 해도 그때마다 이미 세인 자신도 **죽음을 향한 존재로** 규정된다는 점이다"(SZ, p. 254). 이렇게 일상적 현존재가 일상생활에서 죽음으로부터 멀리 도피한다고 해서 그가 죽음을 향해 존재하지 않는 것은 아니다. 그렇다면 일상적 현존재가 세인-자기답게 먹고사는 데에 시급한 일에 전력을 기울이는 등 죽음의 현사실에서 멀리 도주하면 도주할수록 거리의 제곱에 반비례하는 물리적 중력과는 반대로 죽음의 엄청난 맨질량에서 방출되는 세찬 실존적 중력을 그때마다 더 강하게 느낄 수밖에 없을 것이다.

이렇게 죽음의 맨질량이 도피의 명수인 세인-자기조차도 중력으로 끌어당길 만큼 아주 육중하게 나간다면, 그 맨질량에 비례해 불안의 강도가 증강된다는 것은 당연하다. 죽음의 현사실적 짐을 선천적 조건으로 발생하는 근원적 불안의 힘은 잠복한 불안의 힘과는 달리 일상적 현존재를 꼼짝없이 본래성의 출발선 앞에 서도록 위협할 정도로 고강도의 위력을 휘두른다. 비교적 가벼운 실존의 짐을 선천적 조건으로 발생하는 잠복한 불안으로서는, 아무리 현존재의 꽁무니를 졸졸 쫓아다니면서 본래성의 출발선 앞에 설 것을 권한다 해도 그를 세우지 못한다. 불안의 까닭과 불안해함의 실존론적 기능을 충실히 이행하지 못하고 그 불안은 도리어 현존재에게 비본래성의 빌미를 제공할 뿐이다. 잠복한 불안이 달리 잠복한 불안이 아니다. '잠복(潛伏)한' 불안은, 현존재가 본래적 실존의 수면 아래로 '침잠(沈潛)하도록' 세인의 부드러운 권력의 진압에 '항복(降伏)한' 불안일 뿐이다. 그것은 잠복한 불안이 어떻게 실존할 것인가를 가벼운 불안거리로 삼아 발생하는 저강도의 힘인 탓이다. 그럼에도 간과해서는 안 될 잠복한 불안의 특기가 하나 있다. 잠복한 불안은 낮이나 밤이나 쉬지 않고 검질기게 현존재를 따라다닌다는 점에서 끈기의 명수이다.

　근원적 불안은, 잠복한 불안의 끈질긴 저강도 위협에 지친 끝에 세인의 품에 자발적으로 귀순한 현존재에게서 세인에 대한 동경과 환상을 부수면서 그를 본래성의 출발선 앞에 서도록 섬뜩하고 안절부절못하는 고강도 기분으로 위협한다. 이렇게 잠복한 불안의 은밀한 위협과는 달리, 근원적 불안의 위협이 그야말로 벽력이 내리치듯이 위력적인 것은 엄청난 무게와 맨질량을 과시하는 죽음으로의 피투성이 불안거리를 조성하는 까닭이다. 결국 근원적 불안의 고강도 위력이 걷잡을 수 없이 솟구치는 발원지는 불안거리를 이루는 죽음으로의 피투성이다. 현존재가 실존하는 가운데 죽음으로의 피투성에서 죽음의 짐을 끝내 짊어지는 한, 근원적 불안의 고강도 위력은 강도를 더욱더 강하게 높여간다. 다른 이유가 있는 것은 아니다. 그것은 죽음이 확실성과 불확정성의 실존론적 성격을 갖기 때문이다. 흥미로운 것은 "죽음이 언제인지의 **불확정성**(*Unbestimmtheit*)이 죽음의 확실성과 동행한다"(SZ, p. 258)라는 점이다. 불확정성과 확실성의 동행은 근원적 불안의 위력을 예상 밖으로 배가하고 증강한다. 누구라도 피해갈 수 없는 확실한 죽음이 언제 닥칠지가 확정되지 않았다는 것은 그 죽음이 "이를테면 어느 순간에나 가능하다"(SZ, p. 258)라는 것을 의미하기 때문이다.

죽음의 시점과 사인(死因)을 예상할 수 있는, 그 덕분에 다가올 죽음을 뒤로 미룰 수도 있는 그러한 현실적 사망 사건과는 달리, 언제 어디에서 어떤 원인이나 이유로 죽음이 닥칠지를 전혀 예측할 수 없는 실존론적 죽음으로서 허락된 죽음의 시점과 원인이 있다면, 그야말로 '모든 순간'이 그 시점이고 사람을 죽음에 이르게 할 수 있는 '모든 원인'이 그 원인이라고 말할 수 있다. 실로 피할 수 없는 1인칭 현존재의 확실한 죽음은 기대수명을 넘긴 뒤에 천천히 다가올 것이라는 느긋한 기대를 산산이 깨뜨리면서 1년 후, 1개월 후, 일주일 후, 내일, 오늘, 지금 당장 이 순간에라도 들이닥칠 수가 있는 법이다. 그것도 암, 심장병, 뇌졸중, 교통사고, 안전사고 등 예측할 수 있는 특정 원인으로만 들이닥치지를 않고 그야말로 있음 직한 모든 원인으로 언제 어디에서나 들이닥칠 수 있는 법이다. 무게로나 맨질량으로나 실존의 짐보다 더 육중한 죽음의 짐에 비례하는 근원적 불안의 고강도 위력이 다시 기하급수적으로 불어나는 까닭은 바로 여기에 있다. 사람이 하루하루 살아가면서 모든 원인으로 언제 어디에서나 피할 겨를도 없이 덧없이 죽을 수 있다는 확실한 죽음의 불확정성이야말로 불난 집에 기름을 들이붓듯이 죽음을 앞에 둔 근원적 불안의 위력을 기하급수적으로 배가한다. "죽음의 불확정성이 불안에서 근원적으로 개시된다"(SZ, p. 308)라고 피력되는 것은 근원적 불안의 위력을 기하급수적으로 증강하는 것이 바로 확실한 죽음의 불확정성인 까닭이다.

현실적 사망에 이를 때까지 한평생 낱낱의 지금에 걸쳐 고르게 수평화된 힘으로 현존재를 은근하게 저강도로 압박하는 잠복한 불안의 경우와는 달리, 근원적 불안의 경우에 그 위협의 폭발적 힘은 결단의 순간을 향해 첨예하게 수직화된다. 그것은 확실하고 불확정적인 죽음의 가능성이 비례관계를 떠나 근원적 불안의 위력을 기하급수적으로 증강하기 때문이다. 근원적 불안의 위력적 위협은 세인에 대한 환상에서 깨어나 죽음으로 선구하도록 현존재를 결단의 순간에 벽력처럼 돌연히 내리친다. 이제 앞으로 더 밝혀야 할 것은 근원적 불안의 고강도 위력이 어떤 활약상을 보이는가이다. 도대체 근원적 불안은 어디에서 어떻게 맹활약을 펼치는가? 언뜻 암시된 것처럼 양심, 책임, 결단성, 죽음으로의 선구 등 선구하는 결단성이야말로 근원적 불안의 활약이 유감없이 전개되는 무대이다. 앞으로 다루어야 할 것은 근원적 불안이 선구하는 결단성의 무대에서 어떤 활약상을 연출하는가이다.

제4장

근원적 불안과 선구하는 결단성

　잠복한 불안과는 달리, 근원적 불안은 현존재에게 본래성의 가능성을 확고하게 밀어붙인다. 특히 근원적 불안은 불안의 까닭에서 제시되는 본래성의 출발선 앞에 우뚝 서도록 현존재를 섬뜩하고 안절부절못하는 고강도의 기분으로 세차게 위협한다. 여태까지 전개된 불안 현상에 대한 풀이에서 볼 때, 근원적 불안만이 현존재를 세인의 일상적 공공성에서 빼내어 고유한 자기로 개별화하고 그에게 본래적 실존을 안기는 것으로 문득 생각할 수 있다. 그러나 그렇게 생각해서는 안 된다. 근원적 불안이 기투 현상과 손잡지 않고 단독으로 현존재를 고유한 자기로 개별화하고 그의 본래적 실존을 직접 가능하게 하는 것으로 보아서는 안 된다. 말하자면 근원적 불안이 기투 현상과 손잡을 때만 비로소 현존재를 고유한 자기로 개별화하는 한편, 1인칭으로 개별화되는 현존재를 본래적으로 실존할 수 있도록 본래성의 출발선 앞에 세울 수 있다. 그것은 근원적 불안이 현존재의 유정성에 지나지 않기에 그렇다.

　피투성, 기투, 퇴락 등 세 가지 구조계기로 구성된 염려의 구조적 통일성에서 헤아릴 수 있는 것처럼, 유정성과 이해 또는 피투성과 기투는 구조적으로 통일된 채 서로 연동(聯動)한다. 이를테면 유정성과 기투 각각이 따로 노는 것은 아니다. 유정성이 노는 곳에서 기투가 함께 놀고, 기투가 노는 곳에서 유정성이 함께 논다. 근원적 불안은 특출한 유정성답게 역시 특출한 기투 현상과 구조적 통일성을 형성하면서 서로 연동한다. 근원적 불안의 유정성과 구조적 통일성에서 연동하는 특출한 기투는 양심 현상에서 일어나는 책임존재로의 기투와 죽음으로의 기투이다. 또한 근원적 불안의 유정성과 두 기투는 침묵으로서의 말과 함께 그 구조적 통일성에서 선구하는 결단성을 형성한다.

한편, 근원적 불안은 본래성의 가능성을 장악하도록 현존재를 위협하는 등 고강도의 힘을 행사한다. 사실, 현존재가 세인의 무리에서 고유한 자기를 되찾기 위해 책임존재로 자신을 기투하는 것은 근원적 불안의 위력에 힘입은 덕분이다. 게다가 현존재가 죽음으로 선구하는 가운데 죽음의 여과기에서 여과된 본래적 가능성을 선택하고 그리로 자신을 기투하는 것도 근원적 불안의 위력에 힙입은 덕분이다. 결국 현존재가 선구하는 결단성에서 근원적 방식으로 실존하는 것은 근원적 불안의 고강도 위력에 힘입은 덕분이다. 근원적 불안은 현존재의 실존에서 책임존재로의 기투와 죽음으로의 기투가, 한마디로 선구하는 결단성이 단행되도록 두 기투를 가동하는 근원적 힘으로 활약한다. 이렇게 근원적 불안은 특출한 기투를 가동하는 힘으로 특출한 기투와 함께 놀면서 연동한다.

1. 특출한 기투와 연동하는 근원적 불안

하이데거는 현존재의 존재를, 곧 염려를 구조 전체성에서 파악할 셈으로 가장 폭이 넓고 가장 근원적인 개시성인 불안의 유정성을 분석한다. 그러나 불행하게도 불안 현상에 대한 실존론적 분석론은 면밀하게 뜯어보지 않고서는 이해할 수 없을 만큼 혼란스럽다. 그 까닭이 무엇인지는 사실 앞에서 언급되었다. 그것은 같은 불안이 그때마다 서로 다른 두 얼굴을 짓기 때문이다. 다시 말해 불안은 현존재에게 본래성의 가능성과 비본래성의 가능성을 모두 열어놓는다. 불안이 가장 폭넓은 개시성으로 언급되는 것도 본래성의 가능성만 개시하지 않고 비본래성의 가능성마저 개시하는 까닭이다. 그럼에도 하이데거는 두 얼굴의 불안을 명료하게 구분해 서로 대비하는 가운데 자세히 설명하지 않고 근원적 불안을 본보기로 삼아 불안 현상의 실존론적 구성과 그 기능을 설명한다. 불안 현상을 이해하기가 어려운 까닭이 여기에 있다.

이미 밝혔다시피 현존재를 비본래성의 가능성으로 은근히 빠뜨리는 불안이 잠복한 불안이라면, 본래성의 가능성을 노골적으로 제시하는 불안은 근원적 불안이다. 불안거리, 불안의 까닭, 불안해함 등 불안의 실존론적 구조계기와 그 기능은 잠복한 불안에서나 근원적 불안에서나 다를 것이 없다. 그럼에도 잠복한 불안은 근원적 불안과는 반대로 현존재를 비본래성의 가능성에 빠뜨린다. 그것은 잠복한 불안의 위협이 저강도의 위협에 지나지 않는 반면에, 근원적 불안의 위협은 고강도의 위협이기 때문이다. 근원적 불안은 죽음을 앞에 둔 불안답게 죽음의 가능성 또는 죽음으로의 피투성을 불안거리로 해서 발생하는 만큼, 불안의 까닭에서 제시되는 본래성의 출발선 앞에 어서 서도록 섬뜩하고 안절부절못하는 고강도의 기분으로 현존재를 세차게 위협한다. 낱낱의 지금으로 수평적으로 고르게 분산된 저강도의 힘으로 본래성의 출발선에 서라고 현존재에게 속삭이는 잠복한 불안과는 달리, 실로 근원적 불안은 결단의 한 순간으로 집약된 고강도의 힘으로 출발선 앞에 서도록 수직적으로 현존재를 위협한다.

여기에서 궁금한 것은 근원적 불안이 벽력이 내리치는 듯한 고강도의 위력으로 어디에서 어떻게 현존재를 위협하는가이다. 이 궁금증에 답하기 전에 근원적 불안에 대한 있음 직한 오해를 먼저 톺아볼 필요가 있다. 근원적 불안에 처할 때, 현존재가 바로 본래적 가능성으로 자신을 기투하는 가운데 본래적으로 실존하기 시작하는 것으로 오해해서는 안 된다는 말이다.[1] 근원적 불안은 대뜸 본래성을 현존재에게 제시하지 않고 그저 본래성의 가능성을 제시할 따름이다. 만약 근원적 불안이 처음부터 본래성을 제시한다면, 현존재가 본래적으로 실존하기 위해 구태여 양심의 부름, 책임존재로의 자기기투, 죽음으로의 선구 등 선구하는 결단성을 장악할 필요는 없을 것이다.

　게다가 근원적 불안이 아무리 특출한 유정성이나 근본 유정성의 지위를 차지한다고 하더라도, 현존재의 존재를 감싸는 유정성의 기분에 지나지 않는다는 것은 어김없다. 현존재가 본래적으로 실존하기 위해서는 근원적 불안의 유정성 하나만으로 족한 것은 아니라는 말이다. 피투성, 기투, 퇴락 등 세 가지 구조계기가 구조적으로 통일된 현상이 염려라는 점에서 알 수 있는 것처럼, 역시 현존재가 근원적 불안의 기분에 젖은 채 본래적 가능성으로의 기투를 단행하는 한편, 그렇게 공동현존재의 타인

1　"…… 하이데거는 …… 불안이라는 기분에서 일상적인 세계가 의미를 상실하면서 그와 동시에 바로 우리의 본래적인 실존가능성이 개시되고 우리가 그것을 인수하기만 하면 본래적인 실존가능성이 구현되는 것처럼 말하고 있다"(박찬국, 『원효와 하이데거 비교 연구』, 209쪽) 또는 "…… 하이데거에게서 불안은 일상적인 세계가 무의미한 것으로 드러나면서 …… 현존재의 본래적인 가능성이 그 자체로서 개시되는 기분이다"(같은 책, 167쪽) 등과 같은 문장에서 보는 것처럼, 불안이 현존재에게 '본래적 실존가능성'이나 '본래적 가능성'을 그 자체로 개시하는 것으로 오해해서는 안 된다. 근원적 불안은 현존재에게 '본래적 실존가능성' 또는 '본래적 가능성'을 장악할 수 있는 '본래성의 가능성'을 개시할 따름이다. 또한 "불안은 현존재를 이렇게 세상 사람의 지배로부터 해방시키면서 자신의 가장 고유한 세계-내-존재로 단독자화하지만, 이러한 본래적인 세계-내-존재는 이해하는 세계-내-존재로서 자신의 가장 고유한 가능성을 향해서 자기를 기투한다"(박찬국, 『하이데거의 『존재와 시간』 읽기』, 세창미디어, 2013, 106쪽)라는 문장에서 나타나는 것처럼, 현존재가 불안에 처하자마자 세인의 공공적 지배의 사슬에서 해방되는 동시에 본래적 가능성으로 자신을 기투하는 것으로 오해해서는 안 된다. 곧 밝히겠지만, 양심의 부름을 청종(聽從)하지 않고서는 현존재가 세인의 지배에서 고유한 자기로 풀려나지도 않고, 또한 죽음으로의 선구를 통하지 않고서는 그에게 본래적 가능성이 개시되지도 않는다. 그렇기에 현존재가 불안해진다고 해서 바로 본래적 가능성으로 자신을 기투하면서 본래적으로 실존하기 시작하는 것으로 볼 수는 없다.

과 함께 가령 세계내부적 용재자에 대한 배려를 행할 때나 비로소 본래적으로 실존하게 된다. 본래적 실존은, 예컨대 세계내부적 용재자에 대한 배려 이외에도 두 날개로 비행하는 새처럼 피투성과 기투 또는 유정성과 이해 등 두 날개가 있어야 한다.

사실, 염려의 구조계기 가운데 퇴락성 같은 어느 하나가 빠진다 해도 현존재가 본래적으로 실존하는 데에 지장이 없을 것으로 생각해서는 안 된다. 그것은 현존재의 존재가 어디까지나 "존재하기"(Zu-sein)(SZ, p. 42)이기 때문이다. 현존재에게 존재나 실존은 '존재한다', '실존한다'와 같은 동사(動詞)적 의미에서 존재수행이고 실존수행이다. "실존론적 해석론에 제출된 주제적 존재자는 **현존재**의 존재양태를 취하고 전재하는 조각들을 맞추어 하나의 전재자로 봉합되지는 않는다"(SZ, p. 302). 그렇기에 피투성, 기투, 퇴락 등 구조계기를 마치 레고 블록인 듯이 얼기설기 끼워맞춘다고 해서 현존재의 존재가, 곧 염려가 성립하는 것은 아니다. 그것은 현존재의 존재가 존재한다는 뜻의 동사이기 때문이다. 실로 어느 하나도 빠져서는 안 되는 세 가지 구조계기 사이의 구조적 통일성이 바로 염려이다. 하이데거가 "이해는 둥둥 떠다니지 않고 언제나 유정적인 이해이다"(SZ, p. 339) 또는 "유정성(기분)에는 이해가 동근원적으로(gleichursprünglich) 속한다"(SZ, p. 270)라고 말하는 것은, 뭉뚱그려 "모든 이해는 그 기분을 띤다. 모든 유정성은 이해하는 가운데 있다"(SZ, p. 335)라고 말하는 것은 현존재의 실존을 구성하는 이 두 구조계기가 염려의 구조적 통일성 속에서 동근원적으로 함께 연동하는 동사인 까닭이다. 요컨대, 이해는 유정성에서 일어나는 이해의 사건인 한편, 유정성은 이해의 사건에 서린 유정성의 기분일 따름이다. 둘은 서로를 떠날 수가 없다.

이제 다루어야 할 질문은 더할 나위 없는 위력을 근원적 불안이 도대체 어디에서 어떻게 마음껏 휘두르는가 또는 근원적 불안이 세인-자기에 지나지 않는 일상적 현존재를 본래적 실존의 출발선 앞에 서도록 어디에서 어떻게 위협하는가이다. 유정성과 이해 사이의 구조적 연동작용에서 어림할 수 있는 것처럼, 특출한 근본 유정성으로서 근원적 불안에 걸맞은 특출한 이해 또는 기투의 현상에서나 그 불안이 어느 기분도 흉내 낼 수 없는 출중한 위력을 발휘할 것이다. 그렇다면 근원적 불안에 화답하는 특출한 기투가 어떤 실존적 현상에서 일어나는가를 묻지 않을 수 없다. 물론, 그 기투는 양심 현상에서 일어난다. 예상하다시피 양심 현상에 자리하는 유정성은 근원적 불안인 한편, 그 불안의 섬뜩하고 안절부절못하는 기분에서나 책임존재와 죽음으로의 기투가 단행된다. 결국 여기에서 밝혀야 할 것은 책임존재로의 기투, 죽음으로의 기투 등 두 기투가 어떻게 근원적 불안의 유정성과 구조적으로 통일된 채 서로 연동하는가이다.

2. 양심의 부름과 책임존재로의 기투

일단 양심(Gewissen)은 근원적 불안이, 결단의 순간을 향해 집약된 고강도의 힘을 터뜨리면서 일상적 현존재를 세인의 일상적 공공성에서 빼내어 본래성의 출발선 앞에 세워놓는 열린 '현'으로 규정된다. 그러나 양심은 쉽게 말해 부름의 현상에 지나지 않는다. 현존재가 양심을 실존적으로 부름의 현상으로 경험한다는 말이다. 이렇게 현-존재에서 양심은 부른다. 부르는 자가 부름을 받는 자를, 일상적 공공성에서 벗어나 본래적 실존의 결단성을 장악하도록 고요한 침묵의 방식으로 부르는 것이 바로 양심 현상이다. 여기에서 간파할 수 있는 것처럼 양심의 실존론적 구조계기로는 부르는 자, 부름을 받는 자 및 부름에 대한 이해 혹은 부름에 대한 청종이 있다.

세인의 공공적 세계에서 만사형통에 대한 환상을 품고 바쁘게 일상적 삶을 영위하는 현존재에게 양심의 부름이 침묵의 형태로 돌연히 일어난다는 것은, 그가 세인의 일상적 공공성에서 여러 잡담의 매체를 통해 잡담에 열중한다는 것을 반증한다. 물론, 잡담을 딱히 할 일이 없는 사람들끼리 노닥거리는 한담으로 가볍게 보아서는 안 된다. "잡담과 잡담에 담긴 공공적 피해석성이 상호공동존재에서 확고해지"(SZ, p. 177)는 것은 현존재가 일상적 상호공동존재로서 "》세계《 곁에서, 타인과 함께 그리고 자기 자신을 향해"(SZ, p. 170) 어떻게 존재할 수 있는지를 바로 잡담의 공공적 피해석성에서 배우고 익히는 까닭이다. 앞에서 말한 것처럼 잡담은 공공적 세계의 시민으로서 반드시 습득해야 할 일상적 상호공동존재에 관한 매뉴얼을 알게 모르게 배우고 익히는 주된 통로이다.

오늘날 놀라운 기술의 진보와 함께 전 세계적으로 연결된 사회관계망 서비스와 같은 잡담의 매체에서 일상적 상호공동존재로서 이야기를 주고받는 이는 '나', '너'의 인칭 대명사로 호칭될 수 없는 중성명사 세인-자기에 불과하다. 일상적 상호공동존재로서 **우선** 》나《는 고유한 자기의 의미로 》존재하지《 않고 세인의 방식에서 타인으로 》존재한다《"(SZ, p. 129)라는 점에서, 요컨대 "현존재가 우선 세인이고 대체로 그렇게 세인으로 머문다"(SZ, p. 129)라는 점에서 나는 세인-자기에 불과하다. 세인-자기로서 일상적 현존재끼리 일상적 공공성에 관한 매뉴얼을 잡담에서 사이좋게 서로 가르치고 배우는 것까지는 좋지만, 그 대가는 실로 혹독하다. 안타깝게도 "세인의 공공성과 그 잡담 속에서 자신을 상실한 채로 현존재는 세인-자기의 말을 듣는 가운데 고유한 자기를 **헛듣는다**"(SZ, p. 271). 잡담에서 뿌리 뽑힌 세인-자기의 말에 귀를 기울이면서 공공적 피해석성의 매뉴얼에 철저히 자신을 맞추는 한에서, 현존재는 본디 자기가 누구인지도 모르고 삶을 살다가 그렇게 허망한 죽음을 맞이할지 모른다. 그럼에도 세인의 공공적 세계에서 마치 집에 머무는 것처럼 친숙하고 익숙하고 편안하게 일상적 상호공동존재로 존재하는 이상, 현존재가 세인-자기의 탈을 벗고 고유한 자기의 맨 얼굴을 회복하기는 쉽지 않다. 특단의 대책이 요구되는 까닭이 여기에 있다.

세인-자기의 현란한 잡담을 단번에 타파하는 것은 다름 아니라 비본래적 잡담과는 정반대 편에 있는 묵직한 침묵이다. 짐작하다시피 이 묵언은 양심의 부름 소리이다. "양심은 그저 침묵하면서 부를 뿐이기"(SZ, p. 296) 때문이다. 그러나 묵언(默言)은 묵인(默認)이 아니다. 묵언이라고 해서 세인-자기끼리 주고받는 잡담을 그냥 모른 체 묵인하겠다는 뜻은 결코 아니다. 오히려 양심에서 울리는 "이 침묵하는 말은 세인의 분별 있는 잡담에서 말을 빼앗는다"(SZ, p. 296). 양심의 침묵이 이렇게 세인-자기 사이에서 오가는 잡담을 단번에 타파할 수 있는 것은 양심에서 감도는 기분이 근원적 불안의 유정성이기 때문이다. 양심의 침묵 속에서 근원적 불안이 어떻게 활약하는가를 보려면 말할 것도 없이 양심의 현상을 실존론적 구성에 준해 검토해야 한다.

우선 양심에서 부름을 받는 자가 누구인지는 대강 윤곽이 드러난 셈이다. "…… 일상적-평균적으로 배려하면서 언제나 이미 자기를 이해하는 중인 현존재"(SZ, p. 272) 또는 "배려하면서 타인과 함께 존재하는 세인-자기"(SZ, p. 272)가 바로 부름을 받는 자이다. 여기에서 배려가 운위된다고 해서 직장과 같은 일터에서 동료와 함께 일거리를 배려하는 도시의 직장인 또는 지금 당장 스마트폰 같은 용재자로 무엇인가를 검색하는 사람이나 양심의 부름을 받는 자가 되는 것으로 곡해해서는 안 된다. 세인의 일상적 공공성에서 그 매뉴얼대로 실존하는 자는 누구라도 다 양심의 부름을 받는 자가 될 수 있다. 곧 공공적 세계에서 일상적 상호공동존재의 방식으로 실존하는 현존재라면 언제 어디에서나 다 돌연히 양심의 부름을 받을 수 있다. 다만 하이데거가 배려를 언급하는 것은, 직장에서 승진하기 위해 눈코 뜰 새 없이 실적을 쌓기에 바쁜 젊은 직장인이나 심지어 퇴출의 위기에서 직장을 떠나지 않으려고 그야말로 밤 늦도록 일터에서 일에 몰두하는 중년의 직장인일망정, 그들의 가슴에도 역시 불현듯 양심의 부름이 꽂힌다는 것을 강조하기 위해서이다. 쉽게 말해 아무리 일이나 공부에 골몰하고 전념한다 하더라도, 양심의 부름이 울리는 것을 막을 길은 없다는 뜻이다.

양심의 부름이 언제 어디에서나 구애를 받지 않고 갑자기 울린다는 것도 중요하지만, 정녕 부름을 받는 자가 인칭 대명사로 호칭될 수 없는 세인-자기이되, 그 세인-자기가 실은 나 자신이라는 점이 더욱더 중요하다. 솔직히 말해 세인-자기는 고유한 자기 없는 자기일 뿐이다. 내가 이렇게 세인-자기로서 1인칭의 고유한 자기를 잃고 세인의 무리 속으로 깊숙이 들어가면 들어갈수록 양심의 "부름은 세인과 현존재의 공공적 피해석성을 **무시하**"(SZ, p. 273)면서 더욱더 세차게 말없이 나를 호출한다. 그것도 내가 언제 어디에서 무슨 일을 하더라도 돌연히 양심은 나를 호출한다. 이렇게 말 없는 양심의 부름이 사회적 맥락을 가리지 않고 불시에 세인의 무리 속에 숨어든 세인-자기로서의 나 자신에 적중하는 것은, 말하자면 때와 곳을 가리지 않고 갑자기 적중하는 것은 역시 양심의 유정성이 근원적 불안이기 때문이다. 알다시피 사회적 맥락을 무시한 채 양심의 부름을 돌연히 환기하는 불안은 저강도의 잠복한 불안이 아니고 고유한 죽음으로의 피투성을 불안거리로 삼는 고강도의 근원적 불안이다.

양심의 부름에서 부르는 자가 누구인지는 이미 드러난 셈이다. 양심의 유정성이 근원적 불안인 한에서, 부르는 자는 당연히 그 불안의 기분에서 유정하게 존재하는 현존재일 수밖에 없다. 한마디로 부르는 자는 근원적 불안의 습격을 당한 자이다. 불안의 습격을 당하자마자 현존재는 섬뜩하고 안절부절못하는 기분에 휩싸인다. 이렇게 근원적 불안이 몰아오는 **"섬뜩함의 밑바닥에서 유정하게 존재하는 현존재"**(SZ, p. 276)가 바로 부르는 자의 정체이다. "섬뜩함에 처한 현존재, 근원적으로 피투된 안절부절못하는 세계-내-존재"(SZ, p. 276)가 양심에서 부르는 자라면, 부르는 자는 이미 섬뜩함이나 안절부절못함 같은 근원적 불안의 실존적 위협에 직면한 것으로 보아야 한다.

언급했다시피 근원적 불안의 기분은 현존재를 본래성의 가능성으로 가도록 위협한다. 그러나 현존재가 본래성의 가능성으로 용감하게 나서기 위해서는 먼저 세인의 무리에서 고유한 자기를 되찾아야 한다. 세인의 무리 속에서 고유한 자기를 찾아서 장악하려면 세인-자기가 세인의 일상적 공공성에서 탈출해야 한다. 본래성의 가능성을 장악하기 위해서라도, 곧 본래성의 출발선 앞에 서기 위해서라도 그 전에 먼저 탈출에 성공해야 한다. 양심에서 부르는 자가 근원적 불안의 기분에 처한 채 세인-자기를 부르는 것은 세인의 무리와 절연하고 친숙한 일상적 공공성에서 벗어나서 고유한 자기로 돌아오도록 유도하기 위해서이다. 어디까지나 "…… 부름은 세인-자기를 그의 자기로 오도록 불러내는 것이기" (SZ, p. 274) 때문이다. 이렇게 부름을 받는 세인-자기를 고유한 자기로 돌아오도록 부르는 자는 부르되, 근원적 불안의 기분을 타고 과감히 침묵의 형태로 부른다.

사실, 세인-자기의 신분으로 몸담은 일상성의 공공적 세계야말로 내 집처럼 친숙하다. 친숙하기에 거기에서는 무엇과 마주치더라도 편하다. 또한 익숙하기에 거기에서는 무엇을 하더라도 수월하다. 이렇게 친숙하고 익숙한 일상적 공공성에서 헤어나오도록 부르는 자가 부름을 받는 세인-자기를 부른다는 것은 대단한 결기임이 틀림없다. 사실상 부름을 받는 자가 나 자신인 것처럼 부르는 자도 나 자신이기 때문이다. 양심에서 내가 나를 부르되, 아늑한 집처럼 편안하기가 그지없는 세인의 일상적 공공성에서 벗어나도록 부른다는 것은 대단한 결기의 발로이다. 그것도 적소 전체성의 붕괴와 함께 세계내부적 존재자와 타인이 모두 무의미성으로 가라앉아버린 세계의 무로 과감히 돌진하도록 부른다는 것은 실로 범상치 않은 용기의 발로이다.

근원적 불안의 기분에 처한 내가 친숙한 일상적 공공성에 길든 나를 부르되, 그 공공성에서 황량한 무의미성의 세계로 뛰어들라고 부르는 것이 바로 양심의 현상이다. 다시 말해 공공적으로 길든 세인-자기에서 세계의 무의미성 앞에 직면한 고유한 자기로 돌아오도록 불안해하는 내가 일상적 타성에 젖은 세인-자기의 나를 부르는 것이 양심의 현상이다. 세인과 절연할 것을 주문할 정도로 이렇게 근원적 불안의 고강도 위협이 대단하다는 것은 새삼 말할 나위가 없다. 노파심에서 하는 말이지만, 양심에서 내가 나를 부른다고 해서 내가 자발적으로, 또 의도적으로 넘쳐나는 주체의 힘을 자랑할 요량으로 나 자신을 무대 위로 호출하는 것은 아니다. 어디까지나 현존재는 존재자 전체를 자기 앞에 세우는 표상작용(Vorstellen)의 근대적 주체, 곧 "무엇인가를 자기 앞에 세우는 동물(das vor-stellende Tier)", "이성적 동물"[2]이 아니다. 현존재는 근원적 시간의 시간화에서 존재론적으로 파생된 현-존재라는 점에서 그저 무력하고 유한할 따름이다. 현존재의 실존조차도 그가 쥐락펴락할 수 있는 그의 소유물이 아니다. 그렇기에 오히려 근원적 불안이 넘볼 수 없는 위력으로 유한하고 무력한 실존의 나로 하여금 유한하고 무력한 실존의 나를 부르도록 죄어치는 것으로 보아야 한다.

끝으로 부름에는 부름에 대한 경청 또는 청종이 따르기 마련이다. 부름을 경청한다는 것은 부름이 말하는 바를 이해한다는 것을 뜻한다. 다시 부름을 이해한다는 것은 부름에 대한 이해에 준해 그렇게 실존하겠다는 것을 뜻한다. 부름을 이해하면서 부름의 요구대로 그렇게 실존할 것을 각오하는 것이 다름 아니라 부름에 대한 경청 또는 청종이다. 그렇다면 도대체 양심은 무엇을 이해하도록 부르는가? 사실, 이 물음에 대한 답변은 일부이기는 하나 이미 밝혀졌다. 앞에서 논의한 것처럼 세인의 일상적 공공성을 탈출할 것을, 곧 세인-자기를 탈각하고 세계의 무의미성에 직면한 고유한 자기로 돌아올 것을 양심은 부름에서 요구한다. 그러나 부름에 대한 이해가 이것으로 그치는 것은 아니다. 한 가지가 더 있다.

나머지가 무엇인지는 "불러냄에 대한 올바른 경청은 그의 가장 고유한 존재가능에서의 자기이해와, 이를테면 **가장 고유하고** 본래적인, 책

---

2 마르틴 하이데거, 권순홍 옮김, 『사유란 무엇인가』, 도서출판 길, 2005, 94쪽.

임이 있게 될 가능성으로의 자기기투와 같다"(SZ, p. 287)라는 말에서 밝혀진다. 양심의 부름이 근원적 불안의 기분에서 고유한 자기를 되찾은 1인칭의 현존재에게 말하는 바는 두 가지이다. 죽음으로의 기투가 현존재에게 그의 가장 고유한 존재가능을 개시하는 한, 그 둘은 책임존재(Schuldigsein)로의 자기기투와 죽음으로의 자기기투 또는 죽음에서의 자기이해를 말한다. 거듭 말하지만 둘이 현존재의 존재에서 각기 별개의 존재성격인 양 쪼개진 것으로 보아서는 안 된다. 그것은 현존재의 존재가 '어떻게'이기에 그렇다. 요컨대, 그 둘이 별개의 레고 블록인 양 분리될 수 없는 것은 현존재의 존재가 존재수행의 '어떻게'이기 때문이다. 하이데거가 "올바르게 이해된 실존은 분리된 것의 결합이 아니다"(제20권, p. 402)라고 말하는 것도 현존재에게 존재가 명사가 아니고 동사인 까닭이다. 그런 만큼 책임존재로의 기투와 죽음에서의 자기이해도 구조적 통일성에서 분리될 수 없는 하나의 현상을 형성한다는 것은 분명하다.

그 현상을 하이데거는 결단성(Entschlossenheit)이라고 칭한다. 그는 결단성을 정의하기를, **"묵언한 채 불안을 각오하면서 가장 고유한 책임존재로 자신을 기투하기"**(SZ, p. 297)라고 한다. 근원적 불안의 유정성, 가장 고유한 책임존재로의 자기기투, 묵언 등이 바로 결단성을 구조적 통일성에서 구성하는 세 가지 구조계기이다. 언뜻 결단성의 실존론적 구성에서 죽음의 현상이 빠진 것처럼 보이지만, 그렇지는 않다. 불안이 죽음을 앞에 둔 근원적 불안인 한에서, 사실 불안을 각오한다는 것은 죽음에서의 자기이해를 시사한다. 간단히 말해 "불안에 대한 각오"가 "양심을 갖고자 하는 의욕"이고(SZ, p. 296), 다시 이 "양심을-갖고자 하는-의욕"(Gewissen-haben-wollen)이 "가장 고유한 존재가능에서의 자기-이해"와 다를 바가 없다(SZ, p. 295)는 점에서 그렇다. '가장 고유한 존재가능'이 현존재의 특출한 가능성인 죽음의 가능성을 지시한다는 것은 말할 나위가 없다. 곧 밝히겠지만, '가장 고유한 존재가능'은 '가장 고유한 존재가능'인 죽음으로의 선구에서나 현존재에게 개시되기 때문이다.

한편, 하이데거는 책임존재를 "무력성(Nichtigkeit)의 무력한 근거 존재(Grund*sein*)"(SZ, p. 305)로 규정한다. 무력성은 현존재의 실존에서 잠은하는 부정부사 '아니다'(nicht)의 현상에 기초를 둔다. 흥미로운 것은 현존재의 존재가 시종일관 '아니다'의 존재론적 부정을 피할 길이 없다는 점이다. 가령 **"염려 자체는 그 본질에서 철두철미하게 무력성에 의해 침투되어 있다"**(SZ, p. 285)라는 말이다. 그렇기에 현사실성, 실존론성, 퇴락성 등 현존재의 존재가 죄다 '아니다'로 점철되었다. 이러한 실존의 무력성은 전세살이에 비유할 수 있다. 말하자면 전세살이를 하는 사람이 집주인이 아닌 것처럼 현존재는 실존의 주인이 아니다. 그럼에도 현존재는 실존에서 주인 노릇을 해야 한다. 이것은 비록 집주인은 아닐지언정 전세살이를 하는 내내 집을 사용하고 관리하고 가꾸고 돌보는 등 주인 노릇을 해야 하는 세입자의 형편과 같다. 염려 전체를 '아니다'가 물들이지만, 그럼에도 현존재는 염려의 주인 노릇을 해야 할 세입자이다. 현사실성의 주인이 피투된 현존재는 '아니지'만, 그는 피투성의 '근거 존재'로 존재해야 한다. 실존론성의 주인이 기투하는 현존재는 '아니지'만, 그는 기투의 '근거 존재'로 존재해야 한다. 퇴락성의 주인이 일상적 주변 세계에서 용재자 같은 세계내부적 존재자와 배려의 방식으로 관계하는 현존재는 '아니지'만, 그는 퇴락성의 '근거 존재'로 존재해야 한다.[3]

물론, 근거 존재로 존재한다고 해서 현존재가 자신의 존재를 마음대로 할 수 있는 것으로 오해해서는 안 된다. 어디까지나 "…… 근거 존재는 가장 고유한 존재를 **결코** 근본적으로 지배할 수 **없다**는 것을 말한다"(SZ, p. 284). 현존재가 그의 실존에서 근거 존재로 존재해야 한다는 것은 세입자의 전세살이에 지나지 않는다. 이렇게 현존재가 세입자처럼 실존의 주인은 아니지만, 그럼에도 실존의 근거 존재로 존재해야 한

---

3 현존재의 책임존재에 관한 더 자세한 설명에 대해서는 권순홍, 『유식불교의 거울로 본 하이데거』, 202~12쪽 참조.

다는 것을 책임존재라고 한다. 책임존재를 무력성의 근거 존재로 풀이할 때, 책임존재가 언뜻 세인의 무리에서 고유한 자기로 돌아오도록 호출하는 양심의 부름과 동떨어진 것으로 보인다. 그러나 책임존재를, 세인의 공공적 세계에서 일상적 상호공동존재의 방식으로 존재하는 현존재로 하여금 고유한 자기를 발견하도록 그를 호출하는 양심의 부름과 엇나가는 것으로 생각해서는 안 된다. "결단성은 세인 속으로의 상실성(Verlorenheit)에서 자기가 소환되도록 함을 의미하기"(SZ, p. 299) 때문이다. 그런 만큼 "현존재가 …… 세인 속으로의 상실성에서 자신을 자기 자신으로 도로 되찾아와야 한다는 것"이 바로 **책임이 있다**(SZ, p. 287)라는 것의 권역에, 곧 책임존재의 권역에 속하는 것으로 보아야 한다.

사실, 현존재가 세인의 일상적 공공성으로 퇴락한다는 것은 실존에 대한 자신의 책임을 방기하면서 책임존재로부터 도피하는 것으로 볼 수 있다. 책임존재로부터의 도피는, 세입자의 처지에서일망정 실존의 주인 노릇을 해야 할 현존재가 아예 주인 노릇을 포기하고 세인을 도리어 주인으로 섬기는 것으로 비유할 수 있다. 현존재가 실존의 주인으로 세인을 어떻게 섬기는지는 "**세인**이 즐기는 것처럼 우리는 즐기고 흥겨워한다. **세인**이 보고 판단하는 것처럼 우리는 문학과 예술에 관해 읽고 보고 판단한다. **세인**이 물러나듯이, 우리도 또한 》군중《으로부터 물러선다. **세인**이 격분하는 것에 우리는 》격분《한다"(SZ, pp. 126~27)라는 말에서 생생하게 드러난다. 세인의 일상적 공공성으로 퇴락함으로써 실존의 근거 존재를 스스로 떠맡아야 할 현존재가 도리어 세인에게 실존의 주인 노릇을 떠넘긴 채 세인-자기로 안주하는 것이 책임존재로부터의 도피이다. 인우드도 이러한 맥락에서 책임존재와 퇴락 사이의 관계를 놓고 말하기를, "현존재가 본디 책임이 있지 않고 또 달리 괴로운 것도 아니라면, 그는 이 조건에서 퇴락하지 않을 수 있고 또 거기에서 도피할 아무런 이유도 없다"[4]라고 한다. 현존재가 책임존재의 짐을 짊어지지 않고 바닥에 내팽개치는 것이 바로 퇴락의 현상이다.

3. 결단성과 죽음으로의 선구(先驅)

그러나 양심은 불안해하는 현존재로 하여금 책임존재로 자기 자신을 기투하도록 그를 부른다. 달리 말해 현존재는 근원적 불안의 기분에 젖은 채 양심의 부름을 듣고서 기꺼이 결단성을 장악한다. 이렇게 양심의 부름에서 불안의 섬뜩함과 안절부절못함이 그를 세인의 일상적 공공성에서 구출하는 한편, 존재론적 부정성에 침윤된 실존의 근거 존재를 떠맡도록 그를 위협한다. 현존재가 책임존재로의 기투와 함께 고유한 자기를 발견해 실존의 주인 노릇을 맡는 것이 양심의 부름에 대한 이해, 곧 결단성이기는 하지만, 그 전모는 아니다. 이미 언급한 것처럼 결단성은 실존의 주인 노릇을 해야 할 고유한 자기의 발견 이외에 죽음에서의 자기이해를 마저 내포한다. 그렇기에 고유한 자기를 되찾는다고 해서 양심의 부름이 종결되는 것은 아니다. 여전히 남은 과제가 있다. 세인에 대한 미몽에서 깨어난 현존재가 1인칭의 고유한 자기답게 자유롭게 본래적 가능성으로 자신을 기투하는 등 본래적으로 실존해야 한다는 것이 그에게 남은 과제이다. 이 과제를 거뜬히 해치우기 위해 먼저 거쳐가야 할 지점이 있다. 죽음에서의 자기이해가 그 지점이다.

죽음에서의 자기이해라고 해서 현존재가 끝내 죽음의 필연성을 인식하고 순순히 체념 조로 자신에게 닥친 죽음을 인정한다는 의미로 보아서는 안 된다. 현존재의 실존론적 존재론의 맥락에서 볼 때, 이해는 단순한 인식작용으로 취급되지 않는다. 소크라테스(Socrates)의 덕론(德論) 등 고전기 그리스 철학의 전통에서 보더라도, 무엇인가를 이해한다는 것은 무엇인가를 능히 행할 수 있다는 말이다. 하이데거의 어법으로 말하면, 이해한다는 것은 **"자신을 어떤 가능성으로 기투한다"**(제24권, p. 392)라는 것을 의미한다. 다시 말해 "이해는 세계-내-존재가 그때마다의 가능

---

4 Michael Inwood, *A Heidegger Dictionary*, p. 39.

성으로 자신을 기투한다는 것을, 곧 이러한 가능성으로 실존한다는 것을 뜻한다"(SZ, p. 387). 죽음에서의 자기이해가 죽음으로의 자기기투나 다름없는 것은 바로 이러한 이유에서이다.

여기에서 빠뜨려서는 안 될 것은 하이데거에게 가능성에서의 자기이해를 나타내는 고유한 용어가 또 있다는 점이다. 현존재가 가능성에서 자신을 이해하는 가운데 가능성으로 자신을 기투한다는 것은 그가 가능성을 향해 존재한다는 말로 바꿀 수 있다. 현존재는 실존하는 동안 그때마다 내내 자기를 앞지르기에, 언제나 가능성을 향해 존재하기 마련이다. 하이데거는 '자기를 앞질러 존재하기'의 실존론성에 준해 "가능성을 향한 존재"를 다시 **가능성으로의 선구**(SZ, p. 262)로 칭한다. 어림하다시피 그것은 선구에 가장 잘 어울리는 현존재의 특출한 가능성이 있어서이다. 그 가능성이 바로 죽음의 가능성이다.

죽음의 가능성이 선구와 가장 잘 맞아떨어지는 것은 죽음의 특이한 실존론적 성격 덕분이다.[5] 죽음이 현존재로 더는 실존할 수 없다는 의미에서 어쨌든 실존이 불가능해지는 가능성을 가리키는 한, 죽음은 극한적 가능성이기 마련이다. 나머지 모든 가능성은 죽음의 가능성 너머에 배치될 수가 없는데, 그것은 죽음이 극한적 가능성인 까닭이다. 죽음의 극한적 가능성 앞에 나머지 가능성이 모두 놓인 이상, 현존재는 가능성의 선택과 선택된 가능성으로의 자기기투에서 죽음의 극한적 가능성을 추월

---

5 하이데거가 실존론적 맥락에서 분석하는 죽음은 1인칭의 고유한 자기로 개별화된 나의 죽음, 곧 고유한 죽음이다. 요컨대, "죽음이 현존재의 본래적 고유성에 이르는 길임을 밝히는 것"(정기철, 「하이데거가 말한 죽음에 대한 비판적 고찰」, 『범한철학』, 제47집, 범한철학회, 2007, 221쪽)이 죽음 현상에 대한 실존론적 분석의 관심사이다. 하이데거가 죽음 현상에 대한 실존론적 분석론에서 타인의 죽음, 나아가 가령 가난, 테러, 전쟁 등으로 인한 억울한 사회적 죽음을 배제하는 한, "하이데거에게는 죽음의 이데올로기에 대한 멈춤장치가 없"(같은 글, 222쪽)는 것으로 볼 수밖에 없다. 여기에서 이러한 비판을 놓고 하이데거를 변호하지는 않겠지만, 정당한 비판인 만큼 기꺼이 죽음 현상에 대한 실존론적 분석론의 맹점으로 인정해야 할 것이다.

할 수 없다. 말하자면 죽음의 가능성은 극한적 가능성답게 "······ **추월이 불가능한**(unüberholbare) **가능성**"(SZ, p. 250)이다. 사실, 극한적 가능성이기에 죽음의 가능성을 추월할 수 없다는 것은 죽음의 가능성 뒤에 모종의 가능성이 숨어 있을 수 없다는 것을 말한다. 가령 종교적으로 상상되곤 하는 피안의 가능성 또는 사후의 가능성이 죽음의 가능성 뒤에 잔류할 수는 없다. 적어도 죽음의 가능성이 극한적이기에 그렇다. 그럼에도 만약 그러한 종교적 가능성이 잔류한다면, 현존재는 극한적인 죽음의 가능성 앞에 놓인 모든 가능성과 죽음의 가능성마저 훌쩍 추월해 그 뒤편에 숨은 피안의 종교적 가능성으로 기어코 자신을 기투할 수도 있을 것이다.

그러나 죽음의 가능성 뒤에 가능성의 공간의 여백이 남아 있는 것은 아니다. 죽음의 가능성 뒤편에 가능한 공간의 여백이 없는 이상, 실로 현존재는 죽음의 가능성을 건너뛰거나 추월할 수 없다. 현존재에게 죽음이 추월할 수 없는 극한적 가능성이라면 남은 방도는 단 한 가지밖에 없다. 차라리 현존재가 죽음을 향한 존재답게 모든 가능성의 끝인 죽음의 가능성으로 앞질러 달려가야 한다는 말이다. 한마디로 현존재는 죽음으로 선구해야 한다. 게다가 "실존의 단적인 불가능성이 가능해지는 때가 언제인지가 줄곧 확정되어 있지 않다"(SZ, p. 265)라는 점에서 죽음이 언제 닥칠지는 불확정적이다. 현존재로서 **죽음이 모든 순간에 가능하다는 죽음의 확실성의 특이성**"(SZ, p. 258)에 눈을 감을 수는 없는 까닭이 여기에 있다. 죽음이 언제 닥칠지가 확정되지 않은 만큼 죽음은 얼마든지 지금 당장에라도 찾아올 수 있다. 바로 이러한 까닭에 현존재는 "죽음으로의 선구"(SZ, p. 263)를 결코 나중의 일로 유예하거나 미룰 수 없다. 죽음으로의 선구(Vorlaufen)는 현존재가 자신을 기투할 가능성을 선택하기 '전에'(Vor-) 먼저 죽음으로 '달려가야 한다'(-laufen)는 뜻으로 풀이할 수 있다. 방금 말한 것처럼 그것은 죽음이 확실하면서도 추월이 불가능한 불확정적 가능성이기 때문이다. 현존재가 세인의 공공적 세계에서 유포된 현사실적 가능성 가운데 임의적으로 이러저러한 가능성을 선택해 그리로 기투하기 전에 먼저 죽음의 관문을 통과해야 한다.

드디어 죽음의 추월 불가능성은 근원적 불안의 기분과 연동하는 가운데 양심의 부름에서 1인칭의 고유한 자기로 돌아온 현존재를 향해 본래적 실존의 문을 활짝 열어젖힌다. 다름 아니라 죽음으로의 선구에서 비로소 선택해야 할 본래적 가능성이 그에게 환히 개시되기 때문이다. 세인의 일상적 공공성에서 현존재는 그를 홀리는 그렇고 그런 가능성들 앞에서 눈을 뜨기가 어려웠겠지만, 양심의 부름에 응해 세인의 무리에서 고유한 자기로 개별화되는 1인칭의 현존재는 그렇지 않다. 오늘날 카카오톡 같은 잡담의 사회관계망서비스에서 공중을 가벼이 떠다니는 수많은 실존의 가능성이 휙휙 눈앞을 오갈 때마다 쓰잘머리 없는 가능성을 놓고 골머리를 앓는 것이 일상적 현존재이다. 그러나 "죽음으로의 선구만이 온갖 우연적이고 》잠정적《인 가능성을 몰아낸다"(SZ, p. 384). 추월이 불가능한 죽음으로 선구할 때마다 현존재가 선택할 가능성은 더욱더 분명해지고 명료해지고 단순해지고 확고해진다. 잡담에서 우연히 얻어들은 그렇고 그런 가능성에 홀리기는커녕, 생물학적 사망 전에 반드시 장악해야 할 본래적 가능성이 죽음으로 선구할 때마다 뿌연 안개를 헤치고 선구하는 현존재에게 환히 개시된다.

죽음은 이렇게 "쾌적함, 경솔한 생각, 도피 등과 같은, 신변적으로 가까이 공급되는 가능성들의 끝없는 다양성"(SZ, p. 384)에서 기꺼이 양심의 부름에 청종하는 현존재에게 부응할 수 있는 고유한 본래적 가능성을 걸러낸다. 이를테면 죽음은 1인칭의 고유한 자기에 가장 잘 어울리는 본래적 가능성을 거르는 여과기능을 한다. 죽음의 여과기능이 성립하는 것은 그것이 추월이 불가능한 극한적 가능성인 까닭이다. 현존재가 추월이 불가능한 극한적 가능성으로 선구할 때마다 비로소 죽음은 그의 고유한 본래적 자기에 호응할 수 있는 본래적 가능성을 여과해 제공한다. 하이데거는 죽음의 여과기능을 서술하기를, "고유한 죽음**을 향해** 선구하면서 자유롭게 된다는 것은, 우연히 쇄도하는 가능성으로의 상실성에서 해방시키는데, 그 덕분에 현존재는 추월이 불가능한 가능성 앞에 배치된 현사실적 가능성들을 맨 처음으로 본래적으로 이해하게 되고 선택하게 된다"(SZ, p. 264)라고 한다. 죽음의 여과기능을 소개하는 문장 하나를 더 인용할 수 있다. "**가장 고유한**(eigensten) 가능성으로 본 죽음을 향한 이해하는 존재(verstehenden Sein zum Tode)에서 고유한 존재가능이 본래적으로, 전체적으로 투명해진다"(SZ, p. 307)라는 말이 그것이다. 현존재가 가장 고유한 죽음의 가능성에서 자신을 이해하면서 가장 고유한 죽음의 가능성을 향해 존재할 때, 곧 가장 고유한 죽음의 가능성으로 선구할 때, 비로소 그에게 고유한 본래적 가능성이 전체성의 방식에서 투명하게 개시된다. 다시 말해 가장 고유한 죽음의 가능성으로 선구할 때, 극한적인 죽음의 가능성 앞에 배치된 모든 현사실적 가능성 가운데 여과된 고유한 본래적 가능성이 비로소 투명하게 개시된다.

간과해서는 안 될 것은 방금 제시된 둘째 인용문에서 죽음이 가장 고유한 가능성으로 규정된다는 점이다. 사실, 고유한 자기가 자신의 가장 고유한 존재를 스스로 떠맡아 돌보도록 세인의 무리에서 현존재를 고유한 자기로 개별화하는 몰교섭적인 죽음의 가능성도 그렇지만, 추월이 불가능한 죽음의 가능성과 가장 고유한 죽음의 가능성은 여과기능에서 다를 것이 없다. 가장 고유한 죽음의 가능성이 여과기능을 공유하는 것은 가장 고유한 죽음의 가능성으로 선구할 때 "현존재가 그 자신의 특출한 가능성에서 세인과 절연한 채 있다는 점, 이를테면 선구하면서 그때마다 이미 세인에게서 몸을 빼낼 수 있다는 점"(SZ, p. 263)에서이다. 몰교섭적인 죽음의 가능성으로 선구할 때처럼 가장 고유한 죽음의 가능성으로 선구할 때에도 현존재가 이렇게 세인의 일상적 공공성의 지배적인 영향력을 뿌리칠 수 있기에, "그것을 향한 존재가 …… 현존재에게 그의 **가장 고유한** 존재가능을 개시한다"[6](SZ, p. 263)라는 것은, 그것도 현사실적

---

6 '그것을 향한 존재'는 '가장 고유한 가능성을 향한 존재'를, 곧 '가장 고유한 죽음의 가능

가능성 가운데 고유한 본래적 가능성을 여과해 가장 고유한 존재가능으로 개시한다는 것은 말할 나위가 없다.

한편, 첫째 인용문에서 주시해야 할 낱말은 도리어 부사 '맨 처음으로' 와 '본래적으로'이다. 죽음의 여과기에서 거른 현존재의 가능성은 가장 고유한 존재가능에, 곧 고유한 본래적 가능성에 해당한다는 뜻으로 '본래적으로'라는 부사의 의미를 풀이할 수 있다. 그러나 결코 놓쳐서는 안 되는 낱말은 '맨 처음으로'이다. 현존재가 세인의 공공적 세계를 떠나지 않고서는 본래적 가능성을 찾을 수 없다고 생각하면, 이것은 본래적 실존에 대한 가장 심각한 오산이다. 어디까지나 현존재는 세계-내-존재로서 결코 공공적 세계를 떠날 수가 없기 때문이다. 떠나는 대신에 공공적 세계에서 본래적 가능성을 찾아야 한다고 해서 세인의 평균적 가능성과 동떨어진, 이를테면 주도적인 사회적 흐름, 추세, 유행, 분위기 등을 거스르는 기이하고 드물고 이채로운 가능성을 본래적 가능성으로 오인해서도 안 된다. 심지어 특정인의 색다른 가능성과 비교해 보더라도 더욱더 빼어나게 돋보이는, 그 사람만의 독특한 색채와 개성을 입힌 가능성을 본래적 가능성으로 착각해서도 안 된다. 어떻게 해서라도 타인의 가능성과 차이를 벌려야만 본래적 가능성을 얻을 수 있다고 생각해서는 안 된다. 타인의 가능성과 다르다고 해서 저절로 본래적 가능성이 되는 것은 아니다.

오히려 죽음의 가능성을 향해 깨어 있을 수만 있다면, 수많은 사람이 오가는 거리의 한복판에서라도 얼마든지 본래적 가능성을 획득할 수 있다. 이 세상의 어떠한 현사실적 가능성일지라도 죽음으로의 선구에서 선택한 것이라면, 본래적 가능성으로 존중해야 한다. 실로 공공적 세계의 수많은 현사실적 가능성 가운데 죽음의 여과기에서 거른 가능성만이 본래적 가능성이 될 수 있다. 죽음의 여과기에서 여과된 이상, 본래적 가능성에는 고유한 죽음의 상장(喪章)이 달리기 마련이다. 거꾸로 말해 고유

성을 향한 존재'를 가리킨다.

한 죽음의 상징이 달리지 않은 가능성은, 아무리 세상 어디에서도 찾아볼 수 없는 남다르고 특이한 독보적 가능성일지라도 그 현존재만의 고유한 본래적 가능성이 될 수는 없다. 누구라도 넘볼 수 없는 그 현존재만의 독보적 가능성이라고 하더라도, 고유한 죽음의 상징을 달지 않은 가능성은 본래적 가능성이 아니다. 고유한 죽음의 상징이야말로 본래성의 표지(標識)이다. 반대로 저잣거리 어디에서라도 흔하게 볼 수 있는 그렇고 그런 가능성일지라도, 그것이 고유한 죽음의 상징을 달았다면 그 가능성을 마땅히 그 현존재의 본래적 가능성으로 대접해야 한다. 예컨대, 9급 공무원이 되겠다는 포부를 안고 시험 준비에 몰두하는 대학생이 9급 공무원을 향한 그의 집념에 죽음의 상징을 달았다면, 적어도 그에게는 공무원이 1인칭의 고유한 본래적 가능성인 것만은 어김없다.

어떤 가능성이 본래적 가능성인지 그렇지 않은지를 판단하는 것은 죽음의 가능성이다. 실로 죽음이야말로 본래성을 위한 법정이고 또 본래성을 가리는 재판관이다. 가장 고유하고 몰교섭적인 죽음의 법정에서 어떤 가능성을 두고 그것의 본래성 여부를 비로소 판결하는 것은 추월 불가능한 죽음의 재판관이다. '맨 처음으로'라는 부사가 의미하는 바는 다름 아니라 바로 이것이다. 죽음의 여과기를 거치지 않고서는 어떠한 가능성도 본래적 가능성으로 대접해서는 안 된다. 세인의 공공적 세계에서 전무후무한 누군가의 독보적 가능성이라고 하더라도, 그 가능성이 죽음의 여과기에서 여과될 때에나 비로소 '맨 처음으로' 본래성의 지위를 얻는다. 그 반대도 마찬가지이다. 세인의 공공적 세계 곳곳에서 유랑하던 흔한 가능성일망정, 죽음의 여과기에서 여과되는 한에서 비로소 '맨 처음으로' 그 가능성은 본래적 가능성으로 당당히 선택될 수 있다.

그렇기에 세인의 공공적 세계에서 여기저기 널린 현사실적 가능성 가운데 죽음으로의 선구에서 개시되는 본래적 가능성은 현존재에게 드리운 죽음의 그림자일 따름이다. 현존재가 죽음으로 선구한다는 것은 그가 죽음의 여과를 거친 현사실적 가능성을 본래적 가능성으로 선택한다는 것이다. 이렇게 고유한 자기로서 현존재가 선택하는 본래적 가능성에는 언제나 죽음의 그림자가 어린다. 과격하게 말하면, 죽음의 가능성이 본래적 가능성이고 본래적 가능성이 죽음의 가능성이다. 본래적 가능성을 알리는 표지로 반드시 고유한 죽음의 상장이 붙었기 때문이다. 장-폴 사르트르(Jean-Paul Sartre)가 인간 실존에서 자유를 절대화한다면, 하이데거는 이렇게 죽음을 절대화한다.[7] 판결과 선택의 장본인도 현존재가 아니라 그의 고유한 죽음이고, 판결과 선택의 기준도 현존재가 아니라 그의 고유한 죽음이다. 가능성의 본래성 여부를 판결하고 판결된 가능성을 본래적 가능성으로 선택하는 것도 현존재가 아니라 그의 고유한 죽음이다. 다름 아니라 현존재는 어떤 가능성을 본래적 가능성으로 선택할지를 놓고 그 전에 먼저 고유한 죽음에 묻고 고유한 죽음에서 답을 들어야 한다. 하이데거가 **"세계-내-존재가 그의 죽음보다 더 높은 상급법원을 두고 있는가?"**(SZ, p. 313)라고 의문문의 형태로 역설하는 것은 본래성의 법정과 재판관이 바로 고유한 죽음임을 알리기 위해서이다.

4. 근원적 불안의 힘과 선구하는 결단성

이렇게 죽음의 법정에서 죽음의 재판관이 현존재에게 어지러이 쇄도하는 현사실적 가능성 가운데 어떤 가능성이 본래적 가능성인지를 판결하는 한, 드디어 그에게 본래적 가능성이 그의 가장 고유한 존재가능으로 환히 개시된다. 다시 말해 죽음으로의 선구에서나 비로소 처음으로 1인칭의 고유한 현존재에게 본래적 가능성이 개시된다. 그런 만큼 현존

---

7 현존재의 실존을 지배할 권한을 죽음의 가능성에 맡기면서까지 죽음을 절대화하는 하이데거와는 달리, 사르트르는 죽음의 여과기능을 거부하면서 고유한 죽음마저 인간 실존의 자유를 제한할 수 없다고 주장한다. 사르트르의 실존적 자유의 절대화에 대해서는 Franz Zimmermann, *Einführung in die Existenzphilosophie*, Darmstadt, 1977, pp. 67~71 참조.

재는 그 가능성으로 자신을 기투함으로써 비로소 본래적으로 실존하게 된다. 그러나 본래적 실존과 관련해 잊어서 안 되는 것은 친숙해진 공공적 세계에서 세인-자기로 안주하던 현존재 앞에 처음으로 본래적 실존의 출발선을 그은 것이 근원적 불안이라는 사실이다. 근원적 불안은 불안의 까닭에서 본래성의 가능성 또는 본래적 존재가능의 가능성을 본래적 실존의 출발선으로 제시하는 가운데 섬뜩함이나 안절부절못함 같은 실존적 기분으로 출발선 앞에 서도록 현존재를 위협한다. 이미 지적했지만, 그렇다고 해서 현존재가 근원적 불안에서 유정하게 존재하는 가운데 섬뜩하고 안절부절못하는 기분의 위협을 당하자마자 바로 본래적으로 실존하기 시작하는 것으로 오판해서는 안 된다.

어디까지나 근원적 불안은 유정성에 지나지 않는다. 근원적 불안의 유정성에 관한 한, 유정성과 이해 또는 피투성과 기투가 구조적으로 통일된 채 연동할 수밖에 없다는 점을 간과해서는 안 된다. 그렇다면 근원적 불안이 단독으로 현존재를 본래적 실존의 출발선 앞에 세우고 단독으로 그에게 본래적 실존을 제공하는 것으로 볼 수는 없다. 근원적 불안은 그것에 걸맞은 특출한 기투 현상과 손을 잡을 때나 비로소 현존재를 본래적으로 실존하도록 추동할 수 있다. 말했다시피 양심 현상에서 개시되는 책임존재로의 기투와 죽음으로의 기투가 바로 근원적 불안의 유정성과 연동하는 특출한 기투 현상이다.

근원적 불안이 현존재를 본래적 실존의 출발선 앞에 서도록 추동하려면, 먼저 책임존재로의 기투를 통과해야 한다. 다름 아니라 출발선 앞에 서는 자는 결국 책임존재로의 기투에서나 비로소 개시되는 1인칭의 고유한 자기이기 때문이다. 그러나 안타깝게도 현존재는 세인의 공공적 세계에서 고유한 자기로 존재하지 못하고 우선은 대체로 일상적 상호공동존재에 관한 매뉴얼대로 존재하면서 세인을 실존의 주인으로 섬기곤 한다. 아무리 **"아님 일반(*Nicht überhaupt*)의 존재론적 본질"**(SZ, p. 285)에 침윤된 탓에 현존재가 염려 자체의 주인이 될 수 없다고 하더라도, 고유한 실존을 스스로 보살피고 돌보아야 할 책임을 세인에게 떠맡겨도 좋은 것은 아니다. 마치 세입자가 전세살이를 하는 동안 집을 잘 관리하고 보살펴야 하는 것처럼, 현존재는 실존하는 한에서 스스로 실존의 '어떻게'를 돌보아야 할 책임이 있다.

양심의 부름은 바로 이와 같은 실존적 책임을 세인의 지배 밑에서 순치된 현존재에게 일깨운다. 기꺼이 그 부름에 응해 책임존재로의 자기기투를 단행함으로써 현존재는 세인-자기의 가면을 벗고 고유한 자기로 거듭나는 한편, 더는 세인에게 맡기지 않고 고유한 자기답게 스스로 실존의 '어떻게'를 보살핀다. 문제는 책임존재로의 기투와 고유한 실존에 대한 보살핌에서 근원적 불안이 특출한 근본 유정성으로 어떤 역할을 하는가이다. 답은 불안이 힘이라는 데에 있다. 실로 불안의 위력적 힘은 불안해하는 현존재가 불안해하는 현존재 자신에게 가하는 위협에서 고스란히 드러난다. 말하자면 근원적 불안은 특출한 유정성답게 양심 현상에서 책임존재로의 기투를 단행하도록 현존재를 섬뜩한 기분으로 위협한다. 이 위협이 얼마나 위력적인지는 "불안에서 현존재는 완전히 ……그의 적나라한 섬뜩함에 의해 혼비백산이 된다"(SZ, p. 344)라는 말에서 어림할 수 있을 것이다. 근원적 불안은 고유한 자기를 되찾아 실존의 주인 노릇을 짊어지도록 섬뜩한 기분으로 세차게 현존재를 몰아붙인다. 한마디로 "…… 근원적 불안이 결단성을 단행할 것을 꾀한다"(SZ, p. 308). 결단성에서 책임존재로의 기투가 단행되는 것은 그 기투와 근원적 불안의 유정성 사이의 연동작용에 준해 불안의 위력에 '힘'입은 까닭으로 보아야 한다. 다시 말해 근원적 불안이 섬뜩하고 안절부절못하는 기분의 고강도 힘으로 책임존재로의 기투를 단행하도록 현존재를 추동하는 것으로 보아야 한다.

근원적 불안의 활약이 책임존재로의 기투에 한정되는 것은 아니다. 사실, 현존재에서 양심의 부름이 일어나고 또 그 말 없는 부름이 세인-자기끼리 주고받는 잡담을 단번에 타파하는 것부터 근원적 불안의 위력적 힘을 증언한다. 또한 현존재가 '아님'의 존재론적 부정성을 무릅쓰고 책임존재로의 기투와 함께 고유한 실존을 몸소 보살피고자 나서는 것도 근원적 불안의 위력에 '힘'입은 덕분이다. 다름 아니라 현존재가 죽음으로 선구함으로써 여과된 본래적 가능성을 자신의 가장 고유한 존재가능으로 선택하고 그리로 자신을 기투하는 등 고유한 실존을 보살피는 것도 역시 근원적 불안의 위력에 '힘'입은 사건이다.

죽음으로의 선구를 추동할 만큼, 곧 1인칭의 현존재로 하여금 고유한 죽음으로 선구하도록 그를 추동할 만큼 근원적 불안의 위력은 대단하지만, 사실 고강도 힘의 발원지는 죽음의 현상이다. 그것은 근원적 불안의 불안거리가 바로 죽음으로의 피투성이기 때문이다. 사람이 막상 죽음 앞에 직면할 때 엄청난 불안과 두려움에 휩싸이는 것처럼 죽음으로의 피투성은 불안거리답게, 곧 불안 현상에 대한 선천적 가능성의 조건답게 불안을 현-존재에서 일으킨다. 이렇게 근원적 불안이 죽음으로의 피투성에서 일어나는 만큼 불안의 강도는 죽음의 맨질량에 비례하기 마련이다. 짐작하다시피 죽음의 맨질량이 얼마나 나가는지는 죽음의 실존론적 성격에 달렸다. 죽음이 **"가장 고유하고 몰교섭적이고 확실하고 그 자체로 확정되지 않은, 추월이 불가능한 현존재의 가능성"**(SZ, pp. 258~59)으로 규정되는 데에서 나타나듯이, 죽음의 실존론적 성격은 고유성, 몰교섭성, 확실성, 불확정성, 추월 불가능성 등 다섯 가지이다.

이 다섯 가지 성격은 크게 보아 두 개의 묶음으로 나뉜다. 앞에서 설명했다시피 죽음의 고유성, 몰교섭성, 추월 불가능성은 죽음의 여과기능을 가능하게 한다. 죽음이 공공적 세계에서 밀어닥치는 다양한 현사실적 가능성 가운데 본래적 가능성을 거르고 개시하는 여과기능을 수행하는 것은 죽음에 그 세 가지 성격이 깔린 덕분이다. 반면에 죽음의 확실성과 불확정성은 섬뜩하고 안절부절못하는 기분의 농도를 짙게 만든다는 점에서 근원적 불안의 힘을 증강한다. 실로 죽음의 불확정성은 근원적 불안의 힘에 대한 강화제 구실을 한다. 게다가 죽음의 불확정성과 확실성이 서로 상대를 동업자로 삼는 한, 불확정성과 확실성 사이의 협업으로 근원적 불안의 힘은 기하급수적으로 증강된다. 다시 말해 죽음이 근원적 불안의 힘을 태풍처럼 고강도의 위력으로 증강하는 것은, 그것이 확실하되 불확정적이기 때문이다.

불안이 불안해함의 구조계기에서 섬뜩함이나 안절부절못함 같은 실존적 기분의 형태로 현존재를 위협하는 것을 보더라도, 불안은 힘으로 규정되어야 마땅하다. 정신의학에서는 불안이 "명확한 원인이 없는 근심, 걱정, 두려움 등의 감정으로서 생리적 변화(빈맥, 발한, 진전 등)가 수반되는 것"[8]으로 규정되지만, 두려움 등의 감정이 빈맥, 발한, 손 떨림 등과 같은 신체적 변화를 일으킨다는 점에서 불안이 단순히 음울한 내면적 감정이기 전에 몸의 생리적 현상에 큰 영향을 끼치는 힘이라는 것을 알 수 있다. 한마디로 불안은 힘이다. 잠복한 불안이 저강도의 힘이라면, 근원적 불안은 죽음을 앞에 둔 불안답게 고강도의 힘이다. 근원적 불안의 힘은 고강도인 만큼 양심 현상과 죽음 현상에 두루 영향을 끼친다. 다시 말해 근원적 불안의 힘은 현존재의 선구하는 결단성(vorlaufende Entschlossenheit)에까지 영향을 끼친다.

물론, 선구하는 결단성은 양심의 결단성과 죽음으로의 선구를 레고블록으로 삼아 결합한, 얼마든지 해체할 수 있는 그러한 현상은 아니다. 둘은 별개의 실존적 현상이 아니다. 오히려 둘이 구조적 통일성에서 선구하는 결단성을 형성한다. 그것은 "**결단성이 본래적인 죽음을 향한 존재를 …… 고유한 본래성의 가능한 실존적 양상으로 자기 자신 안에서 간직하기**"(SZ, p. 305) 때문이다. 현존재의 존재에서 양심 현상과 죽음 현상이 구조적으로 통일된 채 선구하는 결단성을 형성하는 것은 이렇게 양심의 결단성이 죽음으로의 선구를 본래성의 실존적 양상으로 간직하는 까닭이다. 한편, 선구하는 결단성에서 놓쳐서는 안 될 것은 책임

---

8 이우주 엮음, 『표준 의학사전』, 172쪽.

존재의 부단성(不斷性, Ständigkeit) 또는 책임존재로의 기투의 부단성이
다. 이를테면 "결단성이 책임존재를 **부단한 것**(ständiges)**으로** 이해할 만
큼 **그렇게** 결단성이 …… 자기 자신에게 투명해졌을 때에나"(SZ, p. 305)
비로소 책임존재로의 실존적 기투가 부단해진다는 말이다. 결단성이 자
기 자신에게 투명해진 가운데 책임존재를 부단한 것으로 이해하기 위해
서는 "현존재가 존재가능을 자신에게 »종말에 이르기까지« 개시해"(SZ,
p. 305)야 한다. 종말에 이르기까지 개시한다고 해서 현존재가 생물학적
죽음에 이를 때에나 겨우 개시하는 것으로 착인해서는 안 된다. 현존재에
게 종말에 이른다는 것은 "**종말을 향한** 존재"(Sein *zum* Ende)(SZ, p. 305)
를, 곧 죽음을 향한 존재 또는 죽음으로의 선구를 가리킬 따름이다. 간추
려 말하면, 현존재가 죽음을 향한 존재로서 죽음으로 선구할 때에나 비
로소 결단성이 자기 자신에게 투명해진 채 책임존재를 부단한 것으로
투명하게 이해할 수 있다.

　이제 책임존재 또는 책임존재로의 기투의 부단성이 무엇을 말하는지
가 분명해졌다. 고유한 자기로서 현존재가 죽음으로 선구할 때, 비로소
'부단히' 책임존재로 자신을 기투할 수 있다는 뜻이다. 사실, 현존재는
책임존재로의 기투를 통해 고유한 자기로 존재하는 가운데 죽음으로 선
구할 때나, 죽음의 여과기에서 거른 본래적 가능성으로 자신을 기투하는
등 본래적으로 실존하게 된다. 문제는 현존재의 본래적 실존이 동사적
의미를 띤 실존수행이지 "항구적인 전재자의 지속적일 뿐인 속성"(SZ,
p. 306)과 같은 것이 아니라는 점이다. 현존재가 한 번 본래적 실존을 성
취했다고 해서 생물학적으로 죽을 때까지 본래적 실존을 지속적인 속성
인 양 그대로 유지하는 것은 아니다. 한 번 본래적으로 실존하고 말아서
는 안 되는 까닭이 여기에 있다. 그렇기는커녕 본래적으로 실존하는 한
에서 현존재는 그때마다 '부단히' 본래적으로 실존해야 한다. 그런 만큼
양심의 부름에서 결단성을 장악한 현존재는 책임존재로의 기투를 한 번
마치고는 도로 책임존재에서 도피하면서 세인의 일상적 공공성으로 퇴

락해서는 안 된다. 책임존재로의 기투 다음에 책임존재로의 기투가 거듭 전개되어야 한다. 책임존재로의 기투는 이렇게 '그때마다' '매번' '부단히' 단행되어야 한다.

방금 논의했다시피 바로 죽음으로의 선구에서나 책임존재 또는 책임존재로의 기투가 부단해진다. "**책임**존재는 우리가 일차적으로 존재가능으로 규정한 현존재의 존재 자체에 속한다"(SZ, p. 305)라는 말에서 나타나듯이, 그것이 부단해진다는 것은 현존재에게 책임존재로의 기투가 그때마다 가능성으로 맡겨졌다는 것을 의미한다. 책임존재로의 기투의 부단성은, 책임존재가 "…… 책임 있게 **존재할 수 있는 실존적 가능성**", 한마디로 "책임존재가능(Schuldigseinkönnen)(SZ, p. 306)임을 말한다. 이렇게 결단한 현존재는 책임존재가능으로 존재하면서 죽음으로 선구할 때마다 부단히 자신을 책임존재로 기투하기 마련이다. 죽음으로의 선구는 책임존재로부터의 도피를 차단하면서 결단한 현존재로 하여금 부단히 책임존재로 자신을 기투하도록 그를 견인한다. 한마디로 죽음으로의 선구가 책임존재 또는 책임존재로의 기투의 부단성을 가능하게 한다. 그것은 어차피 선구가 가능성에서 가능성으로 앞질러 달려간다는 의미에서 염려의 구조계기 가운데 '자기를 앞질러 존재하기'의 실존론성에서 비롯하기 때문이다. 죽음으로의 선구에서 한 번 결단한 현존재는 도로 세인의 일상적 공공성으로 퇴락하지 않고 그때마다 부단히 책임존재로 자기 자신을 기투하곤 한다.

5. 실존의 근원성

죽음으로의 선구가 본래적 가능성을 걸러 현존재에게 그의 가장 고유한 존재가능으로 개시하고 책임존재로의 기투의 부단성마저 가능하게 한다고 해서 근원적 불안의 활약을 하찮게 얕보아서는 안 된다. 사실, 죽음으로의 선구에서 감도는 실존적 기분이 바로 근원적 불안이다. 근원적 불안의 유정성 없이 죽음으로의 기투 또는 죽음으로의 선구가 단행될 수는 없다. 실로 죽음으로의 선구는 근원적 불안의 유정성과 구조적으로 통일된 채 연동할 따름이다. 그렇기에 책임존재로의 기투가 그런 것처럼 죽음으로의 기투나 선구도 혼자서 저절로 발동하는 것은 아니다. 사람의 몸에 비유하면, 근원적 불안은 생물학적 에너지를 생산하는 근육에 해당한다. 근육의 힘이 없이는 팔다리를 놀릴 수 없듯이, 현존재로서 근원적 불안의 위력에 '힘'입지 않고서는 책임존재와 죽음으로의 기투를 단행할 수 없다. 요컨대, 근원적 불안은 선구하는 결단성의 유정성답게 선구하는 결단성이 단행되도록 현존재를 추동한다.[9]

여기에서 "현존재의 **본래적 전체존재가능**(*eigentlichen Ganzseinkönnen*)" 이 다름 아니라 "현존재의 **근원적 존재**"(SZ, p. 234)에 해당한다는 점을

---

9 사르트르와 에마뉘엘 레비나스(Emmanuel Levinas)가 하이데거의 선구하는 결단성을 근대의 주관주의적 맥락에서 현존재의 능동성으로 오해했다는 예리한 비판적 지적이 있다. 이를테면 "이렇게 '할 수 있음'을 실존주의의 제1원칙으로 세운 사르트르는 …… '결단성'을 주체의 능동적인 의지가 최고 상태로 발현되어 있는 것으로 간주하"(하피터, 「하이데거 철학에 있어서 '내버려둠'으로서의 결단성 개념」, 『하이데거연구』, 제13집, 한국하이데거학회, 2006, 101쪽)는 한편, 레비나스는 "죽음을 향한 존재"에서 "남성적인 힘"이 드러나는 것으로 보면서 "죽음을 향해 앞질러 달려가보는 현존재의 '결단성'"을 "능동적인 의지의 최고점"(같은 글, 102쪽)으로 오해했다는 말이다. 그러나 하피터가 볼 때, 선구하는 결단성을 현존재의 능동성으로 보는 것은 결단성에 대한 주관주의적 오해에 지나지 않는다. 오히려 "…… '앞질러 달려가 봄'이 일상어에서 능동적인 활동을 지칭하지만, 하이데거 사유에서는 현존재의 수동성을 보여준다"(같은 글, 119쪽). 그것은 "현존재의 죽음(der Tod des Daseins)에서 …… 현존재를 '목적격적 소유격'으로 놓을 때 현존재는 죽음에 종속되는" 것에서 알 수 있는 것처럼 "…… 현존재는 죽음에 대해 주도권을 행사할 수가 없"고 "그 반대로 죽음이 주도권을 갖고 있기"(같은 글, 119~20쪽) 때문이다. 죽음으로의 피투성이 현존재의 존재에서 근원적 불안을 일으키는 한에서, 현존재가 선구하는 결단성을 단행하는 것은 현존재가 주체로서 그의 실존에 행사하는 능동적 의지나 힘의 표출로 보아서는 안 되고 도리어 근본 유정성답게 현존재의 존재를 좌우하는 근원적 불안의 힘이나 위력의 표출로 보아야 한다. 요컨대, 죽음을 앞에 둔 근원적 불안의 힘이 없이는 현존재의 존재에서 선구하는 결단성이 단행될 수 없다는 말이다. '앞질러 달려가 봄'과 '선구'는 모두 'Vorlaufen'에 대한 번역어이다.

간명하게 살펴야 한다. 쉽게 말해 현존재가 본래적·전체적 방식으로 실존해야만 비로소 실존의 근원성을 장악할 수 있다. 하이데거가 볼 때, 현존재의 근원적 실존은 본래성과 전체성을 획득한 실존의 '어떻게'이다. 문제는 현존재가 어떻게 본래적·전체적으로 존재할 수 있는가이다. 답은 짐작하다시피 선구하는 결단성에 있다. 실로 현존재가 선구하는 결단성의 방식으로 존재할 때나 비로소 본래적 전체존재에서 근원적으로 실존할 수 있다. 그것은 "추월 불가능한 가능성으로의 선구가 그 가능성 앞에 놓인 모든 가능성을 동시에 개시하기 때문에, 선구에는 …… **전체적 존재가능**으로 실존할 수 있는 가능성이 들어 있다"(SZ, p. 264)라는 점에서 그렇다.

언뜻 그렇게 오판하기 십상이지만, 가령 현존재가 생물학적으로 죽을 때까지 추월이 불가능한 극한적 죽음의 가능성 앞에서 개시되는 모든 존재의 가능성을 하나도 빠뜨리지 않고 몽땅 다 선택하고 선택한 모든 가능성으로 자신을 기투하는 것으로 존재의 전체성을 오판해서는 안 된다. 개시되는 가능성 가운데 선택할 수 있는 가능성은 누구에게나 그때마다 단 하나뿐이다. 한 번에 여러 가능성을 선택할 수도 없고, 또 모든 가능성을 통틀어 선택할 수도 없다. 하나의 가능성을 선택할 때, 나머지 모든 가능성은 취하된다. 존재의 전체성은 탐욕스러운 부자가 단 한 푼도 새나가지 않도록 재산을 그러쥐는 것처럼 보아서는 안 된다. 오히려 현존재가, 추월 불가능한 죽음의 가능성 앞에 놓인 모든 현사실적 가능성 가운데 버릴 가능성은 아낌없이 다 버리면서 죽음의 재판관이 귀하게 골라낸 '단 하나의' 본래적 가능성을 그때마다 선택하고 그리로 자신을 기투할 때, 비로소 '전체적으로' 존재하는 것으로 보아야 한다.

이러한 맥락에서 현존재가 전체적으로 존재하는 것은 본래적으로 존재하는 것이나 다름없고, 그가 본래적으로 존재하는 것은 전체적으로 존재하는 것이나 다름없다. 이렇게 본래적 전체성의 방식으로 존재하는 현존재는 말할 것도 없이 결단한 현존재이다. 실로 결단한 현존재나 죽음으로의 선구에서 본래적 전체성의 방식으로 존재할 수 있다. 현존재가 선구하는 결단성에서 존재할 때, 비로소 본래적 전체존재의 방식에서 근원적으로 실존할 수 있다. 그것은 "선구하는 결단성이 자기 안에 현존재의 본래적 전체존재가능을 포함하"(SZ, p. 317)기에 그렇다. 이제 선구하는 결단성이 어떤 존재의 '어떻게'인지를 명료히 규정할 수 있게 되었다. 근원적 불안의 유정성에서 존재하는 가운데 책임존재로의 기투와 함께 세인의 일상적 공공성에서 고유한 자기를 되찾은 결단한 현존재가 죽음으로 선구함으로써 여과된 본래적 가능성을 그때마다 부단히 선택하고 그리로 자신을 기투하곤 하는 것이 바로 선구하는 결단성의 '어떻게'이다. 간단히 말해 불안해하는 현존재가 본래적 전체존재의 방식으로 실존의 근원성을 장악한 채 그때마다 부단히 근원적으로 실존하는 것이 바로 선구하는 결단성의 '어떻게'이다.

이렇게 양심의 결단성과 죽음으로의 선구 사이의 구조적 통일성에서 현존재의 본래적 전체성이 실존의 근원성으로 개시된다.[10] 선구하는 결단성에서 본래적 전체존재가 개시되는 한, 현존재가 본래적 전체존재를 장악해 그렇게 실제로 실존해야 한다. 물론, '양심을-갖고자 하는-의욕'에서 실존적으로 단행되는 선구하는 결단성이 현존재가 본래적 전체존재의 방식에서 근원적으로 실존한다는 것에 대한 실존적 증거가 된다. 그러나 근원적 불안의 유정성과 관련해 지금의 맥락에서 중요한 것은 선구하는 결단성이 근원적 불안의 힘에 의지한 채 이 유정성과 연동한다는 점이다. 그런 만큼 현존재가 선구하는 결단성을 실존적으로 장악해 본래적 전체존재의 방식에서 근원적으로 실존하는 것은, 어디까지나 근원적 불안의 위력에 '힙'입는 까닭이다. "불확정적이고 확실한 죽음으

---

10 현존재의 본래적 전체존재가 바로 실존의 근원성이다. 현존재가 어떻게 책임존재로의 부단한 자기기투에서 본래적 전체존재로 근원적으로 실존하는지에 대해서는 권순홍, 『유식불교의 거울로 본 하이데거』, 339~46쪽 참조.

로의 선구에서 현존재는 그의 현(Da) 자체에서 발원하는 부단한 **위협**에 자신을 열어놓는다"(SZ, p. 265)라는 말은, 현존재가 죽음으로 선구할 때 죽음으로 피투된 현-존재에게서 발원하는 근원적 불안의 위협을 피해서는 안 된다는 소극적 의미로 풀이해서는 안 된다. 근원적 불안의 위협이 바로 힘임을 헤아려야 한다. 자기 자신에게 위협을 가하는 근원적 불안의 힘에 자기 자신을 활짝 열어젖히지 않고서는, 다시 말해 그 힘을 흠뻑 들이마시지 않고서는 현존재가 죽음으로의 선구를 아예 단행할 수 없다는 적극적 의미로 풀이해야 한다. 현존재의 존재에서 책임존재로의 기투와 죽음으로의 선구를, 결국 선구하는 결단성을 실존적으로 가동하는 것은 근원적 불안의 고강도 힘이다. 근원적 불안의 힘에 의지하지 않고서는 현존재가 선구하는 결단성에서 근원적으로 실존할 수 없다. 근원적 불안은 선구하는 결단성의, 곧 현존재의 근원적 실존의 유정성이다.

비로소 죽음을 앞에 둔 불안을 하이데거가 근원적 불안이라고 명명하는 까닭이 어렴풋이 밝혀진 셈이다. 선구하는 결단성이 현존재의 근원적 실존을 이루는 한, 선구하는 결단성에서 감도는 실존적 기분이 여러 기분 가운데 근원성의 지위를 차지하는 것은 당연하다. 현존재를 위협하되, 그때마다 선구하는 결단성의 근원성에서 본래적 전체존재가능으로 실존하도록 위협하는 불안이야말로 근원적인 불안이 되기 마련이다. 근원적 불안이 근원적인 것은 그 불안이 본래적 전체성의 방식에서 그때마다 근원적으로 실존하도록 고강도의 힘으로 현존재를 몰아치는 까닭이다.

물론, 이러한 까닭만이 있는 것은 아니다. 하이데거가 죽음을 앞에 둔 불안을 근원적 불안이라고 호명하는 데에는 또 다른 의도가 있다. 잠복한 불안과 견줄 때, 죽음을 앞에 둔 불안이 현존재의 실존론적 존재론에서 근본 유정성답게 근원의 지위를 점한다는 것을 알리기 위해 그렇게 호명한다는 말이다. 하이데거의 의도와 관련해 한 걸음을 더 뗄 수 있다. 다시 말해 그가 불안의 근원성을 짚는 데에는 잠복한 불안과 근원적 불안이 서로 어떤 관계에 놓였는지를 알리려는 의도가 있는 것으로 보아야 한다. 이 두 불안이 같은 불안의 두 얼굴이기에, 두 얼굴의 불안 사이에 어떤 내적 관계가 성립하는지를 밝히는 것은 하이데거의 실존론적 불안 담론에서 빠뜨려서는 안 될 마지막 관문이다.

선천주의의 맥을 타고 흐르는 하이데거의 기초존재론의 특징 가운데 눈여겨보아야 할 것은 힘의 관계이다. 언뜻 생각하더라도 힘이 강한 것이 자신보다 힘이 약한 것을 가능하게 한다. 그 반대는 아니다. 다시 말해 강한 것이 약한 것으로 하여금 기능하도록 한다. 곧 강한 것은 약한 것의 기능을 가능하게 하는 조건이다. 한편, 강한 것이 없이는 약한 것이 제 기능을 수행하지 못한다는 점에서 강한 것은 약한 것보다 존재론적으로 '앞서기' 마련이다. 한마디로 '선천적'이기 마련이다. 뭉뚱그리면, 강한 것은 약한 것의 기능을 존재론적으로 가능하게 하는 선천적 조건이다. 선천적 가능성의 조건의 계열에서 볼 때, 힘이 가장 강한 것은 나머지 선천적 가능성의 조건을 모두 존재론적으로 가능하게 하는 유일한 선천적 조건, 곧 나머지 모든 선천성의 선천성이다. 선천성의 계열에서 힘이 가장 강한 것이 힘이 달리는 나머지 모든 것의 기능을 선천적으로 가능하게 하는 힘의 존재론적 근원이 된다는 말이다. 이렇게 힘이 가장 강한 것이 나머지 모든 것의 존재론적 근원을 독점한다.

샘의 비유로 말하면 힘이 가장 강한 것은 모든 물줄기의 근원, 곧 천원(泉源)인 한편, 나머지 모든 것은 천원에서 흘러나간 물줄기에 지나지 않는다. 천원의 힘이, 거기에서 흘러나간 모든 물줄기의 힘을 압도한다는 것은 말할 나위가 없다. 또한 천원에서 더욱더 멀리 흘러나갈수록 물줄기가 더욱더 메말라지고 고갈된다는 것도 말할 나위가 없다. 힘의 유일한 근원에서 더욱더 멀리 떨어질수록 힘은 약화된다. 아예 기능을 제대로 수행할 수 없을 정도로 힘은 약화될 수도 있다. 실로 "발현하는 모든 것이 천원(Quelle)의 압도적 위력(Übermacht)으로부터 **뛰쳐**나가는(*ent*springt) 한에서, 곧 어느 정도 그 압도적 위력으로부터 떨어져나와 달아나는 한에서, 존재론적인 것의 영역에서의 모든 발현(Entspringen)

과 모든 발생은 성장과 전개이기는커녕 퇴화이다"(제24권, p. 438). 하이데거의 이 명제보다 존재론적 선천주의의 특징을 유감없이 잘 드러내는 명제는 없다. 물론, 『존재와 시간』에도 존재론적 선천주의에 대한 명제가 있다. "현존재의 존재의 존재론적 근원(Ursprung)은 그 근원에서 발현하는 것보다 》약하지《 않고 오히려 위력에서 애초부터 그것을 능가하며, 그래서 존재론적 영역에서의 모든 》발현《은 퇴화이다"(SZ, p. 334). 바로 이 두 명제에서 근원적 불안이 근원적인 이유가 고스란히 드러난다. 근원적 불안은 말 그대로 천원의 지위에 있는 만큼 땅속에서 물이 펑펑 솟는 것처럼 불안의 힘이 그렇게 역동적으로 솟구친다. 이에 비해 잠복한 불안은 근원적 불안의 샘에서 저 멀리 흘러나간 만큼 불안의 힘이 퇴화할 정도로 위축되고 고갈된다.

잠복한 불안이 근원적 불안과 어떤 관계에 있는지는 이 비유에서 숨김없이 드러난다. 잠복한 불안은 불안의 까닭이나 불안해함의 구조계기의 실존론적 기능을 감당할 수 없을 정도로 퇴화했다. 퇴화는 힘의 퇴화이다. 힘의 약화, 고갈이 힘의 퇴화이다. 본래성의 가능성을 불안해하는 현존재에게 본래적 실존의 출발선으로 제시하는 것이 불안의 까닭의 기능이다. 출발선 앞에 우뚝 서서 본래성과 전체성으로 달려갈 수 있도록, 이를테면 책임존재로의 기투에서 되찾은 고유한 자기가 죽음으로의 선구에서 그때마다 여과된 채 개시되는 본래적 가능성을 선택하고 장악하도록 현존재를 섬뜩한 기분으로 위협하는 것은 불안해함의 기능이다. 잠복한 불안은 바로 이러한 기능을 제대로 감당하지 못할 정도로 근원적 불안의 위력에서 멀리 떨어져나왔다. 요컨대, 잠복한 불안의 힘이 감당하지 못할 정도로 약화되었다. 그 불안은 도리어 불안해하는 현존재로 하여금 세인에 대한 환상을 품도록 역작용한다. 뭉게뭉게 피어나는 그 장밋빛 환상에서 불안해하는 현존재는 세인으로 귀순하고 싶은 유혹을 스스로 일으킨다. 그 유혹의 끝이 다름 아니라 비본래성으로의 퇴락이다.

이렇게 잠복한 불안은 근원적 불안의 퇴화한 파생태에 지나지 않는다.

반면에 근원적 불안은 잠복한 불안의 천원, 근원이다. 두 불안이 천원과 물줄기, 근원과 파생태 사이의 관계를 맺는다는 것이 불안의 진실과 엇나가는 자의적 사변이 아니라는 것은 생사에 대한 일반적 견해에서도 입증된다. 솔직히 말해 죽음이 두렵기에 삶이 두렵다. 삶이 두려운 것은 죽음이 두려운 까닭이다. 그 반대는 아니다. 삶에 대한 두려움은 죽음에 대한 두려움에서 흘러나온다. 마찬가지로 피투된 세계-내-존재로서 어떻게 실존할 것인가를 불안거리로 삼는 잠복한 불안은 죽음을 앞에 둔 근원적 불안에 원천을 둔다. 죽음의 '어떻게'에 대한 근원적 불안에서 실존의 '어떻게'에 대한 잠복한 불안이 파생한다.

이제야 마지막으로 본래성에 대한 게오르크 루카치(Georg Lukács)의 비판을 톺아볼 계제에 이르렀다. 불안으로서 제 기능을 충실히 이행하지 못하는 잠복한 불안과는 달리, 근원적 불안이 책임존재와 죽음으로의 기투를, 곧 현존재의 선구하는 결단성을 실존적으로 가동하는 근원적 힘임이 여실히 밝혀졌기 때문이다. 일단 루카치는 세인의 공공적 피해석성의 매뉴얼을 놓고 "…… '세인'의 세계에서는 모든 인간이 순전히 외부로부터 자신에게 주어지는 자극들을 따라서 행동하게 된다. 다시 말해 인간은 조작을 당한다는 것이다"[11]라고 지적하는데, 이 지적은 옳다. 그러나 그는 실존의 본래성이 삶의 직접적 현실에 착근하지 못한다고 비판한다. "하이데거가 이러한 비본래적 현존재를 거부하는 것이 정당하다면, 그는 '세인'에 대한 거부가 어떤 내용과 방향을 지니는지를, 본래성의 길이 어떠한지를 제시했어야 한다"라는 것이, 다시 말해 본래성의 길에서 "…… 과연 무엇이 그의 행위들에 내용이나 방향성을 부여할 수 있다는 말인가?"[12]라는 물음에서 간파할 수 있는 것처럼 본래성의 길이 본래적 현존재의 행위에 현실적인 내용이나 방향성을 제시하지 못한다는 것이

11 게오르크 루카치, 권순홍 옮김, 『사회적 존재의 존재론 1』, 아카넷, 2016, 125쪽.
12 같은 곳.

루카치의 비판이다.

　루카치는 본래성에 대한 비판의 근거를 피투성에서 찾는다. "그의 어디에서(Woher)와 어디로(Wohin)에서는 차폐되었지만, 그 자신에 즉해 그만큼 더욱더 차폐되지 않고 개시된 현존재의 바로 이 존재성격을 …… 그의 현으로의 **피투성**이라고 부른다"(SZ, p. 135)라는 것이 피투성에 대한 하이데거의 규정인데, 여기에서 현존재가 어디에서 와서 어디로 가는지가 차폐되었다는 것을 문제삼는다. 그가 볼 때, 본래성의 길에서 현존재가 취할 수 있는 행위의 내용이나 방향성은 "…… 결국 '어디에서'(기원, 역사, 사회)와 그 실천의 '어디로'(전망)에서 비롯되기 때문이다".[13] 본래적 현존재가 어떤 행위를 취하고 또 그 내용과 방향성이 무엇인지를 제시하지 못하고, 고작 "'세인'의 비본래성을 향한 유혹과 구체적으로 맞서서 싸울 유일한 대항마"로 "불안"을 내세울 뿐이라는 것[14]이 비판의 골자이다.

　본래성에 대한 루카치의 비판적 해석은 "…… 본래성 대(對) 비본래성의 대립은 무(無)를 둘러싼 마니교적 이원론보다 나을 것이 없다"[15]라는 평가에서 드러나듯이, 본래성을 세인의 일상적 공공성과 철저히 대척되는 것으로 본다. 본래성이라고 해서 루카치처럼 현존재가 세인의 공공적 세계를 떠나 홀로 존재하는 것으로나 세인을 모두 다 솎아낸 세계에서 존재하는 것으로 보아서는 안 된다. "역시 결단도 세인과 그의 세계에 의지한다"(SZ, p. 299)라는 것이 하이데거의 견해이다. 본래적으로 실존하기로 결단한 현존재라도 세인이 지배하는 일상의 공공적 세계를 떠나는 것은 아니다. "결단은 》현실《을 떠나지 않고 비로소 현사실적으로 가능한 것을 발견하며, 그 덕분에 결단은 현사실적으로 가능한 것을, 세인에

---

13 앞의 곳.
14 같은 책, 128쪽.
15 같은 책, 127쪽.

서 가장 고유한 존재가능으로 여겨질 법한 그러한 것으로 장악한다"(SZ, p. 299). 분명해진 것은 양심의 부름에서 현존재가 1인칭의 고유한 자기로 개별화된다고 해서 세인의 공공적 세계를 떠나지 않을 뿐만 아니라 그렇게 결단한 현존재가 기꺼이 세인 사이에서 현사실적 가능성을 선택하되, 가장 고유한 존재가능이 될 법한 것을 선택한다는 점이다.

물론, 결단한 현존재가 공공적 세계에서 닥치는 대로 마구잡이로 현사실적 가능성을 선택하는 것은 아니다. 결단한 이상, 현존재는 현사실적 가능성을 선택하기 전에 먼저 죽음으로 선구하기 마련이다. 다시 말해 결단한 현존재는 죽음의 여과기에서 여과된 가능성을 본래적 가능성으로 선택하기 마련이다. 이미 설명했다시피 결단한 현존재가 고유한 자기로서 죽음으로의 선구에서 선택하는 본래적 가능성은 공공적 세계에서 전혀 접할 수 없는, 공공적 세계 밖의 괴기하고 기상천외한 가능성이 아니다. 그것은 공공적 세계에서 현사실적으로 제시된 가능성들 가운데 하나일 뿐이다. 다만 결단한 현존재가 공공적 세계에서 선택하는 본래적 가능성은 죽음의 재판관이 본래적 가능성으로 판결한 가능성이다. 실로 "선구하는 결단성은 …… 현존재의 **실존**을 **지배**하고 온갖 덧없는 자기 은폐를 근본적으로 일소할 가능성을 죽음에 일임하는, 양심의 부름을 따르는 이해이다"(SZ, p. 310)라는 말에서 알 수 있는 것처럼, 죽음은 현존재의 실존을 생물학적으로 태어나서 죽을 때까지 시종일관 지배하는 것으로 보아야 한다. 결단한 현존재가 공공적 세계에 널린 현사실적 가능성 가운데 어떤 가능성을 본래적 가능성으로 선택하는가는 그의 고유한 죽음에 달린 일일 따름이다.

그렇기에 루카치처럼 불안, 양심, 결단성 등을 현실 또는 공공적 세계에서 겉도는 "공허한 추상성"[16]으로 몰아붙일 수는 없다. 또한 근원적 불안의 위력에 힘입어 실존적으로 단행되는 현존재의 선구하는 결단성에

---

16 앞의 책, 126쪽.

서 "…… 현실의 삶을 영위하는 데에 필요한 내용이나 방향성이 나올 수 있는 것은 아니다"[17]라는 결론을 내려서도 안 된다. 예컨대, 양심의 부름에서 고유한 죽음의 판결에 준해 공공적 세계의 현사실적 가능성들 가운데 9급 공무원의 가능성을 본래적 가능성으로 선택하고 그리로 자신을 기투한 본래적 현존재에게서나, 세인의 공공적 피해석성에 준해 우선 대체로 9급 공무원의 가능성을 선택해 그리로 자신을 기투한 비본래적 현존재에게서나 그 기투가 요구하는 행위의 내용과 방향성은 서로 다를 것이 없다. 죽음을 앞에 둔 불안답게 근원적 불안이 현존재를 개별화한다고 해서 현존재가 공공적 세계를 버리고 은둔하는 것은 아니기에 그렇다. 현존재가 선택하는 본래적 가능성이 그 세계에 현사실적으로 널린 가능성들 가운데 하나인 만큼 본래성의 길에서 내용과 방향성이 없는 추상적 행위나 하면서 헛도는 것으로 볼 수는 없다. 본래적 가능성이든지 비본래적 가능성이든지 간에, 실존의 가능성은 세인의 공공적 세계에서 제공되는 현사실적 가능성들 가운데 하나이기 마련이다. 현사실적인 한에서, 가능성으로의 기투는 내용과 방향성이 있는 구체적 행위를 추구하기 마련이다.

사실, 본래적 현존재와 비본래적 현존재 사이의 차이점은 "무엇 때문에 그는 결단해야 하는가?"(SZ, p. 298)라는 질문에 대한 답이 있는가 없는가에 달렸다. 그것은 "**오직** 결단 자체**만**이 답을 줄 수 있기"(SZ, p. 298) 때문이다. 결단한 현존재마다 제각기 결단한 이유는 다르겠지만, 어쨌든 결단한 현존재에게는 결단하지 않은 비본래적 현존재의 경우와는 달리 본래성의 길을 걸으면서 되새기곤 하는 결단의 이유가 있다. 물론, 결단의 이유가 없는 비본래적 현존재라고 하더라도 같은 현사실적 가능성을 선택하는 한, 결단의 이유가 있는 본래적 현존재와, 행위의 내용과 방향성을 크게 달리하지는 않을 것이다. 그러나 그 둘 사이에서 행

---

17 앞의 책, 129쪽.

위의 '어떻게'만은 달라질 것이 분명하다. 9급 공무원을 고유한 죽음이 허락한 본래적 가능성으로 선택하는 본래적 현존재는, 그렇지 않은 비본래적 현존재와는 달리, 같은 내용과 방향성을 지닌 공부라고 할지라도 결단의 이유를 되새기면서 오늘 당장 죽을 수 있다는 자세로 최선을 다해 진정성 있게 준비할 것이다. 물론, 행위의 '어떻게'만은 아닐 것이다. 결단의 이유가 있는 한, 수많은 행위로 채워지는 삶의 내용과 방향성도 먼 훗날 둘 사이에서 결국 달라질 것이다.

루카치가 그렇게 보는 것처럼 근원적 불안은 현실에서 겉도는 공허한 추상성이 아니다. "그것은 …… 행동하도록 더는 고취하지 못하고, 기껏해야 '세인'의 세계에서 아무런 의미도 없이 벌어지는 시끄러운 소동에 대한 공허한 추상적 반발로 끝나고 만다. 그것도 …… 순전히 내면적으로 울리고 있을 뿐인 반발로 끝날 뿐이다"[18]라는 것이 불안에 대한 루카치의 최종 선고이기는 하지만, 이것은 불안의 실존론적 성격을 빠뜨린 그릇된 평가로 보지 않을 수 없다. 근원적 불안은 선구하는 결단성의 근본 유정성답게 책임존재 및 죽음으로의 기투와 연동하는 한편, 근원적인 만큼 더할 나위 없는 위력을 두 기투에 행사한다. 한마디로 근원적 불안의 고강도 힘이 두 기투를, 곧 선구하는 결단성을 구동되도록 가동한다. 그는 불안의 이 두 성격을 간과한 채 불안을 고작 메아리 없이 울리는 내면적 반발로 격하한 것으로 보인다. 그러나 양심의 부름에서 그 두 기투가 단행되도록 선구하는 결단성을 가동하는 것이 바로 근원적 불안의 고강도 힘이다. "죽음을 향한 존재로 규정된 양심을-갖고자 하는-의욕은 역시 세계 도피적인 은둔을 의미하지 않고 착각의 여지없이 》행위《의 결단성으로 데려간다"(SZ, p. 310)라는 말은 책임존재와 죽음으로의 기투에서, 곧 선구하는 결단성에서 현존재를 단호하게 행동하도록 추동하는 것이 근원적 불안의 고강도 힘이라는 뜻으로 보아야 할 것이다.

18 앞의 곳. '그것'은 '불안'을 지칭한다.

제2부

※

무상(無常)과 범부(凡夫)의 괴로움

어떻게 불안이 현존재에게 본래성의 가능성과 비본래성의 가능성을 모두 제시하는가? 이 질문은 제1부에서 전개된 하이데거의 실존론적 불안 담론에 대한 풀이를 견인한 선행 물음이다. 여태까지 불안 현상에 대한 하이데거의 실존론적 분석론을 잠복한 불안과 근원적 불안 등 두 갈래로 나누어 꼼꼼히 해명했다. 그것도 현존재에게 본래성의 가능성을 활짝 열어줄 것으로 기대되던 불안이 정반대로 그를 비본래성의 가능성으로 유인하는 것은 어찌된 사정인지를 길잡이로 삼아 해명했다. 밝게 밝혔음에도 불안 현상을 둘러싼 뿌연 안개가 말끔히 다 걷히지는 않았다. 여전히 미궁에서 헤어나지 못하는 것은 거기에 풀리지 않은 문제가 숨었기 때문이다. 본래적으로 실존하든지 비본래적으로 실존하든지 간에, 항상 불안이 그림자처럼 현존재를 떠나지 않는 까닭이 무엇인지가 석연치 않다는 말이다.

석연치 않기에 묻지 않을 수 없다. 왜 불안은 현존재에게 본래성의 가능성과 비본래성의 가능성을 모두 제시하는가? 이 중간 물음은 '왜 불안은 본래적 실존 양태에서나 비본래적 실존 양태에서나 항상 현존재를 감쌀까?'로 옮길 수 있다. 불안이 괴로움의 양태인 한에서, 이 물음은 다시 '왜 현존재는 본래적으로 존재하든지 비본래적으로 존재하든지 간에, 늘 불안의 기분에서 괴로워하는가?' 또는 '왜 불안은 섬뜩하고 안절부절못하는 기분으로 본래적 현존재와 비본래적 현존재에게 늘 괴로움을 끼치는가?'로 바꿀 수 있다.

어찌 보면 이러한 중간 물음은 부질없는 물음일지도 모른다. 현존재의 존재를, 곧 염려를 구조적 통일성에서 구성하는 피투성, 기투, 퇴락성 등 세 가지 구조계기 가운데 피투성이 유정성의 실존론적·존재론적 조건이기 때문이다. 현존재로서 세계의 열린 공간으로 피투된 채 존재하는 내내 언제라도 유정성에서 기분에 젖은 채 존재하지 않을 수 없다. 무엇보다도 어떠한 존재자적·존재론적 원인이나 근거도 없이 세계에서 피투된 채 존재하는 만큼 불안의 기분이 생물학적으로 태어나 죽을 때까지 늘 현존재의 존재를 물들이기 마련이다. 아무런 존재자적·존재론적 근거, 토대, 지주 없이 세계로 피투된 채 공동현존재의 타인 및 용재자 같은 세계내부적 존재자와 관계하는 가운데, 아무런 존재자적·존재론적 근거, 토대, 지주 없이 가능성으로 자신을 기투해야 하는 것이 현-존재의 적나라한 모습이다. 마치 허공에 떠서 바람에 날리는 가벼운 풍선처럼 어떠한 실체적 발판도 없이 불안정하게 존재한다는 점에서 현존재가 세계-내-존재로 존재하는 내내 불안해하지 않을 수 없다.

털어놓고 말해 현존재가 세계의 열린 공간에서 존재한다는 것은 그가 불안의 유정성에서 존재한다는 것이다. 다시 현존재가 불안의 유정성에서 존재한다는 것은 그가 불안해한다는 것이다. 또한 현존재가 불안해한다는 것은 그가 불안의 기분에서 괴로워한다는 것이다. 그것은 현존재의 존재가, 말하자면 존재의 '어떻게'가 불안의 기분을 일어나게 하는 선천적 조건이기에 그렇다. 이렇게 현존재의 존재가, 불안거리 앞에서 불안의 까닭 때문에 불안해하는 불안의 현상과 다름없다면, 불안이 왜 현존재의 존재에서 항상 감도는지는 물을 필요조차 없는 질문일 것이다. 적어도 피투성 또는 유정성에서 볼 때, 현존재에게는 존재가 바로 불안일 뿐이기 때문이다.

그럼에도 이 중간 물음을 포기할 수는 없다. 이 물음은, 무상과 범부의 괴로움에 관한 제2부의 논의와 불안 현상을 4성제에 견주어보면서 비판적으로 풀이하고 평가하는 제3부의 논의를 견인하는 이정표인 동시에 무엇보다도 불안 현상에 대한 하이데거의 실존론적 분석론과 고성제를, 넓히면 현존재의 실존론적 존재론과 4성제에 대한 붓다의 가르침을 연결하는 매개자이기 때문이다. 중간 물음이 제3부에서 의혹이 남지 않도록 샅샅이 해명되겠지만, 이 물음의 숨은 의도는 불안 현상을 4성제의 맥락에 대입할 때 비로소 환하게 드러날 것이다.

알다시피 4성제는 붓다가 깨달음을 성취하던 밤의 삼경(三更)에 도달한 삶의 진실이다. 붓다는 4성제에 대한 깨달음을 바라문 자누쏘니(Jāṇussoṇi)에게 술회하기를, 선정(禪定)에 들어서 "이와 같이 마음이 통일되어 청정하고 순결하고 때 묻지 않고 오염되지 않고 유연하고 유능하고 확립되고 흔들림이 없게 되자, …… '이것이 괴로움이다'라고 나는 있는 그대로 알았습니다. '이것이 괴로움의 발생이다'라고 나는 있는 그대로 알았습니다. '이것이 괴로움의 소멸이다'라고 나는 있는 그대로 알았습니다. '이것이 괴로움의 소멸에 이르는 길이다'라고 나는 있는 그대로 알았습니다. …… 바라문이여, 이것이 내가 밤의 삼경에 도달한 지혜입니다"[1]라고 한다. 고성제(苦聖諦), 집성제(集聖諦), 멸성제(滅聖諦), 도성제(道聖諦) 등 4성제가 이렇게 위 없는 지혜로 모두에게 환하게 열린 삶의 진리인 한, 그 가르침의 빛에서 현-존재의 불안을 조감하고 평가한다고 해서 문제가 될 것은 없다. 문제가 되기는커녕 도리어 왜 항상 불안인가에 대한 중간 물음이 해소되는 한편, 불안에 대한 하이데거의 실존론

---

1 전재성 역주, 『두려움과 공포에 대한 경』, 『맛지마 니까야』, 제1권, 한국빠알리성전협회, 2002, 150~51쪽.

적 견해가, 다시 말해 현존재의 실존론적 존재론이 어떤 맹점과 한계를 띠는지가 여지없이 밝혀질 것이다.

붓다의 가르침 가운데 4성제가 어떤 위치를 차지하는지에 관한 한, "…… 누군가에 대해 '어리석음을 뛰어넘은 존재가 모든 사람의 이익을 위하여, 모든 사람의 행복을 위하여, 세상을 불쌍히 여겨 하늘 사람과 사람들의 이익과 행복을 위하여 세상에 나타났'라고 말한다면, 그것은 나를 두고 말하는 것입니다"[2]라는 말을 주시할 필요가 있다. 여기에서 알 수 있듯이, 붓다의 가르침은 범부가 세간의 삶에서 줄곧 겪기 마련인 괴로움을 제거하고 어떻게 청정한 열반(涅槃)의 즐거움을 성취하는가로 수렴된다. 그것이 누구에게서나 예외 없이 삶을 이롭게 하고 행복하게 하기 때문이다. 4성제를 위시해 가르침 전부가 그렇다고 말해도 과언은 아니다. 실로 붓다의 모든 가르침은 누구에게나 열반의 참된 이익과 거룩한 행복을 제공한다는 점에서 실용적 가치를 띤다.

붓다가 범부나 외도(外道)나 수행승 등에게 가르침을 펼 때, 특별히 경계한 것은 삶의 현실적 경험과 동떨어진 형이상학적 사변에 대한 경도이다. 붓다는 형이상학적 사변이 범부를 삶의 괴로움에서 구제하고 열반에 이르도록 독려하는 데에 아무런 쓸모도 없다는 것을, 사변적 문제에 대한 답을 제시하지 않는 붓다에게 불만을 품고 청정한 삶을 영위하지 않으려고 작심한 말룽끼야뿟따(Mālunkyāputta)에게 유명한 독화살의 비유로 설득한다. "말룽끼야뿟따여, '세상은 영원하다'라는 견해가 있어도, 청정한 삶을 영위할 수가 없다. …… '세상은 영원하지 않다'라는 견해가 있어도, 청정한 삶을 영위할 수가 없다. …… '세상은 영원하다'라는 견해나 '세상은 영원하지 않다'라는 견해가 있어도, 태어남이 있고 늙음이 있고 죽음이 있고 우울, 슬픔, 고통, 근심, 불안이 있다. 나는 그 태어남, 늙음, 죽음, 우울, 슬픔, 고통, 근심, 불안을 지금 여기서 파괴할

---

2 앞의 경, 『맛지마 니까야』, 제1권, 146쪽.

것을 가르친다."[3] 세상이 유한하다든가 유한하지 않다든가 또는 영혼과 육체가 같다든가 다르다든가 하는 나머지 사변적 문제의 경우에서도 사정은 마찬가지이다.

사변적 문제에 대한 답이 있든지 없든지 간에, 말룽끼야뿟따는 세간의 삶에서 생로병사 등 괴로움을 겪을 수밖에 없다. 설령 사변적 문제에 대한 답을 통달한다 하더라도, 그가 생로병사의 경과를 거치면서 부딪히는 우울, 슬픔, 고통, 근심, 불안 등과 같은 괴로움을 진화할 수 있는 것은 아니다. 그런 만큼 그는 발등에 떨어진 괴로움의 불을 뒤로 미루지 않고 당장 꺼야 한다. 그가 허황한 형이상학적 사변에 빠진 것부터가 어리석기 짝이 없는 짓일 뿐이다. 붓다는 가르침을 펼칠 때마다 말룽끼야뿟따가 고대하던 사변적 문제를 풀이하는 대신에 4성제를 설하는 까닭을 그에게 밝힌다. "…… 그것은 유익하고 청정한 삶과 관계가 있으며, 멀리 떠나고 사라지고 소멸하고 멈추고 삼매에 들고 올바로 원만히 깨닫고 열반에 이르는 데 도움이 되기 때문이다."[4] 물론, 사변적 문제를 일말의 의구심도 들지 않게 설명한다 해서 그것이 청정한 삶을 영위하는 가운데 삼매에 들고 올바로 원만히 깨닫고 열반에 이르는 데에 도움이 되는 것은 아니다.

붓다의 제자 가운데 지혜가 제일인 싸리뿟따(Sāriputta)도 세간에서 열반을 향해 바르고 청정하게 삶을 영위하는 데에 가장 유익한 가르침이 사변적 문제에 대한 풀이가 아니라 4성제임을 천명한다. "…… 움직이는 생물의 발자취는 어떠한 것이든 모두 코끼리의 발자취에 포섭되고 그 크기에서 그들 가운데 최상이듯이, …… 이와 같이 착하고 선한 법이라면 어떠한 것이든 모두 네 가지 거룩한 진리에 포섭됩니다."[5] 살아가면

---

3 전재성 역주,『말룽끼야뿟따에 대한 작은 경』,『맛지마 니까야』, 제3권, 한국빠알리성전
   협회, 2003, 72~73쪽.
4 같은 경,『맛지마 니까야』, 제3권, 75쪽.
5 전재성 역주,『코끼리 자취에 비유한 큰 경』,『맛지마 니까야』, 제1권, 553쪽.

서 괴로움을 종식시키고 열반에 이르는 데에 유익한 모든 선법(善法)이 4성제에 간직되는 한, 그야말로 괴로움의 윤회(輪廻)를 멈추고 열반에 들도록 4성제를 닦아야 한다. 사변적 문제에 대한 풀이가 범부를 열반으로 안내하는 것은 아니다.

알다시피 4성제는 네 가지 진리로 구성되는데, 『맛지마 니까야』의 『진리에 대한 분석의 경』과 『디가 니까야』의 『대념처경』(大念處經)에 이 네 가지 거룩한 진리에 대한 상세한 설명이 나온다. 우선 고성제를 놓고 붓다는 풀이하기를, "…… 그러면 무엇이 괴로움인가? 태어남도 괴로움이다. 늙음도 괴로움이다. 병도 괴로움이다. 죽음도 괴로움이다. 근심, 탄식, 육체적 고통, 정신적 고통, 절망도 괴로움이다. 원하는 것을 얻지 못하는 것도 괴로움이다. 요컨대, (나 등으로) 취착하는 다섯 가지 무더기들 자체가 괴로움이다"[6]라고 한다. 세간의 삶에서 늘 맞닥뜨리기 마련인 괴로움의 양상이 소개된 셈이다. 앞에서 소개된 생로병사, 구부득고(求不得苦), 5취온고(五取蘊苦)에 원증회고(怨憎會苦)와 애별리고(愛別離苦)를 합쳐 흔히들 8고(八苦)라고 칭하는데, 이 8고는 『쌍윳따 니까야』의 『여래의 말씀 1』에 나온다. "사랑하지 않는 사람과 만나는 것도 괴로움이고 사랑하는 사람과 헤어지는 것도 괴로움이다"[7]라는 것이 8고 가운데 남은 두 괴로움이다.

붓다는 집성제를 놓고 설명하기를, "…… 그러면 무엇이 괴로움의 일어남의 성스러운 진리인가? 그것은 갈애(渴愛)이니, 다시 태어남을 가져오고 환희와 탐욕이 함께 하며 여기저기서 즐기는 것이다. 즉 감각적 욕

---

6 각묵 스님 옮김, 『대념처경』, 『디가 니까야』, 제2권, 초기불전연구원, 2006, 525~26쪽. 『대념처경』의 영역본에서는 "무엇이 괴로움인가?"를 "무엇이 괴로움의 성스러운 진리인가?"(*Mahāsatipaṭṭhāna Sutta: The Greater Discourse on the Foundations of Mindfulness*, *The Long Discourses of the Buddha: a Translation of the Dīgha Nikāya*, tr. Maurice Walsche, Boston: Wisdom Publications, 2012, p. 344)로 옮겼다. '성스러운 진리'가 빠진 것으로 보아야 한다.
7 전재성 역주, 『여래의 말씀 1』, 『쌍윳따 니까야』, 제11권, 한국빠알리성전협회, 2002, 321쪽.

망에 대한 갈애, 존재에 대한 갈애, 존재하지 않는 것에 대한 갈애가 그 것이다"[8]라고 한다. 범부의 삶에서 괴로움을 일으키는 것이 갈애이되, 갈애가 번뇌라는 것을 명심해야 한다. 또한 갈애가 다시 태어남을, 곧 윤회의 바퀴를 구동한다는 것도 중요하다. 갈애가 괴로움의 원인인 만큼 갈애가 일어나서 머무는 곳에서는 괴로움이 일어나기 마련이다. 『대념처경』에서 붓다는 갈애가 일어나 머무는 장소를 6근(根), 6경(境), 6식 (識), 6촉(觸), 6수(受), 6상(想), 6사(思), 6애(愛), 6심(尋), 6사(伺) 등으로 열거한다. 근·경·식(根·境·識) 3자의 화합인 촉을 조건으로 수, 상, 사, 심, 사 등과 같은 여러 심적 현상이 발생할 때, 이러한 현상을 의지처로 삼아 갈애가 일어난다.

멸성제에 관한 한, 붓다는 "…… 그러면 무엇이 괴로움의 소멸의 성스러운 진리인가? 갈애가 남김없이 빛바래어 소멸함, 버림, 놓아버림, 벗어남, 집착 없음이다"[9]라고 풀이한다. 나열된 갈애의 소멸, 놓아버림, 벗어남 등은 하나같이 다 열반을 지칭한다. 붓다의 모든 가르침이 겨냥하는 과녁이 바로 열반이라는 것은 말할 나위가 없다. 물론, 열반에 이르도록 걸어갈 수 있는 길이 없다면, 열반은 삶과 동떨어진 종교적 창작물로 전락할 것이 분명하다. 그러나 그렇지 않다. 열반은 현실의 삶을 영위하면서 도달해야 할 삶의 구경(究竟)으로 부족함이 없다. 그것은 세간의 삶에 열반으로 통하는 길이 트였기 때문이다. 도성제가 바로 그 길이다. "…… 그러면 무엇이 괴로움의 소멸로 인도하는 도(道) 닦음의 성스러운 진리인가? 그것은 여덟 가지 구성요소를 가진 성스러운 도이니, 즉 바른 견해, 바른 사유, 바른 말, 바른 행위, 바른 생계, 바른 정진, 바른 마음 챙김, 바른 삼매이다."[10] 세간에서 널리 알려진 8정도(八正道)가 도성제이다.

---

8 각묵 스님 옮김, 『대념처경』, 『디가 니까야』, 제2권, 530~31쪽.
9 같은 경, 『디가 니까야』, 제2권, 533쪽.
10 같은 경, 『디가 니까야』, 제2권, 536쪽.

"…… 누구든지 여덟 가지 성스러운 길을 잃어버린다면, 그는 완전한 괴로움의 소멸에 이르는 여덟 가지 성스러운 길을 잃어버린 것이다"[11]라는 말에서 당장 알 수 있는 것처럼, 8정도가 괴로움이 종식된 열반의 구경에 이르는 성스러운 삶의 길이다.

열반이야말로 모든 사람에게 더할 나위 없는 참된 이익이 되고 거룩한 행복이 된다. 붓다의 가르침이 다 열반으로 귀착하겠지만, 그 가운데 4성제는 모든 사람에게 가장 유익한 가르침이다. 과연 그 이유가 무엇인지가 궁금해질 것이다. 짐작했겠지만 그것은 4성제가 삶에 관한 진실, 진리인 까닭이다. 어디까지나 4성제는 종교적 희구를 숨긴 임의적인 가르침이 아니라는 말이다. 한편, 4성제와 같은 삶의 진리를 앞에 두고 천박한 실용주의자처럼 능멸해서는 안 된다. 그들이 말하는 것처럼, 4성제가 삶에 유익하다고 해서 삶의 진리가 되는 것은 아니라는 말이다. 오히려 그 반대이다. 4성제가 삶의 진실을 아무런 형이상학적 가감(加減) 없이 있게 된 그대로 드러내는 삶의 진리이기에, 모든 사람의 삶에 유익한 것으로 보아야 한다. 불안 현상에 대한 하이데거의 실존론적 분석론을, 곧 현존재의 실존론적 존재론을 4성제의 가르침에 대입하는 것도 그것이 모든 사람의 삶을 이롭게 하는 온전한 삶의 진리인 한에서이다. 4성제의 빛에서 하이데거의 실존론적 불안 담론 등 현존재의 실존론적 존재론을 조감할 때에나 치우치지 않고 공정하게 평가할 수 있다는 것은 말할 나위가 없다. 앞으로 삶에 대한 4성제의 진실을 차근차근 풀이하되, 그 가운데 먼저 고성제의 전모를 밝히 해명해야 할 것이다. 그것도 괴로움의 질적 분류법이라고 할 수 있는 3고(三苦)의 맥락에서 해명해야 할 것이다.[12] 현존재의 실존론적 불안이 괴로움의 양태이기 때문이다.

---

11 전재성 역주, 『잃어버림』, 『쌍윳따 니까야』, 제8권, 한국빠알리성전협회, 2001, 71쪽.

12 3고 이외에 괴로움에 대한 분류 형식은 또 있다. 괴로움을 내고(內苦)와 외고(外苦)로 분류할 수도 있고, 취고(取苦), 상고(相苦), 상응고(相應苦)로 분류할 수도 있다. 괴로움의 여러 분류법에 대해서는 정승석, 『번뇌 업 고통』, 민족사, 2004, 283~88쪽 참조.

제2부에서는 괴고(壞苦), 고고(苦苦), 행고(行苦) 등 3고가 각각 어떻게 발생하고 그 특징이 제각기 무엇인지를 분석하는 한편, 무상과 괴로움 및 무아(無我) 사이의 내적 연관성을 밝히고자 한다. 괴고의 경우에, 괴로움은 낙수(樂受)를 일으키는 대상에 대한 욕애(欲愛)나 유애(有愛)의 작용에서 발생한다. 낙수의 대상에 대한 욕애나 유애의 작용에서 누리던 즐거움이 소멸할 때, 즐거움의 소멸이 갈애에 사로잡힌 범부에게 괴고로 경험된다. 고고의 경우에, 고수(苦受)의 대상에 대한 무유애(無有愛)의 작용에서 괴로움이 일어난다. 범부는 고수의 대상에 대한 무유애의 작용에서 그 대상이 즉시 없어지기를 바라지만, 없어지지 않고 저항할 때 도리어 거듭 고고의 괴로움을 당하게 된다. 행고의 경우에, 범부는 불고불낙수(不苦不樂受)의 무상성에 대한 무지 탓에 괴로움을 당하게 된다. 곧 무명(無明)을 여읜 밝은 지혜로 불고불낙수의 무상성을 무상성으로 여실하게 통찰하지 못하는 탓에 그 무상성을 행고로 겪는다.

3고에 대한 분석에서 밝혀지는 것은, 3고의 경우에 갈애나 무명과 같은 유루법(有漏法)과 유위법(有爲法)의 무상성이 공히 괴로움의 규정 근거가 된다는 점이다. 무엇보다 행고의 경우에 무상성이 괴로움의 결정적인 발생 근거가 된다. 무상성이 유위법의 보편적 특징인 한에서, 행고는 5취온(五取蘊)으로 구성된 범부의 삶 전체로 번진다. 5취온의 무상성이 행고로 경험된다는 점에서 행고는 범부의 삶에서 보편적 괴로움의 지위를 차지한다. 이렇게 범부는 삶을 영위하면서 보편적 행고 등 갖가지 괴로움을 피할 수 없다. 괴로움을 제거하기 위해서라도 8정도와 같은 청정한 삶의 길을 거쳐 열반을 성취해야 하지만, 범부로서는 번뇌에 매인 탓에 그예 5온(五蘊)을 두고 실체적 자아를 짓는 한편 괴로움을 다스릴 수 있을 것으로 간주하면서 자아로 도피한다. 그러나 자아는 5온에 붙인 명칭에 불과하다. 곧 괴로움을 다스릴 만한 권능이 없는 신기루일 뿐이다. 결국 자아에 대한 취착(取着)의 끝은 다시 괴로움일 수밖에 없다. 요컨대, 무상한 5온은 실로 무상하기에 괴로운 것이다. 괴로운 것이기에 5온을 자아인 양 취착하지만, 취착된 자아는 허구라는 점에서 5온은 무아일 따름이다.

제5장

욕애(欲愛), 유애(有愛)와 괴고(壞苦)

괴로움의 문제에 접근하기 위해서는 일단 무상, 괴로움, 무아와 관련된 정형구를 분석할 필요가 있다. 이 정형구는 대화의 형식을 갖추어 니까야 경전의 여러 곳에서 자주 나온다. 구태여 라훌라(Rāhula)를 상대로 한 정형구를 보면, 6근, 6경, 6식, 6촉, 6수, 6상, 6사, 6애, 6계(界), 5온 등이 제각각 무상하고, 무상한 것은 괴롭고, 괴로운 것은 실체적 자아가 없다는 내용으로 전개된 것을 알 수 있다. 이를테면 붓다는 6경을 두고 다음과 같이 라훌라와 문답한다. "라훌라여, 그대는 어떻게 생각하는가? 형상은 영원한가 무상한가? 세존이시여, 무상합니다. 그러면 무상한 것은 괴로운 것인가 즐거운 것인가? 세존이시여, 괴로운 것입니다. 무상하고 괴롭고 변화하는 법을 '이것은 내 것이고 이것이야말로 나이며 이것은 나의 자아이다'라고 하는 것은 옳은 것인가? 세존이시여, 그렇지 않습니다. …… 라훌라여, 그대는 어떻게 생각하는가? 사물은 영원한가 무상한가? 세존이시여, 무상합니다. 그러면 무상한 것은 괴로운 것인가 즐거운 것인가? 세존이시여, 괴로운 것입니다. 무상하고 괴롭고 변화하는 법을 '이것은 내 것이고 이것이야말로 나이며 이것은 나의 자아이다'라고 하는 것은 옳은 것인가? 세존이시여, 그렇지 않습니다."[1]

이 문답에서 드러나듯이, 6경은 영원하지 않고 무상하다. 또 6경은 무상하기에 괴로운 것이고, 게다가 괴로운 것이기에 실체적 자아도 아니고 실체적 자아로 삼을 수도 없다. 무상, 괴로움, 무아라는 점에서는 6근, 6식, 6촉, 6수, 6상, 6사, 6애, 5온이 죄다 마찬가지이다. 사실, 열거된 6근 내지 5온은 인간의 몸에 설치된 감각기관을 가리키는 색법(色法) 및 심왕법(心王法)이나 심소법(心所法)에 속한다는 점에서,[2] 무상한 것이 괴로운 것이라고 말해도 어색하지가 않다. 그러나 6경이 괴로운 것이라는 말은 어색하게 들린다. 색경(色境), 성경(聲境), 향경(香境), 미경(味境), 촉경(觸境), 법경(法境) 등 6경이 안근(眼根), 이근(耳根), 비근(鼻根), 설근(舌根), 신근(身根), 의근(意根) 등 6근의 대상이기에 그렇다. 일단 6경을 두고 무상하기에 괴로운 것이라고 말한다고 해서, 언뜻 6경이 6경 자신에 괴로운 것이 되는 것으로 오해해서는 안 된다. 예컨대, 금덩이가 흠집이 나고 얼룩이 지는 등 무상한 변화를 겪은 탓에 금덩이 자신에 괴로운 것이 되는 것으로 오해해서는 안 된다. 붓다가 6경이 무상하기에 괴롭다고 말한 것은 6경이 범부에게 괴로움을 일으키는 여러 원인과 조건 가운데 하나이기 때문이다. 곧 밝히겠지만, 6경은 갈애가 발생해 괴로움이 일어나도록 작용하는 필수불가결한 조건이 된다는 점에서 괴로운 것으로 보아야 한다. "다시 비구들이여, 이런 갈애는 어디서 일어나서 어디서 자리

---

1 전재성 역주, 『형상』, 『쌍윳따 니까야』, 제3권, 한국빠알리성전협회, 1999, 290~92쪽. 이 경(經)에서 옮긴이는 색경, 성경, 향경, 미경, 촉경, 법경 등 6경을 각각 형상, 소리, 냄새, 맛, 감촉, 사물로 옮겼다.

2 부파불교(部派佛敎)의 시대에 가장 강성했던 부파인 설일체유부(說一切有部)는 우주 만법을 색법, 심왕법, 심소법, 심불상응행법, 무위법 등 5위의 범주에 준해 75법으로 분류한다. 색법, 심왕법, 심소법 등 5위에 관한 자세한 설명으로는 권오민, 『아비달마불교』, 민족사, 2003, 56~81쪽; 권오민, 『인도철학과 불교』, 민족사, 2004, 220~26쪽 참조. 5위 75법에 대한 자세한 설명으로는 김동화, 『구사학-소승불교의 유철학사상』, 동국대학교석림회, 1982, 68~107쪽 참조.

잡는가? 세상에서 즐겁고 기분 좋은 것이 있으면 거기서 이 갈애는 일어나서 거기서 자리 잡는다. …… 형상은 세상에서 즐겁고 기분 좋은 것이다. …… 〔마노의 대상인〕법은 세상에서 즐겁고 기분 좋은 것이다. 여기서 이 갈애는 일어나서 여기서 자리 잡는다."[3] 이렇게 6경에서 비로소 괴로움을 일으키는 갈애가 일어나 자리잡는 한에서, 6경은 괴로운 것으로 보아야 한다.

6경은 어디까지나 6근에 대한 6경이다. 12처설(十二處說)이 말하고자 하는 것은, 6근이 없이는 6경이 없고 6경이 없이는 6근이 없다는 점이다. 그렇기에 아리스토텔레스와 같은 실재론자가 생각하는 것처럼 6경이 6근에서 독립해 이런저런 속성을 지닌 실체로 따로 존재하는 것은 아니다. 오히려 6근과 6경은 상호관계에서 서로 얽힌 채 연기(緣起)의 원리를 따라 그때마다 작용한다. 6근과 6경 사이의 상호관계와 상호작용에서 안식(眼識), 이식(耳識), 비식(鼻識), 설식(舌識), 신식(身識), 의식(意識) 등 6식이 발생한다. 연기의 원리를 따라 6식이 발생하는 한, 6식은 작용하기 마련이다. "…… 식별하기 때문에 의식이라고 한다"[4]라는 말 그대로, 식의 기능은 경에 대한 식별작용에 있다. 예컨대, 설식이 "신맛도 식별하고 쓴맛도 식별하고 매운맛도 식별하고 달콤한 맛도 식별하고 …… 싱거운 맛도 식별하는"[5] 것처럼 6식은 6근에서 트이는 6경의 특수한 양상을 알아차리고 식별한다. 물론, 연기는 6식의 발생에서 그치지 않는다. 이렇게 6식이 발생할 때, 6식은 6근에서 6경으로 나타나는 대상과 접촉한다. 이른바 안촉(眼觸), 이촉(耳觸), 비촉(鼻觸), 설촉(舌觸), 신촉(身

---

3 각묵 스님 옮김, 『대념처경』, 『디가 니까야』, 제2권, 531~32쪽. 이 경에서 옮긴이는 6경을 각각 형상, 소리, 냄새, 맛, 감촉, 법으로 옮겼다.
4 전재성 역주, 『희생물』, 『쌍윳따 니까야』, 제4권, 한국빠알리성전협회, 2000, 225쪽. 여기에서 의식은 법경(法境)을 대상으로 해서 생기는 제6식만을 가리키지 않고 6식을 총칭한다.
5 같은 곳.

觸), 의촉(意觸) 등 6촉이 발생한다. "…… 마치 형상(색깔)이 눈에 부딪치고 소리가 귀에 부딪치듯 마음과 대상을 부딪치게 한다"[6]라는 붓다고사(Buddhaghosa)의 주석에서 알아챌 수 있는 것처럼 6촉은 6식이, 6근에서 6경으로 나타나는 대상과 접촉해 그것을 식(識)으로써 만지는 작용을 말한다. 만진다고 해서 마치 손으로 소나무 가지를 만지듯이, 6근이 6경을 그렇게 만지는 것으로 보아서는 안 된다. 근·경·식 셋의 화합에서 6식이 6경을 만지는 작용이 6촉이다.

이렇게 6식이 6경의 대상을 촉의 작용에서 만질 때 또한 수가 발생한다. 사실, 촉과 수는 괴로움의 발생에 없어서는 안 되는 필수적 조건에 속한다. 괴로움이 발생하려면, 적어도 촉을 조건으로 수가 발생하지 않으면 안 된다. "장자여, 안계(眼界)와 마음에 드는 형상, 그리고 안식이 있는데, 즐겁게 경험되는 촉에 의지해 즐거운 느낌이 생겨난다. 안계와 마음에 들지 않는 형상, 그리고 안식이 있는데, 괴롭게 경험되는 촉에 의지해 괴로운 느낌이 생겨난다. 안계와 평정의 기반이 되는 형상, 그리고 안식이 있는데, 괴롭지도 않고 즐겁지도 않게 경험되는 촉에 의지해 괴롭지도 않고 즐겁지도 않은 느낌이 생겨난다."[7] 여기에서 보듯이, 안근과 색경과 안식이 서로 화합해 일어나는 안촉을 조건으로 즐거운 느낌의 낙수, 괴로운 느낌의 고수, 괴롭지도 않고 즐겁지도 않은 느낌의 불고불낙수 등 세 가지 수가 발생한다. 나머지 근과 경과 식 사이에서도 촉을 조건으로 세 가지 수가 일어난다는 것은 두말할 필요가 없다.

---

6 붓다고사, 대림 스님 옮김, 『청정도론』, 제2권, 초기불전연구원, 2004, 465쪽. 또한 대림 스님·각묵 스님 옮김, 『아비담마 길라잡이』, 상권, 초기불전연구원, 2002, 196~97쪽 참조. 『청정도론』은 상좌부(上座部)의 기본 논서이다. 붓다의 가르침에 대한 해석은 부파(部派)마다 해석의 개성을 달리하는 만큼 서로 다르다. 앞으로는 문젯거리를 바르게 이해하는 데에 도움이 될 때, 상좌부나 설일체유부 등 부파마다 다른 해석의 개성을 따지지 않고 해당 부파의 해석에서 필요한 견해를 취하고자 한다.

7 Ghosita, The Connected Discourses of the Buddha: a New Translation of the Saṃyutta Nikāya, tr. Bhikkhu Bodhi, Boston: Wisdom Publications, 2000, p. 1200.

이렇게 6식이 6근에서 열리는 6경의 양상을 알아차리고 식별하면서 식별된 6경의 양상을 촉의 작용에서 만지는 한, 3수가 발생한다. 수의 기능은 "벗이여, '느낀다, 느낀다'라고 하므로 벗이여, 느낌이라고 하는 것입니다"[8]라는 싸리뿟따의 답변에서 알 수 있다. 수의 기능은 6경의 양상을 세 가지로 느끼는 데에 있다. 이를테면 수는 6경의 양상을 즐겁거나 괴롭거나 즐겁지도 않고 괴롭지도 않은 세 가지 느낌의 방식으로 경험한다. "느낌은 …… 대상의 맛을 받아들이는 역할을 한다"[9] 또는 "느낌은 대상의 맛을 즐기며 갈애의 조건이다"[10]라는 주석에서 보듯이, 6경을 세 가지 맛으로 느끼는 것이 수의 기능이라고 할 수 있다. 물론, 수가 갈애의 조건이 된다는 것도 괴로움의 발생과 관련해 결코 빠뜨려서는 안 되는 중요한 수의 기능이다. 수가 6경을 이렇게 세 가지 맛으로 느낀다면, 수에는 "즐거운 감수, 괴로운 감수, 즐겁지도 괴롭지도 않은 감수가 있다"[11]라고 해야 할 것이다. 다시 말해 6경의 세 가지 맛으로 볼 때, 수에는 낙수, 고수, 불고불낙수 또는 사수(捨受) 등 3수가 있다.

간추리면, 근·경·식 셋의 화합을 조건으로 촉이 발생하고 다시 촉을 조건으로 3수가 발생한다. 여기에서 3수 가운데 고수가 있다고 해서 고수의 현상을 오염된 괴로움과 동일시해서는 안 된다. 고수는 괴로운 느낌이지만, 괴로움의 현상은 아니다. 괴로움은, 고수 등 3수를 조건으로 발생하는 갈애 및 갈애의 먼 원인인 무명과 같은 번뇌의 작용이 없이는 발생하지 않는다. "시각과 형상을 조건으로 시각의식이 생겨난다. 그 세 가지가 화합해 접촉이, 접촉을 조건으로 감수가, 감수를 조건으로 갈애

---

8 전재성 역주, 『교리문답의 큰 경』, 『맛지마 니까야』, 제2권, 한국빠알리성전협회, 2003, 260쪽.
9 붓다고사, 대림 스님 옮김, 『청정도론』, 제3권, 초기불전연구원, 2004, 47쪽.
10 같은 책, 163쪽.
11 전재성 역주, 『감수』, 『쌍윳따 니까야』, 제8권, 321쪽. 이 경에서 옮긴이는 '수'를 '감수'로 옮겼다.

가 생겨난다. 이것이 괴로움의 생겨남이다. …… 정신과 사물을 조건으로 정신의식이 생겨난다. 그 세 가지가 화합해 접촉이, 접촉을 조건으로 감수가, 감수를 조건으로 갈애가 생겨난다. 이것이 괴로움의 생겨남이다."[12] 이렇게 괴로움의 현상을 일으키는 직접적 원인은 어디까지나 수를 조건으로 발생하는 갈애이다.

그렇다면 과연 갈애의 작용은 어떠한가? 니까야 경전을 들여다보면 갈애의 작용을 서술하는 동일한 구절을 자주 접할 수 있는데, "이 환희와 탐욕을 수반하며 여기저기 즐기며 다시 태어남으로 이끄는 갈애",[13] "미래의 다시 태어남으로 이끌고 환희와 탐욕을 수반하며 여기저기 즐거워하는 갈애",[14] "…… 쾌락과 탐욕을 갖추고 여기저기에 환희하며 미래의 존재를 일으키는 갈애"[15] 등이 그것이다. 갈애가 무명과 함께 윤회를 일으키는 동력이 된다는 것은 지금의 맥락에서 중요한 것은 아니다. 오히려 목마른 사람이 갈급증에 물을 들이켜듯이, 갈애에 빠진 끝에 감각적 쾌락을 제공하는 것을 탐욕과 함께 마구 즐기고 향유하고자 한다는 것이 중요하다. 말하자면 즐겁고 유쾌한 것을 닥치는 대로 즐기고자 하는 한편, 그처럼 즐길 만한 것에 대한 탐욕을 일으키는 것이 바로 갈애의 작용이라고 볼 수 있다. 이것은 "갈애는 …… 즐기는 역할을 한다. 만족할 줄 모르는 것으로 나타난다"[16] 또는 "갈애는 탐착(貪着)할 만한 법들을 탐착하며 취착의 조건이다"[17]라는 붓다고사의 주석에서도 확인할 수 있다.

갈애가 이렇게 즐길 만한 것을 즐기기 위해 즐길 만한 것에 대한 탐욕

---

12 전재성 역주, 『괴로움』, 『쌍윳따 니까야』, 제6권, 한국빠알리성전협회, 2001, 331~ 32쪽. 이 경에서 옮긴이는 '촉'을 '접촉'으로, 그리고 안식, 이식, 비식, 설식, 신식, 의식 등 6식을 각각 시각의식, 청각의식, 후각의식, 미각의식, 촉각의식, 정신의식으로 옮겼다.

13 전재성 역주, 『고통의 뿌리』, 『쌍윳따 니까야』, 제4권, 100쪽.

14 전재성 역주, 『괴로움』, 『쌍윳따 니까야』, 제4권, 369쪽.

15 전재성 역주, 『여래의 말씀 1』, 『쌍윳따 니까야』, 제11권, 321쪽.

16 붓다고사, 대림 스님 옮김, 『청정도론』, 제3권, 47쪽.

17 같은 책, 163쪽.

을 일으키는 방식으로 작용한다면, 기분 좋고 유쾌하고 즐거운 것이 있는 곳마다 갈애가 일어나기 마련이다. 유쾌하고 즐거운 것은 갈애가 탐욕을 부리면서 즐기는 대상이지만, 예상하다시피 그것은 수 가운데 즐거운 느낌을, 곧 낙수를 일으키는 대상과 다르지 않다. 어디까지나 갈애는 낙수나 고수 등 수를 조건으로 일어나기 때문이다. 이를테면 갈애가 낙수를 조건으로 발생하는 이상, 낙수를 유발하는 것이 있는 곳에서 그것을 대상으로 삼아 쾌락을 즐기기 마련이다. 이렇게 갈애는 낙수를 일으키는 대상의 달콤한 맛을 즐긴다.

낙수를 유발하는 대상은 결국 6근에서 열리는 6경 가운데 마음에 들고 즐길 만한 6경이다. 이것은 "…… 시각에 의해서 인식되는, 우리가 원하고 욕망하고 좋아하고 사랑하고 애착하고 즐길 만한 형상이 있다. …… 정신에 의해서 인식되는, 우리가 원하고 욕망하고 좋아하고 사랑하고 애착하고 즐길 만한 사물이 있다"[18]라는 언급에서 알 수 있다. 6근의 작용과 함께 애착하고 탐착하고 즐길 만한 형상이나 소리나 냄새나 맛이나 감촉이나 사물 등의 형태로 6식에서 식별되는 6경은 촉의 작용에서 낙수를 유발하기 마련이다. 낙수를 조건으로 일어나는 갈애가 낙수를 일으키는, 마음에 들고 즐길 만한 6경을 애착하고 환대하고 즐긴다는 것은 당연하다. 게다가 갈애가 "…… 즐기고 환영하고 탐착하는 것에서 환락이 생겨난다"[19]라는 것도 당연하다. 환락은 갈애가 즐길 만한 6경을 즐길 때 생기는 즐거움이지만, 5욕락(五欲樂) 같은 감각적 쾌락이나 짜릿함, 황홀함, 유쾌함, 상쾌함, 만족감, 재미 등과 같은 심리적 쾌감과 다름없다.

여기에서 짚고 가야 할 것이 있다. 고수와 관련해서도 문득 언급하기

---

18 전재성 역주, 『뿐나에 대한 가르침의 경』, 『맛지마 니까야』, 제5권, 한국빠알리성전협회, 2003, 397~98쪽. 이 경에서 옮긴이는 안근, 이근, 비근, 설근, 신근, 의근 등 6근을 각각 시각, 청각, 후각, 미각, 촉각, 정신으로 옮겼다.
19 같은 경, 『맛지마 니까야』, 제5권, 398쪽.

는 했지만, 갈애가 낙수를 유발하는 6경을 애착하고 탐착하면서 즐길 때 일어나는 환락 또는 쾌락을 낙수 자체와 동일한 현상으로 보아서는 안 된다는 말이다. 갈애의 환락이 낙수와 같다면, 갈애는 수의 현상과 같을 것이다. 또한 갈애가 수의 현상과 같다면, 굳이 12연기설(十二緣起說)에서 갈애를 어엿한 항목으로 세울 필요가 없을 것이다. 갈애가 수 다음에 나오는 항목으로 세워진 것을 보더라도, 갈애에서 일어나는 환락이나 쾌락을 낙수와 동일한 현상으로 볼 수는 없다. 아무리 갈애와 낙수가 동일한 6경을 대상으로 취한다 하더라도, 환락과 낙수는 다른 현상으로 보아야 옳다. 둘을 달리 보아야 할 까닭은 또 있다. 낙수와 달리, 갈애는 무명에서 비롯하는 번뇌라는 말이다. "환락은 괴로움의 뿌리이다"[20]라는 가르침에서 보듯이, 갈애의 환락은 번뇌로서 괴로움을 불러오는 오염된 즐거움에 지나지 않는다.

사실, 범부와 성자(聖者)가 낙수를 두고 제각기 서로 다른 길을 걷는다는 점에서도 둘이 다르다는 것을 얼마든지 알 수 있다. 이를테면 범부나 성자가 모두 3수를 경험하기는 다를 바가 없지만, 범부가 "…… 감각적 쾌락을 즐거워하며 즐거운 감수에 대한 탐욕의 경향을 잠재시킨다"[21]라면, 이에 반해 성자는 "…… 감각적 쾌락을 즐거워하지 않으며 즐거운 감수에 대한 탐욕의 경향을 잠재시키지 않는다"[22]라는 점에서 서로 다르다. 성자는 낙수를 경험해도 갈애의 작용이 일어나지 않기 때문에 감각적 쾌락을 즐기지 않지만, 범부는 낙수를 경험할 때 낙수의 대상에 대한 갈애의 작용이 일어나 감각적 쾌락을 즐긴다. 낙수와 감각적 쾌락이나 환락이 서로 같은 현상이라면, 범부와 마찬가지로 성자도 낙수의 작용에서 감각적 쾌락을 향유해야 하겠지만, 그렇지는 않다. 그렇기에 환락이

---

20 전재성 역주, 『근본법문의 경』, 『맛지마 니까야』, 제1권, 101쪽.
21 전재성 역주, 『화살로서』, 『쌍윳따 니까야』, 제7권, 한국빠알리성전협회, 2001, 33~34쪽.
22 같은 경, 『쌍윳따 니까야』, 제7권, 35쪽.

나 쾌락은 촉의 조건에서 생기는 낙수와 같은 현상으로 보아서는 안 되고, 오히려 낙수를 조건으로 생기는 갈애의 작용으로, 쉽게 말해 갈애의 작용에서 일어나는 천한 즐거움으로 보아야 옳다. 구태여 갈애의 작용이라고 말한 것은 환락이 갈애를 조건으로 생긴 결과가 아니기 때문이다. 오히려 환락은 갈애의 작용의 '어떻게'일 따름이다. 12연기설에서 보듯이, 갈애의 조건에서 발생하는 것은 취착이다. 물론, 환락이 유쾌하고 즐거운 6경을 즐기는 갈애의 작용에서 그때마다 일어나는 오염된 즐거움인 것은 어김없다.

그러나 주목해야 할 것은 "…… 환락이 생겨나므로 괴로움이 생겨난다고 나는 말한다"[23]라는 붓다의 언급이다. 이것은 범부가 즐길 만한 유쾌한 6경을 놓고 갈애의 작용에서 환락이나 감각적 쾌락을 누릴 때, 도리어 괴로움이 발생한다는 지적이다. 이 지적에서 알 수 있듯이, 역시 갈애가 괴로움의 발생을 조건 짓는다는 것은 분명하다. 그렇다면 갈애의 작용과 관련해 의아심이 생긴다. 과연 감각적 쾌락을 낳는 갈애가 어떻게 거꾸로 괴로움을 조장하는가? 즐길 만한 6경을 놓고 탐욕과 애착과 탐착을 부리면서 형상이나 맛이나 감촉이나 냄새 등을 즐기는데, 왜 괴로움이 발생한다는 말인가? 이 물음을 풀려면 6경은 무상하기에 괴로운 것이라는 정형구의 명제를 떠올려야 한다. 6경이 무상한 것이라는 사실이 해답의 열쇠가 되기 때문이다.

주지하다시피 원인과 조건 사이의 상호관계와 상호작용에서 발생한 어떤 것이 영속하기는커녕 찰나마다 횡적으로 차이화하고 변화하다가 끝내 소멸하는 한, 그 어떤 것은 무상한 것으로 보아야 한다. "수행승들이여, 형상은 무상하고 변화하고 달라진다. …… 사물은 무상하고 변화하고 달라진다."[24] 6경은 이렇게 무상하게 변화하면서 시시각각 달라진

---

23 전재성 역주, 『뿐나에 대한 가르침의 경』, 『맛지마 니까야』, 제5권, 398쪽.
24 전재성 역주, 『형상』, 『쌍윳따 니까야』, 제5권, 한국빠알리성전협회, 2000, 344~45쪽.

다. "수행승들이여, 시각은 무상하고 변화하고 달라진다. …… 정신은 무상하고 변화하고 달라진다."[25] 6근 역시 이렇게 무상하게 변화하면서 시시각각 달라진다. 실로 무상한 것은 발생하자마자 찰나마다 변화하는 가운데 달라진다. 6근이나 6경만이 그러한 것은 아니다. 식, 촉, 수, 갈애, 5온 등도 무상하기에 찰나마다 변화하고 달라진다. 이렇게 전후 찰나에 걸쳐 자기동일성을 유지하지 못하고 찰나마다 변화하고 달라지는 것은, 그것들이 이러저러한 원인과 조건이 모일 때 발생하고 이러저러한 원인과 조건이 흩어지고 사라질 때 소멸한다는 점에서 유위법에 속하기 때문이다. 바수반두(Vasubandhu, 세친[世親])는 유위법을 규정하기를, "함께 모이고 함께 일어나서 연(緣)들에 의해 만들어진 것이 유위이다. …… 무상성에게 꿀꺽 삼켜지기에 행로이다"[26]라고 한다. 욕계(欲界), 색계(色界), 무색계(無色界) 등 3계 어디에도 자기동일성의 실체인 양 스스로 자립하는 영원한 것은 하나도 없다. 근, 경, 식, 촉, 수를 비롯해 갈애조차 원인과 조건 사이의 상호관계와 상호작용에 의지해 발생하자마자 변화를 거듭하다가 소멸한다는 점에서 무상성의 먹이가 될 따름이다. 무상성의 먹이가 되는 한, 온갖 유위법은 "…… 모든 형성된 것은 파괴되는 것이며, 괴멸되는 것이며, 사라지는 것이며, 소멸되는 것이며, 변괴되는 것이다 ……"[27]라는 가르침 그대로, 생겨나 변화를 겪다가 끝내 소멸하고 만다.

그렇다면 낙수, 낙수를 조건으로 해서 생기는 낙수의 대상에 대한 갈애 또는 갈애의 작용에서 일어나는 환락과 쾌락도 역시 찰나마다 변화하고 달라지다가 소멸할 것은 뻔하다. 갈애가 일어나도록 서로 어우러져 작용하는 근, 경, 식, 촉, 수 등과 같은 원인이나 조건이 찰나마다 변화

---

25 전재성 역주, 『시각』, 『쌍윳따 니까야』, 제5권, 343쪽.
26 세친, 박인성 옮김, 『아비달마구사론 계품』, 주민출판사, 2006, 21쪽.
27 전재성 역주, 『홀로 있음』, 『쌍윳따 니까야』, 제7권, 48쪽.

하다가 소멸하는 한, 갈애도 변화를 겪다가 끝내 소멸하고 말 것이다. 갈애의 작용에서 일어나는 감각적 쾌락이나 환락도 갈애의 작용의 '어떻게'인 만큼 갈애의 변괴(變壞)와 함께 변화하다가 소멸한다는 것은 어김없다. 이렇게 갈애는 발생, 변화, 소멸의 행로를 시시각각 밟아갈 수밖에 없는 무상한 유위법에 지나지 않는다. 불행하게도 범부의 경우에 낙수와 갈애 또는 갈애의 환락의 무상한 변화와 소멸에서 결국 사달이 난다. 말하자면 "이 세상에 배우지 못한 대부분의 사람은 즐거운 느낌이 생겨나면, 그는 즐거운 느낌에 접촉하여 즐거운 느낌을 애착하며 즐거운 느낌이 지속되기를 애착합니다. 그런데 그에게 그 즐거운 느낌이 소멸합니다. 즐거운 느낌의 소멸에서 괴로운 느낌이 생겨납니다. 그는 괴로운 느낌에 접촉하여 슬퍼하고 번민하고 비탄하며, 가슴을 치며 통곡하며 어리석음에 떨어집니다."[28] 이 가르침에서 어루 추정할 수 있는 것처럼, 바로 낙수의 변화나 소멸과 함께 밀어닥친 환락의 변화나 소멸이 갈애의 작용에서 환락을 즐기던 범부에게는 결국 괴로움으로 경험된다. 무상한 것을 무상한 것으로 감내하지 못하고 낙수와 환락의 무상성에서 그예 괴로움을 당하고 마는 것이 범부이다. 다름 아니라 범부의 이러한 괴로움이 괴고라고 일컬어진다.

괴고의 특징을 알기 위해서라도 있음 직한 실례를 기꺼이 든다면, 우선 술을 즐겨 마시는 애주가의 경우를 생각해볼 수 있을 것이다. 술은 애주가에게 낙수의 대상이다. 술을 보자마자 술에 대한 갈애가 일어날 것이다. 그런 만큼 첫 잔을 마시는 순간 짜릿한 쾌감을 느낄 것이다. 두 번, 세 번 거듭 그는 술잔을 들이켤 것이다. 그가 연거푸 술잔을 들이켜는 것은 짜릿한 쾌감을 즐기기 위해서이겠지만, 그 까닭만은 아니다. 오히려 첫 잔에서 느낀 쾌감의 소멸과 함께 일어나는 허전함, 허무함, 허룩함, 서운함, 아쉬움, 섭섭함 등과 같은 정서적 괴고를 무마하기 위해 두 번째

---

28 전재성 역주, 『쌋짜까에 대한 큰 경』, 『맛지마 니까야』, 제2권, 112쪽.

술잔을 들이켜는 것으로 보아야 한다. 어디까지나 그가 연거푸 술잔을 들이켜는 것은 짜릿한 쾌감의 소멸과 함께 뒤이어 발생하는 허전하고 아쉽고 서운한 괴고를 달래기 위해서이다. 일상에서 볼 수 있는 비근한 괴고의 실례는 많다. 떠나간 자식을 대신해 금지옥엽처럼 키우던 반려동물을 잃어버렸을 경우, 잃어버린 것은 정작 반려동물이 아니고 그 동물에 대한 갈애의 작용에서 누리던 정서적 즐거움이다. 그 즐거움의 변괴와 함께 초조, 불안, 슬픔, 우울 등과 같은 괴고가 엄습할 것이다. 애지중지하던 도자기가 깨질 때, 산산조각이 난 것은 도자기가 아니고 그것에 대한 갈애의 작용에서 음미하던 시각적 즐거움이다. 역시 그 즐거움의 변괴와 함께 자책감, 상실감, 허탈함 등과 같은 괴고가 닥칠 것이다.

이렇게 갈애가 일어나도록 상호관계에서 작용하던 근, 경, 식, 촉, 수 등의 변화와 소멸로 말미암아 갈애의 작용에서 즐기던 즐거움이나 감각적 쾌락이 사그라지거나 아예 소멸할 때, 즐거움이나 쾌락이나 환락이 연기처럼 덧없이 사라진 빈 공간에서 엄습하는 것이 이른바 괴고이다. 다시 말해 그때마다 누리던 즐거움이나 쾌락의 변괴가 갈애에 사로잡힌 범부에게는 괴로움으로 경험된다. 물론, 범부가 그 변괴를 괴로움으로 경험하는 것은 갈애의 작용 탓이다. 붓다가 "저속하고 비속하고 거칠고 천박하고 무익한 감각적 쾌락의 욕망과 관계된 즐거움에서 오는 쾌락을 추구하는 것은, 고통을 수반하고 상처를 수반하고 불안을 수반하고 고뇌를 수반하는 것으로 잘못된 길이다"[29]라고 수행승들에게 설하는 것도 갈애의 작용에서 일어나는 감각적 쾌락이나 환락의 끝이 결국 괴고이기 때문이다.

물론, 일상생활에서 범부가 겪는 괴고의 양상은 이루 헤아릴 수 없이 다양할 것이다. 범부가 저마다 누리는 즐거움이나 환락이나 쾌락의 양상도 제각각 다르고 또 그 대상도 제각각이기에 그렇다. 일단 앞에서 거론

---

29 전재성 역주, 『평화에 대한 분석의 경』, 『맛지마 니까야』, 제5권, 318쪽.

한 허전함, 아쉬움, 서운함, 섭섭함, 초조, 불안, 슬픔, 우울, 자책감, 상실감, 허탈함 등을 괴고를 겪을 때의 양상으로 보아도 무방할 것이다. 그럼에도 감각적 쾌락과 그 욕망의 끝에서 당하게 되는 괴고의 양상을 니까야 경전에서 굳이 찾는다면, 성실히 일해 재물을 얻은 "그가 그 재물을 수호하고 보존하려 해도 왕들이 빼앗고 도둑들이 빼앗고, 불이 태워버리고, 홍수가 휩쓸어버리고, 사랑하지 않는 상속자가 빼앗아버리면, 그는 슬퍼하고 괴로워하고 애통하고 가슴을 치고 울며 ⋯⋯"[30]라는 문장에서 읽을 수 있는 것처럼 재물의 상실과 함께 닥치는 슬픔, 애통, 비탄, 울부짖음 등을 역시 괴고의 양상으로 꼽을 수 있을 것이다. 이 경에도 언뜻 나오지만, 아름다운 미모나 명예나 권력을 잃을 경우에도 갈애에 사로잡힌 범부는 그러한 거친 양상의 괴고를 면할 수는 없을 것이다. 미모, 재물, 권력, 명예 등은 그것들을 갈애의 작용에서 즐길수록 환락과 쾌락을 제공하지만, 그것들의 변괴와 함께 환락과 쾌락이 허물어지거나 소멸할 때, 또는 그 변괴를 끝끝내 거역하고자 발버둥칠 때, 도리어 범부로서는 비탄, 슬픔, 애통, 울부짖음, 우울 등과 같은 거친 양상의 괴고를 피할 도리가 없을 것이다.

어떠한 양상의 괴고를 경험하든지 간에, 범부가 괴고를 무마하기 위해 다시 낙수의 대상을 찾아 거듭 쾌락을 즐기고자 한다는 것은 분명하다. 쾌락에 대한 범부의 탐닉이나 중독 현상에서 범부가 쾌락의 끝에서 그때마다 괴고를 당한다는 것이 입증되는 셈이다. 앞에서 언뜻 말했다시피 쾌락이 그저 좋아서 쾌락에 탐닉하는 것으로 보아서는 안 된다. 오히려 쾌락을 향유할 때마다 매번 괴고를 당하는 까닭에 괴고의 괴로움을 무마할 셈으로 범부가 다시 쾌락에 탐닉하게 되는 것으로 보아야 한다. 범부가 이렇게 괴고를 경험할 때마다 거듭 쾌락이나 환락을 찾아가는 것을 보더라도 "⋯⋯ 시각이 형상에 묶인 것도, 형상이 시각에 묶인

30 전재성 역주, 『괴로움의 다발에 대한 큰 경』, 『맛지마 니까야』, 제1권, 315쪽.

것도 아닙니다. 그 양자를 조건으로 생겨난 욕망과 탐욕이 있는데, 그것에 묶여 있는 것입니다. …… 정신이 사물에 묶인 것도, 사물이 정신에 묶인 것도 아닙니다. 그 양자를 조건으로 생겨난 욕망과 탐욕이 있는데, 그것에 묶여 있는 것입니다"[31]라는 싸리뿟따의 설명은 옳다. 역시 범부가 무명이나 갈애의 번뇌를 떠나지 못하는 이상, 욕망과 탐욕의 수면(隨眠)이 알게 모르게 6경에 대한 6근의 작용을 결박하고 거기에서 일어나는 6식이 욕망이나 탐욕과 손을 잡고 6경을 즐겁고 유쾌한 것인 양 채색하게 마련이다. 이를테면 괴고의 괴로움이 닥칠 때마다 6근의 작용을 결박하고 있던 욕망과 탐욕의 수면이 다시 고개를 들면서 그 대상이 될 만한 것을, 곧 욕망과 탐욕의 물감으로 채색된 즐겁고 유쾌한 것을 찾아나서도록 범부를 닦달한다. 이렇게 범부는 감각적 쾌락이 아니고서는 괴고의 괴로움을 달랠 길이 없다고 믿는다. 그러나 괴고의 엄습에 직면해 거듭 감각적 쾌락을 찾아갈 때마다 역시 그 오염된 길의 끝에서 매번 만나는 것이 애석하게도 결국 괴고의 고통뿐이라는 것은 말할 것도 없다.

그렇기 때문에 범부는 이왕이면 지금 누리던 낙수가 지속하면서 아울러 그것을 조건으로 생긴 갈애의 환락이나 쾌락이 한없이 지속하기를 갈망한다. 환락이나 쾌락을 즐기는 것에 못지않게 환락이나 쾌락의 한없는 지속을 갈망하는 것도 역시 갈애의 작용에 속한다. 사실, 환락과 쾌락, 즐거움 등을 제공하는 대상에 대한 6근의 작용에 준해 볼 때 갈애는 6경 하나하나에 해당하는 여섯 가지가 있지만, 갈애의 작용의 양상이나 특징으로 나누어 볼 때는 세 가지가 있다. "감각적 쾌락에 대한 갈애, 존재에 대한 갈애, 비존재에 대한 갈애"[32]가, 이른바 욕애, 유애, 무유애가 그 셋이다. 환락이나 쾌락에 그때마다 탐착하고 그 맛을 즐기는 갈애는 욕애에 해당한다.

31 전재성 역주, 『꼿티까』, 『쌍윳따 니까야』, 제6권, 562~63쪽.
32 전재성 역주, 『갈애』, 『쌍윳따 니까야』, 제8권, 324~25쪽.

지금까지 거론한 갈애는 다름 아니라 욕애이다. 욕애에 관한 한, 해석의 어려움은 없다. 그러나 유애와 무유애의 경우는 그렇지 않다. 일단 붓다고사의 주석을 살펴볼 필요가 있다. "눈의 시야에 들어온 형상의 대상을 감각적 욕망으로 즐기면서 형상에 대한 갈애가 일어날 때, 그것을 감각적 욕망에 대한 갈애라 한다. 그 대상이 항상하고 영원한 것이라고 생각하는 상견과 함께 갈애가 일어날 때, 그것을 존재에 대한 갈애라고 한다. 상견과 함께한 탐욕을 존재에 대한 갈애라 하기 때문이다. 그 대상이 끊어지고 멸한다고 생각하는 단견과 함께 갈애가 일어날 때, 그것을 존재하지 않음에 대한 갈애라 한다. 단견과 함께한 탐욕을 존재하지 않음에 대한 갈애라 하기 때문이다. 이 방법은 소리에 대한 갈애 등에도 적용된다."[33]

욕애에 대한 주석은 문제가 될 만한 것이 없다. 나머지 두 갈애에 대한 해석의 관건은 유애의 대상과 무유애의 대상이 같은지 혹은 다른지에 있다. 만약 같다면, 갈애의 대상에 대한 유애의 상견(常見)과 무유애의 단견(斷見)은 서로 모순된다고 하지 않을 수 없다. 이 문제를 해결하자면, 붓다고사의 주석을 비판하는 램지 웨띠무니(Ramsay Wettimuny)의 견해를 살펴볼 필요가 있다. "이러한 붓다고사의 해석에는 세 가지 갈애 사이의 본질적인 관계가 결여되어 있다"라는 점을 들어 그의 주석을 비판하면서 웨띠무니는 욕애, 유애, 무유애를 해석하기를, "갈애는 그 토대가 되는 쾌·불쾌의 감수로써 설명되어야 한다. 불쾌를 회피하고 쾌락을 추구하는 것이 감수의 역동적인 본질이다. 이것이 감각적 쾌락에의 갈애이며, 쾌락의 존재를 유지하려는 것이 존재에의 갈애이며, 쾌락의 존재가

---

33 붓다고사, 대림 스님 옮김, 『청정도론』, 제3권, 135쪽. 이 인용문에서 엿볼 수 있듯이, 괴로움과 관련된 지금의 문맥에서 유애를 색계와 무색계에 대한 갈애로 여겨서도 안 되고, 또한 무유애를 생존의 절멸에 대한 갈애로 여겨서도 안 된다. 갈애가 수를 조건으로 발생하는 한에서, 유애와 무유애를 역시 수의 맥락에서, 곧 낙수 및 고수와 관련해 풀이해야 할 것이다.

무상의 속성에 의해 불쾌의 존재로 변화되었을 때 불쾌의 존재에서 벗어나려는 것이 비존재의 갈애의 보다 본질적인 의미이다"[34] 라고 한다. 붓다고사는 유애를 갈애의 대상에 대한 상견을 수반하는 탐욕으로 보는 한편, 무유애를 갈애의 대상에 대한 단견을 수반하는 탐욕으로 본다. 이에 반해 웨띠무니의 견해는 유애를 쾌락의 지속으로, 무유애를 불쾌의 소멸로 해석한다.

그러나 유애를 둘러싼 앞의 두 가지 해석 사이에는 사실상 차이점이 없는 것으로 보아야 한다. 영원히 존재하기를 갈망하는 유애의 대상이 욕애를 일으키는 대상과 다르지 않기 때문이다. 앞에서 인용한『삿짜까에 대한 큰 경』에 나와 있는 대로 범부가 낙수가 지속하기를 애착하는 이상, 욕애의 대상과 유애의 대상을 서로 다른 것으로 볼 수는 없다. 범부가 낙수의 대상에 대한 욕애의 작용에서 일어나는 즐거움이 지속할 수 있도록 낙수의 대상이 지속하기를 애착하기에 그렇다. 낙수의 대상은 욕애의 대상인 한편, 이 대상이 한없이 지속하기를 갈망하는 것이 유애라는 점에서 사실상 욕애나 유애가 모두 낙수의 대상을 갈애의 대상으로 삼기 마련이다. 이렇게 둘이 같은 대상을 놓고 갈애의 작용을 일으키는 한에서, 욕애의 대상에 대한 상견과 함께하는 유애는 욕애의 대상이 한없이 지속하기를 갈구하면서 그 대상을 즐길 때 경험하는 즐거움이나 쾌락이 역시 한없이 지속하기를 갈구하는 갈애로 볼 수 있을 것이다. 곧 유애는, 욕애의 대상이 지속하기를 바라는 갈애답게 그 대상을 즐길 때마다 경험하게 되는 즐거움이나 쾌락이 역시 지속하기를 마저 갈망하는 욕애의 강화된 양상과 다를 바가 없다는 말이다. 어디까지나 욕애의 대상에 대한 상견을 수반하는 갈애가 유애인 까닭이다.

그러나 유애의 작용은 여기에서 그치지 않는다. 곧이곧대로 말하면, 유애는 욕애의 대상에 대한 상견을 수반하는 탓에 그 대상에 변하지 않

---

34 전재성,『초기불교의 연기사상』, 한국빠알리성전협회, 1999, 290~91쪽.

는 즐거움의 속성이 갖추어진 것으로 착인하도록 범부를 현혹하기도 한다. 유애를 욕애의 강화된 양상으로 보는 까닭도 여기에 있다. 마치 즐거움의 속성을 변함없이 품은 듯 보이는 욕애의 대상이 역시 변함없이 존속하리라는 상견에 속아 그 대상에 대한 즐거움이나 쾌락이 지속하기를 갈망하는 것이 유애의 작용이라면, 유애에 대한 붓다고사의 주석은 그 주석을 비판하면서 쾌락의 지속을 유애로 해석하는 웨띠무니의 견해와 크게 다르지 않다고 해야 할 것이다. 거듭 말하지만, 쾌락이나 즐거움을 마구 토해낼 수 있는 즐거움의 속성이 들어 있는 것으로 욕애의 대상을 바라보도록 범부를 현혹하는 것이 상견과 함께하는 유애의 작용이기 때문이다. 물론 "…… 무명이 번뇌들의 원인과 근원이다"[35]라는 지적에서 미루어 짐작할 수 있는 것처럼, 유애도 무명에서 비롯하는 번뇌인 만큼 욕애나 유애의 대상에 변하지 않는 즐거움의 속성이 있는 것처럼 믿도록 현혹하는 유애의 상견은 유위법의 무상성에 대한 무명에서 빚어지는 사견(邪見)에 지나지 않는다.

　문제는 무유애에 대한 해석이 서로 다르다는 점이다. 도대체 붓다고사는 어떤 대상에 대한 단견을 말하는가? 정녕 욕애의 대상이 끊기고 없어지기를 갈망하는 갈애를 무유애로 보는가? 이것은 그 대상을 놓고 즐거움이나 쾌락을 지속적으로 누리고자 하는 범부의 강력한 욕애나 유애의 작용과 어긋나기 때문에 용납할 수 없는 해석이다. 쾌락을 제공하는 욕애나 유애의 대상이 당장 그 자리에서 없어지기를 바라는 범부는 아무도 없을 것이다. 필시 웨띠무니의 견해가 붓다고사의 주석을 비판하면서 무유애를 불쾌의 소멸로 해석하는 까닭도 여기에 있을 것이다. 그러나 문제를 해결할 수 있는 열쇠는 있다. 수에는 갈애를 일으키는 조건으로 낙수만이 있지 않고 고수도 있다는 말이다. 무유애는, 낙수를 일으키는 대상이 욕애나 유애의 작용에서 쾌락이나 환락을 일으키는 한에서 그것

35　대림 스님 옮김, 『꿰뚫음 경』, 『앙굿따라 니까야』, 제4권, 초기불전연구원, 2007, 261쪽.

이 절멸하기를 바라는 그러한 갈애로 볼 수는 없다. 무유애의 대상은 욕애나 유애의 대상과, 곧 낙수의 대상과 다른 것으로 보아야 한다. 솔직하게 말해 고수를 일으키는 대상을 무유애의 대상으로 보아야 한다. "그는 괴로운 느낌에 접촉하여 슬퍼하고 번민하고 비탄하며, 가슴을 치며 통곡하며 어리석음에 떨어집니다"[36]라는, 앞에서 인용된 가르침에 나오는 대로 고수가, 곧 고수를 일으키는 대상이 범부에게 슬픔, 번민, 비탄, 고통 등과 같은 괴로움을 유발한다는 것은 사실이다. 여기에서 간과해서는 안 되는 것은 "······ 그는 시각으로 형상을 보고 ······ 사랑스럽지 않은 형상에는 혐오한다. ······ 그는 정신으로 사물을 인식하고 ······ 사랑스럽지 않은 사물에는 혐오한다"[37]라는 점이다. 고수를 유발하는 대상이야말로 마음에 들지 않고 사랑스럽지 않은 대상이다. 이렇게 사랑스럽지 않은 대상을 놓고 혐오가 일어나는 한, 누구라도 그 대상이 즉각 눈앞에서 사라지기를 갈망하기 마련이다. 이러한 점에서 고수의 대상을 무유애의 대상으로 보아야 한다.

그뿐더러 괴로움의 원인이 갈애임을 밝히는 집성제의 가르침을 보더라도, 무유애의 대상은 고수의 대상과 같은 것으로 보지 않을 수 없다. 곧 살펴볼 고고의 원인도 어디까지나 갈애이어야 하기 때문이다. 그렇다면 고수를 일으키는 대상이 말 그대로 고수를 일으키는 한에서 그것이 당장 끊기고 없어지기를 애타게 바라는, 다시 말해 그 대상의 절멸과 함께 고수가 당장 없어지기를 희구하는 범부의 갈애가 다름 아니라 무유애이다. 이러한 맥락에서 볼 때, 무유애에 대한 웨띠무니의 견해는 옳기도 하고 그르기도 하다. 고수와 같은 불쾌의 소멸을 바란다는 점에서는 옳지만, 불쾌의 발생을 낙수나 쾌락의 변괴에서, 다시 말해 낙수의 대상의 변괴에서 찾는 것은 그르다.

---

36 전재성 역주, 『쌋짜까에 대한 큰 경』, 『맛지마 니까야』, 제2권, 112쪽.
37 전재성 역주, 『갈애의 부숨에 대한 큰 경』, 『맛지마 니까야』, 제2권, 172~75쪽.

결국 유애는 사랑스럽고 마음에 드는 낙수의 대상이 한없이 지속하기를 바람으로써 즐거움이 줄곧 존속하기를 바라는 갈애의 작용으로, 무유애는 혐오스러울 만큼 사랑스럽지 않고 마음에 들지 않는 고수의 대상이 당장 절멸하기를 바람으로써 고수가 어서 사라지기를 바라는 갈애의 작용으로 보아야 할 것이다. 유애가 즐거움을 한없이 향유하고자 한다는 점에서 욕애와 마찬가지로 여기저기에서 즐길 만한 것을 마구 즐기는 갈애의 일반적 특징을 공유한다는 것은 의심의 여지가 없다. 물론, 무유애도 욕애나 유애처럼 갈애의 일반적 특징을 공유하는 것으로 볼 수 있다. 범부가 고수에서 벗어나려고 도리어 고수를 뒤로 한 채 즐길 만한 대상에 대한 쾌락을 찾아나서는 한편, "괴로운 느낌은 …… 변화할 때는 즐겁다"[38]라는 담마딘나(Dhammadinnā)의 설명처럼 고수나 고고의 소멸을 범부가 즐거움인 양 경험하는 것을 보더라도, 무유애는 즐길 만한 것을 즐기는 갈애의 일반적 특징을 그럭저럭 반영한다고 보아야 할 것이다. 요컨대, 갈애가 세 가지로 나뉘지만, 세 가지가 모두 갈애의 보편적 특징을 드러내기는 피차 다를 것이 없다는 말이다.

한편, 유애는 욕애에 대한 있을 법한 오해를 불식한다는 측면에서 주목해볼 필요가 있다. 즐거움을 갈구한다손 치더라도 즐거움의 소멸을 그냥 즐거움의 소멸에 지나지 않는 것으로 담담하게 받아들이는 범부가, 가령 즐거움의 소멸을 괴로움으로까지 경험하지 않는 범부가 있을 수 있다고 생각한다면, 그것은 욕애에 대한 오해일 것이다. 그렇지 않다는 것은 욕애가 욕애로 끝나지 않고 그예 유애로까지 확장된다는 점에서 알 수 있다. 유애는 욕애에서 즐기던 즐거움의 지속을 갈망하는 갈애의 작용이기에, 욕애의 즐거움이 덧없이 소멸한다고 해서 그것으로 끝나

---

38 *The Shorter Series of Questions and Answers, The Middle Length Discourses of the Buddha: A Translation of the Majjhima Nikāya*, tr. Bhikkhu Ñāṇamoli and Bhikkhu Bodhi, Boston: Wisdom Publications, 2009, p. 401.

지는 않는다. 즐거움의 소멸을 담담히 수긍하지 못하는 한, 범부의 욕애
는 유애로 질주한다. 물론, 질주의 끝은 욕애의 끝이 괴고인 것처럼 괴고
의 괴로움이다. 즐거움을 일으키는 욕애의 대상이 영원히 존속하기를 희
구하는 상견을 등에 지고 즐거움이 영원히 존속하기를 갈구하면 갈구할
수록 즐거움과 그 대상의 무상한 변괴는 끝내 괴고로 귀착할 수밖에 없
다. 실로 무상성을 건너뛸 수 있는 유위법은 3계 어디에도 없다. 욕애나
유애의 즐거움이나 환락은 더 말할 것도 없다. 욕애가 유애로까지 질주
하면서 상견을 핑계로 삼아 무상성을 거역하고자 하면 할수록 무상성이
끼치는 괴고의 고통은 더욱더 날카로워질 뿐이다. 유애는 욕애에서 맞닥
뜨리는 괴고를 더 독하게 경험하도록 괴로움의 강도를 더 크게 증강할
따름이다. 욕애의 끝도 그렇지만, 덧없는 쾌락의 영속을 꿈꾸는 유애의
끝은 쾌락이나 환락이나 즐거움의 소멸과 함께 불어닥치는 괴고의 거센
폭풍에 지나지 않는다는 것을 결코 눈감아서는 안 된다.

제6장
———

무유애(無有愛)와 고고(苦苦)

　　니까야 경전에는 수행승이 참고 견디어야 할 고수의 대상을 여러 가지
나열하면서 인내로써 번뇌를 끊어버릴 것을 당부하는 가르침이 나온다.
예컨대, "추위나 더위나 기아나 기갈이나 등에, 모기, 바람, 열기, 뱀과의
접촉, 매도하고 비방하는 말을 건네받음, 쓴맛, 신맛, 떫은맛, 매운맛, 불
만, 불쾌, 목숨을 빼앗기는 것" 등등을 수행승이 겪을 경우에 "…… 인내
하지 않으면 곤혹과 고뇌에 가득 찬 번뇌가 생겨날 것"[1]이기에 인내해야
한다는 말이다. 사실, 추위나 더위, 배고픔이나 목마름, 모기나 파리나 뱀
의 접근이나 공격 등과 같은 고통스러운 일을 당하지 않은 사람은 아무
도 없을 것이다. 또한 이러한 일을 당하면서 고수를 경험하지 않은 사람
역시 아무도 없을 것이다. 물론, 수행승이라면 고수를 경험할 때 참고 인
내하면서 그것을 일으키는 사건이나 대상에 분노해서는 안 된다. 어차피
고수도 이러저러한 원인과 조건 사이의 상호관계와 상호작용에 의지해
일어나는 무상한 느낌인 만큼, 참고 인내하는 것이 고수에 대한 적절한

1　전재성 역주, 『모든 번뇌의 경』, 『맛지마 니까야』, 제1권, 122쪽.

반응이다. 수행승임에도 인내하면서 고수가 무상한 것답게 사라지기를 기다리지 않고 고수와 씨름하기 시작하면, 그예 오염된 괴로움이 발생하기 때문이다.

불행하게도 범부는 참고 인내하지 않는다. 일단 고수를 일으키는 사건이나 대상을 접하게 되면 그것에 대한 혐오부터 일으킨다. 고수를 부르는 이상, 고수의 대상에 혐오를 보이는 것은 범부로서 당연하다. 그러나 혐오가 지나치면 고수의 대상에 괴로움을 일으킬 수밖에 없는 어떤 속성이 들어 있는 것으로 착인할 수도 있다. 사실, 고수의 대상에 고수가 일어나기 전부터 그 자체로 괴로움의 속성이 들어 있는 것은 아니다. 고수의 대상은 괴로움의 속성을 지닌 실체가 아니다. 고수의 경우도 마찬가지이다. "모든 고수는 체(體)가 고성이 된다"[2]라는 설일체유부의 주장도 실체론적으로 오해해서는 안 된다. 고수가 마치 실체인 양 괴로움의 본성을 갖는 것은 아니기 때문이다. 사랑스럽지 않거나 마음에 들지 않는 사건, 일, 대상에 대한 경험에서 고수가 그때마다 매번 괴롭게 느껴지는 방식으로 일어날 뿐이지, 처음부터 고수에 괴로움의 본성이 들어 있는 것은 아니다. 고수의 체성(體性)이 고성(苦性)이라는 것은 여러 가지 원인과 조건 사이의 상호관계를 따라 고수가 일어날 때마다 즐거운 형태나 괴롭지도 않고 즐겁지도 않은 형태로는 일어나지 않고 그저 괴로운 형태로만 매번 일어난다는 뜻이다.

그럼에도 범부는 고수가 닥칠 때마다 마치 마음에 들지 않는 대상에 마음에 들지 않도록 만드는 괴로움의 속성이 있기라도 한 것처럼 반응한다. 다른 이유가 있는 것은 아니다. 그것은 마음에 들지 않는 대상에 대한 범부의 경험에서 고수를 조건으로 갈애가 마저 일어나는 까닭이다. 그 갈애는 앞에서 거론된 갈애의 세 가지 유형 가운데 무유애이다. 낙수나 욕애의 대상에 즐거움의 속성이 있기라도 한 것처럼 범부를 속이는

---

2 세친, 『아비달마구사론』, 『대정신수대장경』, 제29권, 114쪽 중단. "若諸苦受由體成苦性."

사견이 유애에 내포되었다면, 고수의 대상에 괴로움의 속성이 숨은 양속이는 사견은 무유애에 내포되었다. 무명과 함께 바로 이와 같은 사견에 젖어 있기에 범부는 마음에 들지 않는 대상이 당장 끊기고 없어지기를 갈구하기 마련이다. 다시 말해 고수의 대상이 즉각 절멸하기를 갈구하는 무유애의 작용이 고수를 조건으로 일어나는 것은, 거기에 괴로움의 속성이 들어 있는 것처럼 믿도록 현혹하는 무유애의 사견에 범부가 넘어간 탓이다. 사실, 마음에 들지 않는 대상에 대한 경험에서 고수가 일어날 때마다 이러한 고수의 발생을 연기의 맥락에서 여실하게 꿰뚫어보아야 마땅하지만, 무명의 어둠에 갇힌 범부는 여실하게 꿰뚫어볼 수가 없다. 도리어 범부는 무유애와 거기에 숨은 사견에 속아 고수의 발생을, 고수의 대상이 괴로움의 속성을 지닌 탓으로 돌린다. 무명, 갈애 등과 같은 번뇌를 멀리 떠난 성자와는 달리, 범부가 고수의 대상을 경험할 때마다 언제나 거기에 깃든 괴로움의 속성이 고수를 생산하는 것으로 잘못 안다는 말이다.

문제는 바로 사견이 곁들인 이러한 무유애의 작용에서 탈이 난다는 점이다. 다름 아니라 무유애의 작용에서 고수가 즉각 사라지도록 고수의 대상이 흔적도 없이 당장 절멸하기를 갈구할 때, 도리어 오염된 괴로움이 발생한다는 말이다. 여기에서 고수를 괴로운 느낌이라고 해서 괴로움의 현상으로 오인해서는 안 된다. 고수는 오염된 괴로움이 아니다. 마음에 들지 않거나 혐오스러운 대상을 경험할 때마다 고수가 매번 괴롭게 느껴지는 방식으로 생겨나기는 하지만, 괴롭게 느껴지는 고수 자체를 오염된 괴로움으로 여겨서는 안 된다. 이것은 낙수가 환락이나 쾌락이 아닌 것과 같다. 니까야 경전 곳곳에서 나오듯이, 어디까지나 "갈애가 괴로움의 원인과 근원이다."[3] 낙수가 환락이나 쾌락 같은 오염된 즐거움이기보다는 오염된 즐거움을 일으키는 욕애나 유애의 조건을 이루는 것처

---

3 대림 스님 옮김, 『꿰뚫음 경』, 『앙굿따라 니까야』, 제4권, 264쪽.

럼, 고수는 슬픔, 근심, 번민, 비탄, 절망 등과 같은 오염된 괴로움을 유발하는 무유애의 조건을 이룰 따름이다. 이렇게 고수를 조건으로 발생하는 고수의 대상에 대한 무유애의 작용에서 오염된 괴로움이 발생하는데, 다름 아니라 이 괴로움을 고고라고 부른다. 요컨대, 낙수의 대상에 대한 욕애나 유애의 작용에서 생기는 괴로움을 괴고라고 칭한다면, 고수의 대상에 대한 무유애의 작용에서 일어나는 괴로움을 고고라고 부른다.

범부는, 얼굴에 상처를 입거나 눈두덩이 멍들었거나 과로로 등에 물집이 잡히거나 할 때, 상처나 멍이나 물집이 당장 없어지기를 바라다가 그예 고고의 괴로움을 당하기 십상이다. 사실, 누구라도 일상에서 괴고에 못지않게 고고를 흔히 경험하곤 한다. 젊은 시절에 겪음 직한 실연의 사건은 고고의 전형적 사례이다. 고수를 조건으로 일어나는 무유애가 갈애의 일종으로서 어떻게 고고를 일으키는지는 실연의 사건에서 잘 드러난다. 실연을 당할 경우, 누구에게나 이 불행한 사건을 조건으로 괴롭게 느껴질 수밖에 없는 고수가 일어날 것이다. 이렇게 고수가 발생하자마자 실연에는 마치 괴로움의 속성이 있기라도 한 듯이, 당장에 실연의 상처를 지워버리고자 하는 무유애의 작용이 발동한다. 실연에 찢긴 마음의 상처를 없애려고 술을 마시거나 혼자 여행을 떠나거나 집에 틀어박혀 슬픔에 젖는 것도 죄다 실연을 괴로움의 속성을 안고 있는 양 착각하는 무유애의 작용에서 빚어지는 현상에 지나지 않는다. 그러나 술을 마시거나 슬픔에 겨워 눈물을 흘린다고 해서 실연의 상처가 당장 아무는 것은 아니다. 도리어 그러면 그럴수록 떠나간 연인에 대한 그리움이 이루어질 수 없는 사랑에 대한 절망감으로 비화하거나, 반대로 배신감이나 증오나 원망이나 후회나 자책으로 변질될 것이다. 이렇게 실연과 함께 고수가 밀어닥치자마자 괴로운 느낌을 일으키는 실연의 속성이 있기라도 한 것처럼 서둘러 실연의 사건을 무마하고자 발버둥칠 때, 무엇보다도 떠나간 연인의 마음을 되돌려서라도 실연의 사건을 싹 지워버리려고 몸부림칠 때, 쓰라린 고수의 공격에 이어 절망감, 배신감, 증오 같은 마음의 병이나 심지어 몸의 병까지 얻어 두 번, 세 번 거듭 고고의 괴로움에 허덕이게 될 것이다.

사실, 실연의 사건은 여러 가지 원인과 조건 사이의 상호관계와 상호작용으로 말미암아 생기는 무상한 사건이기에, 마음에서 차츰 실연의 고수가 사그라지면서 이내 사라질 것이다. 그럼에도 실연의 사건을 애초에 없었던 일로 지워버리고자 갈구하는 무유애의 단견에 속아 즉각 실연의 상처를 마음에서 베어내고자 서두를 때, 특히 예전처럼 서로 사랑하는 사이로 돌아가고자 애쓸 때, 도리어 실연의 고수로 그치지 않고 절망감, 배신감, 증오, 비탄, 상실감, 억울함, 자책감 등과 같은 거친 괴로움으로까지 도지고 말 것이다. 실연으로 생기는 고수가 무상한 만큼 차츰차츰 사그라질 때까지 참고 인내하는 것이 중요하지, 단견에 휘말려 없었던 일로 돌리고자 해서는 안 된다. 원인과 조건을 갖추고 벌어진 실연의 사건을 무마한다고 해서 사랑이 넘실대던 과거로 되돌아가는 것은 아니다. 이처럼 무유애의 작용은 실연을 당하는 사람에게 실연의 절멸과 함께 과거의 사랑으로 돌아갈 길을 열어주지 않는다. 오히려 실연의 고수를 겪는 것으로 끝나지 않고 절망감이나 배신감, 상실감이나 자책감 같은 더 깊은 괴로움의 상처를 두 번, 세 번 거듭 그에게 안길 따름이다.

실연의 사례에서 알 수 있듯이, 마음에 들지 않는 대상에 대한 경험 탓에 생기는 고수가 고고도 아니고 고고의 전부도 아니다. 비록 고수가 괴로운 느낌으로 일어난다 하더라도, 고수가 고고의 전부는 아니다. 고수는 고고를 유발하는 무유애의 조건을 점한다는 점에서 고고의 출발점을 이룰 뿐이다. 고수가 닥칠 경우에 범부는 고수를 불러온, 마음에 들지 않는 대상이 즉각 없어지기를 갈망하는 무유애의 작용에 휩싸이는데, 바로 이러한 무유애의 작용에서 갈애의 번뇌에 물이 든 고고가 발생한다. 실연의 경우를 들어 설명한 데에서 볼 수 있는 것처럼, 고수의 대상은 무상한 유위법답게 원인과 조건 사이의 상호관계에 의지해 생기나 변화를 겪다가 끝내 소멸하기 마련이다. 고수의 대상이 그러한 것처럼 고수 역시 무상한 유위법답게 사그라지다가 이내 소멸하기 마련이다. 그렇게 고수가 그 대상과 함께 무상하게 사그라지도록 참고 인내하면서 기다리는 한, 고수를 느낄망정 고고의 내습을 피할 수는 있을 것이다.

그럼에도 무명의 어둠 속에서 방황하는 범부는 고수가 닥칠 때마다 허둥대면서 그 대상이 당장 그 자리에서 절멸할 것을 갈구하는데, 그럴수록 도리어 고수를 겪는 것으로 그치지 않고 소멸한 고수의 뒤를 이어 비탄, 절망, 미움, 원망, 원통함 등과 같은 정신적 고통이나 그 밖의 육체적 고통이 고고의 가면을 쓰고 등장하기 마련이다. 아무리 무유애의 작용에서 고수의 대상을 눈앞에서 즉각 없어지도록 제거하고자 한다 해도, 그 대상을 가져온 원인과 조건 사이의 상호관계가 해체되지 않고 유지되는 동안에 그것은 변화하고 달라질망정 흔적도 없이 곧장 소멸하지는 않기 때문이다. 절멸할 것을 갈구하면 할수록 고수의 대상은 원인과 조건 사이의 상호관계가 해체되기 전까지 사라지지 않고 범부에게 저항하는데, 이러한 저항이 범부에게서 고고로 경험된다. 결국 고고는 고수의 대상을 놓고 일어나는 무유애의 작용에서 발생하는 것으로 보아야 한다. 거꾸로 말해 무유애의 작용이 일어나지 않을 경우, 고고가 발생하지는 않을 것이다. 고수를 당할지언정 고고로까지 덧나지는 않을 것이다.

간추리면, 단견과 함께하는 무유애의 작용은 고수에서 도망하기 위해 아예 고수의 대상을 즉석에서 없애버리고자 하는 무익한 갈망이라고 말할 수 있다. 또한 고수의 대상을 없애버리고자 하는 갈망은 고수의 사건을 없었던 일로 되돌리고자 하는, 곧 고수의 대상과 충돌하기 이전의 과거로 돌아가고자 하는 헛된 노력에 지나지 않는 것이라고 말할 수 있다. 이렇게 고수의 대상에 대한 무유애의 작용은 무명과 손을 잡은 채 그 대상을 눈앞에서 즉각 제거할 것을 갈망하는 것으로 그치지 않고, 아예 고수를 당하기 이전의 과거로 복귀하고자 하는 갈망으로까지 깊어간다. 예컨대, 실연의 상처를 깨끗이 마음에서 도려낼 수 있도록 실연을 당하기 이전의 사랑으로 돌아가고자 갈망하는 것이 실연에 대한 무유애의 작용일 것이다. 더 비근한 실례를 든다면, 병에 걸린 사람이 치료로 병이 낫는 것으로 만족하지 못하고 후유증조차 없는, 병에 걸리지 않은 과거의 건강으로 되돌아가고자 하는 갈망이 병에 대한 무유애의 작용일 것이다. 그러나 고수의 사건을 없었던 일로 대충 무마하고 과거로 되돌아가고자 하는 이러한 갈망은 무익하고 헛될 뿐만 아니라 무유애의 단견에 빠진 사람에게 고수를 비롯해 고고의 갖가지 정신적 고통이나 육체적 고통을 여러 번 안긴다.

무명과 함께 이렇게까지 깊숙이 무유애의 늪에 빠진 채 범부는 고고의 거친 괴로움을 거듭 여러 번 겪으면서 어쩔 줄 모르고 괴로워할 것이다. 가령 "…… 괴로움에 사로잡히고 그것에 얼이 빠진 어떤 사람은 근심하고 상심하고 슬퍼하고 가슴 치며 울부짖고 광란한다. 그는 이런저런 괴로움에 사로잡히고 얼이 빠져 '누가 이 괴로움을 소멸하는 한 구절로 된 주문이나 두 구절로 된 주문을 아는 자는 없는가?'라고 밖에서 애써 구하게 된다".[4] 고고의 괴로움에서 벗어나려고 밖에서 주문을 구하는 것은 그 괴로움이 극심해서일 것이다. 그러나 그렇게 해서는 괴로움을 없앨 수 없다. "비구들이여, 갈애가 소멸하면 괴로움이 소멸한다"[5]라는 가르침대로 무유애를 제거할 때, 고고의 괴로움은 마침내 사라진다. 설령 고수의 첫 번째 화살까지 피할 수는 없다 하더라도, 고수를 무상성에서 있는 그대로 꿰뚫어 알고 그렇게 고수를 견디고 인내하는 것이 두 번째, 세 번째 고고의 괴로움을 면할 수 있는 지름길이라는 것은 분명하다.

그럼에도 어리석은 범부가 괴로움을 당할 때마다 밖에서 주문을 구하는 등 괴로움에 몸부림친다면, 성자는 그렇지 않다. 예컨대, "…… 만약 어떤 수행승을 다른 자가 꾸짖고 질책하고 분노하여 상처를 준다면, 그는 이와 같이 '나에게 이 청각의 접촉으로 괴로운 느낌이 생겨났다. 그

---

4 앞의 곳.
5 같은 곳.

것은 조건으로 생겨났으므로 조건이 없으면 소멸한다. 무엇을 조건으로 하는가? 접촉을 조건으로 한다'라고 알아야 합니다"[6]라는 싸리뿟따의 설명에서 보듯이, 성자는 고수를 경험한다 해도 고수에 사로잡혀 고수를 일으킨 자에게 분노하거나 무유애의 단견에 빠져 다시 고고와 같은 괴로움을 부르거나 하지는 않는다. 오히려 성자는 고수가 촉을 조건으로 발생하는 이상, 촉의 소멸과 함께 고수가 소멸한다는 것을, 곧 촉이든지 수이든지 간에 모두 무상하다는 것을 알고는 고수를 참고 감내할 따름이다. 중병에 걸려 괴로워하던 존자 앗싸지(Assaji)에게 베푼 붓다의 가르침에서 세 가지 수에 대한 성자의 태도가 어떠해야 하는지가 극적으로 나타난다. 어떠한 수를 느끼든지 간에 성자인 한, "…… 그는 무상하다고 알고 탐착할 것이 아니라고 알고 환락할 것이 아니라고 안다".[7] 역시 어떠한 수를 경험하더라도 성자로서 "…… 그는 집착 없이 그것을 느낀다".[8] 물론, 성자라고 해서 애초부터 촉이나 수를 경험하지 않는다는 것은 아니다. 성자라면, 촉에 이어 수가 발생한다 해도 그 맛을 탐미하는 가운데 갈애의 작용을 일으켜 그것을 즐기거나 회피하거나 하지 않아야 한다. 그 까닭은 다른 데에 있지 않다. 촉이나 수나 모두 무상하기에 원인과 조건 사이의 상호관계의 해체와 함께 무너지고 사라진다는 것을, 결국 무상한 만큼 집착하거나 탐착할 만한 것이 아니라는 것을 성자는 여실하게 꿰뚫어보기 때문이다.

　범부가 성자와는 달리 무상한 것을 무상한 것으로 여실히 알지도 못하고 또 감내하지도 못하고 오히려 무상한 고수의 대상에 대한 무유애의 작용에서 고고를 당하기는 하지만, 이것으로 끝나지는 않는다. 어리석은 범부가 고수의 대상에 대한 무유애의 작용에서 아예 고수가 일어나기

6　전재성 역주, 『코끼리 자취에 비유한 큰 경』, 『맛지마 니까야』, 제1권, 555쪽.

7　전재성 역주, 『앗싸지』, 『쌍윳따 니까야』, 제4권, 302쪽.

8　같은 곳.

이전의 과거로 돌아갈 것을 갈망하는 데에서 엿보이듯이, 범부는 괴고나 고고 같은 괴로움을 당할 때마다 다시 어리석음에 빠지곤 한다. 가령 범부는 앞의 인용문에서처럼 괴로움을 종식시킬 주문을 밖에서 구하는 등 어리석음에 더 깊숙이 파묻힌다. 그렇기에 붓다는 "…… 괴로움은 어리석음의 과보(果報)를 가져오는 것이요, 애써 구하는 과보를 가져오는 것이라고 나는 말한다"[9]라고 설한다. 이렇게 범부는 유애나 무유애의 작용에서 괴로움을 겪는 것으로 그치지 않고 어리석은 짓에 휘말림으로써 어리석음을 다시금 마음속에 심어두게 된다. 괴고나 고고 같은 괴로움이 가져오는 어리석음의 과보는 어리석은 범부의 마음에 심어지는 무명의 번뇌를 가리키는 것으로 보아야 한다. 고고에 대한 범부의 경험에서 이렇게 무유애가 무명과 연동하듯이, 괴고에 대한 그의 경험에서도 욕애나 유애가 무명과 연동한다. 낙수나 낙수의 대상이 무상한 줄도 모르고 낙수가 들자마자 욕애나 유애에 젖어 한갓된 쾌락을 즐기다가 괴고의 거친 괴로움에 범부가 쓰러지는 것을 보더라도, 욕애나 유애가 무명과 연동한다는 것은 분명하다. 게다가 방금 언급했다시피 고고나 괴고 같은 괴로움이 다시 어리석은 범부의 마음에 무명의 씨앗을 뿌리기도 한다. 요컨대, 감각적 쾌락이나 환락이 무명과 갈애의 번뇌에 오염된 즐거움이듯이, 괴고나 고고 같은 괴로움도 또한 무명과 갈애의 번뇌에 오염된 괴로움에 지나지 않는다. 범부는 오염된 즐거움의 끝에서 오염된 괴로움을 당하지만, 아라한과 같은 성자는 갈애, 무명 등 온갖 번뇌를 떠났기에 낙수나 고수를 경험할망정 괴고나 고고 같은 오염된 괴로움을 겪지는 않는다.

9 대림 스님 옮김, 『꿰뚫음 경』, 『앙굿따라 니까야』, 제4권, 264쪽.

제7장

무명(無明)과 행고(行苦)의 보편성

괴고나 고고를 일상생활에서 겪어보지 않은 사람은 아무도 없을 것이다. 어찌 보면 면역이 생길 정도로 흔한 괴로움이어서 구태여 입에 담을 필요조차 없을지 모른다. 그러나 일상생활에서 흔히 겪는 괴로움이라고는 하더라도, 막상 괴고나 고고가 닥칠 때 범부는 거칠게 몰아치는 괴로움에 허둥대기 마련이다. 괴고나 고고가 세차게 몰아칠 때, 조대(粗大)한 괴로움 앞에서 범부는 두려움부터 느끼는 것이 사실이다. 괴고나 고고가 이렇게 조대한 괴로움이기에, 닥치자마자 범부는 어떤 양상으로 어떻게 그 괴로움을 겪는지를 금세 알아챌 수 있다. 행고의 경우는 그렇지 않다. "이것은 오직 성자만이 능히 관견할 수 있는 바이다"[1]라는 주석이 강조하듯이, 범부로서는 행고를 겪으면서도 행고를 겪는다는 것을 알아차리기가 매우 어렵다. 그렇다고 해서 범부가 행고를 겪지 않는다고 여겨서도 안 되고, 또 성자만이 행고를 겪는다고 오해해서도 안 된다. 행고의

---

1 세친, 『아비달마구사론』, 『대정신수대장경』, 제29권, 114쪽 중단. "此唯聖者所能觀見." 보광(普光)의 주석에서 볼 때, '이것'은 "행고성"(行苦性)(보광, 『구사론기』, 『대정신수대장경』, 제41권, 334쪽 상단)을 가리킨다.

경험을 범부가 알아차리기 어려울 정도로 행고의 괴로움이 앞의 두 조대한 괴로움과 달리 은밀하고 미세하다는 뜻이다.

거칠게 요동치는 괴고나 고고와는 달리, 행고가 은밀하고 미세하다는 점에서 차이를 보이기는 하지만 3고가 공유하는 특징이 있다는 것은 분명하다. 그 공통된 특징이 무엇인지를 헤아리려면, "세 가지 고성이 있다. 첫째는 고고성이다. 둘째는 행고성이다. 셋째는 괴고성이다. 유루의 행들은 각각의 경우를 따라 이 세 종류의 고성과 부합하기에 모두 고제이다"[2]라는 고성에 대한 설일체유부의 풀이를 분석할 필요가 있다. 3고가 제각기 고성을 지니고, 또 고성제에 포함된다는 점에서 공통한다는 것은 구태여 말할 필요조차 없다. 무엇보다 눈여겨보아야 할 것은 모든 유루행법(有漏行法)이 3고와 부합한다는 점이다. 이것은 가령 유루행법 가운데 마음에 드는 것은 괴고와, 마음에 들지 않는 것은 고고와, 둘이 아닌 것은 행고와 각각 부합한다는 것을 뜻한다. 그러나 도성제가, 곧 8정도와 같은 무루유위법(無漏有爲法)이 3고와 부합하지 않는다면, 요컨대 "도제가 괴로움이 아니다"[3]라면, 사실 온갖 유루행법이 3고와 부합한다는 그 말은 3고가 모두 유루행법에서 일어난다는 뜻으로 석의(釋義)할 수 있을 것이다. 다름 아니라 이것이 바로 3고의 가장 중요한 공통점에 해당한다. 적어도 유루행법에서 '행'(行)이 유위법을 가리키는 한에서, 3고는 죄다 유루법[4]과 유위법의 특징을 각각 공유하는 유루유위법(有漏

---

2 세친,『아비달마구사론』,『대정신수대장경』, 제29권, 114쪽 중단. "有三苦性. 一苦苦性. 二行苦性. 三壞苦性. 諸有漏行如其所應與此三種苦性合故, 皆是苦諦."

3 같은 책,『대정신수대장경』, 제29권, 114쪽 하단. "道諦非苦."

4 "…… 일체 유정으로 하여금 생사해(生死海)에 유전케 하고, 또 생사해 중에 유전케 하는 세력이 있어서 그것이 안이(眼耳) 등 6창문(瘡門)(根)으로 하여금 누설(漏泄)하여 그칠 줄을 모르는바 이것을 가리켜서 누(漏)라 한다"(김동화,『구사학-소승불교의 유철학사상』, 54쪽). '누'는 '번뇌'의 이명(異名)이다. 6근의 대상이 되는 "현상계의 일체 제법"(같은 책, 54쪽)은 번뇌를 새어나오게 하고 치성하게 하기 때문에 유루법에 속한다. 물론, 갈애나 무명 같은 번뇌 자신도 '현상계의 일체 제법'에, 곧 유루법에 속한다. 무루법은 유루법의 반대로 번뇌를 일으키지 않을뿐더러, 설령 번뇌가 일어난다 하더라도 번뇌

有爲法)에서 발생하는 것으로 볼 수 있다. 물론, 모든 유위법에 공통하는 보편적 특징으로는 무상이나 무아를 들 수 있겠지만, 지금의 맥락에서 중요한 것은 무상의 보편적 특징이다. 터놓고 말해 유위법의 무상성에 갈애나 무명 같은 유루법이 개입할 때 비로소 오염된 괴로움이 일어난다는 점에서 그렇다.

이미 설명했다시피 낙수와 낙수의 대상이 발생하자마자 변화하는 가운데 소멸하는 한, 낙수와 그 대상은 무상성의 특징을 띤다. 낙수와 그 대상의 무상성에 욕애나 유애 같은 유루법이 개입할 때, 갈애의 작용 탓에 비로소 낙수나 쾌락의 소멸이 괴고로 드러난다. 고고의 경우에도 무상성이 괴로움의 발생에 관건이 되기는 마찬가지이다. 발생하자마자 변화하다가 소멸할 무상한 고수가 소멸하기를, 참고 견디는 가운데 기다리지 못하고 고수의 대상이 당장 그 자리에서 없어질 것을 갈망할 때, 고고의 괴로움이 발생한다. 다시 말해 고수는 이내 소멸하는 반면에 고수의 대상이 여전히 소멸하지 않는 한에서, 그 대상에 대한 무유애로 말미암아 소멸하는 고수에 이어 고고가 발생한다. 물론, 고수의 대상이 소멸하지 않는다고 해서 영속하는 것으로 여겨서는 안 된다. 고수도, 그 대상도 무상한 유위법답게 소멸하기는 하지만 생멸(生滅)의 템포가 서로 다를 뿐이다. 고수의 대상에 대한 무유애의 작용에서 고고가 발생하는 것은, 역시 심법(心法)답게 빠른 템포로 소멸하는 고수와 달리, 고수의 대상이 가령 색법답게 고수보다 느린 템포로 소멸하는 까닭이다. 첫 번째 고수가 소멸하지 않고서는 고고가 발생할 수 없다는 점에서, 괴고와 마찬가지로 고고에서도 갈애와 같은 유루법과 유위법의 보편적 특징인 무상성이 고고의 괴로움을 괴로움으로 규정하는 두 가지 근거가 된다.

행고의 규정 근거도 유루법과 유위법의 무상성에 있다는 점에서는 괴

를 수증(隨增)하게 하지 않는다. 설일체유부에서는 4성제 가운데 도성제, 그리고 무위법에 속하는 허공, 택멸(擇滅), 비택멸(非擇滅) 등을 무루법에 속하는 것으로 본다.

고나 고고의 경우와 다를 바가 없다. 다만 다른 점이 있다면, 행고의 경우에 불고불낙수가 일어날 때 무명이 거기에 끼어든다는 사실을 들 수 있다. 사실, 낙수나 고수는 거칠게 경험되는 느낌이기에, 그러한 느낌이 들지 않는 동안에는 아무런 느낌도 일어나지 않는다고 생각할지 모른다. 그러나 아무런 느낌도 일어나지 않는 것은 아니다. 낙수나 고수 같은 거친 느낌과는 달리, 포착하기 힘든 은밀하고 미세한 느낌이 드는데, 이 느낌이 괴롭지도 않고 즐겁지도 않기에 불고불낙수라고 칭한다. 불고불낙수가 유위법답게 여러 가지 원인과 조건 사이의 상호관계와 상호작용을 따라 생겨나고 변화하고 소멸하는 것은 낙수나 고수와 다르지 않다. 곧 불고불낙수도 무상하다는 말이다. 요컨대, "…… 이들 세 가지 감수는 무상한 것이고 형성된 것이고 조건 지어진 것이고 파괴되는 것이고 소멸하는 것이고 사라지는 것이고 지멸하는 것이다".[5] 이렇게 불고불낙수가 무상한 유위법으로 일어나 변화하다가 소멸할 때, 무명과 같은 유루법이 마저 작용함으로써 비로소 불고불낙수의 무상성이 행고와 같은 괴로움으로 나타난다.

그러나 문득 불고불낙수의 무덤덤한 느낌 자체가 무명의 작용 탓에 행고로 경험된다고 오해하는 사람이 있을지 모른다. 불고불낙수가 고수나 낙수와는 달리, 격렬하거나 거친 느낌이 아니고 무덤덤한 느낌이기에 더욱 그렇게 오해해서는 안 된다. "불고불낙수는 행이 고성이 된다. 뭇 연(緣)이 지은 것이기 때문이다"[6]라는 설일체유부의 풀이에서 짐작할 수 있듯이, 사실 행고는, 불고불낙수를 경험할 때 이 무덤덤한 느낌이 아무런 변화 없이 그대로 동일하게 지속하지를 못하고 무상성의 포로가 된 채 찰나마다 횡적 차이화의 방식으로 파르르 떨린다는 데에서 비롯한다.

---

5 전재성 역주, 『무상』, 『쌍윳따 니까야』, 제7권, 44쪽.
6 세친, 『아비달마구사론』, 『대정신수대장경』, 제29권, 114쪽 중단. "不苦不樂受由行成苦性, 衆緣造故."

한마디로 무덤덤한 느낌의 무상성에서 행고가 자라난다는 말이다. 이렇게 무상성이 행고의 결정적인 규정 근거를 이루기는 한다.

한편, 불고불낙수의 무상성에서 행고를 일으키는 유루법은 여느 괴로움과는 달리 무명이다. 무명이 행고의 또 다른 규정 근거를 점한다는 말이다. 이것은 "······ 괴롭지도 즐겁지도 않은 느낌은 앎을 즐거움으로 하고 알지 못함을 괴로움으로 합니다"[7]라는 행고에 대한 담마딘나의 설명에서 역시 어렵지 않게 헤아릴 수 있을 것이다. 사실, 이 설명에서는 불고불낙수에 대한 범부와 성자의 경험이 서로 다르다는 사실이 은연중에 드러난다. 여기에서 언급되지는 않았지만, 어쨌든 불고불낙수가 찰나마다 생멸의 방식으로 무상하게 변화한다는 점에서 무상성의 먹이가 된다는 것은 분명하다. 다만 성자는 무명을 여읜 덕분에 밝은 지혜로 이 느낌의 무상성을 무상성으로 꿰뚫어 알고 행고를 당하지 않는 만큼 즐겁지

---

7 전재성 역주, 『교리문답의 작은 경』, 『맛지마 니까야』, 제2권, 285~86쪽. 행고에 대한 담마딘나의 정의에 관한 한, "그러나 그 의미를 밝혀내는 것은 쉽지 않다. 중성적인 감수는 중성적인 것으로 알려지거나 알려지지 않는다. 만약 그것이 중성적인 것으로 알려지면 즐겁게 느껴진다. 만약 그것이 알려지지 않는다면 괴롭게 느껴진다. 이러한 설명은 중성적인 감수는 존재할 수 없다는 사실을 의미한다. 왜냐하면 그것이 알려지면 즐겁게 감수되고 알려지지 않으면 괴롭게 감수되기 때문이다"(전재성, 『초기불교의 연기사상』, 285~86쪽)라는 해석이 있다. 이 해석에 의하면, 불고불낙수는 알려지거나 알려지지 않거나 할 수 있다. 그런데 불고불낙수가 알려지면 즐겁게 느껴지기에 낙수가 되고, 알려지지 않으면 괴롭게 느껴지기에 고수가 된다. 이러한 맥락에서 이 해석은 불고불낙수가 성립하지 않는다고 말한다. 그러나 불고불낙수가 존재하지 않는다는 결론이 그릇된 견해에 불과하다는 것은 더는 거론할 필요조차 없다. 일단 '앎'의 대상은 불고불낙수이되, 행고의 규정 근거가 무상성인 한에서 그 느낌의 '무상성'을 앎의 대상으로 삼아야 할 것이다. 그렇다면 '앎을 즐거움으로 하고 알지 못함을 괴로움으로 한다'라는 것은 불고불낙수에 대한 성자와 범부의 반응이, 곧 무명을 여읜 성자와 무명에 사로잡힌 범부의 반응이 각기 서로 다르다는 맥락에서 그 의미를 밝혀야 할 것이다. 성자라면, 밝은 지혜로 불고불낙수의 무상성을 무상성으로 여실하게 알 것이기에 행고를 당하지 않고 즐겁기 마련이다. 물론, 이 즐거움은 갈애의 작용에서 기인하는 감각적 즐거움을 말하는 것은 아니다. 오히려 즐거움은 행고를 당하지 않는다는 의미로 소극적으로 해석해야 할 것이다. 그러나 범부는 무명의 어둠 속에서 무상성을 무상성으로 알지 못하기에 행고의 괴로움을 겪기 마련이다.

만, 어리석은 범부는 그렇지 못한 까닭에 결국 행고를 당한다. 범부가 무상성을 무상성으로 알지 못하고 행고의 괴로움을 당하는 것은 어디까지나 무명과 같은 유루법의 작용 탓이다. 말하자면 성자의 경우와는 달리, 유루법에 불과한 무명의 번뇌가 범부로 하여금 불고불낙수의 무상성을 행고로 경험하도록 범부에게 작용한다. 만약 성자의 경우처럼 "…… 즐겁지도 괴롭지도 않은 감수는 무상하다고 보아야 한다"[8]라는 가르침을 따라 무상한 불고불낙수를 무상한 것으로 여실하게 꿰뚫어본다면, 무상한 것을 싫어하고 싫어하는 만큼 무상한 것을 떠나고자 할 것이기 때문에 행고를 당하지는 않을 것이다. 그러나 범부는 무명의 번뇌를 여의지 못했기에 불고불낙수의 무상성을 싫어하면서 떠나지 못하고 그예 행고의 형태로 경험한다.

사실, 앞에서 말했다시피 낙수나 고수의 경우에도 성자처럼 갈애의 작용에 휘말리지 않고 그저 그 느낌을 무상한 것으로 여실하게 통찰해 떠나고자 한다면, 괴고나 고고를 당하지는 않을 것이다. 어떠한 수를 느끼더라도 그것을 "그가 무상한 것이라고 알고 취착할 만한 것이 아니라고 알며 기뻐할 만한 것이 아니라고 알"면서 "…… 세상의 속박에서 벗어난 자로서 그 느낌을 감수한다"[9]라고 하면, 그는 오염된 괴로움의 화살을 맞지 않는 성자일 것이다. 그러나 범부는 무명이나 갈애 같은 번뇌에, 곧 유루법에 오염된 탓에 세 가지 수를 저마다 무상한 것으로 알지 못하고 또 무상성의 압박에서 탈출하지 못하기에 결국 괴로움의 화살을 맞고 괴로워하기 마련이다. 비유하건대, 이것은 어떤 사람에게 독(毒)이 되는 것이 다른 사람에게는 약이 되는 경우와 흡사하다. 무상성은 범부에게는 독이 되는 반면에 성자에게는 약이 되기에 그렇다. 적어도 범부가 무명과 갈애의 번뇌에 매인 이상, 그에게는 무상성이 괴로움을 불러오는

---

8 전재성 역주, 『여김으로』, 『쌍윳따 니까야』, 제7권, 31쪽.
9 전재성 역주, 『숙고』, 『쌍윳따 니까야』, 제2권, 한국빠알리성전협회, 1999, 254~55쪽.

독이 될 것이다. 이를테면 낙수의 대상에 대한 욕애나 유애의 작용에서 무상성을 거역한 채 그것이 한없이 존속하기를 갈구할 때, 또는 고수의 대상에 대한 무유애의 작용에서 무상성을 통찰하지 못한 채 그것이 그 자리에서 즉각 절대적 무로 돌아가 없어지기를 갈구할 때, 도리어 무상성이 범부에게 괴고나 고고를 부른다는 점에서 독이 될 것이다. 또한 불고불낙수의 무상성을 무명의 가리개에 가려 여실하게 통찰하지 못할 때 행고를 당한다는 점에서도 불고불낙수의 무상성이 범부에게 역시 괴로움을 부르는 독이 된다. 반면에 번뇌를 여읜 성자에게는 오히려 무상성이 열반을 향해 힘차게 발걸음을 내디딜 수 있는 약이 될 것이다. 이렇게 번뇌가 있고 없음을 따라 무상성이 독이 되기도 하고 약이 되기도 한다.

　다시 행고에 대한 담마딘나의 풀이로 돌아가면, 무명 등 번뇌를 여읜 성자는 일단 행고의 괴로움을 당하지 않는다는 의미에서 즐겁다. 그것은 성자가 밝은 지혜로 괴롭지도 않고 즐겁지도 않게 느껴지는 그러한 촉에 의지해 일어난 "불고불낙수를 느낄 때, '나는 불고불낙수를 느낀다' 라고 아는" 한편, 괴롭지도 않고 즐겁지도 않게 느껴지는 그러한 촉의 소멸과 함께 불고불낙수가 사라질 때, "…… '괴롭지도 않고 즐겁지도 않게 느껴지는 그러한 촉에 의지해 일어난 불고불낙수가 그치고 가라앉는다'라고 알기"[10] 때문이다. 그러나 성자는 여기에서 멈추지 않는다. 성자는 역시 밝은 지혜로 무상한 불고불낙수를 무상한 것으로 꿰뚫어 알고 무상성을 염오(厭惡)하면서 떠나간다. 이렇게 성자는 불고불낙수의 무상성을 열반의 약으로 삼는다. 반대로 범부는 불고불낙수의 무상한 생멸과 변화를, 곧 무상성을 무명의 어둠 속에서 여실하게 알지 못하는 탓에 끝내 행고의 괴로움을 당하고 만다. 한마디로 행고를 일으키는 원인은 범부의 무명, 무지이다. 불고불낙수의 무상성이 행고의 발생 근거이기는

10　*The Exposition of the Elements, The Middle Length Discourses of the Buddha: A Translation of the Majjhima Nikāya*, p. 1091.

하지만, 무상성을 열반의 약으로 삼는 성자의 경우에서 볼 수 있듯이 무명의 개입이 없이는 행고가 일어나지 않기 때문이다.

이렇게 범부가 불고불낙수의 무상성에서 그때마다 무명의 작용 탓에 행고를 겪는다면, 행고에 대한 경험의 양상은 과연 어떠한가? 괴고나 고고에서 경험하는 괴로움의 양상은 조대한 만큼 초조, 불안, 허탈함, 상실감, 우울, 슬픔, 근심, 절망, 고통, 비탄, 탄식, 울부짖음 등으로 확연하게 드러나지만, 행고의 괴로움에 대한 경험의 양상은 그렇지 않다. 오죽하면 성자나 행고를 볼 수 있다고 말했을까 싶을 정도로 그 양상을 밝히기는 쉽지가 않다. 그럼에도 "모든 형성된 것들은 나에게 확고함이 없는 것으로 드러날 것이다"[11] 또는 "…… 형성된 것들은 무상하다. …… 형성된 것들은 견고하지 않다. …… 형성된 것들은 안식을 주지 못한다"[12] 또는 "…… 모든 지어진 것은 무상하다. …… 모든 지어진 것은 견고하지 않다. …… 모든 지어진 것은 불안정하다"[13]라는 유위법의 무상성에 대한 풀이에서 행고가 어떠한 양상으로 경험되는지를 어림할 수 있다. 사실, 여기에 열거된 것들이 무상성을 두고 행고를 당할 때 경험하게 되는 양상이라고 보아도 무방하다. 가령 확고하지 않은 것, 견고하지 않은 것, 안식을 주지 못하는 것, 불안정한 것 등이 범부가 겪는 행고의 양상이라는 말이다.

실로 괴고나 고고를 당할 때 경험하게 되는 슬픔, 고통, 우울, 절망, 탄식, 광란 등과 같은 조대한 괴로움의 경험 양상을 행고의 경험 양상으로 취할 수는 없다. 어차피 불고불낙수가 낙수나 고수 같은 조대한 느낌이 아니고 은미한 느낌이듯이, 거기에서 겪는 행고의 양상도 괴고나 고고처럼 조대한 양상으로 나타날 수는 없다. 앞에서 인용했다시피 무상한 것

---

11 대림 스님 옮김, 『열반 경 2』, 『앙굿따라 니까야』, 제4권, 309쪽.
12 대림 스님 옮김, 『태양 경』, 『앙굿따라 니까야』, 제4권, 488쪽.
13 전재성 역주, 『베뿔라 산』, 『쌍윳따 니까야』, 제3권, 162쪽.

이 확고하지도 않고 견고하지도 않은 만큼 행고는 은근한 불안정감이나 불편함 등으로 경험되기 마련이다. 이러한 맥락에서 붓다고사는 행고의 양상을 두고 "끊임없이 압박받는 형태가 괴로움의 특상이다"[14]라고 묘사하는 한편, 보광은 "뭇 연이 지은 것이기에 그 본성이 안정되지 못하고 찰나마다 생멸한다"[15]라고 서술한다. 여기에 나오듯이, 불고불낙수의 무상한 변화에서 일어나는 막연하고 은근한 압박감이나 은미한 불안정성이 다름 아니라 행고에 대한 은밀한 경험 양상이라고 보아야 할 것이다. 무명에 사로잡힌 범부는 불고불낙수가 파르르 떨리는 문풍지처럼 무상하게 변화를 겪을 때마다 이렇게 막연한 압박감이나 은미한 불안정성이나 불편함의 양상으로 행고를 당할 수밖에 없다.

다시 말해 근, 경, 식, 촉 등과 같은 불고불낙수의 조건과 함께 불고불낙수가 찰나마다 변화함으로써 무상성의 압박에 시달릴 때, 이 무상성이 어리석은 범부에게 은근한 압박감이나 불안정성 같은 행고의 양상으로 나타난다. 설령 그렇다 하더라도, 행고가 은밀하고 은미한 탓에 젊어서 행고의 양상을 느끼기는 쉽지 않다. 나이가 들어야 겨우 행고의 양상을 차츰차츰 느낄 수 있을 것이다. 노인이 문득 느끼곤 하는 막연한 불안감이나 우울감은 불안정성과 같은 행고의 경험 양상이나 다름없다. 사실, 하루가 다르게 노쇠해가는 것이 행고의 대표적인 사례이다. 범부는 나이가 들면서 차츰 이러한 행고의 양상을 겪기는 하지만, 그럼에도 그것이 은미하기에 행고의 괴로움이라는 것을 알아차리기가 어려울 따름이다.

행고와 관련해 짚어야 할 것이 아직 남아 있다. 무상성이 무명에 눈이 가린 어리석은 범부에게 은근한 압박감이나 불안정성이나 불편함과 같은 행고로 나타난다는 것은 이미 밝혀졌다. 이렇게 무상성이 행고로 나타난다면, 이것은 문젯거리가 될 수 있다. 낙수나 쾌락 및 고수가 무상한

---

14 붓다고사, 대림 스님 옮김, 『청정도론』, 제3권, 283쪽.
15 보광, 『구사론기』, 『대정신수대장경』, 제41권, 334쪽 상단. "衆緣造故其性不安念念生滅."

것이 불고불낙수와 마찬가지라면, 낙수나 쾌락의 소멸과 함께 닥치는 괴고나 고수의 소멸에 이어 등장하는 고고도 행고로 보아야 하지 않을까 하는 것이 바로 문젯거리이다. 설일체유부는 괴고나 고고가 모두 행고에 포섭된다고 말한다. 이것은 "이 가운데 마음에 드는 것과 마음에 들지 않는 것이 괴고와 고고라고 설한 것은 공통하지 않기 때문인데, 이치로 보아 실제로는 일체가 행고이기에 괴로움이라는 것을 마땅히 알아야 한다"[16]라는 주석에서 알 수 있다.

과연 이러한 설일체유부의 견해를 어떻게 해석해야 할까? 언뜻 범부가 괴고를 당하면서 동시에 행고를 겪는다거나, 고고를 당하면서 동시에 행고를 겪는 것으로 풀이하고 싶을 것이다. 두 가지 괴로움을 동시에 겪는다는 것인데, 사실 이러한 해석은 틀린 것이다. 범부가 낙수를 느끼는 동시에 불고불낙수를 느낄 수도 없고, 고수를 느끼는 동시에 불고불낙수를 느낄 수도 없기 때문이다. "…… 즐거운 느낌을 느낄 때는 괴로운 느낌을 느끼지 못하고 괴롭지도 즐겁지도 않은 느낌을 느끼지도 못한다. 그때에는 오직 즐거운 느낌만을 느낀다. …… 괴로운 느낌을 느낄 때는 즐거운 느낌을 느끼지 못하고 괴롭지도 즐겁지도 않은 느낌을 느끼지도 못한다. 그때에는 오직 괴로운 느낌만을 느낀다. …… 괴롭지도 즐겁지도 않은 느낌을 느낄 때는 즐거운 느낌을 느끼지 못하고 괴로운 느낌을 느끼지도 못한다. 그때에는 오직 괴롭지도 즐겁지도 않은 느낌만을 느낀다."[17] 이 가르침에서 보듯이, 사실 범부는 그때마다 한 가지 수를 느낄 뿐이지 세 가지 수를 동시에 느낄 수는 없다.

그렇다면 앞의 주석을 어떻게 해석해야 할까? 첫째, 근, 경, 식, 촉, 수 등 괴로움과 관련된 여러 현상이 무상하지 않고서는 괴로움이 발생할

---

16 세친, 『아비달마구사론』, 『대정신수대장경』, 제29권, 114쪽 중단. "應知此中說可意非可意爲壞苦苦苦者由不共故, 理實一切行苦故苦."
17 각묵 스님 옮김, 『대인연경』, 『디가 니까야』, 제2권, 145쪽.

수 없다는 뜻으로 풀이해야 할 것이다. 일체가 행고이기에 괴로움이라는 명제는 바로 그렇게 풀이해야 한다. 무명에 빠진 어리석은 범부에게 '무상성'이 행고의 '괴로움'으로 경험되기 때문이다. 유위법의 무상성은 세 가지 괴로움의 발생 근거 또는 발생 이유이고, 갈애나 무명과 같은 유루법은 세 가지 괴로움의 발생 원인인 한편, 무상한 유위법은 세 가지 괴로움의 발생 장소이다. 갈애나 무명과 같은 유루법을 원인으로 해서 이렇게 무상한 유위법에서나 괴로움이 발생한다. 그것도 유위법의 무상성을 괴로움의 발생 근거로 삼고 무상한 유위법을 괴로움의 발생 장소로 삼아 그렇게 괴로움이 발생한다. 반대로 무상하지 않은 무위법(無爲法)에서는, 예컨대 멸성제의 열반과 같은 무위법에서는 괴로움이 결코 발생하지 않는다. 다시 말하지만, 갈애나 무명과 같은 유루법이 무상한 유위법에서 괴로움을 손수 일으키는 발생 원인이라면, 유위법의 무상성은 무상한 유위법에서 괴로움이 일어나는 발생 근거이다. 이제 일체가 행고이기에 괴로움이라는 명제는, 일체가 무상성이기에 괴로움이라는 명제로 읽어야 할 것이다. 실로 무상성의 발생 근거가 없이는 갈애나 무명과 같은 유루법조차 괴로움의 발생 원인으로 작용할 수가 없기 때문이다.

둘째, 세 가지 수가 모두 무상성의 먹이가 된다는 점에서 무상성의 보편적 특징을 괴로움의 기준으로 삼을 때, 괴고나 고고가 다 행고의 범주에 속하는 것으로 보아야 할 것이다. 그럼에도 구태여 괴로움을 세 가지로 분류한 것은 셋 사이에 공통적이지 않은 것이 있기 때문이다. 일단 괴로움의 발생 원인인 유루법이 갈애와 무명이라는 점에서도, 또 갈애의 경우라 해도 다시 욕애나 유애와 무유애로 나뉜다는 점에서도 공통적이지 않다. 세 가지 수로 나뉘는 한편, 각각의 수를 일으키는 대상도 마음에 드는 대상, 마음에 들지 않는 대상, 둘이 아닌 대상에 준해 셋으로 나뉜다는 점에서도 공통적이지 않다. 그뿐더러 괴로움의 경험 양상이 다르다는 점에서도 공통적이지 않다. 이렇게 공통적이지 않은 점들이 있기에 괴로움을 셋으로 분류하지만, 무상성을 공통으로 한다는 점에서 볼 때는 괴고와 고고를 더 넓은 행고의 범주로 편입해도 무방할 것이다. 앞의 주석을 두고 보광은 다시 주석하기를, "만약 이 문장에 의거한다면, 마음에 드는 것에는 두 가지가 있다. 괴고와 행고를 말한다. 체성이 고수가 아니기에 고고라고 부르지 않는다. 마음에 들지 않는 것에는 두 가지가 있다. 고고와 행고를 말한다. 무너질 때 즐거운 것이 되기에 괴고라고 부르지 않는다. 그 밖의 유루의 행은 오직 행고라고 부를 뿐이다. 체성이 고수가 아니기에 고고라고 부르지 않고 무너짐이 즐거움을 낳을 수 있기에 괴고라고 부르지 않는다"[18]라고 한다. 괴고와 고고 다음에 행고가 나란히 병치된 데에서 예견할 수 있듯이, 보광의 주석에서 주목해야 할 것은 다름 아니라 행고의 보편성이다. 물론, 병치되었다고 해서 괴고나 고고를 수, 수의 대상, 유루법 등 발생의 원인과 조건 및 괴로움의 경험 양상이나 특징 등에서 행고와 한 치의 어긋남도 없이 일치하는 동일한 괴로움으로 곡해해서는 안 된다. 오히려 무상성의 보편적 특징을 시금석으로 삼아 괴고와 고고도 보편적 행고의 범주에 속하는 특수한 괴로움의 현상으로 보아야 할 것이다.

이를테면 마음에 드는 대상에 대한 낙수나 즐거움의 변괴에서 그 대상에 대한 욕애나 유애의 작용 탓에 괴고가 발생하기는 하지만, 무상성의 보편적 특징을 괴로움의 시금석으로 삼아 볼 때는 괴고도 보편적 행고의 특수한 현상으로 볼 수 있다. 마음에 들지 않는 대상에 대한 무유애의 작용 탓에 고수의 소멸이 고고로 도지기는 하지만, 역시 무상성의 보편적 특징을 괴로움의 기준으로 삼을 때는 고고도 보편적 행고의 특수한 현상으로 볼 수 있다. 수, 수의 대상, 유루법 등 발생의 원인과 조건,

---

18 보광, 『구사론기』, 『대정신수대장경』, 제41권, 334쪽 상단, 중단. "若依此文, 可意有二, 謂壞苦行苦, 體非苦受不名苦苦, 非可意有二, 謂苦苦行苦, 壞時樂故不名壞苦, 餘有漏行唯名行苦, 體非苦受不名苦苦, 壞容生樂不名壞苦." 여기에서 '이 문장'은 앞에서 인용된 『아비달마구사론』의 한 문장을 가리킨다. 곧 '이치로 보아 실제로는 일체가 행고이기에 괴로움이다'라는 문장이 그것이다.

괴로움의 경험 양상과 특징 등이 제각기 달라 괴고와 고고로 달리 분류하지만, 적어도 보편적 무상성을 괴로움의 기준으로 삼아서 볼 때는 괴고와 고고도 보편적 행고의 변상(變相)으로 볼 수 있다. 따지고 보면 어떠한 괴로움이든지 간에, 모름지기 괴로움은 무상성을 발생 근거로 취한다. "느껴지는 어떠한 것일지라도 괴로움 안에 있다. 그것은 형성된 것의 무상성과 관련해 내가 말한 것이다"[19]라는 붓다의 가르침에서 확인할 수 있는 것처럼 무상성의 발생 근거가 없이는 3수에서 괴로움이 발생하지 않기에, 괴고나 고고의 괴로움을 행고 또는 행고의 변상이나 다름없는 것으로 보아도 무방하다. 그것은 어차피 행고의 정체가 무상성인 까닭이다. 이렇게 괴고와 고고는 바로 괴고와 고고의 옷을 입고 나타나는 행고라는 점에서 보편적 행고의 특수한 변상과 다름없다. 결국 보광의 주석은 행고가 괴고와 고고를 포괄하는 보편적 괴로움의 지위를 차지한다는 뜻으로 읽어야 한다.

솔직히 말해 세간의 삶에 행고와 같은 보편적 괴로움이 있기에 열반의 구경을 향해 청정한 삶의 길을 떠나는 법이다. 범부의 세간적 삶 어딘가에 괴로움에 전혀 침윤되지 않는 순전한 감각적 쾌락과 같은 생물학적 즐거움이 있다면, 구태여 열반을 성취하기 위해 8정도와 같은 청정한 삶의 길을 걷지는 않을 것이다. 차라리 그러한 생물학적 즐거움을 찾아가면 찾아가지, 일부러 세간의 삶에서 열반을 찾아가지는 않을 것이다. 그러나 범부가 세간의 삶에서 어떠한 즐거움을 누리든지 간에, 그때마다 행고의 괴로움을 피할 수는 없다. 행고의 괴로움에 잠식되지 않는 순전한 즐거움은 세간의 삶에 있지 않다. 낙수의 대상에 대한 욕애나 유애의 영향으로 오염된 즐거움이 일어나고 또 일어난 즐거움이 소멸하기 전까지는 머문다 해도, 사정은 달라지지 않는다. 어찌 보면 즐거움의 머묾이

---

19 *Alone, The Connected Discourses of the Buddha: a New Translation of the Saṃyutta Nikāya*,
    p. 1271.

오래 가지 않는 잠시일 뿐일망정, 그 짧은 동안에는 즐거움이 머무는 이상 괴로움은 없을 것으로 보는 사람이 있을지 모른다. 그러나 그 즐거움마저 무상하다는 것은 눈감을 수 없는 진실이다. 잠시 머무는 즐거움이 소멸하기 전까지 파르르 떨리는 문풍지처럼 찰나마다 무상하게 변화한다. 그렇다면 잠깐의 즐거움조차 보편적 행고에 침윤될 수밖에 없다. 다름 아니라 즐거움의 발생과 머묾이 행고의 얼굴을 하고 있다는 말이다. 머무는 짧은 동안에 즐거움을 누리더라도, 그것이 무상한 것이기에 불안정하고 견고하지 못한 것으로, 오래 가지 못하는 것으로, 은근히 심리적 압박이나 조바심을 가하는 것으로 누릴 수밖에 없다는 점에서 행고의 화살을 피할 곳은 어디에도 있지 않다. 즐거움이 즐거움이 아니고 고작 괴로움인 것은 이렇게 그것이 행고의 화살을 피할 수 없는 까닭이다.

고수의 경우에도 다를 것이 없다. 고수의 대상에 대한 무유애의 작용 탓에 고수의 소멸과 함께 고고의 괴로움을 거듭 당하기는 하지만, "괴로운 느낌은 계속될 때는 괴롭고 변화할 때는 즐겁다"[20]라는 담마딘나의 설명에서 나타나는 것처럼 고수와 그 괴로움이 변화하다가 소멸할 때는 즐거움 같은 것을 경험한다는 것은 분명하다. 범부는 고수나 고고의 끝에서 접하는 이러한 즐거움이 머무는 동안에는 역시 괴로움을 겪지 않는다고 볼 것이다. 그러나 이 경우에도 머무는 즐거움이 무상한 것임은 말할 나위가 없다. 무상하기에 고수나 고고의 끝에서 누리는 즐거움도 불안정하고 견고하지 못한 것으로, 은근히 압박을 가하는 것으로 누릴 수밖에 없을 것이다. 역시 행고의 화살을 피할 길은 없다는 점에서 이러한 즐거움도 괴로움에 불과하다. 실로 낙수의 발생에서 고고의 발생에 이르기까지 행고가 잠식한다. 가령 낙수의 발생, 낙수의 대상에 대한 욕애나 유애의 작용, 즐거움의 발생과 머묾과 소멸, 고고의 발생 등에 행고

---

20 *The Shorter Series of Questions and Answers, The Middle Length Discourses of the Buddha: A Translation of the Majjhima Nikāya*, p. 401.

가 시종일관 침투한다. 고수의 발생, 고수의 대상에 대한 무유애의 작용, 고수의 소멸, 고고의 발생과 머묾과 소멸, 즐거움의 발생과 머묾 등에도 시종일관 행고가 동승한다.

말이 나온 김에 행고의 보편성과 관련해 짚어야 할 문제가 또 있다. 요컨대, 불고불낙수의 무상성에 행고를 좁게 국한해서는 안 된다는 말이다. 어차피 불고불낙수가 행고로 경험되지 않고 그것의 무상성이 행고로 경험되는 한에서, 곧 무상성이 바로 행고성인 한에서 행고의 폭을 무상한 것 전체로 넓혀야 한다. 불고불낙수의 대상에 대한 설일체유부의 견해나 상좌부의 견해를 보면, 가령 "사수의 힘으로 말미암아 사수에 수순하는 상응법과 구유법 등 유루의 행들은 마음에 드는 것도 아니고 마음에 들지 않는 것도 아닌 것이라는 이름을 얻는다"[21]라는 보광의 주석이나 "평온한 느낌과 나머지 3계에 속하는 상카라들은 일어나고 사라짐에 압박되기 때문에 형성됨에 기인한 괴로움이라 한다"[22]라는 붓다고사의 주석을 보면, 행고는 유위법이 있는 곳 어디에서나 발생하기 마련이다.

이렇게 불고불낙수와 상응하거나 구유(俱有)하는 법 등 온갖 유루행법을 마음에 드는 것도 아니고 마음에 들지 않는 것도 아닌 것에 포함한다면, 그만큼 행고의 폭은 넓어질 것이다. 게다가 불고불낙수의 상응법과 구유법을 넘어 나머지 3계의 온갖 행들을 모두 행고의 범위에 넣어야 한다면, 행고의 파급은 3계로까지 확장될 것이다. 실로 5온의 작용으로써 그때마다 전개되는 범부의 삶 전체가 무상한 것인 한에서, 시종일관 행고를 겪는 것으로 보아야 할 것이다. 요컨대, 무명 같은 유루법에 오염된 5온의, 곧 5취온의 생멸과 그 변화가 모두 행고로 나타난다는 점에서 행고의 보편성을 범부의 삶 전체로 확장해야 한다.[23] 범부가 3계를 들락

---

21 보광, 『구사론기』, 『대정신수대장경』, 제41권, 333쪽 하단. "由捨受力令順捨受相應俱有 等諸有漏行, 得非可意非不可意名." '사수'는 '불고불낙수'를 뜻한다.

22 붓다고사, 대림 스님 옮김, 『청정도론』, 제2권, 547쪽. '형성됨에 기인한 괴로움'은 '행고'를 가리킨다.

거리면서 그때마다 여러 형태의 삶을 수없이 영위하는 한, 다시 행고의 보편성을 3계로까지 더 넓게 확장해야 한다. 행고를 겪는다고 해서 5취온의 무상한 생멸과 변화에서 범부가 경험하는 느낌을 꼭 불고불낙수로 국한할 필요는 없다. 그 느낌이 낙수일 수도 있고 고수일 수도 있고 불고불낙수일 수도 있다. 어떠한 수를 느끼든지 간에, 범부로서는 수의 무상성을 기준으로 할 때는 오염된 5취온의 무상한 변화에서 행고를 겪기는 매한가지이다. 심지어 마음에 드는 것이든지 마음에 들지 않는 것이든지, 마음에 드는 것도 아니고 마음에 들지 않는 것도 아닌 것이든지 간에, 어떠한 대상을 경험한다 하더라도 범부는 5취온의 무상한 변화에서 행고를 피할 수가 없다.

5취온의 무상성을 괴로움의 기준으로 삼아서 볼 때, 범부는 보편적 행고를 삶 전체에 걸쳐 시종일관 겪기 마련이다. 그렇다고 해서 범부가 괴고나 고고를 겪지 않는다는 말은 아니다. 그때마다 범부가 괴고나 고고를 겪기는 하겠지만, 괴고나 고고를 행고의 특수한 변상으로 겪는 것으로 보아야 할 것이다. 그것은 범부가 그때마다 괴고와 행고 또는 고고와 행고를 동시에 겪을 수는 없기 때문이다. 이렇게 행고는 범부의 세간적 삶에서 보편적이다. 물론, 범부가 세간의 삶에서 행고만을 겪기 때문에 행고가 보편적이라는 것은 아니다. 행고가 보편적 괴로움의 지위를 차지하는 것은 범부가 괴고나 고고를 당할 때조차 그 두 괴로움을 더욱더 독해진 행고의 변상으로 겪는 까닭이다. 이렇게 행고는 보편적 괴로움답게 범부의 삶 전체에 미친다. 적어도 범부가 밝은 지혜로 5온의 무상성을 무상성으로 꿰뚫어보지 못하는 한, 행고를 피할 곳을 범부의 삶 어디에

---

23 로버트 G. 모리슨(Robert G. Morrison)은 행고의 "전 포괄성"(all-inclusiveness)을 거론하면서 행고를 인간의 "실존론적 불만족"(Robert G. Morrison, *Nietzsche and Buddhism. A Study in Nihilism and Ironic Affinities*, Oxford: Oxford University Press, 1997, p. 32)으로 설명하는데, 이것은 어디까지나 행고가 보편적 괴로움으로서 차지하는 그 보편적 지위를 염두에 둔 해석이라고 할 수 있다.

서도 찾을 수 없다. 즐거움을 즐길 때조차도 즐거움의 현상이 무상한 것인 만큼 행고를 면할 수는 없다. 행고야말로 괴고나 고고와는 달리 보편적 괴로움의 지위를 차지한다는 것을 결코 부인해서는 안 될 것이다.

제8장

괴로움과 자아

이렇게 범부가 삶 전체에 걸쳐 행고를 피할 수도 없을뿐더러 갈애의 작용과 함께 그때마다 괴고나 고고를 당할 수밖에 없다면, 심지어 낙수나 고수 및 낙수의 발생이나 고수의 소멸과 함께 생기는 오염된 즐거움마저 행고의 그늘을 벗어나지 못한다면, 대관절 범부로서는 어떻게 해야 할까? 누구라도 괴로움을 싫어하는 한에서, 응당 괴로움이 종식된 열반을 그리워해야 할 것이다. 그러나 범부가 달리 범부가 아니다. 무명이나 갈애의 번뇌에 휩싸인 범부이기에 열반을 향해 청정한 삶의 길을 걸어갈 수가 없다. 무명의 가리개에 눈이 가린 탓에 열반도, 청정한 삶의 길도 잘 보이지 않기 때문이다. 그렇다고 해서 마냥 괴로움에 주저앉을 범부도 아니다. 어떻게 해서든지 간에 세간의 삶 곳곳을 누비고 다니면서 괴로움을 피할 곳을 물색할 것이다. 슬프게도 괴로움을 피할 수 있는 곳은 발견할 수가 없다. 말할 것도 없이 세간과 세간의 삶이 무상하기에, 어디에서도 피난처를 찾을 수 없기 때문이다. 괴로움을 피할 수 없음에도 피하고자 하는 것은 도리어 괴로움에 대한 집착에 지나지 않는다. 결국 범부로서는 이러한 집착 끝에 형이상학적 장치에 호소하지 않을 수 없는데, 다름 아니라 자아(自我)가 그것이다. 미리 앞질러 말하자면, 범부는 괴로움을 피하기 위해 결국 영원한 주재자(主宰者)로 여겨지는 실체적 자아로 숨어든다는 것이다.

그러나 실체적 자아가 지우개처럼 범부의 삶에서 괴로움을 쓱싹 지울수 있는 것은 아니다. 자아는, 범부가 5온을 놓고 무명 등 번뇌의 영향 아래에서 창작한 허구에 지나지 않기에 그렇다. 오히려 괴로움을 소거하려면 괴로움의 특징을 알아야 한다. 괴로움은 갈애나 무명과 같은 번뇌를 원인으로 3수와 같은 무상한 유위법에서 발생하는 유위법적 현상에 불과하다. 3수가 근, 경, 식, 촉 등과 같은 여러 원인과 조건 사이의 상호관계와 상호작용에서 발생한다 하더라도, 갈애나 무명과 같은 번뇌가 3수의 현상에 개입하지 않을 때는 괴로움이 발생하지 않는다. 괴로움의 발생 원인은 이렇게 갈애나 무명과 같은 번뇌에 있다. 그런 만큼 괴로움은 갈애, 무명, 취착 등 번뇌를 멸진할 때 더는 발생하지 않기 마련이다. 괴로움을 종식시키기 위해서는 실체적 자아의 허구에 집착해서는 안 되고 번뇌를 멸진할 수 있도록 도성제의 길, 곧 8정도를 닦아나가야 한다. 이 청정한 삶의 길이 열반에 닿는다는 것은 말할 나위가 없다.

1. 자아에 대한 여러 사견(邪見)

범부는 무엇을 놓고 실체적 자아의 허상을 짓는가? 방금 언급했다시피 5온을 놓고 실체적 자아를 짓는다. 실체적 자아에 대한 사견이 생기는 까닭을 묻는 한 수행승의 질문을 놓고 붓다가 제시하는 답변에 나타나듯이, 범부는 "물질이 나이고 나의 것이 물질이고 나 가운데 물질이 있고 물질 가운데 내가 있으며, 감수가 나이고 나의 것이 감수이고 나 가운데 감수가 있고 감수 가운데 내가 있으며, 지각이 나이고 나의 것이 지각이고 나 가운데 지각이 있고 지각 가운데 내가 있으며, 형성이 나이고 나의 것이 형성이고 나 가운데 형성이 있고 형성 가운데 내가 있으며, 의식이 나이고 나의 것이 의식이고 나 가운데 의식이 있고 의식 가운데 내가 있다고 생각한다".[1] 사실, 범부에게 자아에 대한 사견이 일어나는 까닭은 무명에 있다. "…… 배우지 못한 범부는 무명에 촉발된 정신에 의해 '나는 있다'라고 생각하며, '이것이 나이다'라고 생각한다."[2] 이렇게 범부는 무명의 어리석음에 묶여 있기에 5온을 그예 자아로까지 실체화한다.

5온과 자아 사이의 관계를 네 가지로 제시하는 앞의 정형구를 해석하기는 쉽지 않다. 그래도 굳이 풀이하고자 한다면 네 가지 관계를 일단 둘로, 가령 5온과 자아 사이의 분리를 전제로 하는 사견과 그렇지 않은 사견으로 나누어 살펴보아야 할 것이다. 분리를 전제로 하는 경우에는 세 가지 사견이 속하는 한편, 그 반대의 경우에는 한 가지 사견이 있다. '물질 등이 나이다'라는 첫째 사견은 후자의 경우에 속한다. 이 사견은 색온 등을 자아로 실체화하는 것에 해당한다. 이를테면 나머지 온의 작용에 비해 색온의 작용이 두드러지게 일어날 때, 범부는 무명에 사로잡힌 탓에 그 두드러진 색온의 작용 자체를 자아로 실체화한다는 말이다. 예컨대, 꾸준한 근력운동으로 팔다리, 허벅지, 척추나 등이나 가슴의 근육 등을 우람하게 키우는 데에 성공한 사람이 자신의 다부진 몸을 자기 자신으로 생각할 때 그러한 것처럼 범부는 때때로 색온을 자아로 취한다. 그러나 오해해서는 안 될 것이 있다. 사실, 색온이 자아는 아니다. 무명의 가리개에 덮인 어리석은 범부의 눈에 색온이 자아인 양 보이는 것이지, 실제로 자아는 아니다. 이렇게 자아인 양 보이는 색온은 "…… 번뇌를 속성으로 하고 집착된 것이면 무엇이든지 집착된 물질의 다발이라고 한

---

1 전재성 역주, 『보름달』, 『쌍윳따 니까야』, 제4권, 252쪽. 물질, 감수, 지각, 형성, 의식은 각각 색온(色蘊), 수온(受蘊), 상온(想蘊), 행온(行蘊), 식온(識蘊)에 해당하는 옮긴이의 번역어이다.
2 전재성 역주, 『여김』, 『쌍윳따 니까야』, 제4권, 133쪽.

다"[3]라는 가르침에 나오는 것처럼 번뇌로 오염되고 취착된 색온, 곧 색취온(色取蘊)에 불과하다. 그저 어리석은 범부가 색취온을 놓고 자아로 실체화하는 것으로 보아야 한다.

수, 상, 행, 식 등 나머지 온의 경우에도 다를 바가 없다. 가령 색온의 작용에 비해 수온, 상온, 행온, 식온 등의 작용이 제각기 두드러지게 일어날 때, 다른 온의 작용에 비해 두드러지는 각각의 온의 작용을 그때마다 실체화해 자아로 삼기는 매한가지이다. 예컨대, 예술가라면 두드러지는 수온의 작용을 자아로 실체화할 것이다. 반면에 철학자라면 두드러지는 상온의 작용을 자아로 실체화할 것이다. 물론, 자아인 양 보이는 각각의 온은 실체적 자아로 실유(實有)하기는커녕, 무명의 번뇌 등으로써 더러운 물이 든 취온이나 다름없다. 이렇게 무명의 번뇌에 속아 5온 하나하나의 작용을 실체화함으로써 작용과 실체를 동일한 것으로 취급하는 것이 첫째 사견의 특징이다. 그러나 5온의 작용은 원인과 조건 사이의 상호관계와 상호작용을 따라 일어나고 소멸하기에 무상하지만, 이 사견은 이러한 무상성을 부인한다는 점에서 말 그대로 무명이 깃든 사견에 불과하다. 게다가 이 사견은 5온 하나하나를 그때마다 다섯 가지의 자아로 실체화함으로써 실체적 자아의 자기동일성과 어긋난다는 점에서도 역시 자기모순을 피할 수 없는 사견에 지나지 않는다.

말이 나온 김에 유신견(有身見)에서 나타나는 실체적 자아의 특징을 꼽으면, 영원성, 불변성 또는 자기동일성, 주재자 등 셋이 있다. 사실, 이 세 가지 특징은 번뇌의 억제에 관한 붓다의 가르침에서 등장한다. "또는 이와 같이 '나의 이 자아는 말하고 느끼고 여기저기서 선악의 행위에 대한 과보를 체험하는데, 그 나의 자아는 항상하고 항주하고 항존하는 것으로 변화하지 않고 영원히 존재할 것이다'라는 견해가 생겨난다."[4] 여

3　전재성 역주, 『존재의 다발』, 『쌍윳따 니까야』, 제4권, 135쪽.
4　전재성 역주, 『모든 번뇌의 경』, 『맛지마 니까야』, 제1권, 117쪽.

기에서 볼 수 있는 것처럼 자아는 영원성, 불변의 자기동일성을 지닐 뿐만 아니라 말하고 느끼는 등 갖가지 온의 심리물리적 작용을 다스리는 주재자의 지위를 구가하는 것으로 치부된다. 말하자면 브라만교의 아뜨만(ātman)과 플라톤(Platon)이나 아우구스티누스(Augustinus)의 영혼이 그렇듯이, 자아는 온갖 작용을 주재하는 지배자로서 영원히 자기동일성을 유지하는 가운데 스스로 자립하는 실체로 여겨진다. 5온 하나하나의 작용을 그때마다 실체화하는 것도 사견이기는 하지만, 이 첫째 사견은 자아를 여럿으로 쪼개질 수 없는 자기동일성의 실체적 자아로 간주하는 사견과 정면으로 충돌하는 사견에 지나지 않는다. 이렇게 사견은 무도하다. 어차피 자아에 관한 사견이 5온의 진실을 위배하는 한에서, 어떠한 사견일지라도 무도하기는 피차 마찬가지이다.

그 밖의 세 가지 사견은 5온과 자아를, 곧 작용과 실체를 서로 분리한 다음에 이 둘 사이의 관계가 어떠한 형태로 성립하는지를 말한다. 이를테면 자아를 영원히 동일하게 자립하는 실체인 양 따로 먼저 설치한 다음에, 이 자아가 5온의 작용과 어떠한 형태로 관계하는지를 말하는 것이 세 가지 사견이다. 이것은 '나의 것이 물질 등이다'라는 둘째 사견이 나머지 두 가지 사견보다 먼저 언급되는 까닭에서 짐작할 수 있다. 일단 '나의 것'이라는 낱말의 등장에서 자아와 관련된 두 가지 사항을 헤아릴 수 있다. 5온이 '나의 것'에 속하기 위해서라도 '나'로 지칭되곤 하는 실체적 자아가 먼저 존재해야 한다는 것이 한 가지이다. 곧 5온을 '나의 것'으로 삼을 만한 실체적 자아가 먼저 존재하지 않고서는 '나의 것'으로 삼을 수 없다는 점에서 자아가 5온보다 먼저 존재하는 것으로 보아야 한다는 말이다. 물론, 자아가 먼저 존재한다고 해서 5온의 작용보다 먼저 발생한 것으로, 곧 생겨나 변화하다가 소멸할 유위법으로 생각해서는 안 된다. 어리석은 범부가 그렇게 생각하듯이, 도리어 자아의 선재성(先在性)은 자아의 영원성을 가리키는 것으로, 곧 자아가 영원하기에 언제나 5온보다 먼저 존재하는 것으로 보아야 한다.

둘째로 '나의 것'과 관련해 헤아려보아야 하는 것은 5온이 '나의 것'에 지나지 않는 만큼, 다시 말해 자아가 5온을 소유해야 하는 만큼 5온과 실체적 자아가 서로 분리되어 있다는 점이다. 만일 두드러진 5온의 작용을 그때마다 실체화하는 첫째 사견처럼 5온이 자아이고 자아가 5온이라면, 애초부터 5온을 '나의 것'으로 삼을 필요조차 없을 것이기 때문이다. 오히려 자아는 5온과 분리되어 있기에 5온을 '나의 것'으로 취한다. 그런 만큼 자아는 자립하는 실체로 존재하되 5온의 작용을 떠나 따로 존재하는 반면에, 5온은 5온대로 분리된 자아와 상관없이 그때마다 원인과 조건 사이의 상호관계와 상호작용을 따라 발생하는 것으로 여겨진다는 것이 '나의 것'이라는 낱말에서 읽힌다. 이렇게 자아가 영원성과 자립성을 갖춘 채 따로 먼저 존재하고 또 5온은 5온대로 원인과 조건 사이의 상호관계에 의지한다면, 이 둘 사이에 아무런 관계도 성립하지 않는 것처럼 생각할 수도 있다. 그러나 그렇지 않다. '나의 것'이라는 낱말에서 다시 알 수 있는 것처럼, 자아는 그때마다 발생하는 5온의 작용을 자신의 소유물로 삼는다. 이러한 맥락에서 볼 때, 이 둘째 사견은 5온에 대한 실체적 자아의 영원성과 자립성을 높이는 한편, 원인과 조건 사이의 상호관계를 따라 일어나는 5온의 작용을 자아의 소유물로 낮추어보는 사견이라고 말할 수 있다. 이렇게 자아는 5온을 소유물로 갖는 소유주의 구실을 한다. 비유하면, 그때마다 생멸하는 5온의 작용을 자아의 소유물로 치부하는 이 사견은 어리석게도 "나무가 그 그림자를 소유하고 있다고 여기는 것과 같다".[5]

사견의 위세는 여기에 그치지 않는다. 둘째 사견을 발판으로 삼아 '나 가운데 물질 등이 있다'라는 말 그대로 실체적 자아 안에 5온이 놓인다는 것을 주장하는 셋째 사견이 등장한다. 사실, 이 셋째 사견은 5온을 소유물로 보는 것에 만족하지 않는다는 점에서 한 걸음 더 나아간 사견이

---

5 달라이 라마·툽텐 최된, 주민황 옮김,『달라이 라마의 불교강의』, 불광출판사, 2015, 222쪽.

다. 그것은 실체적 자아가 먼저 따로 존재할 때에나 겨우 5온의 더미가 머물 곳이 성립하는 것으로 본다는 점에서, 5온에 대한 영원한 자아의 자립적 지위를 역시 높이면서 5온의 작용을 그때마다 자아의 성안에서 보호되는 백성인 양 간주하는 경우에 해당한다. 다름 아니라 먼저 따로 존재하는 실체적 자아가 원인과 조건 사이의 상호관계를 따라 일어나는 5온 하나하나의 작용을 끌어모아 보호하지 않고서는 5온의 더미가 차곡차곡 쌓일 수 없는 것으로 보는 사견이 셋째 사견이다. 다시 비유하면, 자아는 5온의 작용을 그때마다 보호하는 가운데 5온을 말 그대로 더미로 쌓아놓는 견고한 성(城)인 동시에 5온의 더미를 흩어지거나 유실되지 않도록 지키는 영원한 성주로 치부된다. 물론, 성이나 성주 노릇을 할 실체적 자아는 있을 수 없다. 설령 실체적 자아가 있다손 치더라도, 5온이 원인과 조건 사이의 상호관계에서 생멸할 수밖에 없는 무상한 유위법이라는 이유에서 5온이 실체적 자아의 보호를 받으면서 내내 변함없이 존재하는 가운데 차곡차곡 쌓여 더미를 이루는 것으로 볼 수는 없다. 이러한 까닭에서라도 그것은 사견에 지나지 않는다.

　마지막 사견은 앞의 두 가지보다 더 과격한 주장을 내세운다. 그 두 가지 사견에서는 그래도 5온의 작용을 원인과 조건 사이의 상호관계와 상호작용에 의지해 발생하는 것으로 보기는 하지만, 마지막 사견은 아예 그렇지 않다. 그것은 '물질 등 5온 가운데 내가 있다'라고 말한다. 곧 5온 안으로 들어와 터를 잡은 실체적 자아가 5온의 작용을 시종일관 관장하고 주재하는 것으로 보는 것이 마지막 사견이다. 이러한 사견은 실체적 자아가 없이는 애초부터 5온의 작용이 일어날 수 없다고 주장한다는 점에서, 사견의 정점을 찍은 형이상학적 사견의 극치로 볼 수 있다. 예컨대, 눈과 보라색 엉겅퀴 사이의 상호관계와 상호작용에서 엉겅퀴에 대한 안식이 생기는 연기의 사건을 두고 도리어 자아가 눈을 통해 보라색 엉겅퀴를 보면서 안식을 생산하는 것으로 치부하는 것이 마지막 사견의 특징이다. 이것뿐만이 아니다. 눈과 엉겅퀴와 그것에 대한 안식이 서로 만남으로써 발생하는 촉을 조건으로 즐거운 느낌이 들 때, 자아가 수온 안에서 이러한 정서적 작용을 처음부터 끝까지 관장하고 주관하는 것으로 믿는다. 보라색 엉겅퀴를 보라색 엉겅퀴로 지각하는 상온의 작용도, 즐거운 느낌을 주는 그 꽃을 꺾고 싶은 행온의 작용도, 끝내 그 꽃을 손으로 꺾는 색온의 작용도 그때마다 모두 원인과 조건 사이의 상호관계를 따라 일어나는 연기의 사건으로 인정하지 않고 5온의 더미 안에 자리 잡은 자아의 몫으로 돌린다.

요컨대, 이 형이상학적 사견은 실체적 자아가 5온 안에서 온갖 심리물리적 작용을 시종일관 관장하고 주재함으로써 비로소 그때마다 5온의 작용이 일어나는 것으로 믿는다. 다시 말해 5온의 작용을 이렇게 일으키는 것도 그 내부의 실체적 자아이고, 5온의 작용을 저렇게 멈추는 것도 그 내부의 실체적 자아라고 믿는다. 자아는 5온의 심리물리적 작용을 통솔하고 관장하고 지배한다는 의미에서 5온 속에서 5온을 다스리는 주재자의 지위로까지 격상된다. 이렇게 자아가 주재자의 지위를 차지하자마자 5온은 술어가 되는 반면에, 자아는 주어가 된다. 예컨대, 걷기의 운동이 일어날 때 이 사건에 빠진 범부는 내가 걷는다고 말한다. 범부로서는 내가 걷지 않고서는 걷기의 운동이 일어날 수 없다고 생각하지만, 실은 걷는 것도 원인과 조건 사이의 상호관계에 의지해 일어나는 색온의 작용일 뿐이다. 거기에 걷는 운동을 주재하는 실체적 자아로서 '나'는 없다. 그럼에도 '물질 가운데 내가 있다'라는 형이상학적 사견에서 보건대, 색온 안에서 머무는 실체적 자아가 이 색온의 작용을 매번 주재한다는 의미에서 이 자아가 주어로서 걷기의 운동을 주재하는 것으로 치부된다. 나머지 온의 경우에도 다를 바가 없다는 것은 더는 말할 필요가 없다.

뒤에서 밝히겠지만, 니체도 자아에 대한 이러한 형이상학적 사견을 주어-술어의 문법적 습관에서 창작된 허구의 시나리오에 지나지 않는 것으로 비판한다. 허구의 시나리오임에도, 예컨대 고전기 그리스 철학의 대표자인 아리스토텔레스나 중세 스콜라철학의 절정에 선 토마스 아퀴나스(Thomas Aquinas)가 이러한 사견을 대변한다. 인도의 철학계에서는 수론(數論)이 이러한 사견을 지지한다. 수론에서는 주장하기를, "정말로 자아가 있다. 행위는 반드시 행위자에 의존하기 때문이다. …… 천수의 걸음이 반드시 천수에 의존하는 것과 같다"[6]라고 한다. 이를테면 자아가 없이는 작용이 일어날 수가 없다는 이유에서 천수가 없이는 걷는 운동이 일어나지 않는다는 말인데, 이것은 실체적 자아를 온갖 심리물리적 작용의 주재자로 보는 형이상학적 사견에 지나지 않는다. 수론의 견해가 형이상학적 사견에 지나지 않는 것은 천수가 실체적 자아답게 실유하기는커녕, "행들의 상속에 대해 이러한 이름을 임시로 세운 것이기 때문이다".[7] 여기에서 놓쳐서는 안 될 것이 있다. 천수 등 이런저런 이름으로 불리는 범부만이 한갓된 명칭은 아니다. "이런 〔자아의 획득〕들은 세상의 일반적인 표현이며, 세상의 언어이며, 세상의 인습적 표현이며, 세상의 개념이다"[8]라는 붓다의 지적에서 보는 바와 같이, '나'로 지칭되는 실체적 자아조차 고작 세속의 인습적 표현에 불과하다. 5온 속으로 들어와 자리를 잡든지 5온 너머에서 군림하든지 간에, 실로 실체적 자아가 따로 영원히 자립하는 것은 아니다. 그것은 여러 가지 원인과 조건 사이의 상호관계를 따라 그때마다 발생하곤 하는 5온의 작용에 붙이는 인습적 명칭에 불과하다.

그럼에도 무명에 싸인 범부는 형이상학적 사견 등에 속아 5온이 곧 자아의 소유물이라거나, 자아의 울타리 안에서 5온이 보호를 받고 있다거나, 5온 안에 터를 잡은 자아가 5온의 작용을 이러저러한 방향에서 이러저러한 방식으로 제멋대로 일으키고 그렇게 조종한다고 믿는다. 어림하다시피 사실 이 세 가지 사견 사이에는 자아의 실체론적 지위와 기능이

---

6 세친, 『아비달마구사론』, 『대정신수대장경』, 제29권, 157쪽 중단. "決定有我. 事用必待事用者故.……如天授行必待天授."
7 같은 곳. "於諸行相續假立此名故."
8 각묵 스님 옮김, 『뿟타빠다 경』, 『디가 니까야』, 제1권, 초기불전연구원, 2006, 500~01쪽.

소유주, 보호자, 주재자 등으로 서서히 부상하면서, 5온의 유위법적 지위가 그만큼 낮아진다는 맥락에서 일종의 점층법이 서렸다. 따지고 보면, 5온과 자아 사이의 분리를 전제로 하지 않는 첫째 사견과 분리를 전제로 하는 남은 세 가지 사견 사이에도 점층법이 들어 있다. 첫째 사견의 경우에 5온의 작용에 의존해 실체적 자아를 짓는 반면에, 나머지 사견의 경우에는 5온의 작용과 상관없이 자아를 불변의 자기동일성에서 따로 자립하는 실체로 설치한다는 점에서 그렇다. 이렇게 네 가지 사견 전체에 걸쳐 점층법이 성립한다. 그런 만큼 분리를 전제로 하는 세 가지 사견 사이에서도 역시 점층법이 성립한다. 처음에는 자아가 영원성과 자립성 또는 불변의 자기동일성을 갖춘 소유주로 등장하고, 그다음에는 영원성과 불변의 자기동일성을 빌미로 5온을 지키고 비호하는 보호자의 행세를 하는 한편, 결국에는 5온의 주재자로까지 승격하게 된다. 이 넷째 사견에서 비로소 자아는 영원성과 자립성 또는 불변의 자기동일성을 갖춘 주재자의 형이상학적 지위를 점한다는 점에서 그 정점에 이르게 된다. 그러나 자아가 어떠한 형이상학적 지위를 차지하든지 간에, 그것은 5취온에 지나지 않는다. 그저 범부가 무명의 어둠 속에서 5취온에 불과한 것을 자아로 착각할 따름이다. 사실, 범부가 실체적 자아에 대한 이러한 그릇된 믿음을 버리지 않는 것은 다른 까닭이 있는 것이 아니다. 범부로서는 세간의 삶에서 결코 피할 수 없는 괴로움을 뜻대로 조종하기 위해서라도, 그예 괴로움 등 온갖 심리물리적 작용을 다스리는 주재자로 5온 안에서 자리하는 것으로 치부되는 형이상학적 자아에서 도움의 손길이 뻗치기를 갈구하지 않을 수 없기 때문이다.

  이것은 12연기설의 한 항목을 이루는 취착에 대한 분석에서 어루 알 수 있을 것이다. 12연기설에서 볼 때, 갈애를 조건으로 취착이 일어난다. 이 취착에는 네 가지가 있는데, 각각 욕취(欲取), 견취(見取), 계금취(戒禁取), 아어취(我語取)로 불리는 "감각적 쾌락에 대한 취착, 견해에 대한 취착, 미신적 관습에 대한 취착, 자아 이론에 대한 취착"[9] 등이 그 네 가지이다. 붓다고사는 주석하기를, 취착은 "움켜쥐는 특징"을 갖기에 움켜쥔 것을 결코 "놓지 않는 역할"[10]을 한다고 한다. 예컨대, 자아가 실체로 실유한다는 사견을 강하게 움켜쥐고 놓지 않는 것이 아어취이다. 그러나 이 아어취에서 "무엇을 주장하거나 취착하는가?"라는 물음에 "자아이다"[11]라고 답변하는 데에서 알 수 있는 것처럼, 아어취는 자아의 실유를 주장하는 사견을 움켜쥐는 것으로 그치지 않는다. 오히려 아어취는 그러한 사견에 대한 취착과 함께 결국 자아를 움켜쥐고 놓지 않는 취착의 작용으로까지 비화하고 만다. 여기에서 눈여겨보아야 할 것은 또 있는데, 네 가지 취착이 일어나는 순서에 대한 붓다고사의 견해이다. 그가 볼 때, "첫 번째로 자아의 교리에 대한 취착이, 그다음에는 견해, 계율과 의식, 감각적 욕망에 대한 취착이 일어난다".[12] 갈애가 쾌락이나 환락을 제공하는 즐거운 것을 즐기는 만큼 흔히들 갈애를 조건으로 욕취가 가장 먼저 일어날 것으로 생각할 것이다. 그러나 그렇지 않다. 아어취가 가장 먼저 일어나고 오히려 욕취는 가장 나중에 일어난다.

갈애를 조건으로 아어취가 가장 먼저 일어나는 이유를 밝히려면, 아어취를 괴로움의 문제와 관련해 해석해야 할 필요가 있다. 일단 욕애나 유애의 작용에서 범부가 낙수를 일으키는 즐거운 대상을 놓고 짜릿한 즐거움을 즐길 때, 낙수나 즐거움 및 그 대상의 변괴와 함께 괴고가 발생함으로써 괴로움에 젖는다. 무유애의 경우에도 그렇다. 당장 고수가 없어지도록 고수의 대상의 절멸을 갈구할 때, 도리어 고수의 소멸에 이어 거듭 고고가 습격함으로써 괴로움에 젖는다. 어떠한 갈애의 작용에서든지 간에, 그 끝은 오염된 괴로움이다. 즐거움의 가면을 쓴 갈애의 얼굴이 괴

---

9   전재성 역주, 『분별』, 『쌍윳따 니까야』, 제2권, 29쪽.

10 붓다고사, 대림 스님 옮김, 『청정도론』, 제3권, 47쪽.

11 같은 책, 138쪽.

12 같은 책, 140쪽. 자아의 교리에 대한 취착이 '아어취'이고, 견해에 대한 취착이 '견취'이고, 계율과 의식에 대한 취착이 '계금취'이고, 감각적 욕망에 대한 취착이 '욕취'이다.

로움이라면, 실로 아어취가 갈애를 조건으로 맨 먼저 발생한다는 것은 갈애의 끝에서 당하는 괴로움을 조건으로 발생한다는 의미로 석의해야 할 것이다. 이것은 "수행승들이여, 이처럼 괴로움이 있을 때 괴로움에 집착하고 괴로움에 탐착해 이와 같이 '이것이 나이고 이것이 세상이고 죽은 후에 항상하고, 견고하고, 영원하고, 불변하게 존재할 것이다'라는 견해를 일으킨다"[13]라는 붓다의 가르침에서 어루 헤아릴 수 있을 것이다. 이렇게 괴로움에 힘겨워할 때마다 매번 범부가 호소할 수 있는 것은 영원한 자아 이외에 달리 있을 수는 없다.

우선 괴고나 고고의 경우에 범부는 그러한 괴로움을 당할 때 5온 안에 자아가 있다는, 앞에서 거론된 넷째 사견을 취착한다. 그 이유는 간단하다. 자아가 형이상학적 주재자로 여겨지기 때문이다. 세간의 삶 어디에서도 괴로움을 피할 길이 없는 범부로서는, 자아가 5온 안에 터를 잡은 채 5온의 심리물리적 작용을 시종일관 지배하고 주재하듯이 괴로움마저 주재할 수 있으리라고 기대할 수밖에 없다. 3수와 3고가 수온의 범주에 포함되기에 더욱더 그렇다. 범부는 원인과 조건 사이의 상호관계를 좇아 낙수가 들자마자 오히려 그의 자아가 낙수를 일으키는 것으로 믿는다. 이렇게 자아를 낙수를 일으키는 주체로 믿기에 낙수가 지속할 수 있도록, 거꾸로 말해 소멸하지 않도록 자아가 그것을 주재하리라고 믿는다. 낙수에 대한 자아의 주재를 믿는 한에서, 범부는 낙수의 소멸이 끝내 괴고로까지 덧나지는 않을 것으로 기대한다. 욕애나 유애의 작용에서도 이러한 범부의 기대는 꺾이지 않는다. 낙수를 일으키는 대상에 대한 욕애나 유애의 작용에서 즐거움이 발생할 때, 즐거움을 일으키는 주체답게 자아가 즐거움을 주재하는 덕분에 즐거움이 무상하게 변괴하지 않고 지속하리라고 여긴다.

고고의 경우에도 범부의 기대는 결코 달라지지 않는다. 고수가 엄습하

---

13 전재성 역주, 『그것은 자아이다』, 『쌍윳따 니까야』, 제5권, 37쪽.

자마자 무유애의 작용에서 고수의 대상을 당장 그 자리에서 없애버리고자 헛되이 발버둥침으로써 도리어 거듭 괴로움을 당할 때, 역시 범부로서 믿을 것이라고는 주재자의 권능을 쥔 것으로 생각되는 자아밖에 없다. 설령 자아가 고수의 대상을 없애버리지는 못한다 하더라도, 적어도 자아가 고수를 일으키는 주체답게 역시 고수를 지배하고 주재하는 가운데 고고가 발생하지 않도록 당장 그 자리에서 고수를 싹둑 잘라내거나 이미 발생한 고고를 잘라낼 것으로 기대한다. 실로 괴로움이 기승을 부리면 부릴수록 자아를 거머쥐는 취착의 작용도 역시 그 이상으로 치성해지기 마련이다. 다름 아니라 이것이 자아에 대한 취착이다. 이러한 맥락에서 갈애를 조건으로 아어취가 일어나되, 결국에는 갈애가 일으키는 괴로움을 조건으로 아어취가 일어나는 것으로 보아야 할 것이다.

　이제 문제는 욕취이다. 물론, 붓다고사의 주석에서 볼 때 아어취 다음에 차례로 일어나는 취착은 각각 견취와 계금취와 욕취이다. 실체적 자아의 실유를 취착하는 아어취야말로 업(業)의 과보가 없다든가 보시가 필요 없다든가 하는 그 밖의 사견들을 양산하는 진원지이기에 그 뒤를 이어 견취가 일어나고, 또 자아가 영원하다는 사견과 함께 소나 개처럼 행동함으로써 영원한 자아가 하늘에서 태어날 것으로 믿기에 계금취가 일어난다. 그러나 괴로움의 문제와 관련해 중요한 것은 욕취이다. 세 가지 괴로움을 겪지 않도록 이렇게 자아가 괴로움을 몸소 다스리고 주재한다고 믿는다면, 범부는 5욕락 같은 감각적 즐거움을 즐기는 일만 남은 것으로 생각할 것이다. 비로소 범부는 자아를 괴로움과 즐거움을 다스리는 형이상학적 주재자로 내세우면서 거리낄 것 없이 즐거움을 향유하고자 달려들 것이다. 얼마든지 괴로움을 뒤로 젖혀두고 마음껏 즐거움을 누릴 수 있다고 믿는 것이 아어취에 빠진 범부의 망상이기 때문이다. 붓다고사는 욕취를 규정하기를, "대상이라 불리는 감각적 욕망을 취착하기 때문에 감각적 욕망에 대한 취착이라고 한다"[14]라고 한다. 여기에서 볼 수 있듯이, 아무리 욕애나 유애에서 누리는 즐거움이 잠시일 뿐이라

해도 욕애나 유애를 조건으로 기어이 욕취가 일어난다. 이미 거론한 것처럼 욕애나 유애가 낙수를 일으키는 대상에 대한 탐욕과 탐착인 한에서, 욕취도 역시 욕애나 유애에서 즐거움을 제공하는 낙수의 대상을 즐기면서 이 대상을 놓치지 않으려고 더욱더 세게 움켜쥐고 거머쥔다. 다름 아니라 이것이 욕취의 작용이다.

여기에서 잊어서는 안 될 것은, 욕취가 어쨌든 아어취 다음에 일어난다는 점이다. 말하자면 욕취의 작용에 '나'라는 주어가 기어이 끼어든다. 물론, 이것은 아어취의 작용에서도 마찬가지이다. 갈애의 끝에서 당하는 괴로움을 조건으로 아어취가 일어나자마자, '나'라는 주어가 출현한다. 아어취는 결국에는 자아에 대한 취착이기 때문이다. 가령 범부는 '나'가 없이는 괴로움을 주재할 수 없다는 그릇된 견해에서 '나'가 괴로움이 발생하지 못하도록 낙수나 고수를 지배한다고 믿는다. 범부는 역시 욕취의 작용에서도 그렇게 생각한다. 욕애나 유애를 조건으로 욕취가 일어날 때, 이러한 욕취의 발생을 두고 '나'가 즐거운 대상을 움켜잡고 그 즐거운 맛을 한껏 누리는 것으로 생각한다. 이렇게 낙수나 고수가 원인과 조건 사이의 상호관계를 따라 일어날 때, 도리어 그것을 '나'가 주재자답게 임의적으로 일으키는 것으로 여기는 것이 범부이다. 또 범부는 유애나 욕애의 작용에서 원인과 조건 사이의 상호관계를 좇아 일어나는 즐거움도 주재자로서 '나'가 일으키는 것으로 본다. 끝내 범부로서는 괴고나 고고 같은 괴로움과 5욕락 같은 즐거움을 멋대로 다스리는 '나'가 실체적 자아로 실유한다는 허황한 믿음을 버리지 못한다. 그러나 실망스럽게도 '나'에 대한 사견을 등에 지고 일어나는 욕취는 '나'가 즐거움을 조종하면서 마음껏 누리는 식으로는 전개되지 않는다. 오히려 "세상에 늙고 죽음을 일으키는 많은 종류의 괴로움, 이러한 괴로움이야말로 취착의 대상을 조건으로 하고 취착의 대상을 원인으로 하고 취착의 대상을 발

---

14 붓다고사, 대림 스님 옮김, 『청정도론』, 제3권, 137쪽.

생으로 하고 취착의 대상을 바탕으로 한다"[15]라는 가르침 그대로, 욕취의 끝은 역시 괴로움에 지나지 않는다.

그 까닭은 이미 밝혀졌다. 범부가 괴로움을 뒤로 물리고 즐거움을 실컷 즐길 생각으로 매번 의존하곤 하는 '나', 곧 실체적 자아는 5온의 심리물리적 작용에 붙이는 세간의 인습적 표현에 불과하기 때문이다. 자아가 5온의 작용을 떠나 자립하는 실체인 양 따로 실유하는 것은 아니다. 또한 자아가 5온 속으로 비집고 들어와 주재자답게 5온의 심리물리적 작용을 임의적으로 조종할 수 있는 것도 아니다. 실로 자아가 형이상학적 주재자답게 5온의 작용을 비롯해 온갖 괴로움과 즐거움을 멋대로 관장하고 지배하리라고 생각하는 것은 무명이나 갈애나 취착 등과 같은 번뇌에 속은 어리석은 범부의 망상에 지나지 않는다. 자아는 5온의 심리물리적 작용을 관장할 수 있는 유법(有法)이 아니라 그 심리물리적 작용에 아무런 인과적 영향력도 행사할 수 없는 무법(無法)일 뿐이다. "…… 만약 이 물질이 나라면 이 물질에 질병이 들 수가 없고 이 물질에 대해 '나의 물질은 이렇게 되어라. 나의 물질은 이렇게 되지 말라'라고 말할 수 있을 것이다. …… 물질은 내가 아니므로 …… 이 물질이 질병이 들 수가 있고 이 물질에 대해 '나의 물질은 이렇게 되어라. 나의 물질은 이렇게 되지 말라'라고 말할 수 없는 것이다."[16] 바로 이 예리한 지적에서 자아가 허구의 무법이라는 것이 입증된다. 적어도 '나'가 색온 속에서 형이상학적 주재자로서 실유한다면 색온의 작용을 자아의 뜻대로 이리저리 조작할 수 있겠지만, 실로 그렇지 않다. 이어지는 붓다의 지적을 보더라도, 나머지 수온, 상온, 행온, 식온의 경우에서도 역시 사정은 다르지 않다. 사실, 이 가르침만큼 자아의 허구를 있는 그대로 입증할 수 있는

---

15 전재성 역주, 『성찰』, 『쌍윳따 니까야』, 제2권, 302~03쪽.
16 전재성 역주, 『다섯』, 『쌍윳따 니까야』, 제4권, 178쪽. 이 경에서 '물질'은 5온 가운데 색온을 말한다.

가르침은 어디에서도 찾아볼 수 없다. 자아가 형이상학적 주재자의 권능으로써 그때마다 5온 하나하나의 작용을 놓고 '이렇게 되어라' 또는 '이렇게 되지 말라'라고 조작할 수는 없다는 점에서, 기껏해야 세간의 명칭이나 허구의 무법에 지나지 않는다는 것은 어김없다.

그럼에도 끝까지 '나'의 자아가 존재한다고 고집한다면, 예컨대 그런 사람은 눈을 감고도 앞에 우뚝 솟은 바위를 볼 수 있어야 할 것이다. 자아가 감긴 눈으로도 바위를 볼 수 있도록 얼마든지 임의적으로 시각작용을 일으킬 것이기 때문이다. 기어코 5온의 작용을 멋대로 다스릴 수 있는 자아가 있으리라고 믿는다면, 귀 옆에서 고막을 찢을 만큼 큰 총소리가 나더라도 자아가 귀의 청각작용이 일어나지 않도록 조작함으로써 아무런 소리도 들을 수 없어야 할 것이다. 즐거움이나 괴로움의 경우에도 그럴 것이다. 화롯불을 손으로 짚는 바람에 손이 타들어가더라도 자아가 고수는커녕 도리어 낙수가 들도록 조작함으로써 즐거움까지 누릴 수 있어야 할 것이다. 갈증에 시달리던 끝에 시원하게 차가운 물 한 잔을 마시더라도 오히려 자아가 고수가 들도록 조종함으로써 괴로움을 일으킬 수도 있어야 할 것이다. 말할 것도 없이 그와 같은 일은 누구에게도 결코 일어날 수 없다. 실체적 자아의 실유에 대한 믿음은 터무니없는 범부의 망상에 지나지 않는다. 결코 5온을 그때마다 멋대로 조종할 수 있는 실체적 자아가 있을 수 없다는 것은 논쟁에 능한 자이나교도 쌋짜까(Saccaka)의 실체론을 준엄하게 논파하는 붓다의 가르침에서도 유감없이 명쾌하게 밝혀진다.[17]

비로소 여기에서 무상한 것은 괴롭고 괴로운 것은 자아가 아니라는 취지로 설(說)해진, 맨 앞에서 인용된 정형구의 속뜻을 밝힐 수 있게 되었다. 실로 5온은 영원하지 않고 무상한 한에서, 보편적 행고를 위시해 그

---

17 이 점에 대해서는 전재성 역주, 『쌋짜까에 대한 작은 경』, 『맛지마 니까야』, 제2권, 88~107쪽 참조. 또한 권순홍, 『유식불교의 거울로 본 하이데거』, 383~86쪽 참조.

때마다 괴고나 고고를 부르기 마련이다. 이렇게 5온이 괴로움의 화살을 범부에게 그때마다 매번 쏜다면, 마땅히 그로서는 괴롭기 그지없는 5온을 자아로 삼지는 않을 것이다. 누구라도 괴로운 것을 자아로 여기지 않기 때문이다. 그 정형구를 겉으로 슬쩍 보더라도 이렇게 해석하는 것이 틀리지는 않을 것이다. 그러나 그 속내를 간과해서는 안 된다. 5온이 자아가 아닌 것은 그저 5온이 무상한 변화를 겪을 때마다 괴로움을 부르는 까닭만은 아니라는 말이다.

앞에서 밝힌 것처럼 범부는 갈애의 막바지에서 괴로움을 당할수록 오히려 자아를 취착한다. 괴로움의 늪에 빠진 범부가 자아에 대한 취착 끝에 그예 자아를 움켜잡고 거머쥐지만, 자아가 한갓된 신기루이기에 안타깝게도 그를 괴로움의 늪에서 건질 수는 없다. 역시 남는 것은 괴로울 뿐인 5온이다. 이렇게 괴로운 5온을 재차 자아로 삼을 수는 없을 것이다. 이를테면 괴로움을 벗어나기 위해 5온을 놓고 자아를 취착하지만, 취착된 자아가 실체이기는커녕 괴로움을 없앨 만한 주재자나 보호자의 권능이 없는 허구의 무법인 만큼 5온은 괴로운 5온으로 남을 뿐이지 행복한 자아가 될 수 없다는 말이다. 자아가 허구인 이상, 괴로운 5온은 자아가 없다. 요컨대, 괴로운 것은 자아가 아니다. 자아이기는커녕 오히려 무아일 뿐이다. 이렇게 괴로운 것이라는 주어와 자아가 아니라는 술어 사이에 자아에 대한 취착을 집어넣어 그 정형구를 이해하는 것이 옳을 것이다. 방금 인용한 경의 내용을 보더라도, 범부는 자아가 5온의 작용을 이리저리 조종함으로써 괴로움이 일어나지 않으리라는 그릇된 믿음에서 자아를 취착하기 때문이다.

2. 괴로움의 윤회(輪廻)와 열반(涅槃)

자아는 5온에 붙이는 말이나 허구에 불과하다. 그렇기에 자아를 5온

속에서 군림하는 형이상학적 주재자로 떠받들어도 안 되고, 또 5온을 조작해 그때마다 괴로움이나 즐거움을 다스릴 수 있는 권능이 있는 것으로 추켜세워도 안 된다. 괴로움을 피하려는 속셈에서 5온을 자아로 실체화한 다음, 그렇게 실체화된 자아에 매달려서는 안 된다. 오히려 "모든 순간에 무너지고 굳건함이 없기 때문에 지속되지 않는 것으로 명상한다. 보호하지 못하고 안전을 주지 못하기 때문에 보호가 없는 것으로 명상한다. 피난하기에 적당하지 않고 피난처를 찾는 사람에게 피난할 수 있는 역할을 하지 않기 때문에 피난처가 없는 것으로 명상한다"[18]라는 말대로, 5온을 그렇게 명상하면서 그것에 기생하는 자아를 보호자나 피난처나 주재자가 될 수 없는 허구의 무법으로 여실하게 꿰뚫어보아야 한다. 만약 어리석은 범부가 끝까지 자아를 형이상학적 주재자 또는 보호자나 피난처의 구실을 하는 견고한 성으로 생각한다면, 그에게 닥치는 것은 괴로움밖에 없을 것이다.

자아가 그야말로 신기루 같은 허구의 무법에 지나지 않는 이상, 자아의 성안으로 숨어든다 해도 범부로서는 5온의 무상한 변화에서 끝내 괴고, 고고, 행고 등 온갖 괴로움을 당할 수밖에 없다. "…… 이 세상에서 배우지 못한 범부들은 …… 물질을 '이것은 내 것이고 이것이야말로 나이며 이것은 나의 자아이다'라고 여긴다. 그러나 물질은 변화하고 달라진다. 물질이 변화하고 달라지는 것 때문에 그에게 우울, 슬픔, 고통, 불쾌, 절망이 생겨난다."[19] 색온의 경우에서만 그러한 것은 아니다. 수온, 상온, 행온, 식온 등 나머지 온의 작용을 두고 자아를 취착하는 한에서 5온의 무상성에서 우울, 슬픔, 고통, 불쾌, 절망 등과 같은 괴로움을 겪기는 매한가지이다. 『쌍윳따 니까야』의 『괴로움』 등과 같은 경에서 5온을 괴로움으로 단정하는 것도 다름 아니라 바로 이러한 까닭에서이다. "수

---

18 붓다고사, 대림 스님 옮김, 『청정도론』, 제3권, 229쪽.
19 전재성 역주, 『집착의 두려움 2』, 『쌍윳따 니까야』, 제4권, 62쪽.

행승들이여, 그대들이 그 자아 이론을 취하는 사람에게 우울, 슬픔, 고통, 근심, 불안이 생겨날 것 같지 않은 그러한 자아 이론에 집착하는 것은 당연하다. 그러나 그대들은 자아 이론을 취하는 사람에게 우울, 슬픔, 고통, 근심, 불안을 생겨나게 하지 않는 그러한 자아 이론을 실제로 본 적이 있는가?"[20]라는 붓다의 물음에 "세존이시여, 본 적이 없습니다"[21]라고 수행승들이 답하는 데에서 알 수 있는 것처럼, 실로 아어취와 함께하는 자아에 대한 취착이 괴로움을 없애고 즐거움을 선사하기는커녕 거꾸로 두 번, 세 번 거듭 괴로움의 화살을 날리면서 온갖 괴로움만을 더욱더 빈번히 조장한다는 것은 틀림없다.

이제 실체적 자아가 범부의 삶에서 괴로움이 일어나지 않도록 괴로움을 주재할 만한 권능이 없는 신기루에 지나지 않는다는 것이, 거꾸로 말해 범부로 하여금 즐거움을 실컷 누리도록 즐거움을 주재할 만한 권능이 없는 허구에 지나지 않는다는 것이 남김없이 밝혀졌다. 결국 범부로서는 세간의 삶에서 일어나는 오염된 괴로움을 피할 수 없다. 세간적 삶의 괴로움에 관한 한, 눈여겨보아야 할 것은 괴고와 고고보다는 행고이다. 괴고나 고고는 범부의 삶에서 일어날 때도 있고 일어나지 않을 때도 있는 특수한 괴로움이지만, 행고는 보편적 괴로움답게 처음부터 그의 삶을 점령해왔기 때문이다. 행고는 괴고나 고고와는 달리 어리석은 범부가 삶을 영위하면서 언제 어디에서나 겪을 수밖에 없는 보편적 괴로움이다.

행고의 보편성을 간추리면, 다음의 네 가지로 요약할 수 있다. 우선 괴고가 닥칠 때는 괴고를, 고고가 닥칠 때는 고고를 겪기는 하지만, 적어도 무상성을 시금석으로 삼아서 볼 때 괴고와 고고도 더욱더 날카로워진 행고의 변상이나 다름없다. 낙수의 대상에 대한 욕애나 유애의 작용으로 오염된 즐거움이 일어날 때, 이 즐거움마저 무상하기에 행고를 피할 수

---

20 전재성 역주, 『뱀에 대한 비유의 경』, 『맛지마 니까야』, 제1권, 453~54쪽.
21 같은 경, 『맛지마 니까야』, 제1권, 454쪽.

는 없다. 고수가 소멸하거나 고수의 대상에 대한 무유애의 작용에서 일어나는 고고가 사그라들 때 즐거움 같은 것을 누리기는 하겠지만, 역시 이 즐거움도 무상하기에 행고를 피할 수는 없다. 결국 무명, 갈애, 취착 등과 같은 유루법에 오염된 5취온이 찰나마다 생멸의 방식으로 변화를 겪는 내내, 범부는 세간의 삶 곳곳에서 행고를 피할 도리가 없다. 괴고나 고고를 당하지 않는 동안에도 무상성의 초침은 재깍재깍 돌아가기에, 범부로서 누구라도 행고를 피할 길은 없다. 범부에게 세간의 삶은 그야말로 시종일관 괴로움일 뿐이다.

안타깝게도 범부에게 삶이 단 한번밖에 허용된 것은 아니다. 범부는 지금 여기의 삶을 마무리하더라도 세세생생 거듭 윤회의 바퀴를 굴리지 않을 수 없다. 욕계의 도솔천과 같은 선처(善處)로 윤회하든지 지옥과 같은 악처(惡處)로 윤회하든지 간에, 그때마다 괴로움을 면할 수는 없다. 중요한 것은 무명과 갈애 같은 번뇌가 3고의 원인으로 괴로움을 일으키고 다시 괴로움이 번뇌를 범부에게 파종한다는 점이다. 다시 말해 세간의 삶에서 괴고, 고고, 행고를 겪을 때마다 번뇌가 범부에게 수면의 형태로 잠재하게 된다. "그 즐거운 느낌에 닿아 그것을 기뻐하고 환영하고 탐착하면, 탐욕에 대한 잠재적 경향이 잠재하게 된다. 그 괴로운 느낌에 닿아 슬퍼하고 우울해하고 비탄하고 가슴을 치고 통곡하고 미혹에 빠지면, 분노의 잠재적 경향이 잠재하게 된다. 즐겁지도 괴롭지도 않은 느낌에 닿아 그 느낌의 생성과 소멸과 유혹과 위험과 그것에서 벗어남을 있는 그대로 알지 못하면, 무명의 잠재적 경향이 잠재하게 된다."[22] 이렇게 세 가지 느낌의 유혹이나 위험에 노출된 채로 세 가지 괴로움을 당할 때마다 탐욕과 분노와 무명 등 3독(三毒)의 번뇌가 범부에게 수면의 형태로 잠복한다면, 범부의 삶은 세세생생 괴로움을 모면할 수 없을 것이다. "…… 탐욕에서 생긴 업과 성냄에서 생긴 업과 어리석음에서 생긴 업에

---

22 전재성 역주, 『여섯의 여섯에 대한 경』, 『맛지마 니까야』, 제5권, 467~68쪽.

의해 신들로 태어나거나 인간으로 태어나거나 어떤 다른 좋은 곳〔善處〕에 태어나는 것이 아니다. …… 탐욕에서 생긴 업과 성냄에서 생긴 업과 어리석음에서 생긴 업에 의해 지옥에 태어나고 축생의 모태에 태어나고 아귀계에 태어나고 다른 불행한 곳〔惡處〕에 태어난다"[23]라는 가르침에서 보는 것처럼, 탐진치(貪瞋癡) 3독은 적당한 조건을 만나자마자 현행해 불건전한 업을 짓도록 범부를 구동하는 한편, 그 업은 또한 괴로운 악처에 태어나도록 그리로 업식을 실어나른다. 설령 3독을 벗어나 윤리적으로 건전한 업을 짓고 공덕을 쌓아 인간 세상 같은 선처에 태어난다 해도, 악처에서 그렇듯이 보편적 행고 등 3고의 괴로움을 모면할 수는 없다. 윤회하는 한에서, 선처에서든지 악처에서든지 간에 괴로움이 세세생생 거듭 괴로움을 부른다는 것을 범부로서 모른 척 눈감아서는 안 된다.

이렇게 범부가 윤회의 바퀴를 굴릴 때마다 세세생생 괴로움을 면할 수는 없지만, 그렇다고 괴롭기 그지없는 세간적 삶의 실상 앞에서 무익한 비관주의나 허무주의를 한탄하며 절망할 것까지는 없다. 범부에게 괴로움의 독이 되는 무상성이 도리어 성자에게는 열반의 약이 된다는 사실에서 예측할 수 있듯이, 괴로움의 진실은 괴로움의 선포로 일방적으로 끝나는 것이 아니다. 괴로움은 삶의 진실이기는 하지만, 그 진실의 전부는 아니다. 그렇기에 삶이 괴롭다는 것은 삶을 부정하는 가운데 삶의 의지와 활력을 꺾어버리거나 무를 숭배하거나 하는 비관주의 또는 허무주의의 선포가 아니다. 괴로움의 실상을 빗대면서 고성제의 가르침을 비관주의나 허무주의의 맥락에서 삶을 부정하는, 괴로움에 지친 자들의 가녀린 목소리로 본다면, 이것은 4성제에 대한 크나큰 오해임이 틀림없다. 뒤에서 밝히겠지만, 실망스럽게도 니체가 그렇게 오해했다.

윤회를 거듭하면서 매번 맞닥뜨리는 삶이 괴로움일지언정, 도리어 괴로움의 진실은 범부에게 괴로움의 종식을, 다시 말해 청정하고 거룩한

---

23 대림 스님 옮김, 『인연경』, 『앙굿따라 니까야』, 제4권, 147쪽.

행복을 가리키는 이정표나 다름없다. 그것은 괴로움이 범부에게 우연히 닥친 것도 아니고 또 삶의 존재론적 현사실도 아니고, 그저 원인과 조건 사이의 상호성에서 발생하는 유위법적 현상이기 때문이다. 만약 우연한 것이라면, 괴로움을 종식시킬 수 있는 길이 없을 것이다. 우연인 한에서, 괴로움이 닥치지 않도록 미리 방비한다손 치더라도 아무 때에나 불쑥 찾아들 수도 있고, 거꾸로 문을 활짝 열고 어서 괴로움을 오라고 부르더라도 아예 오지 않을 수도 있기 때문이다. 이와 달리 괴로움이, 하이데거가 생각하는 것처럼 어찌할 수 없는 숙명인 양 인간에게 던져진 존재의 존재론적 현사실을 이룬다면, 번뇌를 여읜 성자일지라도 역시 괴로움을 종식시킬 수는 없을 것이다. 졸지에 괴로움은 범부에게서나 성자에게서나 그의 존재를 구성하는 존재론적 필연성이 되고 말기 때문이다. 그러나 괴로움은 우연성도 아니고 필연성도 아니다. 그저 그것은 무명, 갈애, 취착 등과 같은 번뇌를 원인으로 무상한 유위법에서 발생한다는 점에서 조건 지어진 것에 지나지 않는다.

이렇게 괴로움이 원인과 조건 사이의 상호성에서 조건 지어진 유위법적 현상인 한에서, 범부로서 누구라도 괴로움을 종식시킬 수 있다. 무엇보다 괴로움을 직접 일으키는 무명과 갈애 같은 번뇌를 뿌리째 뽑고 무상성을 열반의 약으로 삼아 얼마든지 괴로움을 종식시킬 수 있다. 세간의 삶에서 범부가 괴로움을 종식시킬 수 있다면, 괴로움으로 쓰러지기 전에 괴로움의 종식에 나서야 한다. "누구든지 여덟 가지 성스러운 길을 시도한다면, 그는 완전한 괴로움의 소멸에 이르는 여덟 가지 성스러운 길을 시도하는 것이다."[24] 바로 이 가르침을 따라 괴로움의 소멸에 이를 때까지 8정도의 청정한 길을 꿋꿋이 닦아나가야 한다. 지금 여기의 삶에서 정견(正見) 내지 정정(正定) 등 8정도를 닦아 괴로움을 종식시킬 때, 비로소 범부를 세세생생 괴로움에 빠뜨리는 윤회의 질곡에서 벗어날 수

---

24 전재성 역주, 『잃어버림』, 『쌍윳따 니까야』, 제8권, 71쪽.

있다는 것은 말할 나위가 없다. 삶의 어두운 밤에서 이렇게 누구에게나 여명이 밝아온다면, 괴로움과 괴로움의 윤회를 끝낼 수 있도록 누구나 정견 내지 "…… 정정을 계발하고 연마해 최종적으로 목적하던 바대로 탐진치를 제거하"[25]고자 나설 것이다.

알다시피 삶의 괴로움과 괴로움의 윤회를 종식시킨다는 것은, 탐진치 3독 같은 번뇌를 근절함으로써 열반을 성취한다는 뜻이다. 비로소 범부가 어떻게 괴로움을 끝내고 어디에서 청정한 행복을 얻을지는 밝혀진 셈이다. 세간의 삶이 무상하고 괴로울뿐더러 괴로움을 다스리고 조종할 수 있을 것으로 범부 사이에서 기대되던 실체적 자아조차 허구의 무법에 지나지 않는 이상, 어디에서 어떻게 삶의 괴로움을 종식시키고 청정한 행복을 얻을 것인지는 명약관화하다. 이 무상한 세간에는 집착할 만한 것도, 끌어안을 만한 것도, 미련을 둘 만한 것도, 환영할 만한 것도, 자랑할 만한 것도, 과시할 만한 것도, 의지할 만한 것도 있을 수 없다. 범부에게 괴로움이 죄다 종식된, 더할 나위 없는 "지복"[26]과 "안온"[27]을 안겨주는 것은 열반일 뿐이다. 실로 열반은 범부가 윤회할 때마다 빠져드는 괴로움의 바다에서 그를 건질 수 있는 "섬"[28]이고, 윤회하도록 범부를 구동하는 번뇌의 세력에서 그를 안전하게 지켜주는 "동굴"[29]이다. 범부가 괴로움에 떨면서 의탁해야 할 곳은 형이상학적 자아가 아니다. 한낱 말에 불과한 이상, 자아는 결코 보호자나 피난처나 주재자가 될 수 없다. 열반이야말로 범부의 5온에서 그때마다 괴로움을 일으키는 번뇌의 영향에서 범부를 안전하게 지켜주는 진정한 "피난처"[30]와 "귀의처"[31]가 된다.

25 *The Brahmin, The Connected Discourses of the Buddha: a New Translation of the Saṃyutta Nikāya*, p. 1526.

26 전재성 역주, 『지복』, 『쌍윳따 니까야』, 제7권, 410쪽.

27 전재성 역주, 『안온』, 『쌍윳따 니까야』, 제7권, 413쪽.

28 전재성 역주, 『섬』, 『쌍윳따 니까야』, 제7권, 454쪽.

29 전재성 역주, 『동굴』, 『쌍윳따 니까야』, 제7권, 457쪽.

30 전재성 역주, 『피난처』, 『쌍윳따 니까야』, 제7권, 461쪽.

이러한 맥락에서 귀 기울여 들어야 할 것은 자식의 동무들까지 동원해 완강하게 출가를 반대하던 부모에게서 죽음까지 각오한 끝에 어렵사리 허락을 구해 출가를 결행한 랏타빨라(Raṭṭhapāla)의 출가 동기이다. 그는 출가 동기를 놓고 말하기를, "'이 세상은 불안정하여 사라진다.' …… '이 세상은 피난처가 없고 보호자가 없다.' …… '이 세상은 나의 것이 없고 모든 것은 버려져야 한다.' …… '이 세상은 불완전하며 불만족스럽고 갈애의 노예상태이다'라고 아는 님, 보는 님, 거룩한 님, 올바로 원만히 깨달은 님인 세존께서 간략하게 첫 번째 진리에 대한 가르침을 설하셨는데, 저는 그것을 알고, 보고, 듣고, 집에서 집 없는 곳으로 출가했습니다"[32]라고 한다. 그는 툴라꼿티따(Thullakoṭṭhita)에서 가장 부유한 집안의 아들로 태어나 자란 만큼 부귀영화를 마음껏 누리고 살 수 있었겠지만, 갈애에 불타는 세간의 삶이 괴로움으로 얼룩졌을 뿐만 아니라 괴로움을 면할 수 있는 피난처나 괴로움에서 지켜줄 보호자가 없는 불안정한 것이라는 사실을 절절히 통감한 끝에 참된 귀의처와 피난처인 열반을 향해 청정한 삶의 길을 걸었다. 범부가 세간에서 삶을 산다 하더라도 랏타빨라의 길을 외면할 수 없는 것은, 예나 지금이나 위 없는 행복으로 열반이 있고 또 열반에 다다를 수 있는, 8정도와 같은 청정한 삶의 길이 그 앞에 활짝 트여 있는 까닭이다. 더는 망설이거나 주저할 까닭이 아무것도 없다. 세간에 있을망정, 누구라도 괴로움의 종식과 함께 환히 열리는 열반의 구경을 향해 발걸음을 당당하게 떼어야 할 것이다. 어디까지나 열반은 괴로울 뿐인 세간의 삶 너머에서 아른거리는 창백한 초월적 관념이기는커녕, 8정도의 청정한 길을 밟아감으로써 얼마든지 지금 이 자리에서 성취할 수 있는 여실한 삶의 구경이기 때문이다.

---

31 전재성 역주, 『귀의처』, 『쌍윳따 니까야』, 제7권, 464쪽.

32 전재성 역주, 『랏타빨라의 경』, 『맛지마 니까야』, 제3권, 410~11쪽.

제3부

※

불안과 4성제(四聖諦)

지금까지 고성제를 3고의 맥락에서 풀이했다. 또한 고성제를 풀이하면서 무상, 고, 무아의 정형구를 역시 밝게 해명했다. 세간의 삶에서 5취온의 범부가 예외 없이 다 괴로움을 겪지 않을 수 없다는 것이 고성제의 전언이다. 때때로 낙수의 발생이나 고수의 소멸에서 범부가 즐거움을 누리는 것을 볼 때, 범부에게 세간의 삶이 괴로움 일색이라는 고성제의 전언은 괴로움에 치우친, 과도한 비관주의적 견해가 아닌가 싶을 것이다. 물론, 이것은 고성제에 대한 간단한 오해일 뿐이다. 고성제 하나를 4성제에서 분리해 이렇게 비관주의적으로 오해해서는 안 된다. 고성제를 4성제의 유기적 맥락에서 구체적으로 조감한다면, 비관주의적 발언으로 오해하지는 않을 것이다.

설령 오해가 든다 하더라도, 고성제는 세간의 삶이 괴롭다는 것을 숨김없이 고백한다. 앞에서 밝힌 것처럼 범부는 즐거움에서조차 행고를 모면할 수 없다. 즐거움이 유위법답게 무상성의 포로에 지나지 않고 범부가 무명이나 갈애의 번뇌에 묶였기에 그렇다. "성자가 모든 3유와 즐거움 자체를 다 괴로움으로 관찰한다고 말해야 하는 것이 실로 이치상 마땅하다. 행고에서 볼 때, 행고와 동일한 뜻이기 때문이다. 그렇기에 괴로움을 놓고 진리로 삼지 즐거움은 아니다[1]라는 설일체유부의 견해를 보더라도, 고성제가 말 그대로 삶의 진리가 된다는 것은 부인할 수 없다. 물론, 낙수나 감각적 쾌락 등 즐거움이 나중에 괴고로 돌변하기 때문에 고성제가 삶의 진리로 승격하는 것으로 보아서는 안 된다. 오히려 3계 어디에서나 행고의 보편성이 미치지 않는 곳이 없기에, 고성제가 삶의 진리로 4성제에 자리한 것으로 보아야 한다.

하이데거의 실존론적 불안 담론의 경우에도 다를 것이 없다. 겁 많은 사람, 분주히 일에 몰두하는 사람, 내성적인 사람, 대담한 사람 등을 가리지 않고 "불안의 숨결은 현존재를 통해 부단히 떨린다"(제9권, p. 117). 겁 많은 사람이 불안의 숨결을 가장 잘 느낄 것 같지만, 하이데거가 볼 때 오히려 "가장 덜"(제9권, pp. 117~18) 느낀다. 겁 많은 사람은 어디에 처하든지 간에 두려움과 무서움 같은 공포의 기분에 가장 민감하기 때문이다. 물론, 공포에 가장 예민하게 반응한다고 해서 겁 많은 사람에게 아예 불안이 울리지 않는 것은 아니다. 불안의 숨결을 가장 적게 느낄망정 그에게서도 불안의 숨소리는 울린다. 공포에 질린 겁 많은 사람의 경우에 불안은 공포의 기분 밑에 부폐되었을 따름이다. 숨 돌릴 틈도 없이 일에 몰두하는 바람에 직장인에게 불안의 숨결이 "들리지 않는다"(제9권, p. 118) 하더라도, 역시 불안이 잠시 부폐되었을지언정 그를 떠나지는 않는다. 무슨 일을 앞에 두든지 간에 나서지 못하고 망설이곤 하는 내성적인 사람에게서라면, 불안의 숨결은 "가장 먼저"(제9권, p. 118) 울릴 것이다.

그 반대로 주저하지 않고 대뜸 일에 나서는 대담한 사람에게서는 "가장 확실히"(제9권, p. 118) 울릴 것이다. "대담한 사람의 불안은 기쁨이나

---

1 세친,『아비달마구사론』,『대정신수대장경』, 제29권, 114쪽 하단. "理實應言聖者觀察諸有及樂體皆是苦, 以就行苦同一味故, 由此立苦爲諦非樂."

편안한 목표지향적 활동의 기분 좋은 만족감과 대치되는 것을 허용하지 않는다"(제9권, p. 118). 그가 목표를 향해 가까이 다가가거나 목표를 성취할 때 기쁨이나 만족감이 그를 사로잡는다 하더라도, 불안이 기쁨이나 만족감과 대치하다가 꽁무니를 빼고 사라지는 것은 아니다. 그의 기쁨이나 만족감의 한가운데에서 여전히 불안의 숨소리가 가장 확실하게 울리기 마련이다. 누구에게서나 이렇게 불안이 숨을 쉬면서 살아간다. 설령 명랑, 쾌활, 기쁨, 즐거움, 만족감 등과 같은 유쾌한 기분 또는 낙수가 든다 해도, 불안은 그러한 기분과 대치하다가 이내 소멸하는 것이 아니다. 겉으로 드러난 유쾌한 기분 밑에서 소멸하기는커녕 불안은 고개를 숙인 채로 부폐되었을 따름이다.

그렇기에 유쾌한 기분에 하늘을 난다 해도 "불안은 거기에 있다"(제9권, p. 117). 고성제에서 보더라도 마찬가지이다. 유쾌한 기분에서조차 행고는 흐르되, 괴고를 향해 흐른다. 지금 마음에 가득 찬 기쁨, 행복과 같은 유쾌한 기분이 마음에서 불안이나 행고와 같은 그늘진 괴로움을 싹 씻어내는 것으로 본다면, 이것은 고작 "괴로움에 대해 행복이라는 인식의 전도, 마음의 전도, 견해의 전도"[2]에 지나지 않는다. 이러한 전도를 뒤로하고 "괴로움에 대해 괴로움이라는 바른 인식, 바른 마음, 바른 견해"[3]로 세계-내-존재의 '어떻게'와 세간의 삶을 관찰하면, 어디에서나 불안이나 행고와 같은 괴로움이 고개를 드는 것이 보일 것이다.

---

2 대림 스님 옮김, 『전도 경』, 『앙굿따라 니까야』, 제2권, 초기불전연구원, 2006, 159쪽.
3 같은 경, 『앙굿따라 니까야』, 제2권, 159~60쪽.

제9장

불안과 고성제(苦聖諦)

불안에 대한 하이데거의 실존론적 분석론이 고성제와 상통하는 것은 바로 이 지점에서이다. 다시 말해 불안의 기분과 함께 현존재가 내내 유정하게 존재하듯이, 범부는 세간의 삶에서 그때마다 3고를 모면할 수 없다. 일상적 공공성의 세계에서 현존재가 비본래적으로 실존할 때, 현존재는 항상 잠복한 불안과 동행하지 않을 수 없다. 현존재가 비본래성의 가능성을 취하는 것이 현존재에 대한 잠복한 불안의 은근한 저강도 위협 탓이기에 그렇다. 이와 달리 현존재가 본래성의 가능성을 선택하는 것은 죽음을 앞에 둔 근원적 불안의 고강도 위협 때문이다. 비본래적으로 존재하든지 본래적으로 존재하든지 간에, 현존재는 불안의 위협을 피할 수가 없다. 혹시라도 본래성이나 비본래성에 속하지 않는 무차별적 존재양태가 세계-내-존재로서 현존재에게 허용된다 하더라도, 불안의 그늘을 벗어날 수 있는 것은 아니다. 적어도 유정성에서 볼 때, 현존재에게는 존재 또는 실존이 곧 불안이기 때문이다.

범부의 괴로움도 마찬가지이다. 세간의 삶에서 범부가 겪는 괴로움이 그때마다 괴고, 고고, 행고 등 3고로 나뉘기는 하지만, 행고의 보편성

에 대한 설일체유부의 견해에서 보는 것처럼 사실 일체의 유루유위법이
다 행고이기에 괴로움인 것으로 보아야 한다. 실로 붓다는 수행승들에
게 "일체는 괴로운 것이다"[1]라고 천명한다. 예컨대, "시각도 괴로운 것이
며, 형상도 괴로운 것이며, 시각의식도 괴로운 것이며, 시각접촉도 괴로
운 것이며, 시각접촉을 조건으로 생겨나는 즐겁거나 괴롭거나, 즐겁지도
괴롭지도 않은 감수도 괴로운 것이다. …… 정신도 괴로운 것이며, 사물
도 괴로운 것이며, 정신의식도 괴로운 것이며, 정신접촉도 괴로운 것이
며, 정신접촉을 조건으로 생겨나는 즐겁거나 괴롭거나, 즐겁지도 괴롭지
도 않은 감수도 괴로운 것이다"[2]. 요컨대, 6근, 6경, 6식, 6촉, 6수 등 일체
가 다 괴롭다는 말이다. 이렇게 일체가 괴로운 것은, 설일체유부가 말하
듯이, 일체가 유루유위법으로서 모두 보편적 행고에 걸려들기 때문이다.

그렇기에 괴고나 고고로 귀착하기 전부터 낙수와 욕애나 유애의 즐거
움도, 나아가 고수와 무유애도 다 행고를 수반하지 않을 수 없다. 심지어
무명에 젖은 범부에게는 괴고나 고고도 무상하기에 행고의 거친 변상
에 지나지 않는다. 또한 고수나 고고의 소멸에서 일어나는 즐거움도 무
상하기에 행고일 뿐이다. 보광이 풀이하는 것처럼 "이치로 보아 실제로
는 일체의 유루행법이 행고이기에 괴로움이 된다"[3]. 낙수, 욕애, 유애, 쾌
락, 괴고, 고수, 무유애, 고고, 고고가 소멸할 때의 즐거움, 불고불낙수 등
이 모두 유루행법 또는 유루유위법인 한에서 언제나 행고를 통과한다.
그것은, "불고불낙수는 생멸하는 무상한 행이 고성이 된다"[4]라는 보광의
주석에서 헤아릴 수 있는 것처럼, 불고불낙수를 비롯해 낙수, 고수, 욕애,
유애, 무유애, 쾌락, 환락, 즐거움, 괴고, 고고, 행고 등 온갖 유루 '행'법은
예외 없이 다 그때마다 무상하게 생멸하는 유루유위법이라는 점에서 고

---

1 전재성 역주, 『괴로운 것』, 『쌍윳따 니까야』, 제6권, 127쪽.

2 같은 경, 『쌍윳따 니까야』, 제6권, 127~28쪽.

3 보광, 『구사론기』, 『대정신수대장경』, 제41권, 334쪽 상단. "理實一切諸有漏行行苦故苦."

4 같은 곳. "不苦不樂受由生滅無常行成苦性."

성을, 곧 행고성을 띠기에 그렇다. 낙수, 욕애나 유애의 쾌락이나 즐거움, 고고의 소멸의 즐거움도 행고성을 품은 씁쓸한 즐거움에 불과하다. 이렇게 유루유위법의 경우에 무상성은 행고성을 띤다. 솔직히 말해 괴고와 고고는 행고성의 유루행법에 갈애가 동참함으로써 일어나는 행고의 조대한 변상이나 다름없다. 이를테면 행고에 갈애가 동참할 때 일어나는 거칠어진 행고의 괴로움이 바로 괴고나 고고라는 말이다.

유루행법 가운데 주목해야 할 것은 5취온이다. 범부가 5취온에 붙인 인습적 표현에 지나지 않는다는 점에서 그렇다. 앞에서 설명했다시피 범부가 명사의 실체가 아니고 동사의 작용이기에, 곧 실체적 자아나 영혼이 아니고 무상한 5취온의 작용의 '어떻게'에 지나지 않기에 범부의 세간적 삶은 본디부터 행고성을 띤 것으로 보아야 한다. 하이데거의 술어로 말하면, 범부의 세계-내-존재 또는 세계-내-존재의 '어떻게'가 행고성을 띤다. 범부가 일상에서 소소하게 기쁨이나 행복감에 젖어 만족할 때도 행고는 거기에 있을 뿐이다. 거꾸로 범부가 뜻밖의 일로 절망이나 좌절, 실패를 당할 때도 행고는 거기에 있을 따름이다. 역시 하이데거의 어법으로 말하면, 기쁨, 행복, 만족, 절망, 좌절의 거친 기분 밑에 은미한 행고가 부폐된 것으로 보아야 한다.

이렇게 행고는 범부의 세간적 삶에서 보편적이다. 이와 마찬가지로 실존론적 불안은 세계-내-존재의 '어떻게'에서 보편적이다. 행고가 보편적인 것에 못지않게 실존론적 불안도 보편적이라는 점에서 하이데거의 불안 담론과 고성제는 서로 만난다. 불안이 괴로움의 양태인 만큼, 바로 괴로움의 보편성에서 불안과 3고의 괴로움이 이렇게 만난다. 만남으로 끝나는 것은 아니다. 놀랍게도 불안은 괴로움과 만나 상대의 얼굴에서 자신을 본다. 예컨대, 잠복한 불안은 행고에서, 근원적 불안은 고고에서 자신의 얼굴을 본다. 유루행법의 무상성이 행고성임은 밝혀졌다. 잠복한 불안은 다름 아니라 이렇게 행고의 발생 근거인 무상성에서 자신의 얼굴을 본다.

잠복한 불안은 과연 행고의 무상성과 어떻게 상통할까? 잠복한 불안의 경우에 현존재가 피투된 채 세계-내-존재로 존재한다는 현사실이 바로 불안거리를 이룬다. 문제는 현존재에게 존재가 존재수행의 동사라는 점이다. 존재의 현사실이 불안거리가 된다는 것은 피투된 채 세계에서 어떻게 존재할 것인가를 앞에 놓고 현존재가 불안해한다는 말이다. 만약 현존재가 형이상학적 실체라면, 어떻게 존재할 것인가를 앞에 놓고 불안해할 것은 없을 것이다. 마치 설계도가 제품의 기능을 처음부터 끝까지 미리 규정하는 것처럼, 인간 실체의 형상이나 본질이 바로 존재의 '어떻게'를 시종일관 미리 규정하기 때문이다.[5]

그러나 하이데거의 현존재는, 가령 아리스토텔레스의 인간과는 달리 형상도 없고 실체도 아니다. 형상(eidos)을 비롯해 "…… 본질(essentia), 하성(何性, Washeit)의 근본 개념은 우리가 현존재라고 부르는 존재자를 생각할 때 한층 더 문제된다"(제24권, pp. 169~70). 그런 만큼 현존재에게 본질이나 형상을 주입해서는 안 된다. 한마디로 현존재는 실체도 아니고 지성적 영혼과 같은 실체적 형상도 없다. 현존재는 지성적 영혼의 명령을 따라 미리 정해진 대로 존재하는 실체가 아니다. 레고 블록이 서로 결합하듯이, 육체와 굳게 결합한 실체적 영혼이 현존재는 아니다. 하이데거가 볼 때, "…… 인간의 》실체《는 영혼과 육체의 종합으로 본 정신이 아니고 **실존이다**"(SZ, p. 117).

또한 현존재는 실체적 자아, 이를테면 "태도와 체험의 변화에서 자신을 동일한 것으로 견지하면서 이러한 다양성에 관계하는 그러한 것"(SZ, p. 114)이 아니다. 현존재에게는 "체험의 다양성에서 자신을 견지하는 나(Ich)의 동일성"(SZ, p. 130), 곧 동일한 실체적 자아가 없다. 도리어 "현존재의 자기성은 형식적으로 **실존하는** 한 **방식**(eine Weise zu existieren)

---

5 형상이나 본질이 어떻게 인간의 존재를 규정하는지에 대해서는 권순홍, 『유식불교의 거울로 본 하이데거』, 47~52쪽 참조.

254 제3부 불안과 4성제(四聖諦)

으로 규정되었다. 곧 전재하는 존재자로 규정되지 않았다"(SZ, p. 267)라는 말에서 보이듯이, 현존재가 아무리 '나', '나'를 입에 달고 산다 하더라도 실체적 자아이기는커녕 그때마다 실존하는 방식에, 곧 실존의 '어떻게'에 지나지 않을 따름이다. 현존재를 실체적 영혼이나 자아로 보는 것은 한낱 전재자로 사물화하는 것이나 다름없다. 현존재는 전재자나 사물처럼 명사가 아니고 오히려 동사이다. 그렇기에 실존 또는 존재의 '어떻게'가 바로 현존재이고, 현존재는 실존 또는 존재의 '어떻게'이다.

현존재가 동사로서 존재 또는 실존의 '어떻게'인 이상, 현존재에게는 영혼이나 자아와 같은 실체적 근거나 존재자적 근거가 있을 수 없다. 이 뿐만이 아니다. "현존재가 현사실적으로 존재한다는 **사실**은 **왜**(*Warum*)라는 점에서 은폐되어 있을지 모르나 그 **사실 자체**는 현존재에게 개시되어 있다"(SZ, p. 276)라는 말에서 엿보이듯이, 하이데거는 현존재의 실존론적 존재론에서 초월적 종교의 입김을 처음부터 차단한다. 다시 말해 현존재의 현사실적 존재의 경우에, 존재자적 원인이 없다. 존재의 존재자적 원인이 있다면, 그것은 또한 존재의 존재자적 목적이 될 것이다. 그러나 현존재의 존재에는 최고 존재자 같은 존재자적 원인이 없다. 그렇기에 현존재에게는 어떻게 존재할지를 알리는 존재의 존재자적 목적도 없다. 게다가 현-존재 또는 세계-내-존재를 존재론적으로 가능하게 하는 근원적 시간 역시 탈근거의 근원적 현사실인 한에서, 현존재의 존재는 존재론적으로도 근거가 없다.

이렇게 현존재의 경우에 실체적 영혼이나 자아 같은 존재자적 근거도, 최고 존재자 같은 존재자적 원인이나 목적도, 존재론적 근거도 없다. 그럼에도 현존재가 피투된 채 세계의 열린 공간에서 존재한다는 것은, 그것도 현존재가 세계-내-존재의 '어떻게'로 존재한다는 것은 하나의 현사실이다. 이렇게 현존재에게 안팎으로 존재의 존재자적 근거도, 존재의 존재론적 근거도 없다면, 현존재는 존재하는 내내 어떻게 존재할까를 놓고 근심하거나 걱정하거나 하지 않을 수 없을 것이다. 아무런 보호자나 주재자도 없이, 어떠한 의지처나 피난처도 없이 존재의 '어떻게'를 혼자서 감당해야 한다면, 불안해지지 않을 사람이 없을 것이다. 현존재는 세계 어디에서도 존재자적으로나 존재론적으로 아무런 의지처도 확보하지 못한 채 존재의 '어떻게'를 온전히 혼자 떠맡아야 한다는 점에서 불안의 기분에 처할 수밖에 없다. 이렇게 현존재는 홀로된 개별자로서 존재의 '어떻게' 앞에서 불안해한다.

현존재에게 존재의 보호자나 의지처가 없다는 것은 세계에서 존재하면서 기대거나 위로가 될 만한 것이 없다는 뜻이기는 하지만, 여기에 그치지는 않는다. 앞에서 언급했다시피 그것은 또한 현존재의 존재에 자아나 영혼과 같은 존재자적 근거가 없다는 것을 뜻한다. 요컨대, 범부가 5취온의 작용의 '어떻게'로서 무아인 것처럼, 현존재에게는 불변의 동일한 실체적 자아나 영혼이 없다. 동일한 자아나 영혼이 없기에 현존재는 존재하되, 그때마다 전후 찰나에 걸쳐 다르게 존재한다. 한마디로 존재의 '어떻게'는 동사답게 동일한 것으로 관철되지 않고 그때마다 횡적으로 차이화하면서 변화한다. 그것도 현존재가 생물학적으로 태어나 생물학적으로 죽을 때까지 존재의 '어떻게'는 그때마다 변화한다. 사실, 하이데거가 현존재의 '근본 범주'가 '어떻게'라고 말할 때, 생물학적 탄생에서 죽음에 이르기까지 현존재의 존재가 불변하고 동일하기는커녕 그때마다 무상하게 변화하기 마련임을 고백한 셈이다.

현존재의 경우에 존재가 존재의 '어떻게'이고, 다시 존재의 '어떻게'는 생물학적으로 태어나 죽을 때까지 그때마다 횡적 차이화의 방식으로 변화한다. 불교의 맥락으로 돌아갈 때, 범부의 5취온이 그런 것처럼 현존재의 존재는 무상하다. 그것은 실체적 자아나 영혼이 없는 만큼 현존재의 존재가 5취온처럼 "일어나고 사라지고 변하는 성질을 가졌기 때문이다".[6] 생물학적 출생에서 죽음에 이르기까지 현존재의 존재는 상속무

---

6 붓다고사, 대림 스님 옮김, 『청정도론』, 제3권, 283쪽.

상(相續無常) 또는 일기무상(一期無常)을 겪는다. 그뿐더러 탄생과 죽음 사이에서 존재의 '어떻게'는 전후 찰나에 걸쳐 변화하고 달라지는 가운데 횡적으로 염념무상(念念無常) 또는 찰나무상(刹那無常)을 겪는다.

그러나 주목해야 할 것은 유루행법의 경우에 무상성이 바로 행고성이나 진배없다는 점이다. 잠복한 불안의 경우에도 사정은 마찬가지로 돌아간다. 현존재가 실체적 자아나 영혼과 같은 존재자적 근거 없이 현사실적으로 존재한다는 점에서 존재의 '어떻게'가 찰나마다 무상하게 변화한다고 방금 언급되었다. 잠복한 불안의 첫째 구조계기를, 곧 불안거리를 이루는 것은 현사실적 존재, 다름 아니라 전후 찰나에 걸쳐 횡적으로 차이화하는 현사실적 존재의 '어떻게', 즉 존재의 탈근거적 무상성이다. 불안의 기분을 존재론적으로 가능하게 하는 선천적 조건의 구실을 하는 것이 불안거리이다. 존재의 무상성은 잠복한 불안을 일어나도록 조건 짓는 선천적 가능성의 조건이나 다름없다. 행고의 맥락에서 볼 때, 존재의 무상성을 매개로 이렇게 잠복한 불안이 행고성과 연결된다. 그런 만큼 그 불안을 행고에 견주어보아도 무방할 것이다.

잠복한 불안의 셋째 구조계기는 불안해함이다. 바로 이 계기에서 현존재는 잠복한 불안의 유정성을 실존적으로 실감한다. 다시 말해 현존재는 불안해함의 계기에서 저강도의 섬뜩함이나 안절부절못함과 같은 잠복한 불안의 실존적 기분을 느낀다. 이러한 불안의 기분을 실존적으로 느끼는 내내 현존재는 잠복한 불안의 위협을 당한다. 한편, 행고는 범부에게 은근한 압박감이나 불안정성이나 불편함으로 나타난다. 범부가 5취온의 작용에서, 쉽게 말해 세간의 삶에서 미세한 만큼 행고를 당한다는 것을 알아차리기는 쉽지 않겠지만, 압박감이나 불안정성이나 불편함은 범부가 행고를 경험하는 양상이다. 사실, 행고가 은근하고 은미하다는 것은 잠복한 불안의 경우처럼 괴로움의 양상을 이루는 압박감, 불안정성, 불편함 등이 저강도임을 뜻한다.

저강도로 약화된 잠복한 불안의 두 기분과 행고의 은미한 양상을 서로 대조할 때, 불안의 섬뜩한 기분과 안절부절못하는 기분은 그럭저럭 행고의 양상과 상통한다. 불안하기는 하지만, 주변을 둘러보아도 어디에도 불안을 일으킬 만한 아무런 것이 없을 때 사람은 섬뜩해진다. 위협하는 것, "그것은 이미 》거기에《 있지만, 그럼에도 어디에도 없다. 그것은 사람의 숨을 막히게 하면서 압박할(beengt) 만큼 가까이 있으나, 그럼에도 어디에도 없다"(SZ, p. 186). 이러한 지경에서 사람이 느끼는 불안의 기분이 바로 섬뜩함이다. 현존재가 세계-내-존재로 실존할 때 일상적으로 접하는 세계내부적 존재자가 위협하는 것이라면, 예컨대 칼, 망치, 돌과 같은 용재자나 전재자가 위협하는 것이라면, 두려움이나 무서움과 같은 공포에 휩싸일 것이다. 세계내부적 존재자 가운데 어떠한 것도 위협하는 것이 아니고 또 어디에도 세계내부적으로 위협하는 것이 없음에도, 현존재는 섬뜩한 기분에서 불안해한다. 알다시피 그것은 존재의 '어떻게'의 무상성이 바로 불안거리를 이루는 까닭이다. 아무런 존재자적 근거나 존재론적 근거가 없기에 무상한 존재의 '어떻게'를 앞에 두고 현존재는 불안해한다. 이렇게 불안해하면서 현존재는 저강도의 섬뜩한 기분에서 은근한 압박감을 느낀다. 행고에 견줄 때, 섬뜩한 기분의 저강도 압박감은 존재의 무상성 또는 존재의 '어떻게'의 무상성 탓에 빚어진 것으로 볼 수 있다. 다시 강조하지만, 현존재가 저강도의 섬뜩한 기분에서 역시 저강도로 약화된 은근한 압박감을 겪는 것은 도처에서 세계내부적 존재자가 위협해서가 아니다. 그것은 그의 존재가 마치 큰 바위처럼 견고하고 안정되기는커녕 오히려 파르르 떨리는 문풍지처럼 무상해서이다. 은미한 행고의 압박감은 저강도로 약화된 잠복한 불안의 섬뜩한 기분 및 그 기분의 은근한 압박과 이렇게 통한다.

안절부절못하는 불안의 기분이 무엇인지는 하이데거가 드는 집의 비유에서 쉽게 알 수 있다. "안절부절못함"(Nicht-zuhause-sein)(SZ, p. 188)이라는 것은, 독일어 낱말 그대로 보면, '집(Zuhause, Haus)에 있지 않다'라는 뜻이다. 많은 사람에게 집처럼 편안하고 아늑하고 포근한 공간은 없다. 편안하고 포근한 집으로 비유되는 것은 세인의 공공적 세계이다. "안정된 자신감, 자명한 》편안함(Zuhause-sein)《을 현존재의 평균적 일상성으로 가져오는" 것이 바로 "세인의 일상적 공공성"(SZ, pp. 188~89)이기 때문이다. 집이 이렇게 안정감, 자신감, 편안함, 아늑함, 포근함 등을 제공하는 것을 보더라도, 집에서 쫓겨난 사람은 누구라도 다 안절부절못할 것이다. 안절부절못하는 불안의 기분은 집에서 쫓겨난 사람의 심정이나 다를 바가 없다.

잠복한 불안에 처한 동안, 현존재는 집에서 쫓겨난 사람처럼 안절부절못하는 기분을 겪는다. 물론, 잠복한 불안이 저강도의 불안이기에 안절부절못하는 기분은 집에 있는 것처럼 '편안하지' 않은 기분으로, 곧 저강도의 불편한 기분으로 낮추어보아야 한다. 저강도의 안절부절못하는 기분을 발을 동동 구를 정도로 초조해진 마음으로 보아서는 안 된다. 집으로 돌아가지 못하고 집 밖으로 떠도는 사람의 기분처럼 불편스러운 기분이, 곧 **"불편함"**(Un-zuhause)(SZ, p. 189)이 저강도로 약화된 안절부절못함의 기분이다. 잠복한 불안에서 불편한 기분을 느끼는 것은 일상적 현-존재가 찰나마다 변화의 높낮이를 들쑥날쑥하게 연출하는 무상한 존재의 '어떻게'이기 때문이다. 다시 말해 세인의 공공적 세계에서 "편안하고 친숙한 세계-내-존재"(SZ, p. 189)의 '어떻게'가 그때마다 들쑥날쑥하면서 무상하게 변화할 때, 끝내 그의 "일상적 친숙함이 무너질"(SZ, p. 189) 때 현존재는 불편한 불안의 기분을 실감한다. 바로 이 점에서 잠복한 불안의 불편한 기분은 행고의 불안정성이나 불편함과 통한다. 범부가 경험하는 은미한 행고의 불안정성은 세간의 삶 또는 5취온의 작용에서 막연히 느끼는 불편함에 지나지 않기 때문이다. 물론, 불안정성을 놓고 가령 지진으로 기울어진 고층건물을 연상해서는 안 된다. 행고는 5취온의 무상한 변화가 부르는 은미한 저강도의 괴로움에 불과하다. 앞에서 슬쩍 말했다시피, 예컨대 노인은 몸의 무상한 변화에서 출처를 알 수 없는 불안감이나 우울감을 막연히 느낄 때가 있다. 노인의 막연한 불안감 또는 우울감은 바로 몸의 불안정성이나 불편함이, 곧 은미한 저강도의 신체적 행고가 심리적으로 표출된 현상으로 보아야 한다.

잠복한 불안을 이렇게 행고에 견줄 수 있다면, 이제 근원적 불안은 고고에 견줄 수 있다. 죽음으로의 피투성은 근원적 불안의 불안거리이다. 하이데거가 볼 때, 현존재가 현사실적으로 존재하도록 세계로 피투되었다는 것은 죽음으로 피투되었다는 것이나 다름없다. 현존재의 경우, 존재의 현사실은 죽음의 현사실과 구조적으로 통일된다. 이 둘은 레고 블록처럼 조잡하게 결합된 것이 아니다. 별개의 현상으로 결합되었다면 존재와 죽음은 얼마든지 쉽게 분해될 것이다. 그러나 현존재에게 현사실적 존재와 현사실적 죽음은 분해될 수 없도록 구조적으로 통일된 것으로 보아야 한다. 해체될 수 없는 둘의 구조적 통일성이 '죽음을 향한 존재'라는 하이데거의 고유한 술어에서 확연히 밝혀진다. 현존재가 현사실적으로 존재한다는 것은 곧 현존재가 죽음을 향해 존재한다는 것이고, 그 반대도 마찬가지이다.

현존재가 피투된 세계-내-존재로서 죽음을 향해 존재할 때, 현존재는 죽음을 앞에 두고 불안해하기 마련이다. 가령 머릿속으로라도 자신의 죽음을 현재화하는 등 그렇게 죽음과 직면할 때, 누구라도 섬뜩한 기분이나 안절부절못하는 기분을 느낄 것이다. 현존재는 이렇게 죽음을 앞에 둔 근원적 불안의 유정성에서 고강도의 섬뜩한 기분과 안절부절못하는 기분을 실감한다. 다시 말해 현존재는 불안해함의 계기에서 두 기분의 고강도 위협을 당한다. 눈여겨보아야 할 것은 현존재를 위협하는 근원적 불안의 두 기분이 고수에 해당한다는 점이다. 두 기분을 유쾌한 기분, 곧 낙수로 볼 사람은 아무도 없다. 불쾌한 고수의 위협이 닥치면, 누구라도 화들짝 놀라 고수의 대상에 대한 무유애를 일으키면서 회피하려 할 것이다.

그러나 하이데거는 그렇게 보지 않는다. 오히려 불안해함의 계기에서 밀어닥치는 두 기분의 위협을 가슴을 활짝 열고 반가운 손님처럼 맞이해야 할 것으로 본다. "종말을 향한 존재는 그 위협을 견디어내야 하며, 그것을 차단하기는커녕 확실성의 불확정성을 연마해야 한다"(SZ, p. 265). 종말을 향한 존재로서, 곧 죽음을 향한 존재로서 죽음을 앞에 두고 불안해하는 현존재는 죽음의 확실성과 불확정성을 세인이 그러하듯이 부폐해서는 안 되고, 견디기 힘들더라도 도리어 연마해야 한다. 솔직히 말해 불안의 위협을 차단하거나 감소하기는커녕 확실성의 불확정성을 연마해서라도 더욱더 크게 증강해야 한다. 그 까닭은 이미 앞에서 해명되었다. 근원적 불안의 두 기분이 현존재에게 고강도의 위협을 가한다는 것은 죽음으로 선구하도록 그를 추동하는 것이나 다름없기 때문이다. 정념이나 감정이 사람을 행동하도록 견인하는 힘인 것처럼, 근원적 불안의 두 기분은 죽음으로의 선구를 추동하는 고강도의 힘이다. 하이데거가 **"…… 가장 고유한, 개별화된 현존재의 존재에서 치솟는 현존재 자신에 대한 단적인 끊임없는 위협을 열린 채 견딜 수 있는 유정성은 불안이다"** (SZ, pp. 265~66)라고까지 역설하면서 불쾌하고 고약스러운 불안의 기분을 두둔하는 것은, 현존재가 근원적 불안의 고강도 위협을 견디는 가운데 그 힘을 받아들이지 않고서는 죽음으로 선구할 수 없기 때문이다. 환언하면, 그것은 근원적 불안의 고강도 위협을 견디면서 힘을 흡수하지 않고서는 현존재가 본래적 전체성의 방식에서 근원적으로 실존할 수 없기 때문이다.

고고에서 볼 때, 죽음을 머릿속으로 그리는 등 현재화할 경우에 고수의 화살을 맞는다. 문제는 첫 번째 화살을 맞는 것으로 그치지 않고 이어서 두 번, 세 번 더 맞는다는 점이다. 근원적 불안의 섬뜩함이나 안절부절못함은 고강도의 고수이다. 죽음에 대한 현재화에서 첫 번째 화살을 맞은 현존재가 피하기는커녕, 근원적 불안의 괴로움을 견디는 가운데 죽음으로 선구함으로써 두 번, 세 번 섬뜩한 기분이나 안절부절못하는 기분의 화살을 더 맞아야 한다. 본래적·전체적 실존의 근원성을 획득하기 위해 현존재는 어쩔 수 없이 고고의 거친 괴로움을 달게 견디어야 한다.

죽음에 직면해 불안해하는 현존재가 근원적 방식으로 실존하기 위해 죽음으로 선구하는 것은 고강도의 고고를 겪는 것이나 진배없다. 이렇게 근원적 불안의 두 기분의 고강도 위협은 고고와 상통한다.

여담이지만, 하이데거의 실존론적 불안 담론에서 3법인(三法印)이 연상되는 것은 당연하다.『법구경』의 '길의 품'에 나오는 대로 3법인을 잡으면, 현존재의 존재는 3법인에 근접한 것으로 볼 수 있다. "'일체의 형성된 것은 무상하다'라고 지혜로 본다면, 괴로움에서 벗어나니 이것이 청정의 길이다. '일체의 형성된 것은 괴롭다'라고 지혜로 본다면, 괴로움에서 벗어나니 이것이 청정의 길이다. '일체의 사실은 실체가 없다'라고 지혜로 본다면, 괴로움에서 벗어나니 이것이 청정의 길이다."[7] 이렇게 제행무상(諸行無常), 일체개고(一切皆苦), 제법무아(諸法無我)를 3법인으로 잡는다면, 일단 현존재의 존재가 안팎으로 실체적 근거나 존재자적 근거에 의지하지 못한 채 탄생에서 죽음에 이르기까지 찰나마다 변화한다는 점에서 제행무상의 근삿값이 엿보인다. 또한 현존재가 어떠한 형태로 실존하든지 간에, 잠복한 불안과 근원적 불안의 기분에서 내내 괴로움을 겪는 만큼 일체개고의 근삿값이 드러난다. 끝으로 현존재에게 괴로움을 다스릴 수 있는 실체적 자아가 없기에 제법무아의 근삿값이 엿보인다. 물론, 현존재의 존재가 3법인에 한 치의 오차도 없이 적중하는 것은 아니다. 그저 3법인의 근삿값을 드러낼 뿐이다. 그것은 하이데거가 현존재의 실존론적 존재론에서 연기의 원리를 채택하지 않고, 우주 만법의 시발점을 물에서 찾은 탈레스(Thales) 이래 서양 사유의 유구한 전통에서 여러 차례 변주되면서 흘러온 선천주의를 고수하는 까닭이다.

두 불안을 각각 행고와 고고에 견주었지만, 사정은 역시 마찬가지이다. 잠복한 불안이 행고에, 근원적 불안이 고고에 한 치의 오차도 없이 곧이곧대로 적중하는 것은 아니다. 사실, 죽음으로의 선구를 구동하는

---

7 전재성 역주,『법구경-담마파다』, 한국빠알리성전협회, 2008, 171~72쪽.

근원적 불안의 경우는 더욱더 미심쩍다. 알다시피 범부의 경우에 "괴로운 느낌에 접촉해 그가 감각적 쾌락에서 즐거움을 구한다"[8]라는 것은 분명하다. 고수를 당하자마자 어떻게 해서든지 즐거움을 구하고자 하는 것은 배우지 못한 범부로서 당연한 반응이다. 그것은 "배우지 못한 범부가 감각적 쾌락 이외에 괴로운 느낌에서 벗어날 수 있는 길을 알지 못하기 때문이다".[9] 설령 즐거움을 구하지는 못할지라도, 범부로서 적어도 고수를 회피하고자 할 것이다. 그러나 이상하게도 하이데거의 현존재는 그렇지 않다. 불안해하는 가운데 현존재는 실존의 근원성을 쟁취한다는 명분으로 정반대로 두 번, 세 번 거듭 고고의 화살을 향해 가슴을 활짝 편다. 이것은 쉽게 납득하기가 어려운 견해이다. 하이데거가 "⋯⋯ 실존론적으로 》가능한《 이와 같은 죽음을 향한 존재는 실존적으로는 터무니없는 기대로 남을 뿐이다"(SZ, p. 266)라고 말하면서 한 발 뒤로 빼는 것도 다 그러한 이유에서이다. 물론, 하이데거가 양심 현상에 실마리를 둔 현존재의 선구하는 결단성에서 죽음을 향한 존재의 실존적 증거를 제시하기는 한다. 그럼에도 이론적으로는 가능하지만 현실적으로는 불가능할지 모른다고 말하면서까지, 왜 하이데거가 현존재를 고고의 구렁텅이에 빠뜨리는지는 여전히 갑갑할 것이다. 머지않아 그 내막이 밝혀질 것이다. 그 덕분에 중간 물음의 의구심도 함께 풀릴 것이다.

무엇보다도 현존재의 불안과 범부의 괴로움 사이가 어그러지는 것은 괴로움의 근본적 축을 이루는 번뇌에서이다. 앞에서 밝혀진 것처럼 괴로움의 규정 근거는 둘이다. 무상성과 번뇌 또는 유위법의 무상성과 유루법의 번뇌이다. 무상성은 괴로움의 발생 근거이고, 번뇌는 괴로움의 발생 원인이다. 괴고의 경우, 낙수, 욕애나 유애의 즐거움이 생겨나 무상하

---

8 *The Dart, The Connected Discourses of the Buddha: A New Translation of the Saṃyutta Nikāya*, p. 1264.
9 같은 곳.

게 사라지는 바람에 즐거움이 돌연히 괴로움으로 굴러떨어진다. 고고의 경우, 고수가 소멸할 때 그 반작용으로 즐거움이 발생하는 만큼 무상성이 고고의 발생 근거가 될 수 없을 것으로 생각할 수도 있다. 그러나 그렇지 않다. 혐오스러울 정도로 마음에 들지 않는 고수의 대상이 당장 눈앞에서 없어지기를 애타게 바라는 무유애의 작용에도 오히려 그 대상이 떡 버티는 동안에 두 번, 세 번 거듭 고수의 화살을 맞는 것은 첫 번째 고수가 이내 무상하게 소멸했기 때문이다. 첫 번째의 고수가 사라지지 않고서는 두 번, 세 번, 네 번 등 다음의 고수가 발생할 수는 없다는 점에서, 다시 말해 고고가 발생할 수 없다는 점에서 고고의 경우에도 무상성은 괴로움의 발생 근거가 된다. 물론, 첫 번째의 고수가 소멸할 때 즐거움이 일어나는 대신에 두 번, 세 번 고수가 고고의 얼굴로 등장하는 것은 고수의 대상에 대한 무유애의 작용 탓이다. 행고의 경우에는 더 말할 필요가 없다. 예컨대, 범부가 5취온으로서 행고를 겪는 것은 5온이 동사답게 무상하게 생멸하고 변화하기 때문이다.

여기에서 잊지 말아야 할 것은 무상하다고 해서 다 괴로움을 빚는 것은 아니라는 점이다. 번뇌는 괴로움의 또 다른 규정 근거이다. 무상성에 무명이나 갈애와 같은 번뇌가 끼어들 때나 비로소 괴로움이 발생한다. 방금 말한 것처럼 번뇌는 유위법의 무상성에서 괴로움을 일으키는 원인의 지위를 차지한다. 갈애나 무명과 같은 번뇌가 개입하지 않으면, 3수와 같은 무상한 유위법적 현상이 괴로움으로 귀착하지는 않는다. 그저 3수는 무상한 유위법답게 무상하게 생멸할 따름이다. 그럼에도 3수와 같은 유위법의 무상성에서 괴로움이 일어난다면, 그것은 무명이나 갈애 등 유루법의 번뇌 탓이다.

괴로움의 발생과 관련해 결코 빠뜨려서 안 되는 것은 어디까지나 번뇌가 괴로움의 발생 원인이라는 점이다. 이 점에서 번뇌에 시달리는 범부와 번뇌를 여읜 성자는, 예컨대 똑같은 고수를 겪는다 해도 태도를 달리한다. "…… 배우지 못한 범부는 괴로운 감수와 접촉하면 우울해하고 피로해하며 슬퍼하고 통곡하며 미혹에 빠진다. 그는 신체적이고 정신적인 두 가지 종류의 고통을 느낀다."[10] 신체적 고통이 첫 번째 고수의 화살이라면, 정신적 고통은 고수의 화살을 날린 대상에 대한 무유애로 인해 겪는 두 번째 고수의 화살, 곧 고고이다. 이렇게 범부가 무유애에 빠져 거듭 고수의 화살을 맞는 것은 "…… 그들 감수의 생성과 소멸과 유혹과 위험과 그것에서 벗어남에 관해 여실하게 알지 못하기"[11] 때문이다.

이와 달리 "…… 잘 배운 고귀한 제자는 괴로운 감수와 접촉해도 우울해하지 않고 피로해하지 않으며 슬퍼하지 않고 통곡하지 않으며 미혹에 빠지지 않는다. 그는 신체적이지만, 정신적이지 않은 단 한 가지 종류의 고통을 느낀다".[12] 번뇌를 여읜 거룩한 제자도 돌부리에 차여 넘어질 때 그러한 것처럼 첫 번째 고수의 화살을 맞아 신체적 고통을 당하지만, 기어코 두 번째 고수의 화살까지 맞아 고고를 겪지는 않는다. "…… 그들 감수의 생성과 소멸과 유혹과 위험과 그것에서 벗어남에 관해 여실하게 안다"[13]라는 점에서, 그는 고수의 대상에 대한 무유애를 일으키지 않기 때문이다. 낙수와 불고불낙수의 경우에서도 배우지 못한 범부와 지혜로운 제자는 고수의 경우에서처럼 서로 다른 반응을 보인다. 범부가 낙수의 대상에 대한 유애나 욕애 및 불고불낙수의 무상성에 대한 무명에서 괴고와 행고를 겪는다면, 성자는 낙수나 불고불낙수를 그 무상성에서 여실하게 꿰뚫어보는 가운데 그렇게 낙수나 불고불낙수를 무상성에서 경험할 뿐이다.

사람이 5온의 작용의 '어떻게'인 이상, 살아가면서 범부도, 성자도 가릴 것 없이 똑같이 낙수나 불고불낙수를 겪는 한편, 고수마저 겪기 마련이다. 다만 범부는 번뇌의 세력에 휘둘리는 5취온의 작용의 '어떻게'로

---

10 전재성 역주, 『화살로서』, 『쌍윳따 니까야』, 제7권, 33쪽.
11 같은 경, 『쌍윳따 니까야』, 제7권, 34쪽. '감수'는 '수', 곧 느낌을 말한다.
12 같은 곳.
13 같은 경, 『쌍윳따 니까야』, 제7권, 35쪽.

서 그예 두 번째의 화살까지 맞아 고고를 당하지만, 아라한과 같은 성자는 그저 청정해진 5온의 작용의 '어떻게'로서 첫 번째 고수의 화살만 맞는다. 범부나 성자나 다 5온의 작용으로서 3수를 경험하는 것은 피차 마찬가지이다. 그러나 무명이나 갈애 같은 번뇌의 세력이 5온의 작용에 영향을 끼치는 바람에 5취온의 범부는, 5온의 성자와는 달리 3수에다가 3고까지 당하기 마련이다. 이렇게 5온이 유위법답게 무상하다고 해서 다 오염된 괴로움에 사로잡히는 것은 아니다. 번뇌의 세력권에 든 5취온의 범부나 3고와 같은 괴로움을 겪을 뿐이다.

안타까운 것은 현존재의 실존론적 존재론에 번뇌에 대한 통찰이 없다는 점이다. 잘 알다시피 "몸과 마음의 상속을 어지럽게 괴롭히고 두루 괴롭히기에 번뇌라고 한다".[14] 찰나마다 상속(相續) 중인 5온을 이렇게 괴롭히는 번뇌는 적지 않다. 설일체유부에 의하면, 탐(貪), 진(瞋), 만(慢), 무명, 견(見), 의(疑) 등이 근본 번뇌에 해당한다. 또한 대번뇌지법(大煩惱地法)의 심소(心所)에 속하는 혼침(惛沈)과 도거(掉擧), 대불선지법(大不善地法)의 심소에 속하는 무참(無慚)과 무괴(無愧), 소번뇌지법(小煩惱地法)의 심소에 속하는 분(忿), 부(覆), 간(慳), 질(嫉), 뇌(惱), 해(害), 한(恨), 첨(諂), 광(誑), 교(憍) 및 부정지법(不定地法)의 심소에 속하는 수면(睡眠)과 악작(惡作) 등이 지말 번뇌에 해당한다.[15] 간과해서는 안 될 것은 근본 번뇌의 기능이다. 근본 번뇌는 "첫째로 근본을 단단히 굳히고, 둘째로 상속을 일으키고, 셋째로 자신의 밭을 다스리고, 넷째로 등류(等流)를 인기하고, 다섯째로 업유(業有)를 일으키고, 여섯째로 자구(自具)를 포

---

14 색건타라(塞建陀羅), 『입아비달마론』, 『대정신수대장경』, 제28권, 984쪽 상단. "煩亂遍惱身心相續故名煩惱."

15 여섯 가지의 근본 번뇌와 그 번뇌에서 파생되는 나머지 모든 지말 번뇌에 대한 자세한 설명으로는 권오민, 『아비달마불교』, 192~97, 204~07쪽 참조. 또한 김동화, 『구사학-소승불교의 유철학사상』, 254~60, 270~71쪽 참조. 김동화는 대번뇌지법의 심소에 속하는 방일(放逸), 불신(不信), 해태(懈怠)를 지말 번뇌에 포함한다(같은 책, 270쪽 참조).

섭하고, 일곱째로 소연(所緣)에 미혹하게 하고, 여덟째로 식의 흐름을 이끌고, 아홉째로 선품(善品)과 멀어지게 하고, 열째로 널리 속박하는 뜻이 있다".[16]

열거된 근본 번뇌의 기능 가운데 지금의 맥락에서 중요한 것은 다섯째 기능이다. 다름 아니라 근본 번뇌가 "후유(後有)를 초래할 수 있는 업을 일으키기 때문이다".[17] 범부는 번뇌로 말미암아 업을 짓고, 지은 업이 다시 욕유(欲有), 색유(色有), 무색유(無色有) 등 3유(三有)의 과보를 부름으로써 3계(三界) 9지(九地) 5취(五趣)에서 윤회를 거듭한다. 요컨대, "이 수면(隨眠)이 모든 3유의 근본이기에, 업은 이 수면을 떠나서는 유의 과보를 일으킬 수 있는 공능이 없게 된다".[18] 번뇌는 그 의미 그대로 범부의 몸과 마음을 괴롭히는 만큼 괴로움의 규정 근거가 된다. 또한 번뇌는 범부로 하여금 업을 짓게 하는 힘인 한편, 지은 업으로 하여금 3유의 과보를 초래하게 하는 힘이기도 하다. 열 가지 기능 가운데 4성제와 관련해 잊어서는 안 되는 것은 역시 번뇌가 3유의 과보를 일으키는 힘이라는 점

---

16 세친, 『아비달마구사론』, 『대정신수대장경』, 제29권, 98쪽 중단. "一堅根本, 二立相續, 三治自田, 四引等流, 五發業有, 六攝自具, 七迷所緣, 八導識流, 九越善品, 十廣縛義." 근본 번뇌의 열 가지 기능에 대한 자세한 설명으로는 권오민, 『아비달마불교』, 193쪽 참조.

17 보광, 『구사론기』, 『대정신수대장경』, 제41권, 291쪽 중단. "發起能招後有業故."

18 같은 책, 『대정신수대장경』, 제41권, 291쪽 상단. "由此隨眠是諸三有根本故, 業離此隨眠 無感有果功能." 설일체유부에서는 근본 번뇌를 수면(隨眠)이라고 부른다. 수면의 뜻은 넷으로 추릴 수 있다. "첫째, 이것은 미세한 것이다. …… 그 작용이 너무나 미세하여 인식하기 어렵기 때문이다. 둘째, 이것은 대상과 그 밖의 온갖 의식작용(심소)에 따라 증장하고 다시 그것을 증장시키기 때문에 수증(隨增)의 뜻을 갖는다. 셋째, 이것은 시작도 없는 아득한 옛날부터 심신(5온)의 상속 중에서 일어나 항상 그것을 쫓아다니면서 허물을 낳기 때문에 수축(隨逐)의 뜻을 갖는다. 넷째, 이것은 가행도(준비 단계의 수행도)로써 생겨나지 않게 하더라도, 혹은 아무리 노력하여 그 생기를 막더라도 시시때때로 일어나 심신의 상속을 속박하기 때문에 수박(隨縛)의 뜻을 지닌다"(권오민, 『아비달마불교』, 193~94쪽). 요컨대, "수면이 인간의 마음을 장애하고 구속하는 근본적인 심리작용이라면, 번뇌는 그 같은 심리작용이 더렵혀져 있다는 사실을 가리키는 말로서, 수면과 번뇌는 동일한 심적 상태를 다른 관점에서 조명한 것에 지나지 않는다"(같은 책, 194쪽).

이다.

앞에서 예시된 근본 번뇌와 근본 번뇌의 작용에서 따라오는 지말 번뇌의 실례를 보더라도, 현존재의 실존론적 존재론에 번뇌의 자리가 없다는 것은 두말할 나위가 없다. 하이데거는 실존론적 문맥에서 불안, 공포, 권태 등을 분석하는 것으로 만족한다. 이렇게 괴로움의 규정 근거가 되는 번뇌가 현존재의 실존론적 존재론에서 제시되지 않는 만큼, 무턱대고 잠복한 불안과 행고 사이에 등호(等號)를 쳐서는 안 된다. 또한 근원적 불안과 고고 사이에도 등호를 쳐서는 안 된다. 잠복한 불안이나 근원적 불안이나 다 행고나 고고의 근삿값에 지나지 않는다. 털어놓고 말해 잠복한 불안을 고성제의 맥락에서 조감할 때, 존재의 무상성 자체를 그냥 행고와 동일한 것으로 단정해서는 안 된다. 고성제의 맥락에서 근원적 불안을 조감할 때, 죽음을 향한 존재 자체를 그냥 고고와 동일한 것으로 단정해서는 안 된다. 두 불안의 경우에 괴로움의 발생 원인으로 행세하는 무명이나 갈애 같은 번뇌가 빠졌기 때문이다. 거듭 말했다시피 무상한 존재의 '어떻게'가 그냥 행고는 아닐 뿐만 아니라 무상성의 한 계기인 죽음도 그냥 고고는 아니다. 무상성을 무명의 번뇌가 침범할 때나 5취온과 같은 유위법에서 행고가 발생한다. 또한 갈애의 번뇌가 침범할 때는 괴고나 고고가 발생한다.

이렇게 3고 등 괴로움에는 그것을 일으키는 원인과 조건이 있다. 어디까지나 3고는 무명이나 갈애와 같은 번뇌를 원인으로 발생하기 마련이다. 그러나 현존재의 실존론적 존재론에서는 그렇지 않다. 하이데거가 볼 때, 현존재의 경우에 존재는 존재의 '어떻게'이고, 존재의 '어떻게'는 존재의 무상성이고, 존재의 무상성은 불안이다. 한마디로 존재가 곧 불안이다. 그것도 현존재의 존재가 죽음을 내내 이별할 수 없는 짝으로 삼는 이상, 그의 존재는 잠복한 불안이기도 하고 때때로 근원적 불안이기도 하다. 여기에서 놓쳐서 안 되는 것은, 현존재가 세계로 피투된 한에서 그에게 존재가 하나의 현사실이 된다는 점이다. 존재가 현사실이라면,

불안도 곧 현사실이다. 잠복한 불안이 현사실인 것에 못지않게 근원적 불안도 현사실이다. 결국 현존재에 대한 하이데거의 실존론적 존재론에서는 잠복한 불안이나 근원적 불안은 똑같이 하나의 존재론적 현사실이나 다름없다. 다시 말해 현존재의 현사실적 존재가 불안인 이상, 불안은 무명이나 갈애와 같은 번뇌를 원인으로 발생하는 유위법이기는커녕 고작 존재론적 현사실에 지나지 않는다. 3고의 괴로움을 겪는 혼탁한 5취온의 범부와 달리 청정한 5온의 성자가 3고의 괴로움을 당하지 않는다면, 실존론적 불안은 어리석은 범부도, 지혜로운 성자도 피할 수 없는 괴로움의 존재론적 현사실이다.

이렇게 현존재의 불안과 범부의 괴로움 사이에 다른 점만이 있는 것은 아니다. 불안의 기분을 실존적으로 실감할 때 현존재가 취하는 태도나, 괴로움을 당할 때 범부가 취하는 태도는 서로 다를 것이 없다. 세인의 공공적 세계가 집으로 비유되는 데에서 알 수 있는 것처럼, 일단 현존재는 은근히 압박해오는 불편한 불안의 기분에서 편안한 일상적 공공성으로 도피한다. 무상한 현사실적 존재의 '어떻게'를 짊어진 채 힘겨워하는 가운데 등 뒤에서 본래성의 출발선 앞에 서라고 끈질기게, 은밀히 속삭이는 잠복한 불안의 저강도 위협과 은근한 압박에 지친 나머지, 현존재는 세인에 대한 환상을 스스로 그리면서 집처럼 아늑한 세인의 품으로 자청해 귀순한다. 더군다나 세인의 공공적 세계에서 일상적 공공성에 관한 매뉴얼대로 존재하는 동안, 최선의 질서를 따라 진정하고 온전한 삶을 순조롭게 영위할 수 있으리라고 현존재는 기대한다. 그것은 세인이 일상적 공공성에 관한 매뉴얼대로 서로 뒤섞여 착실히 살아가는 일상적 현존재에게 잠복한 불안의 은근한 압박과 불편함을 잊을 수 있는 비결을, 가령 평균성, 균등화, 존재면책, 환대 등과 같은 비결을 선뜻 내어주는 까닭이다.

말하자면 자청해 세인의 무리로 섞여 들어간 이상, 현존재는 "당연한 것, 사람들이 타당하게 여기는 것과 그렇지 않게 여기는 것, 사람들이 성과를 인정하는 것과 성과를 부인하는 것 등의 평균성"(SZ, p. 127)에 준해 일을 도모하고 처리하면 그만이다. 공연히 도드라지는 예외적인 일이나 탁월한 일을 꾀할 필요가 없다. 세상살이의 평균성에 어긋나거나 거스르는 일은 수고로움이나 고생만을 더할 뿐이다. 그저 세인의 평균성에 준해 "감행할 수 있고 또 감행해도 좋은 일"(SZ, p. 127)을 취하면 만사가 순탄하게 굴러가기 마련이다. 그런 만큼 남들과 엇비슷하게 균등해진 존재가능성을 취하는 것이 세상살이에서 번민, 갈등, 고민, 질투, 시샘, 해코지 등 갖가지 괴로움을 덜 수 있는 지름길이다. 무엇보다 세인의 평균성과 균등화를 따를 때, 일이 틀어지더라도 세인의 방패에 숨어 책임의 무거운 짐을 모면할 수 있기에 더더욱 그렇다. 세인의 공공적 세계에서 일상적 상호공동존재의 방식을 취하면서 평균성과 균등화에 어긋나지 않게, 곧 정해진 매뉴얼대로 사는 것이야말로 세상살이를 수고롭지 않게, 노고 없이 쉽고 편하고 즐겁게 사는 길이다.

중요한 것은 세상살이에 관한 매뉴얼에 일상적 현존재가 죽음을 어떻게 상대해야 할지가 역시 들어 있다는 점이다. 일단 세인의 일상적 공공성에서는 죽음이 "부단히 일어나는 재난"이나 "》초상(初喪)《"(SZ, p. 252)으로 간주된다. 여기저기에서 아무 때나 발생하곤 하는 죽음의 재난을 놓고 세인은 "사람은 결국에 역시 한번은 죽지만, 우선 닥치지는 않았다"(SZ, p. 253)라고 떠들고 다닌다. 이렇게 죽음은 아직 닥치지 않은 만큼 누구에게나 위험하지 않은, 무서울 것이 없는 보편적이고 평균적인 사망 사건으로 치부된다. 그러나 죽음을 목전에 둔 사람의 경우에 세인은 다른 처방을 내린다. 이를테면 죽음을 앞둔 시한부 환자에게 세인은 "죽음을 모면하고 다시 배려하던 세계의 안정된 일상으로 곧 돌아갈 것이다"(SZ, p. 253)라고 위로한다.

이렇게 세인이 기꺼이 **"죽음에 대한 끊임없는 안도감"**(SZ, p. 253)을 베푸는 것은 고유한 죽음의 가능성을 부폐하면서 현존재에게 죽음의 가능성에서 도피할 것을 권하기 위해서이다. 세인은 불확정적이고 확실한 죽음의 가능성 앞에서 요동치는 현존재의 근원적 불안을 "엄습하는 사건에 대한 공포"로 둔갑시키는 한편, "자신 있는 현존재가 알아서는 안되는 나약함"(SZ, p. 254)으로 매도한다. 오히려 죽음 앞에서 "무관심한 냉정"(SZ, p. 254), "그와 같은 》침착한《 무관심"(SZ, p. 254)을, 결국 "괴로움을 겪지 않는 무관심"(SZ, p. 255)을 취할 것을 권장한다. 현존재가 죽음에 대한 세인의 매뉴얼대로 죽음과 관계할 때 얻을 수 있는 교훈이 있다면, 아직 닥치지 않은, 그래서 무해한 죽음의 보편적 사건을 놓고 냉정한 무관심을 표해야 한다는 점을 꼽을 수 있다. 닥치지도 않은 죽음의 사건을 미리 앞당겨 공연히 괴로움을 자초하지 말고 죽음에 대한 태연한 무관심 속에서 편하게 일상을 보내라는 것이 죽음에 대한 세인의 조언이다.

이쯤에서 다시 짚어야 할 것이 있다. "타인의 통치권"(SZ, p. 126), "타인의 지배"[19](SZ, p. 126), 세인 "자신의 실질적인 독재"(SZ, p. 126) 등과 같은 표현에서, 언뜻 세인이 현존재에게 세인의 존재방식이나 일상적 공공성에 관한 매뉴얼을 강권하지 않나 싶은 생각이 들지도 모른다. 그러나 그렇지 않다. 현존재가 스스로 세인의 일상적 공공성으로 귀순한 것으로 보아야지, 세인의 지배력이나 강권을 마지못해 좇은 것으로 보아서는 안 된다. 또한 세인이 마치 엄한 선생처럼 현존재에게 강제로 매뉴얼을 가르친 것으로 보아서도 안 된다. 현존재가 잡담의 매체에서 알게 모르게 매뉴얼을 손수 습득하고 익힌 것으로 보아야 한다.

왜 현존재가 일상적 공공성에 관한 매뉴얼을 익히면서 세인의 공공적 세계에서 일상적 상호공동존재의 방식으로 존재하는가가 궁금하겠지만, 사실 그 까닭은 이미 밝혀졌다. 일단 '배우지 못한 범부는 감각적 쾌락 이외에 괴로운 느낌에서 벗어날 수 있는 길을 알지 못하기 때문이다'

---

19 여기에서 '타인'은 나와 구별되는 남을 말하는 것이 아니라 나와 남이 구별할 수 없이 뒤섞인, 누구라고 특정하게 지목할 수 없는 세인을 말한다.

라는 붓다의 가르침을 다시 떠올릴 필요가 있다. 3고의 괴로움에서 감각적 쾌락 같은 즐거움으로 도피하는 것을 능사로 여기는 범부처럼, 일상적 현존재도 불안의 괴로움에서 편안한 일상적 공공성으로 도피하는 것을 능사로 여긴다는 것이 그 까닭이다. 물론, 괴로움의 도피처가 감각적 쾌락에 국한되는 것은 아니다. 불안의 기분에 대한 집의 비유에서 드러나는 것처럼, 편안하고 안정되고 포근하고 아늑하고 느긋하고 여유로운 곳이라면 다 괴로움의 도피처가 될 수 있다. 사람은 일상의 세간을 살아가면서 괴로움에 직면해 집처럼 편안한 곳으로 도피하기 마련이다. 범부가 그렇고, 일상적 현존재가 그렇다. 이러한 점에서 일상적 현존재가 세간의 범부이고, 세간의 범부가 일상적 현존재이다. 둘 다 괴로움 앞에서 편안한 집으로 도피하기는 마찬가지이다. 현존재가 일상적 공공성으로 자청해 귀순하는 것도 일상적 공공성의 세계가 잠복한 불안의 끈질긴 저강도 위협에서 도망할 수 있는 도피처인 까닭이다.

그러나 도피처는 말 그대로 도피처일 뿐이다. 집과 같이 편안한 도피처로 숨어든다고 해서 현존재가 그의 존재에서 불안을 제거할 수 있는 것은 아니다. 어디까지나 불안은 존재론적 현사실이기 때문이다. 이와 마찬가지로 범부가 즐거움의 도피처로 건너간다고 해서 괴로움을 제거할 수 있는 것은 아니다. 범부가 유루행법 또는 유루유위법의 5취온이기 때문이다. 일상적 공공성의 도피처나 즐거움의 도피처는 일상적 현존재와 세간의 범부에게 기껏해야 위약(僞藥)에 지나지 않는다. 위약을 복용한다고 해서 병이 낫는 것이 아닌 것처럼, 그러한 도피처로 숨는다고 해서 불안과 괴로움을 근절할 수 있는 것은 아니다.

제10장

―――――

불안과 집성제(集聖諦), 멸성제(滅聖諦)

일상적 현존재와 세간의 범부가 불안의 기분과 괴로움을 앞에 놓고 집처럼 편안하고 아늑한 일상적 공공성과 즐거움으로 도피한다는 점에서 다를 것은 없다. 그럼에도 둘 사이에 결코 지울 수 없는 결정적인 차이점이 있다는 것을 지나쳐서는 안 된다. 불안이 존재론적 현사실이라면, 이와 달리 괴로움은 유위법에 속한다. 불안은 현존재의 존재론적 현사실이기에, 본래성에서든지 비본래성에서든지 간에 현존재로서 애초부터 현사실적 불안을 제거할 수 없다. 현존재가 세인의 공공적 세계에서 어떠한 실존방식으로 존재하든지 간에, 존재하는 내내 불안을 떨쳐낼 길이 없다. 거듭 말하지만, 현존재의 경우에 그의 존재가 곧 현사실적으로 불안이기 때문이다. 그렇기에 일상적 공공성의 집은 현존재에게 한낱 위약에 지나지 않는다. 실로 편안한 집에 있다고 해서 현사실적 불안을 털어버릴 수 있는 것은 아니다. 범부가 세간의 삶에서 누리는 즐거움도 3고와 같은 괴로움을 초래한다는 점에서 위약이기는 마찬가지이다. 그러나 괴로움은 범부의 존재론적 현사실이 아니고 어디까지나 유위법적 현상에 불과하다. 괴로움이 유위법인 한에서, 범부는 세간의 삶에서 괴로움을 일으키는 원인을 뿌리 뽑음으로써 얼마든지 괴로움을 근절할 수가 있다. 이것은 불안과 괴로움, 현존재와 범부, 현존재의 실존론적 존재론과 4성제를 가르는 결정적인 분기점이다.

바로 이 결정적인 상위점은 과연 어디에서 비롯하는가? 피투성에 대한 하이데거의 실존론적 규정과 집성제, 멸성제 등 두 가지 거룩한 삶의 진리를 서로 비교하면, 둘이 어그러지는 속내를 어렵지 않게 알 수 있을 것이다. 앞에서 인용한 『디가 니까야』의 『대념처경』에 나오는 것처럼 집성제는 괴로움을 일으키는 원인에 대한 가르침이되, 그 원인으로 갈애를 지목한다. 물론, 갈애 하나가 괴로움의 원인을 독점하는 것은 아니다. 무명도 갈애처럼 괴로움의 원인이 된다. 무명과 갈애만이 아니다. 어떠한 번뇌라 해도 업을 짓는 힘으로 작용하는 한에서, 간접적으로 괴로움을 일으킬 수 있다.

집성제에 관한 한, 괴로움의 원인을 이렇게 넓게 잡아야 한다. 그 이유는 명확하다. 태어나지 않고서는 괴로움을 경험할 수 없기 때문이다. 이러한 맥락에서 검토해야 할 것은 집성제에 대한 설일체유부의 풀이이다. 갈애만이 집성제에 해당한다는 경량부(經量部)의 문제 제기에 설일체유부는 답하기를, "경에서는 수승한 것을 따르기에 갈애가 집제라고 설한다. 이치로 보아 실제로는 그 밖의 것도 역시 집제이다"[1]라고 응수한다. 말하자면 갈애 이외에 무명과 업도 집성제에 포함된다는 것이 설일체유부의 견해이다. "······ 경에서 갈애가 집제라고 설한 것은 일어나는 원인만을 따로 설한 셈이고, 게송에서 업, 갈애, 무명이 다 원인이라고 설한 것은 태어나는 원인, 일어나는 원인 및 그 두 원인의 원인을 모두 설한 셈이다."[2] 여기에서 태어나는 원인, 곧 생인(生因)은 중생으로 하여금

---

1 세친, 『아비달마구사론』, 『대정신수대장경』, 제29권, 116쪽 상단. "經就勝故說愛爲集. 理實所餘亦是集諦."
2 같은 곳. "然經中說愛爲集者, 偏說起因. 伽他中說業愛無明皆爲因者, 具說生起及彼因因."

예컨대 지옥취, 아귀취, 축생취, 인간취, 천상취 등 5취의 중생으로 각기 차별적으로 다르게 태어나도록 작용하는 업을 가리킨다. 한편, 일어나는 원인, 곧 기인(起因)은 "차별이 없이 후유로 상속하는 경우는 설하여 일어나는 것이라고 한다"[3]라는 풀이대로, 5취 가운데 예컨대 인간취(人間趣)로 태어난 범부의 5온으로 하여금 찰나마다 후유로 상속하도록 그렇게 5온에서 작용하는 갈애를 가리킨다. 무명은 이 두 원인의 원인, 곧 인인(因因)에 해당한다.

사실, 갈애가 5온의 상속에서 후유의 기인이 된다는 것은 『대념처경』에 나오는 집성제에 대한 가르침에서도 알 수 있지만, 더욱더 명료하게 설하는 경이 있다. "이 환희와 탐욕을 수반하며 여기저기 즐기며 다시 태어남으로 이끄는 갈애"[4]라는 문장에서 '다시 태어남으로 이끄는 갈애'가 바로 5온의 상속에서 후유가 일어나는 기인에 해당한다. 생인의 업으로써 5온으로 태어난 범부로 하여금 5온으로서 상속하는 가운데 후유로 달려가도록 하는 것이 갈애의 기인이지만, 정작 중요한 것은 이러한 갈애의 기인으로 범부가 다시 생인의 업을 짓는다는 점이다. 사실 갈애가 기인이 되는 것은 "첫째로 갈애를 떠나서는 후유가 반드시 일어나지 않기 때문인"[5] 한편 "둘째로 갈애의 힘 덕분에 상속이 후유로 달려가기"[6] 때문이다. 그럼에도 갈애가 업을 짓게 한다는 점을 갈애의 기인의 기능에서 빠뜨려서는 안 된다. 예컨대 인간취에서 5온으로 태어난 범부로 하여금 5온의 상속에서 다시 업을 짓게 하면서 후유로 달려가게 하는 힘이 바로 갈애의 기인이라는 말이다.

설일체유부가 집성제의 바구니에 인인의 무명, 기인의 갈애, 생인의 업을 다 담은 것이 옳다는 것은 12연기설에서도 입증된다. "…… 태어남

---

3 앞의 곳. "若無差別後有相續, 說名爲起."
4 전재성 역주, 『고통의 뿌리』, 『쌍윳따 니까야』, 제4권, 100쪽.
5 보광, 『구사론기』, 『대정신수대장경』, 제41권, 337쪽 중단. " 一離愛後有必不起故."
6 같은 곳. "二由愛力故相續趣後."

을 조건으로 늙고 죽음, 우울, 슬픔, 고통, 불쾌, 절망이 생겨난다. 이와 같이 해서 모든 괴로움의 다발들이 생겨난다."[7] 태어났기 때문에 생로병사 등 갖가지 괴로움을 겪는다는 것은 말할 것도 없다. 태어나지 않았다면 괴로움을 당할 이유가 없다. 태어남은 괴로움의 조건임이 분명하다. 이렇게 괴로움이 우연이 아니듯이, 태어남도 우연이 아니다. 태어남의 조건은 업유로 본 "존재"이고, 존재의 조건은 "취착"이고, 취착의 조건은 "갈애"이다.[8] 범부는 갈애나 취착 같은 번뇌로 5취온이 상속하는 가운데 업을 짓고, 업을 지은 탓에 다시 태어나 거듭 괴로움을 겪는다. "……괴로움에 대해 알지 못하고, 괴로움이 일어나는 원인에 대해 알지 못하고, 괴로움의 소멸에 대해 알지 못하고, 괴로움의 소멸에 이르는 길에 대해 알지 못하는" 등 4성제에 대한 무지에 지나지 않는 "무명"[9]이야말로 갈애나 업의 먼 원인이다. 무명은 "…… 무명이 번뇌들의 원인과 근원이다"[10]라는 가르침 그대로 이렇게 인이 된다.

12연기설의 맥락에서 무명, 갈애, 업 등 셋을 콕 집어 이것들이 괴로움의 원인임을 밝힌 경이 있다. "…… '이것은 괴로움이다'라고 있는 그대로 알지 못하고, '이것은 괴로움의 발생이다'라고 있는 그대로 알지 못하고, '이것은 괴로움의 소멸이다'라고 있는 그대로 알지 못하고, '이것은 괴로움의 소멸에 이르는 길이다'라고 있는 그대로 알지 못하면, 그들은 태어남으로 이끄는 형성에 환희하고, 늙음으로 이끄는 형성에 환희하고, 죽음으로 이끄는 형성에 환희하고, 우울, 슬픔, 고통, 불쾌, 절망으로 이끄는 형성에 환희한다. 그들은 태어남으로 이끄는 형성에 환희하고, 늙음으로 이끄는 형성에 환희하고, 죽음으로 이끄는 형성에 환희하고, 우울, 슬픔, 고통, 불쾌, 절망으로 이끄는 형성에 환희한 뒤에, 태어남

---

7   전재성 역주,『분별』,『쌍윳따 니까야』, 제2권, 27쪽.
8   같은 곳.
9   같은 경,『쌍윳따 니까야』, 제2권, 32쪽.
10   대림 스님 옮김,『꿰뚫음 경』,『앙굿따라 니까야』, 제4권, 261쪽.

으로 이끄는 형성을 조작하고, 늙음으로 이끄는 형성을 조작하고, 죽음으로 이끄는 형성을 조작하고, 우울, 슬픔, 고통, 불쾌, 절망으로 이끄는 형성을 조작한다. 그들은 태어남으로 이끄는 형성을 조작하고, 늙음으로 이끄는 형성을 조작하고, 죽음으로 이끄는 형성을 조작하고, 우울, 슬픔, 고통, 불쾌, 절망으로 이끄는 형성을 조작한 뒤에, 태어남의 절벽에 떨어지고, 늙음의 절벽에 떨어지고, 죽음의 절벽에 떨어지고, 우울, 슬픔, 고통, 불쾌, 절망의 절벽에 떨어진다."[11] 간추리면, 4성제에 대한 무명이 갈애를, 갈애가 업을, 업이 태어남과 늙음, 죽음, 우울 내지 절망 등과 같은 괴로움을 일으킨다는 것이 이 경의 가르침이다. 한마디로 압축하면, 혹업고(惑業苦) 삼총사라는 말이다.

집성제에 대한 설일체유부의 견해가 방금 인용한 경의 가르침에서 고스란히 드러난다. 그 부파가 주장하듯이, 업이 생인이고 갈애가 기인이고 무명이 인인, 곧 그 두 원인의 원인이라는 점에서 업, 갈애, 무명은 집성제에 포함되는 것으로 보아야 한다. 짐작하다시피 이 부파가 집성제에서 강조하는 것은 3고와 같은 괴로움을 겪기 위해서라도 태어나야 한다는 점이다. 솔직히 말해 "…… 다시 태어남이 괴로움이고 태어나지 않음이 행복입니다"[12]라는 싸리뿟따의 말이야말로 집성제에 대한 이 부파의 관점을 적확하게 나타내는 것으로 보아야 한다. 그렇다고 해서 갈애가 현생(現生)에서 직접 괴고나 고고를 일으키는 원인이고 무명이 행고를 일으키는 원인이라는 것을 이 부파가 부정하는 것은 아니다. 범부가 5온으로 태어난 이상, 무명과 갈애로 현생에서 3고를 겪기는 하지만, 그것으로 끝나는 것은 아니다. 범부는 무명과 갈애의 번뇌로 인해 3고를 겪는 가운데 다시 이러한 번뇌를, 말하자면 탐진치 같은 번뇌를 수면의 형태로 마음에 심는 한편으로 업을 지음으로써 재생이나 후유를 예비한다.

---

11 전재성 역주, 『절벽』, 『쌍윳따 니까야』, 제11권, 369~70쪽.
12 대림 스님 옮김, 『행복 경 1』, 『앙굿따라 니까야』, 제6권, 초기불전연구원, 2007, 248쪽.

이렇게 갈애나 무명을 3고의 직접적인 원인으로 보지 않는 것은 아니지만 업과 연관된 현상으로, 곧 3생에 걸쳐 태어남의 조건과 연관된 현상으로 넓게 해석하고자 하는 것이 집성제에 대한 이 부파의 해석적 특징이다.[13]

4성제 가운데 셋째가 멸성제이다. "…… 괴로움의 거룩한 진리는 알려져야 하고, 괴로움의 발생의 거룩한 진리는 버려져야 하고, 괴로움의 소멸의 거룩한 진리는 깨달아져야 하고, 괴로움의 소멸에 이르는 길의 거룩한 진리는 닦아져야 한다."[14] 이 가르침에서 알 수 있는 것처럼 멸성제는 갈애 등 온갖 번뇌의 소멸과 함께 깨달아지는 열반을 가리킨다. 열반이 깨달아지는 만큼 열반을 개념적으로 규정하고 설명하는 것은 불가능할 것이다. 다만 열반이 괴로움의 소멸로 풀이된다는 점을 실마리로 해서 열반의 구경을 되도록 명료하게 풀이하는 수밖에 없다.

괴로움과 괴로움에 귀착하는 여러 현상이 유루유위법이라는 것은, 현존재의 실존론적 불안과 달리 괴로움에서 벗어날 수 있다는 것을 알리는 반가운 소식이다. 괴로움에서의 해탈에서 주시해야 할 것은 무엇보다도 무명과 갈애 같은 번뇌이다. 5온과 같은 무상성의 유위법에서 괴로움을 일으키는 원인으로 작동하는 무명과 갈애 등 번뇌를 뿌리째 뽑아버림으로써 얼마든지 괴로움을 종식시킬 수 있기 때문이다. "모든 형성된 것들의 가라앉음, 모든 재생의 근거를 놓아버림, 갈애의 소진, 탐욕의 빛바램, 소멸, 열반"[15]에서 볼 수 있듯이, 열반을 갈애가 소진하고 탐욕이 빛바래는 것으로, 또한 감각적 욕망처럼 재생이나 후유의 근거가 되는

---

13 "이 가운데 과성의 5취온을 고제라고 부르고 인성의 5취온을 집제라고 부른다는 것을 마땅히 알아야 한다"(應知此中果性取蘊名爲苦諦, 因性取蘊名爲集諦)(세친, 『아비달마구사론』, 『대정신수대장경』, 제29권, 114쪽 상단). 이렇게 5취온을 3생의 인과에서 과성과 인성으로 나누고 고성제와 집성제를 과성과 인성에 각각 배치한 이 견해도 집성제에 대한 이 부파의 해석에 준할 때나 납득할 수 있을 것이다.

14 전재성 역주, 『알려져야 할 것』, 『쌍윳따 니까야』, 제11권, 349쪽.

15 대림 스님 옮김, 『코끼리경』, 『앙굿따라 니까야』, 제2권, 288쪽.

번뇌를 놓아버리는 것으로 서술하는 것은 갈애나 탐욕 같은 번뇌가 괴로움의 원인을 이루는 까닭이다. "탐욕의 제거, 성냄의 제거, 어리석음의 제거, 이것은 열반의 계를 지칭하는 말이다"[16]라는 가르침대로, 탐진치 3독의 제거를 열반으로 부르는 것도 앞에서와 같은 이유에서이다. 이렇게 괴로움을 일으키는 번뇌의 원인이 남김없이 뿌리째 뽑힌 "열반은 고에서 벗어나는 것이기에 고의 멸진이라 한다".[17] 한마디로 열반은 무고안온(無苦安穩)의 구경, 곧 "최상의 즐거움"[18]이다.

한편, 번뇌가 범부를 이리저리 어지러이 괴롭힌다면, 열반은, 곧 "소멸의 진리는 고요함의 특징을 가진다".[19] 이렇게 열반이 고요함 또는 적정(寂靜)의 경지와 다름없는 것은 어지러이 괴롭히는 번뇌를 다 제거한 덕분이다. 열반이 "평온한 상태"[20]로 묘사되는 것도 적정의 경지인 까닭이다. 게다가 "…… 탐욕이 소멸하고 성냄이 소멸하고 어리석음이 소멸하면, 그것을 …… 무위라고 한다"[21]라는 가르침에 나오는 것처럼 열반은 무위법이다. 『쌍윳따 니까야』에서 소개되는 열반의 여러 이명(異名) 가운데, 열반이 "불로"(不老),[22] "불사"(不死)[23]로 불리는 것은 무위법이기 때문이다. 합치면, 열반은 괴로움의 윤회가 더는 일어나지 않도록 온갖 번뇌가 멸진된 고요한 "불사의 안온"[24]인 셈이다.

이렇게 열반이 불사와 불로의 무위법이라면, 열반은 원인과 조건 사이

<hr>

16 *A Certain Bhikkhu(2), The Connected Discourses of the Buddha: a New Translation of the Saṃyutta Nikāya*, p. 1528.
17 보광, 박인성 · 김영석 옮김, 『구사론기 계품』, 주민출판사, 2008, 222쪽.
18 전재성 역주, 『마간디야의 경』, 『맛지마 니까야』, 제3권, 239쪽.
19 붓다고사, 대림 스님 옮김, 『청정도론』, 제2권, 539쪽.
20 *At Āpaṇa, The Connected Discourses of the Buddha: a New Translation of the Saṃyutta Nikāya*, p. 1694.
21 전재성 역주, 『몸』, 『쌍윳따 니까야』, 제7권, 347쪽.
22 전재성 역주, 『불로』, 『쌍윳따 니까야』, 제7권, 382쪽.
23 전재성 역주, 『불사』, 『쌍윳따 니까야』, 제7권, 403쪽.
24 전재성 역주, 『마간디야의 경』, 『맛지마 니까야』, 제3권, 239쪽.

의 상호관계를 따라 생겨나 없어지는 유위법과는 달리, 원인과 조건 사이의 상호성에 의지하지 않는, 곧 생겨나지도 않고 없어지지도 않는 상주법(常住法)으로 보아야 한다. 그런 만큼 5온의 작용에서 열반의 구경을 일으키는 원인이나 조건이 있는 것은 아니다. 오히려 무위법답게 열반은 원인이나 조건 사이의 상호성에 의지하지 않고 언제 어디에서나 상주한다. 물론, 무위법의 열반을 놓고 문득 초월성을 연상할 수 있다. 그러나 그렇게 오해해서는 안 된다. 무위법이라고 해서 열반이, 생멸을 면할 수 없는 현상 너머에서 초월적 지위를 구가하는 영원한 자기동일성의 이데아처럼 유위법 너머나 그 바깥에 따로 실유하는 것으로 보아서는 안 된다. 열반은 영원히 홀로 자립하는 초월적 실체가 아니다. 열반은 플라톤의 이데아처럼 유위법에서 독립한 별개의 초월적 실체가 아니다. 오히려 "모든 유위에는 열반이 있다. 그것이 이것들에 있기에 '떠남이 있는 것'이다".[25] 유위법을 떠남이 있는 것, 곧 유리(有離)라고 칭한다는 것이 중요한 것은 아니다. 유위법이 있는 곳에 무위법으로서 열반이 있다는 것이 무엇보다 중요하다. 예컨대, 유위법의 5취온과 무위법의 열반 사이에 플라톤의 코리스모스(chorismos)가 놓이지는 않는다. 무상한 유위법과 상주하는 무위법은 플라톤의 코리스모스로 인해, 마치 이데아와 현상이 그러한 것처럼 서로 다른 장소에 자리하는 것은 아니다.

열반은 언제 어디에서나 유위법과 함께 있는 만큼 범부가 살아가는 세간에도 있다. 좁히면, 열반은 5취온의 범부에게도, 그의 세간적 삶에도 있다. 이러한 맥락에서 볼 때, 열반은 5취온의 범부에게 세간적 삶의 목적이 될 것이다. 비록 유루유위법이 넘실대는 세간에서 삶의 진실을 위장하는 알록달록한 갖가지 의미에 미혹된 채 삶을 산다 하더라도, 범부는 고성제를 낫으로 삼아 얼마든지 열반을 향해 걸어갈 수 있을 것이다. 고성제가 눈이 부시도록 화려한 의미를 삶에서 베어내고, 삶을 괴로움에

---

25 세친, 박인성 옮김, 『아비달마구사론 계품』, 21쪽.

빠뜨리는 번뇌의 책동을 진압해야 할 것을 범부에게 일깨우기에 그렇다. 실로 범부는 번뇌가 무력화되도록 윤리적으로 청정하게 삶을 꾸리는 가운데 무위의 열반을 삶의 목적지로 삼아 자유롭게 걸어갈 수 있다.

『쌍윳따 니까야』의 『악마』(Māra)에 청정한 삶의 최종 목적이 열반에 있다는 대화가 나온다. 악마란 무엇을 두고 하는 말인가를 묻는 브라만 출신의 승려 라다(Rādha)에게 붓다는 색, 수, 상, 행, 식 등 5온을 바로 "악마", "살해하는 자", "살해되는 자", "질병", "종기", "화살", "고통", "고통의 근원"으로 보아야만 "올바로 보는 것"이라고 답한다.[26] 그러자 라다는 다시 무엇을 위해 올바로 보는가를 물으면서 문답이 이어진다. "세존이시여, 무엇을 위해 올바로 봅니까? 라다여, 싫어하여 떠나기 위해 올바로 본다. 세존이시여, 무엇을 위해 싫어하여 떠납니까? 라다여, 사라지기 위해 싫어하여 떠난다. 세존이시여, 무엇을 위해 사라집니까? 라다여, 해탈하기 위해 사라진다. 세존이시여, 무엇을 위해 해탈합니까? 라다여, 열반에 들기 위해 해탈한다. 세존이시여, 무엇을 위해 열반에 듭니까? 라다여, 그 질문은 너무 지나친 것이다. 그대는 질문의 한계를 파악하지 못하고 있다. 라다여, 청정한 삶은 열반을 뿌리로 하고 열반을 궁극으로 하는 삶이다."[27] 이 문답에서 밝혀지는 것처럼 열반은 범부가 세간에서 청정하게 살면서 추구할 수 있는 삶의 최종 목적이다. 그러나 열반에 다시 목적이 있는 것은 아니다. 그저 열반은 청정한 삶의 최종 목적일 뿐이다. 예상하다시피 그것은 열반이 무위법인 까닭이다. 무위법이기에 열반은 원인과 조건에 의지하지 않을 뿐만 아니라 그에 못지않게 열

---

26 전재성 역주, 『악마』, 『쌍윳따 니까야』, 제4권, 476쪽.
27 같은 경, 『쌍윳따 니까야』, 제4권, 476~77쪽. 이 경의 영어 번역본에서는 '라다여, 청정한 삶은 열반을 뿌리로 하고 열반을 궁극으로 하는 삶이다'라는 문장을 "라다여, 왜냐하면 청정한 삶을 사는 것은 열반을 그 근거로 하고 열반을 그 목적지로 하고 열반을 그 최종 목적으로 하기 때문이다"(Māra, The Connected Discourses of the Buddha: a New Translation of the Saṃyutta Nikāya, p. 985)로 옮겼다.

반을 지배하는 목적이 있을 수 없다.

괴로움에 젖은 범부에게 무고안온의 고요한 열반은 삶의 최종 목적이다. 열반이 삶의 최종 목적이라는 것은 종교가 으레 취하는 종교적 관행 가운데 하나로 대수롭지 않게 취급해서는 안 된다. 그것은 어디까지나 있는 그대로 있는 삶의 진실일 따름이다. 이렇게 멸성제가 삶의 최종 목적으로 열반을 가리키는 한, 멸성제의 진실에서 비로소 범부가 괴로움을 떠나 어디로 가는지가 고스란히 드러난다. 반면에 집성제가 괴로움의 원인으로 무명이나 갈애 이외에 업을 마저 지목하는 한, 범부가 어디에서 인간취 또는 인간도(人間道)로 오는지가 바로 집성제에서 환히 드러난다. 범부가 어디에서 와서 어디로 가는지는 그냥 흘기며 돌아설 문제가 아니다. 인간이 인간으로서 자기 자신 앞에서, 곧 자기 자신을 돌아보면서 품을 수밖에 없는 최종 물음이 있다면, 어디에서 와서 어디로 가는가야말로 그 물음의 과녁에 해당하는 것으로 볼 수 있다. 바로 집성제와 멸성제가 어디에서 와서 어디로 가는지를 말한다.

그렇다면 오는 곳에 대한 집성제와 가는 곳에 대한 멸성제를 앞에 두고 과연 현존재에 대한 하이데거의 실존론적 존재론은 어떤 견해를 표방할까? 이 궁금증은 앞에서 인용한 피투성에 대한 하이데거의 정의를 다시 살펴보면 그 자리에서 금방 풀린다. "그의 어디에서(Woher)와 어디로(Wohin)에서는 차폐되었지만, 그 자신에 즉해 그만큼 더욱더 차폐되지 않고 개시된 현존재의 바로 이 존재성격을, 이렇게 》그가 존재한다는 사실《을 우리는 이 존재자의, 그의 현으로의 **피투성**이라고 부른다. 실로 그가 세계-내-존재로서 현으로 존재하도록 그렇게 그의 현으로 피투되었다"(SZ, p. 135). 피투성에 대한 하이데거의 실존론적 규정은 이렇게 처음부터 현존재가 어디에서 오고 어디로 가는지를 묵살한다. 다시 말해 현존재의 실존론적 존재론은 오는 곳에 대한 집성제의 진실과 가는 곳에 대한 멸성제의 진실을 배척한다. 사족일지 모르지만 "…… 피투성은 그럼에도 피투성의 존재자적 어디에서 및 어떻게(ihres ontischen Woher und Wie)와 관련해 그에게 닫힌 채로 있다"(SZ, p. 348)라는 말에서 언뜻 엿볼 수 있는 것처럼, 현존재의 '어디에서'와 '어디로'는 존재자로서 현존재가 어디에서 와서 어디로 가는지를 가리킨다. 실망스럽게도 하이데거는 현존재의 실존론적 존재론에서 '어디에서'와 '어디로'에 대한 물음을 아예 잘라낸다. 현존재가 존재자적으로 어디에서 어떻게 와서 어디로 가는지는, 존재하도록 세계로 피투된 현존재의 현사실성에서 드러나지 않고 차폐되었다는 것이 현-존재의 '어떻게'를 실존론적·존재론적으로 분석하는 하이데거의 완고한 입각점이다.

'어디에서'와 '어디로'에 대한 물음을 처음부터 봉쇄한다고 해서 아무 문제가 없는 것은 아니다. 현존재가 존재자적으로 어디에서 어떻게 오고 또 어디로 가는지가 현존재의 현사실적 존재에서 드러나지 않는다는 이유로 그것을 논외로 방치하는 탓에, 현존재에게 존재의 원인과 유래 및 목적이 역시 어둠에 묻힌 채 드러나지 않는다는 것이 바로 문젯거리이다. 실로 현존재가 존재자적으로 어디에서 와서 어디로 가는지가 어둡다는 것은 그의 존재가 어디에서 오고 어디로 가는지가 어둡다는 말이나 다름없다. 한마디로 현존재에게 존재의 원인과 유래 및 그 목적이 어둡다는 것이다. 이러한 까닭에서 현존재에 대한 하이데거의 실존론적 존재론은 현존재의 현사실적 존재와 그 '어떻게'를 관찰하면서 아예 존재의 원인과 유래 및 목적을 도외시한다. 환언하면 현-존재의 피투성은 현존재가 존재자적으로 어디에서 와서 어디로 가는지를 잘라버림으로써 현존재의 존재를 존재론적으로 현사실적 존재로 축소한다. 축소된 현존재의 현사실적 존재를 현상학적 현미경으로 세심히 들여다보면서 생물학적 탄생과 생물학적 죽음 사이에서 현존재가 어떻게 존재하는지를 해명하는 것이 현존재의 실존론적 존재론이다.

현존재가 존재하도록 세계로 피투된 채 그때마다 죽음을 향해 존재하는 한, 현존재의 존재에서 오는 곳과 가는 곳을 어둡게 방치하는 것은 못마땅하다. 현상학적 현미경으로 오는 곳과 가는 곳이 관찰되지 않는다고 해서 존재의 원인과 유래 및 목적을 배제한 채 존재의 '어떻게'를 다루어서는 안 된다. 사실, 현존재의 '어디에서'와 '어디로'가 존재의 현사실에서 어둡게 차폐되었다는 하이데거의 말로 미루어볼 때, 그가 이 문제의 비밀을 밝게 열어줄 수 있을 것으로 기대되는 자연과학이나 종교에 문제를 넘기는 것으로 언뜻 보인다. 그렇다면 실존론적 존재론 바깥에서일망정 존재의 원인이나 유래와 목적을 해명하고자 하는 지적 분투를 하찮게 얕보아서는 안 된다. 솔직히 말해 현존재의 실존론적 존재론에서 존재의 원인과 유래 및 목적을 논외로 배제한 하이데거의 현상학적 태도는 현-존재의 전모를 곧이곧대로 해명하기를 포기한 지적 비관주의나 다름없다. 흔히들 지적 비관주의자는, 가령 긴 것을 짧다고, 넓은 것을 좁다고 말하기 십상이다. 모름지기 지적 낙관주의자라면, 긴 것은 길다고, 짧은 것은 짧다고, 넓은 것은 넓다고, 좁은 것은 좁다고 사실대로 정직하게 말해야 한다.

그럼에도 하이데거는 현존재가 어디에서 왔는지에 대한 자연과학의 합리적 규명도, 어디로 갈 것인지에 대한 비합리적 믿음도 달가워하지 않는다. 오히려 그는 존재의 유래나 원인과 목적을 자연과학이나 종교에 문의하거나 호소하는 것을 비판적 시각에서 의심스러운 눈초리로 바라본다. "현존재가 그가 《어디로》 갈 것인지를 신앙에서 《확신하》고 또 어디에서 왔는지를 합리적 규명에서 안다고 생각한다 하더라도, 이 모든 것은 기분이 현존재를 …… 그의 현의 사실 앞으로 데려간다는 현상적 사실을 반대하는 것은 아니다. 실존론적-존재론적으로 볼 때, 순수한 전재자에 대한 이론적 인식의 필증적 확실성을 척도로 해서 유정성의 《명증성》을 깎아내릴 권리는 전혀 없다. 그러나 현상들을 비합리적인 것의 피난처로 추방하는 현상들에 대한 **바로 그러한** 위조를 그것에 못지않게 해서는 안 된다. 비합리주의는 — 합리주의의 반대로서 — 합리주의가 보지 못하는 것을 그저 흘겨보면서 말할 뿐이다"(SZ, p. 136). 하이데거가 볼 때, 불안의 기분에서 드러나는 존재의 현사실을 등한시하면서까지 굳이 현사실적 존재를 넘어 존재의 유래를 과학의 합리적 시각에서, 예컨대 진화론적으로 추적할 필요는 없다. 또한 존재의 원인, 유래, 목적 등과 같이 현존재의 현사실적 존재와 관련된 현상들을 비합리적 종교의 손아귀에서 위조되도록 방치해서도 안 된다. 현존재의 존재를 앞에 두고 비합리적 종교와 합리적 과학은 서로 흘겨보면서 그저 상대의 약점을 파고들 뿐이다. 이 점에서 현존재의 실존론적 존재론이 철학적 사유 체계로서 종교나 과학에 비해 우월한 지위를 차지한다는 것이 하이데거의 입장일 것이다.

그러나 불안의 유정성에서 개시되는 현존재의 현사실적 존재를 4성제의 맥락에서 검토할 때, 과연 현-존재에 대한 비합리적인 위조나 날조의 함정에 빠지는 것일까? 4성제를 끌어들이는 것이 실존론적으로 밝게 해명되어야 할 존재의 현사실을 비합리적인 종교의 피난처에 어둡게 방치하는 처사일까? 종교라고 해서 다 같은 종교가 아니다. 서양의 초월적 종교만이 종교는 아니다. 또한 초월적 종교가 종교의 본령은 아니다. 불교는, 이를테면 몸을 옷에 맞추는 종교가 아니고 옷을 몸에 맞추는 종교이다. 종교적 교리에 세간의 현실과 삶을 맞추면, 종교는 어느덧 초현실적이게 된다. 종교가 초현실의 지위에 오르지 못할 때 종교가 아닌 것으로 전락하는 것으로 보는 얇은 종교적 감수성에 속아서는 안 된다. 초현실성에 대한 종교의 강박관념이 세간의 현실과 삶의 진실을 형이상학적으로 왜곡하고 위조한다. 옷을 몸에 맞추는 종교답게 삶의 진실을 온전히 드러낼 수 있도록 세간의 현실과 현실적 삶에 대한 경험을 존중하는 '합''리'적 종교가 불교이다. 4성제는 현사실적 존재 및 그와 관련된 존재의 현상적 실상에 대한 비합리적 위조나 날조가 아니다. 한마디로 4성제는 삶의 현상 일반에 대한 종교적 위조가 아니다.

오히려 그 반대이다. 4성제는 삶의 진실을 있는 그대로 그 전체성에서 온전하게 드러내는 삶의 진리일 따름이다. "수행승들이여, 네 가지의 여실한 것, 허망하지 않은 것, 다른 것이 아닌 것이 있다. 네 가지란 어떠한 것인가?"[28] 다 알다시피 네 가지는 고성제, 집성제, 멸성제, 도성제를 가리킨다. 일단 4성제는 삶의 진실을 있는 그대로 드러낸다는 점에서 삶의 진실과 어긋나지 않는 것, 삶의 진실과 있는 그대로 일치하는 것, 곧 '여실한 것'으로 판명된다. 또한 4성제는 삶의 진실과 일치하는 만큼 그 진실에 대한 주관적 위조나 날조가 아니라는 점에서 '허망하지 않은 것'으로 판명된다. 게다가 4성제는 언제 어디에서나, 누구에게서나 그러한 것이라는 점에서, 다시 말해 때에 따라 또는 경우나 상황에 따라 그러하지 않은 것으로, 다른 것으로 바뀌지 않는다는 점에서 '다른 것이 아닌 것'으로 판명된다. 실로 4성제야말로 '여실한 것', '허망하지 않은 것', '다른 것이 아닌 것'이라는 진리의 기준에 딱 들어맞는 삶의 진실이다. 요컨대, 4성제는 종교적 위조나 날조 없이 삶의 진실을 언제 어디에서나 변함없이 있는 그대로 그 전체성에서 알리는, 다시 말해 삶의 진실을 형이상학적 증감(增減) 없이 있는 그대로 드러내는 진리라고 말할 수 있다.

사실 4'성'제를 거룩한 것으로, 성스러운 것으로 칭하는 것은 "…… 이러한 네 가지 거룩한 진리는 여실한 것이고, 허망하지 않은 것이고, 다르지 않은 것이다. 그러므로 거룩한 진리라 불린다"[29]라는 가르침 그대로, 4'성'제가 삶의 진실을 있는 그대로 온전히 밝히는 진리이기 때문이다. 물론, "수행승들이여, 신과 악마와 범천들의 세계에서, 그리고 수행자와 성직자와 하늘 사람과 인간들의 세계의 뭇 삶 가운데 여래는 거룩하다. 그러므로 거룩한 진리라고 한다"[30]라는 가르침에서 볼 때, 여래와 같은 거룩한 님과 성자가 깨달은 여래의 진리이기에 4'성'제가 거룩하고 성스

---

28 전재성 역주, 『여실한 것』, 『쌍윳따 니까야』, 제11권, 337쪽.

29 전재성 역주, 『여실한 것』, 『쌍윳따 니까야』, 제11권, 347쪽.

30 전재성 역주, 『세상』, 『쌍윳따 니까야』, 제11권, 348쪽. 사실 우리말 번역본에서 "…… 인간들의 세계의 뭇 삶 가운데 여실한 것이 거룩하다"라고 옮긴 문장을 영어 번역본에서는 "…… 인간들의 세계의 뭇 삶 가운데 여래는 거룩하다"(The World, The Connected Discourses of the Buddha: a New Translation of the Samyutta Nikāya, p. 1856)라고 옮겼다. '여실한 것'은 '여래'의 오기(誤記)로 보인다.

러운 것으로 불리기도 한다는 것은 사실이다.[31] 그러나 여래가 여래가 되고 거룩한 님, 곧 아라한이 되는 것은 "…… 이러한 네 가지 거룩한 진리를 있는 그대로 바르고 원만하게 깨닫는 까닭에 이렇게 오신 님, 거룩한 님, 바르고 원만히 깨달은 님이라고 불린다"[32]라는 이유에서라는 것을 눈여겨볼 필요가 있다. 그렇다면 4'성'제가 거룩하고 성스러운 것은 역시 그것이 종교적 위조나 날조 없이 삶의 진실을 언제 어디에서나 있는 그대로 밝히는 진리인 까닭임이 분명하다. 4'성'제는 하이데거가 우려하는 현존재의 현사실적 존재에 대한, 곧 범부의 삶에 대한 종교적 위조나 날조가 아니다. 또한 4'성'제의 맥락에서 현존재의 존재와 그 '어떻게'를 살피는 것은 종교적 비합리성의 피난처로 현존재의 존재를 내팽개치는 짓이 아니다.

4성제가 언제 어디에서나 있는 그대로 변함없이 삶의 진실에 적중하는 진리라면, 네 가지 가운데 어느 하나라도 빠뜨려서는 안 된다. "…… 괴로움을 보는 자는 괴로움의 발생도 보고, 괴로움의 소멸도 보고, 괴로움의 소멸에 이르는 길도 봅니다. 괴로움의 발생을 보는 자는 괴로움도 보고, 괴로움의 소멸도 보고, 괴로움의 소멸에 이르는 길도 봅니다. 괴로움의 소멸을 보는 자는 괴로움도 보고, 괴로움의 발생도 보고, 괴로움의 소멸에 이르는 길도 봅니다. 괴로움의 소멸에 이르는 길을 보는 자는 괴로움도 보고, 괴로움의 발생도 보고, 괴로움의 소멸도 봅니다"[33]라는 가밤빠띠(Gavampati)의 말대로, '4'성제는 모두 다 삶의 진리이기에 어느 하나도 빠질 수 없는, 넷 사이에서 구조 전체성과 구조 통일성을 이루는 유기적 진리 체계로 보아야 할 것이다. 다시 말해 보탤 것도 없고 뺄 것도 없는 정합적 진리 체계가 바로 '4'성제라는 말이다. 그런 만큼 현존재

---

31 이 점에 대해서는 세친, 『아비달마구사론』, 『대정신수대장경』, 제29권, 114쪽 상단 참조. 또한 붓다고사, 대림 스님 옮김, 『청정도론』, 제2권, 538~39쪽 참조.

32 전재성 역주, 『바르고 원만히 깨달은 님』, 『쌍윳따 니까야』, 제11권, 343쪽.

33 전재성 역주, 『가밤빠띠』, 『쌍윳따 니까야』, 제11권, 350쪽.

의 실존론적 존재론에서 피투성과 불안의 유정성을 거론하면서 하이데거가 현존재의 '어디에서'와 '어디로'를 빠뜨린 것은 적어도 '4''성'제의 맥락에서는 용납할 수 없는 철학적 추상에 지나지 않는다.

4성제가 이렇게 첨삭할 것 없이 삶의 진실과 곧이곧대로 일치하는 거룩한 진리인 한에서, 현존재의 실존론적 존재론에서처럼 집성제와 멸성제를 빼서는 안 된다. 언뜻 언급했듯이, 현존재가 어디에서 오는가를 말하는 것이 집성제이고 현존재가 어디로 가는지를 말하는 것이 멸성제이다. 다시 말해 무명이나 갈애와 업을 현존재의 존재의 원인과 유래로 밝히는 것이 집성제라면, 열반을 존재의 목적으로 밝히는 것이 멸성제이다. 안타깝게도 하이데거는 현존재의 현사실적 존재와 그 '어떻게'를 현상학적으로 밝히면서 존재의 원인과 유래 및 그 목적을 삭제한다. 그러나 4성제는 그렇지 않다. 우선 괴로움의 원인을 12연기설의 맥락에서 업으로까지 확장할 때, 집성제는 범부의 5취온이 업의 과보로 그때마다 3고를 겪는다는 것을 에누리 없이 곧이곧대로 말한다. 집성제의 진실에서 볼 때, "…… 뭇 삶들은 자신의 업을 소유하는 자이고, 그 업을 상속하는 자이며, 그 업을 의지처로 하는 자이다".[34] 이를테면 "나의 업이 바로 나의 주인이고, 나는 업의 상속자이고, 업에서 태어났고, 업이 나의 권속이고, 업이 나의 의지처이다".[35] 5취온의 범부가 그러한 것처럼 일상적 현존재도 사실 업의 상속자답게 업에서 세계로 온 것으로 보아야 한다. 그것도 갈애의 기인으로 지은 업을 생인으로 해서 세계로 온 것으로 보아야 한다. 현존재가 어디에서 왔는지가 현사실적 존재에 대한 현상학적 관찰에서 관찰되지 않는다고 해서 그냥 세계로 피투된 것으로 어림해서는 안 된다. 현존재의 '어디에서'는 바로 갈애의 기인으로 지은 업이다. 하이데거처럼 현존재의 '어디에서'를 논외로 방치할 때, 현존재의 존재

---

34   전재성 역주,『업에 대한 작은 분석의 경』,『맛지마 니까야』, 제5권, 256쪽.
35   대림 스님 옮김,『경우 경』,『앙굿따라 니까야』, 제3권, 초기불전연구원, 2007, 172쪽.

의 원인과 유래를 놓고 헤쳐나올 수 없는 우연의 늪에 빠지지 않을 수 없다. 우연만큼 현-존재에 대한 무책임한 지적 폭행도 없을 것이다.

한편, 멸성제는 열반이 바로 범부의 삶의 목적임을 말한다. 멸성제와 관련해 실존론적 존재론에서 주목해야 할 것은 "존재는 이 존재자에게 그때마다 그 자체로 관심이 가는 것이다"(SZ, p. 42) 또는 "…… 존재하는 가운데 본디 이 존재 자체에 **관심**을 두는 **현존재**의 존재는 언제나 》목적이 되는 것(Um-willen)《에 해당한다"(SZ, p. 84)라는 말이다. 가령 제품을 생산하는 공장에서 그런 것처럼 현존재가 세계-내-존재로서 동료와 함께 존재하는 가운데 기계 같은 용재자를 사용하거나 수리하거나 할 때, 사실 목적이 되는 것은 동료도 아니고 용재자도 아니고 그렇게 동료에 대한 고려와 용재자에 대한 배려의 방식으로 실존하는 자신의 존재 자체, 한마디로 자기 자신이다. 세계-내-존재로서 언제 어디에서 어떻게 실존하든지 간에, 현존재는 늘 자신의 존재, 자기 자신을 목적으로 한다. 그러나 현존재의 경우에 자기에게 자기가 목적이 된다는 것은 문 젯거리라고 하지 않을 수 없다. 솔직히 말해 이것은, 가야 할 목적지를 잃고 자신의 꼬리를 목적지로 삼아 뱅뱅 도는 뱀처럼 현존재의 존재에 목적이 없다는 말이나 다름없기 때문이다.

4성제는 그렇지 않다. 열반은 범부가 세간에서 윤리적으로 청정하게 살아가는 가운데 도달해야 할 목적지이다. 다시 말하지만, 열반은 괴로움에 젖은 범부에게 무지개 같은 희망을 주기 위해 창작된 종교적 발명이 아니다. "바라문이여, 그는 욕망이 남김없이 다한 것을 경험하고, 성냄이 남김없이 다한 것을 경험하고, 어리석음이 남김없이 다한 것을 경험한다. 그러므로 열반은 스스로 보아 알 수 있고, 시간이 걸리지 않고, 와서 보라는 것이고, 향상으로 인도하고, 지자(智者)들이 각자 알아야 하는 것이다."[36] 열반을 시간이 걸릴 것 없이 누구라도 와서 즉각 볼 수 있

---

36 대림 스님 옮김, 『열반 경』, 『앙굿따라 니까야』, 제1권, 초기불전연구원, 2006, 406쪽.

고 스스로 보아 알 수 있는 것으로 말하는 것은 누구라도 탐진치 3독의 소진에서 무고안온의 열반을 경험할 수 있기 때문이다. 열반은 얼마든지 살아서 경험할 수 있는 삶의 구경이다.

알다시피 이렇게 살아서 경험할 수 있는 열반은 유여열반으로 일컬어진다. "수행승들이여, 이와 같은 두 가지 열반의 세계, 잔여 있는 열반의 세계와 잔여 없는 열반의 세계가 있다. 수행승들이여, 잔여 있는 열반의 세계는 어떠한 것인가? 수행승들이여, 세상에 수행승이 거룩한 님으로 번뇌를 부수고, 청정한 삶을 이루었고, 해야 할 일을 해 마쳤고, 짐을 내려놓았고, 자신의 이상을 실현하였고, 존재의 결박을 끊었고, 올바른 궁극의 앎으로 해탈했다. 그에게 다섯 가지 감관이 아직 존재하고 사라지지 않았으므로, 그는 쾌와 불쾌를 경험하고, 즐거움과 괴로움을 느낀다. 그에게는 탐욕이 부서지고, 성냄이 부서지고, 어리석음이 부서진다. 수행승들이여, 그것을 잔여 있는 열반의 세계라고 말한다. 수행승들이여, 그렇다면 잔여 없는 열반의 세계란 어떠한 것인가? 수행승들이여, 세상에 수행승이 거룩한 님으로 번뇌를 부수고, 청정한 삶을 이루었고, 해야 할 일을 해 마쳤고, 짐을 내려놓았고, 자신의 이상을 실현했고, 존재의 결박을 끊었고, 올바른 궁극의 앎으로 해탈했다. 수행승들이여, 그에게 모든 느껴진 것은 환희의 대상이 아닌 청량한 것이 된다. 수행승들이여, 이것을 잔여 없는 열반의 세계라고 한다."[37] 바로 이 가르침에서 '잔

---

37 전재성 역주,『열반의 세계의 경』,『이띠붓따까-여시어경』, 한국빠알리성전협회, 2012, 106쪽. '거룩한 님'은 아라한을 지칭하는 번역어이다. 사실『이띠붓따까-여시어경』에서 "그에게 모든 느껴진 것은 환희의 대상이 아닌 청량한 것이 된다"라고 옮겨진 문장을『초기불교, 열반이란 무엇인가?』에서는 "그에게 모든 느껴진 것은 기뻐할 것이라고는 없게 되고 싸늘하게 식고 말 것이다"(레디 사야도·마하시 사야도, 정명 편역,『초기불교, 열반이란 무엇인가?』, 푸른향기, 2018, 52쪽)라는 문장으로 옮겼다. "궁극적으로 조건 지어지지 않은 진리인 대열반", 곧 아라한의 무여열반은 "아라한이 죽음의 순간에 아라한의 존재를 구성하는 무더기들의 지멸, 적정일 뿐만이 아니라 오염들의 지멸, 적정의 순간에도 얻어져야만 한다"(같은 책, 275쪽)라는 풀이에서 알 수 있듯이, 죽음의 순간에 더는 윤회가 일어나지 않도록 5온이 지멸하면서 무여열반을 증득하는 만큼,

여 있는 열반의 세계'와 '잔여 없는 열반의 세계'가 소개된다. 곧 아라한의 유여열반(有餘涅槃)과 무여열반(無餘涅槃)이 소개된다.

아라한은 탐진치 3독 등 갖가지 번뇌를 멸진하고, 윤리적으로 청정한 삶을 살면서 할 일을 다 마치고, 존재의 결박을 끊고, 지혜로 해탈했기에 살아서 열반을 경험한다. 요컨대, 아라한이 온갖 번뇌의 멸진과 함께 살아서 경험하는 열반이 바로 유여열반이다. "과거의 업으로 받은 몸과 함께 알아진 것이기 때문에 유여[열반]이라 한다. 왜냐하면 수행으로써 그것을 증득한 사람의 오염원이 가라앉았고, 또한 아직 살아 있는 몸을 의지해 있는 것이기 때문이다."[38] 이렇게 아무런 번뇌 없이 청정해진 5온의 작용에서 경험하는 유여열반과 달리, 무여열반은 죽음의 순간에 청정한 5온이 지멸(止滅)할 때 증득되는 반열반(般涅槃)이다. 중요한 것은 아라한이 무여열반에 들 때 더는 윤회하지 않는다는 점이다. 아라한의 경우에 번뇌의 멸진과 함께 업이 무력화되고 또 새로이 업이 형성되지도 않기 때문이다. "과거의 업으로 받은 몸이 없기 때문에 무여[열반]이라 한다. 왜냐하면 아라한은 일어남의 원인을 제거함으로써 미래에 결과를 가져올 업이 다한 자이기 때문이다. 그의 마지막 마음 다음부터는 무더기들이 일어나지 않고 또 일어난 것은 없어지기 때문에 [과거의 업으로] 받은 몸이 없다."[39] 간단히 말해 유여열반이 번뇌 같은 "오염원이 완전히 소멸된 열반"이라면, 유여열반에 "5온이 완전히 소멸된 열반"[40]을 더한 것은 무여열반이라고 할 수 있다.

유여열반을 보더라도 열반이 종교적 위조가 아니라는 것은 입증된 셈

느껴진 모든 것은 싸늘하게 식으면서 사라지기 마련이다. '그에게 모든 느껴진 것은 기뻐할 것이라고는 없게 되고 싸늘하게 식고 말 것이다'라는 『초기불교, 열반이란 무엇인가?』의 번역문이 『이띠붓따까-여시어경』의 번역문보다 무여열반의 뜻을 더 명쾌하게 드러내는 것으로 보인다.

38 붓다고사, 대림 스님 옮김, 『청정도론』, 제2권, 567쪽. '오염원'은 번뇌를 말한다.
39 같은 곳. '무더기'는 5온의 '온'을 말한다.
40 레디 사야도·마하시 사야도, 『초기불교, 열반이란 무엇인가?』, 93쪽.

이다. 또한 유여열반에서 볼 때, 열반은 세간의 삶에서 얼마든지 번뇌를 멸진함으로써 증득할 수 있다는 점에서 삶의 목적이 되기에 충분하다. 열반은 세간의 현실과 삶 너머에 있는 분리된 초월자가 아니다. 열반은 초월적으로 삶과 동떨어지기는커녕 목적의 자격으로 삶을 구성한다. 곧 삶의 목적이라는 점에서 삶의 중추부를 이루는 것이 바로 열반이다. 하이데거가 현존재의 존재에서 존재의 목적을 논외로 한다면, 이와 반대로 멸성제는 누구라도 번뇌의 멸진과 함께 괴로움에서 해탈함으로써 열반을 증득할 수 있기에 모든 범부에게 열린 삶의 목적으로 열반을 정직하게 제시한다. 현-존재에 대한 하이데거의 현상학적 시선에서는 포착되지 않을망정, 멸성제의 열반은 현존재가 세계-내-존재로 존재하는 가운데 어디로 가는가에 대한 답변으로 보아야 한다.

사실, 하이데거는 죽음 현상에 대한 실존론적 분석에서도 꼭 짚어야 할 문제를 논외로 배제한다. 예컨대, "죽음이 어떻게 언제 》세상에 왔는가《, 죽음이 해악과 고통으로서 존재자 전체에서 어떤 》의미《를 가질 수 있고 가져야 하는가 하는 물음"을 "》죽음의 형이상학《"(SZ, p. 248)에서나 다룰 법한 문제로 치부하면서 논외로 방출한다. 그러나 4성제라면 이 두 질문에 답변할 수 있다. "아난다여, '조건이 있기 때문에 늙음, 죽음이 있습니까?'라고 질문을 받으면, '그렇습니다'라고 대답해야 한다. 만일 '그러면 무엇을 조건으로 하여 늙음, 죽음이 있습니까?'라고 묻는다면, '태어남을 조건으로 하여 늙음, 죽음이 있습니다'라고 대답해야 한다. 아난다여, '조건이 있기 때문에 태어남이 있습니까?'라고 질문을 받으면, '그렇습니다'라고 대답해야 한다. 만일 '그러면 무엇을 조건으로 하여 태어남이 있습니까?'라고 묻는다면, '존재를 조건으로 하여 태어남이 있습니다'라고 대답해야 한다."[41] 이러한 12연기설의 맥락에서 업이 집성

---

41 각묵 스님 옮김, 『대인연경』, 『디가 니까야』, 제2권, 116쪽. '존재'는 업유(業有)를 가리킨다.

제에 포함된다는 것은 이미 언급되었다. 죽음은 이렇게 연기의 원리를 따라 업 또는 업유로 본 '존재'와 '태어남'을 조건으로 해서 이 세상에 찾아온 것으로 볼 수 있다. 실로 태어나지 않는다면 죽을 일도 없다. 갈애 같은 번뇌로 업을 짓지 않는다면 태어날 일도 없다. 그렇기에 갈애 등 온갖 번뇌를 멸진한다면 생사의 윤회를 능히 멈추고 열반에 들 수 있다.

마치 죽음 현상 너머에, 또는 그 배후에 모종의 형이상학적 비밀이나 신비가 숨은 양 보아서는 안 된다. 죽음이 어떻게 세상에 왔는지는 무명, 행(行), 식(識), 명색(名色), 6입(入), 촉, 수, 갈애, 취착, 업유, 생(生), 노사(老死) 등 12연기에 대한 경험적 통찰에서 누구라도 손쉽게 알 수 있다. 그러나 하이데거는 그렇게 보지 않는다. 적어도 그가 볼 때, 현존재가 존재하도록 세계로 피투되었다는 것은 곧 죽음으로 피투되었다는 것이나 다름없다. 앞에서 언급했다시피 죽음으로의 피투성은 죽음의 현사실성을 지시한다. 존재가 의문 부호를 붙일 필요가 없는 현사실인 것에 못지 않게, 죽음도 더는 물어볼 필요조차 없는 하나의 현사실이다. 물론, 4성제는 그렇게 보지 않는다. 4성제에서 볼 때, 죽음은 물음을 허용하지 않는 존재의 현사실이 아니다. 또한 죽음은 어디에서 언제 어떻게 현-존재로 왔는지를 알 수 없는 존재의 현사실이 아니다. 게다가 죽음은 현-존재에서 제거할 수 없는 존재의 현사실이 아니다. 오히려 죽음은 태어남을 조건으로 해서 발생하는 만큼 그저 조건 지어진 현상에 지나지 않을 뿐이다. 그렇다면 죽음의 조건인 태어남을, 또한 태어남의 조건인 업유를, 업유의 조건인 갈애와 취착 등 번뇌의 책동을 제거함으로써 얼마든지 죽음을 뿌리 뽑고 불사를 성취할 수 있을 것이다.

죽음의 형이상학이 성립할 수조차 없지만, 하이데거가 가공(架空)의 죽음의 형이상학에 떠넘긴 둘째 질문도 4성제의 맥락에서 풀이할 수 있다. 『앙굿따라 니까야』의 『죽음에 대한 마음 챙김 경 1』에 죽음에 대한 마음 챙김을 어떻게 닦아야 하는지에 대한 붓다의 가르침이 나온다. "비구여, 그러면 그대는 어떻게 죽음에 대한 마음 챙김을 닦는가?"라는 붓다의 질문에 한 비구가 "나는 하루 밤낮밖에 살 수 없을지도 모른다. 세존의 교법을 마음에 잡도리하리라. 그러면 참으로 지은 것이 많을 것이다"[42]라는 생각에서 그렇게 죽음에 대한 마음 챙김을 닦아 붓다의 가르침을 굳게 지킨다고 답한다. 그러자 하루의 낮 동안에만, 밥 한끼를 먹는 동안에만, 네다섯 차례 음식을 씹어 삼키는 동안에만, 한 차례 음식을 씹어 삼키는 동안에만, 숨을 한 번 호흡하는 동안에만 살 수밖에 없을지 모른다고 여러 비구가 제각각 대답한다. 한 차례 음식을 씹어 삼키는 시간 동안이나 숨 한 번 호흡하는 동안에만 살 수밖에 없을지 몰라 그만큼 절박하게 붓다의 가르침을 마음에 잡도리하는 비구들을 두고 붓다는 "······ 이러한 비구들을 일러 부지런히 살고, 번뇌를 멸하기 위해 예리하게 죽음에 대한 마음 챙김을 닦는다고 한다"라고 격려하는 반면에, 그렇지 않은 비구들을 두고는 "······ 이러한 비구들을 일러 방일하게 살고, 번뇌를 멸하기 위해 둔하게 죽음에 대한 마음 챙김을 닦는다고 한다"[43]라고 경책(警責)한다.

이 경에서 눈여겨보아야 할 것은 죽음의 불확정성과 확실성이다. 누구라도 피해갈 수 없는 확실한 죽음이 언제 찾아올지가 확정되지 않은 이상, 누구라도 아무 때에나 죽을 수 있다는 것을, 실로 지금 당장 이 자리에서 숨을 한 번 들이켜고 내쉬는 사이에도 죽을 수 있다는 것을 절실히 각성해야 한다. 그렇기에 비구들은 죽음에 대한 마음 챙김을 소홀히 하거나 뒤로 미루거나 할 수도 없고 또 그렇게 해서도 안 된다. 수행승들뿐만이 아니다. 누구나 다 언제 어디에서 무엇을 하더라도 늘 죽음에 대한 마음 챙김을 놓아서는 안 된다. 누구라도 죽음에 대한 마음 챙김을 닦아야 하는 것은 죽음이 확실하면서도 불확정적인 까닭이다. 이렇게 죽음에 대한 마음 챙김을 닦는 동안, 해탈과 열반에 유익한 선법을 닦고 번뇌를

---

42 대림 스님 옮김, 『죽음에 대한 마음 챙김 경 1』, 『앙굿따라 니까야』, 제4권, 90쪽.
43 같은 경, 『앙굿따라 니까야』, 제4권, 93쪽.

멸진하는 데에 방일(放逸)하지는 않을 것이다.

　죽음이 존재자 전체에서 어떤 의미를 가질 수 있는지는 여기에서 밝혀질 수 있다. 일체의 존재자는 생겨나 없어지는 한에서 무상성의 유위법에 지나지 않는다. 범부가 자신을 둘러싼 무상한 존재자와 관계하는 가운데 갈애 같은 번뇌를 떠나지 못할 때, 3수를 경험하면서 그예 3고의 형태로 괴로움마저 겪기 마련이다. 문제는 3고에 대한 범부의 경험이 그의 마음에 다시 3독을 잠복하도록 심는다는 점이다. 앞에서 인용한 『맛지마 니까야』의 『여섯의 여섯에 대한 경』에 나오는 것처럼 범부가 무명이나 갈애로 3고를 겪는 동시에 다시 3독의 싹을 마음에 담아두면서 키우게 된다는 점에서, 괴로움은 괴로움을 겪는 것으로 끝나지 않고 번뇌의 악순환을 부른다. 그렇기에 혹업고의 악순환을 세세생생 굴러가도록 구동하는 번뇌를 당장 근절해야 한다. 수행승이 선정을 닦아야 하는 것은 이러한 까닭에서이다. 번뇌를 끊고 없애기 위해 선정을 닦아야 하지만, 그렇다고 선정만이 번뇌를 멸진하는 것은 아니다. 죽음도, 곧 죽음에 대한 정념(正念), 바른 마음 챙김도 번뇌의 멸진에 기여한다.

　지금 당장 이 자리로 피할 수 없는 죽음이 찾아올 수 있다면, 죽음을 나중의 일로 미루어서는 안 되고 오히려 죽음을 현재화해야 한다. 죽음으로의 선구가 그렇듯이, 죽음에 대한 마음 챙김은 일그러진 의미의 매개 없이 죽음을 현재화하는 한 방식이다. 현존재가 죽음을 선구의 방식으로 현재화할 때, 근원적 불안의 기분에서 고강도의 위협을 당한다. 범부가 죽음을 마음 챙김의 방식으로 현재화할 때, 고수를 당하고 또 고고마저 당한다. 죽음이 이렇게 해악과 고통을 끼친다는 것은 분명하다. 그럼에도 범부는 마음 챙김의 방식으로 죽음을 그때마다 현재화해야 한다. 윤회의 사슬에서 임박한 죽음을 앞두고 열반을 그리워하면서 갈애를 내려놓는 사람이 있는 것처럼, 죽음에 대한 마음 챙김을 행하는 이상, 무상한 존재자와 관계하되 갈애 같은 번뇌의 유혹에 시달리지는 않을 것이다. 오히려 해탈과 열반에 장애가 되는 번뇌 등 해로운 법을 끊고 유익한 법을 닦는 데에 방일하지 않을 것이다. 무상한 존재자 전체 가운데에서 죽음이 범부에게 던지는 '의미'는 결국 번뇌의 멸진과 함께 열반을 향해 부지런히 불퇴전의 노력을 기울이라는 데에 있다. 지금 당장 죽을 수 있음에도, 또 죽음으로 끝나지 않고 다시 태어나 괴로움을 거듭 겪음에도 무고안온의 열반을 멀리한다는 것은 그야말로 어리석은 짓이다. 한편, 하이데거가 볼 때, 현존재는 죽음에 직면해 도피하기는커녕 근원적 불안의 위협을 달게 받으면서 죽음으로 과감히 선구해야 할 것이다. 불안의 위협적 힘을 들이마시면서 그 힘으로 죽음으로 선구할 때, 현존재는 실존의 근원성을 장악할 것이다. 죽음의 현재화가 괴로움을 끼친다는 것은 현존재에게나 범부에게나 공통적이지만, 죽음에 대한 현재화의 방식과 그 이익은 둘 사이에서 다르다. 역시 그것이 달라지는 것은 열반의 목적지가 있느냐 없느냐 하는 점에 달렸다.

제11장

———

니체의 역사적 공간에서 본 하이데거

4성제는 삶의 진실을 곧이곧대로 증언하는 삶의 진리임이 드러났다. 4성제에서 볼 때, 삶은 원인과 유래 및 목적이 있다. 설명했다시피 멸성제가 삶의 최종 목적이 열반에 있다는 것을 말한다면, 집성제는 삶에 그 원인과 유래로 갈애와 업이 있다는 것을 말한다. 적어도 집성제에 대한 설일체유부의 해석을 따라 12연기설의 맥락에서 괴로움의 원인을 업이나 업유로까지 넓힐 때, 집성제가 삶의 원인과 유래를 드러낸다는 것은 틀림없다. 갈애와 취착을 조건으로 업을 짓고, 이 업유를 조건으로 태어남이 일어나고, 태어남을 조건으로 늙음과 죽음 등 갖가지 괴로움이 일어난다. 이렇게 삶을 일으키는 원인과 유래가 있다는 것은 틀림없다. 그렇다면 삶의 원인과 유래 및 목적은 삶에 덧붙여진 군더더기가 아니고 삶을 구조적으로 구성하는 불가결한 구조계기임이 분명하다. 실로 삶의 원인이나 유래가 없다면 삶은 간교한 우연일 뿐이다. 삶의 목적이 없다면 삶은 시간을 허비하는 가운데 갈수록 허망해지고 헛되고 무익해질 것이다. 그럼에도 현존재의 존재를 실존론적으로 분석할 때, 왜 하이데거는 존재의 원인과 유래 및 목적을 배제할까? 혹시라도 하이데거의 현상학적 현미경의 성능이 좋지 않아서 그런 것일까? 『존재와 시간』을 보면 현상학적 현미경의 성능을 의심할 수는 없다. 그보다는 차라리 하이데거의 역사적 좌표에서 그 까닭을 찾는 편이 나을 것이다. 말하자면 하이데거가 니체의 역사적 공간에서 인간 실존에 관한 실존론적·존재론적 사유를 전개하는 만큼, 그의 역사적 공간에서 현존재의 '어디에서'와 '어디로'를 논외로 배제한 까닭을 찾는 것이 나을 것이다.[1]

니체의 역사적 공간에서는 도대체 무슨 일이 벌어졌는가? "내가 여기서 말하는 것은 다음 두 세기의 역사이다. 나는 다가오고 있으며, 더이상 다르게 올 수 없는 것을 기술한다: **허무주의의 도래**."[2] 니체의 문앞에는 가장 끔찍한 손님, 곧 앞으로 두 세기나 길게 이어질 허무주의(Nihilismus)가 도착했다. 그는 이미 허무주의가 정치, 경제, 역사, 철학, 예술 등 19세기 유럽 문화 전반으로, 심지어 자연과학으로까지 스민 것으로 본다. 그의 눈에 19세기는 "왜곡된 가치 체계가 유지되고 있는 시대. 목표와 방향을 상실한 '헛됨의 파토스'가, '지친 의지의 파토스'가 지배하고, 삶을 성장시키려는 의지는 마비되어 있는 시대. 인간의 적극적

---

1 "실존철학은 흔히들 도덕적 허무주의와 …… 동일시되어왔다"(Frederick A. Olafson, *Heidegger and the Ground of Ethics. A Study of Mitsein*, Cambridge: Cambridge University Press, 1998, p. i)라는 것은 이의 없이 널리 주지된 사실이다. 현존재에 대한 하이데거의 실존론적 존재론도 예외는 아니다. 그러나 프레더릭 A. 올라프슨(Frederick A. Olafson)은 그렇게 생각하지 않는다. "그가 『존재와 시간』에서 소개한 심오한 독창적인 개념들의 성좌가 우리의 삶의 윤리적 부면 전체를 이해하는 데에 크게 기여할 수 있다는 것을 드러내는 것이 도리어 나의 일차적 관심사이다. 그 개념들이 허무주의에 귀착하는 것으로 거의 예외 없이 생각되지만, 허무주의로 귀착한다고 할 수는 없다는 것을 나는 깊이 확신한다"(같은 책, p. 6). 확신은 확신일 뿐이다. 그의 확신과는 달리, 현존재의 실존론적 존재론이 니체의 도덕적 허무주의의 역사적 공간에서 전개되었을 뿐만 아니라 윤리적 삶이 "지극히 임의적이고, 이성적 방법으로 정당화될 수 없"는 그러한 "한 개인의 선택"(같은 책, p. 1)으로, 곧 죽음의 법정에서 근원적 불안에 힘입어 단행되는 고유한 자기의 본래적 선택으로 축소되었다는 것은 부인할 수 없는 사실이다.
2 프리드리히 니체, 백승영 옮김, 『유고(1887년 가을~1888년 3월)』, 니체 전집, 제20권, 책세상, 2005, 518쪽.

이고 창조적인 힘, 인간 자신의 위버멘쉬로의 노력은 아직 구현되지 않은 시대. …… 한마디로 불완전한 허무주의 상태가 지속되고 있는 시대"[3]로 보였다.

그러나 무엇보다도 허무주의가 도래한 19세기의 역사적 공간에서 가장 유명해진 사건은 신의 죽음이다. 신이 죽었다는 명제는 철학적 플라톤주의와 플라톤주의적 종교가 제공한, 인간의 삶과 관련된 근본적 물음에 대한 답변이 19세기의 유럽인에게 더는 통용되지 않는다는 것을 말한다. "**허무주의**: 목표가 결여되어 있으며: '왜?'라는 물음에 대한 대답이 결여되어 있다. 허무주의는 무엇을 의미하는가? ── **최고 가치들이 탈가치화하는 것**."[4] 여태까지 '왜?'의 물음에 대한 답을 제공하던 세계와 삶에 대한 플라톤주의적 해석 체계가 최고의 가치로서 삶의 갈증과 고통을 그럭저럭 달래주던 실용적 역할을 더는 감당하지 못하고 무력화된 사건이 허무주의, 바로 도덕적 허무주의이다. 19세기의 유럽인은 이제 최고 가치의 탈가치화와 함께 삶의 목표, 의미, 가치를 어디에서도 찾지 못하고 풍랑에 정처 없이 떠도는 배처럼 갈팡질팡하다가 난파할 수밖에 없다.

니체는 도덕적 허무주의의 공동(空洞)에서 탈가치화한 전통적 가치 체계를 다시 복원하고자 하지 않는다. 도덕적 허무주의를 극복하기 위해서라도 그는 도리어 완전한 허무주의를 제시한다. 다시 말해 전통 체계와는 달리 삶에 해롭기는커녕 유용하게 쓰일 새로운 가치 체계를 창조할 수 있는 길을 제시한다. 19세기의 유럽인에게 닥친 최고의 위기와 위험에 직면해 그 창조의 길로 나아가도록 그들을 안내하고 독려하는 니체의 사상은 다름 아니라 힘을 향한 의지(Wille zur Macht), 동일한 것의 영

---

3 백승영, 『니체, 디오니소스적 긍정의 철학』, 책세상, 2005, 238쪽. '위버멘쉬'(Übermensch)를 여기에서는 '초인'(超人)으로 옮겼다.
4 프리드리히 니체, 『유고(1887년 가을~1888년 3월)』, 니체 전집, 제20권, 22쪽.

원한 회귀(ewige Wiederkehr des Gleichen), 초인(Übermensch)에 관한 그의 원숙한 후기 철학이다. 그가 힘 의지의 사상을 세우는 데에 주춧돌이 된 것은 로저 J. 보스코비치(Roger J. Boscovich), 율리우스 R. 마이어(Julius R. Mayer), 요한 G. 포크트(Johann G. Vogt) 등과 같은 자연과학자의 저술에 대한 독서이다.[5] 물리적 자연과 생명에 대한 그 당시의 과학적 연구에서 도출된 물리학적·화학적·생물학적 이론을 공부하면서 길어낸 철학적 통찰이 힘 의지의 사상이다. 특히 물질을 힘으로 환원해 자연을 힘의 체계로 이해한 보스코비치의 영향은 남다르다. 사실 영원한 회귀의 사상도 자연과학적 통찰에 힘입은 것으로 보아야 한다.

적어도 원숙한 니체가 볼 때, 인간과 세계는 다 힘 의지 또는 힘 의지의 '어떻게'일 뿐이다. **"이러한 세계가 힘에의 의지이다 — 그리고 그 외에 아무것도 아니다! 그대들 자신 역시 이러한 힘에의 의지이다 — 그리고 그 외에 아무것도 아니다!"**[6] 그는 힘 의지의 각도에서 세계가 어떠한지를 길게 시적으로 묘사하기를, "이 세계"는 곧 "포만도, 권태도, 피로도 모르는 생성으로서" "시작도 끝도 없는 어마어마한 힘"이고, "더 커

---

5 바젤 대학에서 교수로 고전문헌학을 가르치던 시절에 이미 자연과학적 저술에 대한 독서에 몰두했다고 니체 자신이 술회한다. "정말 타는 듯한 갈증이 나를 덮쳤다: 이때부터 나는 사실상 생리학과 의학과 자연과학 공부 외에는 다른 일은 전혀 하지 않았다"(프리드리히 니체, 백승영 옮김, 『이 사람을 보라』, 니체 전집, 제15권, 책세상, 2002, 408쪽). 니체가 바젤 대학 교수 시절부터 원숙한 후기 철학에 이르기까지 어떤 자연과학적 저술들을 읽었으며, 다윈의 진화론에 대한 니체의 비판적 견해, 힘 의지 사상에 대한 보스코비치와 마이어의 물리학적·화학적 힘 이론의 영향, 영원회귀 사상에 대한 마이어의 영향 등이 어떠했는지에 대해서는 정동호, 「니체 철학의 자연과학적 토대」, 『니체연구』, 제15집, 한국니체학회, 2009, 123~40쪽 참조. 이 글은 초인, 힘 의지, 영원회귀 등 니체의 후기 철학에 끼친 자연과학적 이론의 영향을 깔끔하고 명료하게 잘 밝힌 논문이다. 또한 니체의 자연과학적 독서가 힘 의지의 사상을 형성하는 데에 어떤 영향을 끼쳤는지에 대해서는 백승영, 『니체, 디오니소스적 긍정의 철학』, 327~32쪽 참조. 또한 Robert G. Morrison, *Nietzsche and Buddhism. A Study in Nihilism and Ironic Affinities*, p. 224 참조.
6 프리드리히 니체, 김정현 옮김, 『유고(1884년 가을~1885년 가을)』, 니체 전집, 제18권, 책세상, 2004, 436쪽.

지지도 않고 더 작아지지도 않는, 소진되지 않고 그저 변화하는, 그것도 전체량은 변하지 않지만 변화하는 하나의 확고하고 고정된 힘의 양"이며, "여기에서는 쌓이지만 동시에 저기에서는 줄어드는" 그러한 것이고, "자기 자신 안에서 휘몰아치며 몰려드는 힘의 바다"이며, "어마어마한 회귀의 세월과 함께" "영원히 변하며, 영원히 돌아오는"[7] 그러한 것이라고 한다. 간추리면, 세계는 늘어나지도 않고 줄어들지도 않는 총량을 지닌 힘의 바다로서 시작도 끝도 없이 영원한 회귀의 방식으로 생성하는 것으로 볼 수 있다. 여기에 예외가 되는 존재자는 없다. 인간도 힘 의지로서 영원한 회귀의 방식으로 생성할 뿐이다.

실로 인간 등 우주 만법이 다 힘 의지이다. 다른 이유가 있는 것은 아니다. 니체가 볼 때, 힘 의지야말로 "가장 원초적 사실",[8] "존재의 가장 내적인 본성",[9] "유일한 현실"[10]이기 때문이다. 극적으로 말해 "힘에의 의지는 우리가 내려오는 마지막 사실이다"[11]라는 이유에서 우주 만법이 예외 없이 다 힘 의지에 지나지 않는다. 힘 의지와 관련해 주시해야 할 것은 바로 이것이다. 니체가 자연과학적 독서에 힘입어 자연의 지층을 파 내려가다가 다다른, 더는 파낼 수 없는, 자연 전체를 떠받치는 최후의 기반은 힘 의지이다. 힘 의지가 우주 만법의 근원적 현사실(Urfaktum)인 것은 그것이 더는 파 내려갈 수 없는 최후의 사실인 까닭이다. 발굴의 순서로 볼 때 마지막인 것은 그 자체로 볼 때 가장 앞서는 것이다. 그렇기에 최후의 사실은 도리어 존재의 가장 내적 본성, 가장 원초적 사실, 근원적 현사실이다. 이러한 맥락에서 우주 만법은 힘 의지의 생성과 변화의 '어

---

7   Friedrich W. Nietzsche, *Nachgelassene Fragmente Herbst 1884-Herbst 1885*, KGW VII-3, Berlin: Walter de Gruyter & Co, 1974, pp. 338~39.

8   프리드리히 니체, 백승영 옮김, 『유고(1888년 초~1889년 1월 초)』, 니체 전집, 제21권, 책세상, 2004, 69쪽.

9   같은 곳.

10 프리드리히 니체, 『유고(1884년 가을~1885년 가을)』, 니체 전집, 제18권, 495쪽.

11 같은 책, 504쪽.

떻게'에 지나지 않는다. 인간도 마찬가지이다.

  우주 만법에서 힘 의지가 더는 파 내려갈 수 없는 최후의 사실이라는 점에서, 곧 그 자체로 볼 때 가장 앞서는 근원적 현사실이라는 점에서 결코 간과할 수 없는 중요한 힘 의지의 특징이 도출된다. 힘 의지가 최후의 사실, 근원적 현사실인 만큼 힘 의지는 원인이 없다. 그뿐더러 같은 이유에서 힘 의지는 목적이 없다. 힘 의지를 생성하도록 구동하는 동력의 원인이 따로 있는 것이 아니다. 또한 힘 의지를 특정 방향으로 굴러가도록 이끄는 생성의 목적이 따로 있는 것도 아니다. 원인이나 목적이 힘 의지 바깥 또는 그 너머에 있다면, 힘 의지는 최후의 사실, 가장 원초적 사실, 근원적 현사실이 될 수 없다.[12] 우주 만법은 힘 의지의 생성의 '어떻게'로서 "원인도 없고, 결과도 없다".[13] 게다가 우주 만법에는 "**어떤 목표도, 기원도 없다!**"[14] 한마디로 힘 의지 바깥에 그것의 초월적 원인이나 목적은 없다.

  알다시피 원인은 결과를 짝으로 삼는다. 원인이 있으면 결과가 있다는 말이다. 그러나 니체가 볼 때, 인과의 개념은 "어떤 행위에 행위자를 덧붙이는 우리의 문법적 습관"[15]에서 비롯한 허구이다. 예컨대, 날아가는 새를 보고 흔히들 '새가 난다'라고 말하지만, 사실 새가 날아가는 것은

---

12 사실, 하이데거의 기초존재론에서 근원적 시간은 힘 의지의 경우와 마찬가지로 원인과 목적이 없다. 이러한 의미에서 근원적 시간은 존재론적으로 탈근거적이다. 그럼에도 근원적 시간은 자기 자신을 시간화한다. 다시 말해 근원적 시간은 자기시간화의 작용에서 실존과 세계를, 한마디로 세계-내-존재를 존재론적으로 가능하게 하는 근원적 힘이다. 다만 근원적 시간의 힘은, 니체의 힘 의지가 그러한 것처럼 원인과 목적이 없다는 점에서 하나의 현사실이다. 한마디로 근원적 시간은 힘 자체의 근원적 현사실이다. 힘 의지가 근원적 현사실인 것처럼, 근원적 시간도 근원적 현사실이다. 하이데거의 기초존재론에서 이렇게 니체의 철학적 흔적을 목격하는 것은 우연이 아니다.

13 프리드리히 니체, 『유고(1888년 초~1889년 1월 초)』, 니체 전집, 제21권, 89쪽.

14 프리드리히 니체, 박찬국 옮김, 『유고(1882년 7월~1883/84년 겨울)』, 니체 전집, 제16권, 책세상, 2001, 871쪽.

15 프리드리히 니체, 『유고(1887년 가을~1888년 3월)』, 니체 전집, 제20권, 255쪽.

아니다. 그저 날아가는 작용만이 있을 뿐이다. 새와 날아가는 작용을 분리해서는 안 된다. 날아가는 작용이 바로 새이고, 새가 바로 날아가는 작용이다. 날아가던 새가 나뭇가지에 내려앉는다면, 내려앉는 작용이 새이고 새는 내려앉는 작용이다. 그럼에도 날아가거나 내려앉는 동사적 작용에 굳이 새라는 명사를 덧붙여 '새가 난다' 또는 '새가 내려앉는다'라고 표현한다. 이러한 문법적 표현 습관에 길들었기에 흔히들 주어가 없이는 술어가 있을 수 없다고, 주어가 있는 곳에 술어가 있다고 생각하곤 한다. 주어-술어의 이러한 문법적 습관에서 행위자와 행위, 작용자와 작용이 나뉘면서 졸지에 주어가 되는 행위자나 작용자는 원인의 위치에, 술어가 되는 행위나 작용은 결과의 위치에 배치된다. 원인이 없이는 결과가 없다는 인과의 개념은 이렇게 형성된다.

문법적 습관에서 인과의 개념이 창작되는 것이 얼마나 우스운 일인지를 니체는 번개의 예를 들어 폭로한다. "사람들은 번개가 번쩍일 때, 실제로는 활동을 중복시킨다. …… 같은 사건을 한 번은 원인이라고 보고, 다른 한 번은 결과라고 보는 것이다."[16] 한순간 공기를 진동시키면서 열과 빛을 내는 방전작용이 번개임에도 사람들은 방전작용의 주어로 번개를 설정해 기어이 인과의 구도를 만든다. 그러나 번개라는 작용자가 방전작용에서 독립해 따로 존재하는 것은 아니다. 다시 말해 번개가 번쩍이는 것은 아니다. 한순간 존재하는 것은 그저 구름과 땅 사이에서 번쩍이는 방전작용뿐이다. 이 방전작용을 주어와 술어로 나누는 순간, 곧 번개가 번쩍인다고 말하는 순간, 하나의 방전작용을 원인과 결과로 이중화하게 될 따름이다. 그러나 구름과 땅 사이에서 번쩍이는 "활동, 작용, 생성 뒤에는 어떤 '존재'도 없다".[17] 번개는 실체가 아니고 그저 번쩍이는 작용일 뿐이다. 물론, 번개만이 작용인 것은 아니다. 실은 우주 만법이

---

16 프리드리히 니체, 김정현 옮김, 『도덕의 계보』, 니체 전집, 제14권, 책세상, 2002, 378쪽.
17 같은 곳.

다 작용이다. 니체의 어법으로 말하면, 우주 만법이 다 생성(Werden)이고 생기(Geschehen)일 뿐이다. "생성하는 것 속에서 생성하는 것이 고정되고 영속적인 것으로, 하나의 '그것'(Das)으로 나타날 수 없"[18]기에 생성, 생기, 작용에 생성, 생기, 작용의 주어가 '그것'인 양, 곧 실체인 양 존재하는 것은 아니다.

흥미로운 것은, 아리스토텔레스의 4원인설에서 그러한 것처럼 작용의 원인이 곧 목적의 원인이라는 점이다. "작용인과 목적인은 그 기본 구상에 있어서는 한 가지 것이다."[19] 이것은 플라톤주의적 종교에서도 마찬가지이다. 피조물의 경우에 존재의 원인은 곧 존재의 목적이다. 신은 존재의 원인인 동시에 존재의 목적이라는 말이다. 니체가 인과 개념을 한낱 문법적 습관에서 빚어진 창작으로 부정할 때, 원인 개념과 맞물린 목적 개념도 부정한 것으로 보아야 한다. 번쩍이는 방전작용에 원인이 없는 것처럼 목적도 없다. 번개만이 그러한 것은 아니다. 우주 만법이 다 그렇다. 실로 힘 의지 또는 힘 의지의 생성, 생기, 작용에는 목적이 없다. 요컨대, "생성은 아무런 목표 상태를 갖지 않으며 '존재'로 귀착되지 않는다".[20] 목표와 목적이 없기에 생성은 멈추지 않고 부단히 생성할 뿐이라는 말이다.

니체에게 힘 의지의 무원인성과 무목적성은 영원한 회귀로 건너가는 데에 결정적인 통찰이다. 이렇게 힘 의지가 원인도 없고 목적도 없다면, 다시 말해 힘 의지가 원인도 없고 목적도 없는 근원적 현사실 내지 최후의 사실이라면, 힘 의지는 시작도 없고 끝도 없는 것으로 보아야 한다. 가령 힘 의지가 생성을 시작한 적이 없는 것처럼 "'힘에의 의지'는 생성을 끝낼 수 없다".[21] 힘 의지를 처음으로 생겨나게 한 원인도 없고, 힘 의

18 Friedrich W. Nietzsche, *Menschliches, Allzumenschliches II*, KGW IV-3, Berlin: Walter de Gruyter & Co, 1967, p. 23.
19 프리드리히 니체, 『유고(1888년 초~1889년 1월 초)』, 니체 전집, 제21권, 88쪽.
20 프리드리히 니체, 『유고(1887년 가을~1888년 3월)』, 니체 전집, 제20권, 329쪽.

지를 끝내 사라지게 할 목적도 없기에 그렇다. 그저 힘 의지는 시작도 없고 끝도 없는 이상, 그렇게 무시무종(無始無終)하게 생성할 따름이다. 무시무종한 힘 의지는 생성이나 생기 말고 다른 방식을 취할 수 없다. 시작도 없고 끝도 없는 힘 의지는 언제라도 생성이나 생기 이외의 다른 방식으로 존재할 수는 없다. 힘 의지는 생성이나 생기 이외에 다른 존재방식을 취할 수 없다. 생성 또는 생기야말로 힘 의지의 유일한 존재방식이다. 바로 이 점에서 힘 의지의 사상은 영원한 회귀의 사상과 접목된다.

"생성에 존재의 성격을 새기는 것 ― 그것은 최고의 힘에의 의지이다. …… 모든 것이 회귀한다는 것은 생성의 세계가 존재의 세계에 가장 가까이 접근한다는 것이다: 고찰의 정점."[22] 플라톤주의와 같은 전통적 세계 해석에서는, 이데아가 그렇듯이 존재는 불변성, 동일성, 영원성 같은 형이상학적 성격을 띠는 것으로 간주된다. 힘 의지의 유일한 존재방식인 생성이 불변성, 동일성, 영원성 같은 존재의 성격을 취하는 한, 말하자면 힘 의지가 '변함없이', '한결같이', '영원히' 무시무종하게 생성하는 한, 힘 의지야말로 최고의 힘 의지임이 틀림없다. 힘 의지가 최고의 힘 의지로 한순간도 멈추지 않고 변함없이, 한결같이, 영원히 생성하려면, 힘 의지는 힘 의지 자신으로 돌아와야 한다. 가령 힘 의지가 힘 의지 자신의 영원한 생성에 권태를 느끼면서 지루해하지 않기 위해서라도, 그 영원한 생성에 피로를 보이면서 피곤해하지 않기 위해서라도, 힘의 위축이나 소실, 고갈 같은 근본적 위기에 처하지 않기 위해서라도 힘 의지는 힘 의지 자신으로 그때마다 부단히 회귀해야 한다. 힘 의지의 영원한 자기회귀 없이는 영원한 생성도 없다. 다시 말해 힘 의지의 영원한 자기회귀를 통하지 않고서는 힘 의지가 '변함없이', '한결같이', '영원히' 생성할 수는

21　앞의 책, 307쪽.
22　프리드리히 니체, 이진우 옮김, 『유고(1885년 가을~1887년 가을)』, 니체 전집, 제19권, 책세상, 2005, 380쪽.

없다. 생성이나 생기가 힘 의지의 유일한 존재방식이라면, 이제 힘 의지의 '생성'은 다시 영원한 회귀 이외에 다른 존재방식을 취할 수 없다. 요컨대, 고찰의 정점에서 내려다볼 때, 힘 의지의 '생성'은 영원한 자기회귀를 유일한 '존재'방식으로 삼는다.

"에너지의 존속에 관한 명제는 영원한 **회귀**를 요구한다"[23]라는 니체의 말에서 드러나듯이, 영원한 회귀는, 고립계(isolated system)의 경우에 에너지가 여러 형태로 변화할망정 에너지의 총량은 변하지 않는다는 물리학의 에너지 보존법칙에 입각한 것으로 보아야 한다. 거기에 에너지 형태의 변화의 가짓수는 유한한 반면에, 시간은 무한하다는 니체 자신의 가정을 보탠 것이 다름 아니라 영원한 회귀의 사상의 골격이다. 변화의 가짓수의 유한성과 시간의 무한성에 대한 니체의 가정[24]이 옳든 그르든 간에, 그가 영원한 회귀의 사상을 "가장 과학적인 가설"[25]로 부르는 것은 에너지 보존법칙 같은 물리학적 원리에 입각한 까닭이다. "우주의 힘의 한도는 **정해져 있으며** 결코 '무한한' 것이 아니다: …… 이 힘의 상황, 변화, 조합, 발전의 수는, 비록 엄청나게 크고 실질적으로도 '**헤아릴 수 없긴**' 하지만, 어쨌든 한계가 있으며 무한한 것은 아니다. 우주의 힘이 미치는 시간은 아마 무한할지도 모른다. 즉 힘은 영원히 똑같고 영원히 활동한다: ── 지금 이 순간이 오기까지 이미 무한이 흘러 지나갔다. 있을 수 있는 모든 변화 발전은 이미 **존재했을** 수밖에 없다. **따라서** 현재 진행되고 있는 사건도 하나의 반복이고, 이 사건을 낳고, 이 사건이 낳은 것도 마찬가지이다. 그렇게 앞으로도 뒤로도 계속된다."[26] 에너지 보존법

---

23 앞의 책, 256쪽.
24 우주의 기원을 이루는 "빅뱅"이 "시간의 실질적인 출발점"이라는 스티븐 W. 호킹(Stephen W. Hawking)의 설명(스티븐 호킹, 김동광 옮김, 『그림으로 보는 시간의 역사』, 까치, 2002, 232쪽)에서 볼 때, 시간이 무한하다는 니체의 가정은 그릇된 것으로 볼 수 있다.
25 프리드리히 니체, 『유고(1885년 가을~1887년 가을)』, 니체 전집, 제19권, 266쪽.
26 프리드리히 니체, 안성찬·홍사현 옮김, 『즐거운 학문, 메시나에서의 전원시, 유고(1881년 봄~1882년 여름)』, 니체 전집, 제12권, 책세상, 2005, 523쪽. 또한 같은 책, 538쪽 참조.

칙이 말하는 것처럼 유한한 힘의 총량은 불변한 터에 힘의 변화의 가짓수가 유한하고 시간이 무한하다면, 지금의 힘의 형태는 무한한 과거의 어느 시점에 이미 존재했고 무한한 미래의 어느 시점에 다시 존재할 것이다. 요컨대, 동일한 것이 시간의 무한성 속에서 존재했고 존재하고 존재할 수 있도록 그때마다 다시 돌아오는 것으로 보아야 할 것이다.

모든 것이 힘 의지인 한에서, 동일한 것의 회귀에 예외는 없다. "모든 것은 가며, 모든 것은 되돌아온다. 존재의 수레바퀴는 영원히 돈다. 모든 것은 죽는다. 모든 것은 다시 피어난다. 존재의 시간은 영원히 흐른다."[27] 그렇다면 영원한 회귀의 사상의 황홀경에서 니체가 던지는 질문, 곧 "그리고 달빛 속에서 느릿느릿 기어가고 있는 이 거미와 저 달빛 자체, 함께 속삭이며, 영원한 사물에 대해 속삭이며 성문으로 나 있는 이 길에 앉아 있는 나와 너, 우리 모두는 이미 존재했었음이 분명하지 않은가?"[28]라는 질문에 그렇다고 대답해야 할 것이다. "나는 다시 오리라. 이 태양과 이 대지, 이 독수리와 뱀과 더불어. 그렇다고 내가 새로운 생명이나 좀 더 나은 생명, 아니면 비슷한 생명으로 다시 오는 것이 아니다. 나는 …… 동일한 생명으로 영원히 되돌아오는 것이다."[29] 회귀하는 것은 다시 돌아올 때마다 발전하고 진보하거나 그 반대로 쇠퇴하고 퇴보하거나 하는 그러한 것으로 보아서는 안 된다. 그것은 목적의 개념을 전제로 하는 만큼 회귀가 아니다. 힘 의지의 생성에 원인도 없고 목적도 없다면, 무한한 시간에서 그때마다 회귀하는 것은 동일한 것일 수밖에 없다.

이렇게 니체가 영원한 회귀의 사상을 우주론적 맥락으로까지 승격한다는 것은 사실이다. 설령 그렇다 하더라도 그 사상을 우주론적 맥락에서 동일한 존재자가 그때마다 동일하게 회귀하는 것으로 풀이해서는 안

---

27 프리드리히 니체, 정동호 옮김, 『차라투스트라는 이렇게 말했다』, 니체 전집, 제13권, 책세상, 2000, 354쪽.
28 같은 책, 258~59쪽.
29 같은 책, 360쪽.

된다. 예컨대, 내가 동일자로 그때마다 회귀하는 것으로 보아서는 안 된다. 만약 내가 동일자로 회귀한다면, 나를 필두로 우주 만법이 역시 다 동일자로 회귀해야 할 것이다. 어디까지나 동일자는 보편자가 아니고 개별자이기 때문이다. 개별자 하나하나가 다 힘 의지의 변화의 가짓수에 해당한다. 그러나 동일한 우주 만법의 회귀는 연기의 원리에 정면으로 위배되는 과격한 사견에 지나지 않는다. 구태여 연기의 원리를 끌어들일 필요도 없다. 그것이 사견인 것은, 가령 동일자로 회귀하는 내가 힘 의지의 생성의 '어떻게'이기는커녕 자아로 실체화되는 까닭이다. 실로 개별화된 내가 동일자로 그때마다 회귀한다는 것은 나를 불멸의 실체적 자아로 실체화하는 한편, 그 실체적 자아가 무한한 시간의 흐름 속에서 거듭 환생하는 것으로 보는 것이나 진배없다. 다시 말해 내가 동일자로 회귀한다는 것은 과거의 '나', 현재의 '나', 미래의 '나'가 동일하다는 것을, 다시 3세(三世)에 걸쳐 '나'가 동일하다는 것은 그 '나'가 영원하고 불변하는 자기동일성의 실체적 자아나 다름없다는 것을 의미한다. 그렇다면 동일한 개별자의 영원한 회귀는 그 개별자의 실체화를 수반하는 것으로 볼 수밖에 없다. 불교의 용어로 말하면, 그것은 상견의 사견에 지나지 않는다. "'그 자체'란 심지어 불합리한 개념이다"[30]라는 니체의 지적에서 보더라도, '그 자체'의 변주곡인 사물 자체, 실체, 주체, 자아, 영혼 등은 다 허구일 뿐이다. '나'와 같은 개별자를 회귀의 동일자로 삼는 순간, 니체는 이렇게 자승자박에 빠진다. 그럴 바에야 차라리 근대 형이상학의 맥락에서 어둠에 덮인 영원한 회귀의 사상을 밝게 조명하는 하이데거의 해석을 따라 동일한 것이 무엇인지를 풀이하는 편이 나을 것이다.

하이데거가 볼 때, "근대 형이상학의 경우에 존재자의 존재는 의지로 현상한다".[31] 한마디로 "의지는 근원 존재이다".[32] "지각과 욕구의 통일"

---

30 프리드리히 니체, 『유고(1888년 초~1889년 1월 초)』, 니체 전집, 제21권, 95쪽. 또한 프리드리히 니체, 『유고(1887년 가을~1888년 3월)』, 니체 전집, 제20권, 60~62쪽 참조.

로 "모나드"를 규정한 고트프리트 W. 라이프니츠(Gottfried W. Leibniz), 라이프니츠를 따라 "이성의 의지"를 정식화한 이마누엘 칸트(Immanuel Kant)와 요한 G. 피히테(Johann G. Fichte), 이 "이성의 의지를 좇아가면서 재차 사유해 자기의 것으로 삼"은 게오르크 W. F. 헤겔(Georg W. F. Hegel)과 프리드리히 W. J. 셸링(Friedrich W. J. Schelling), "세계"를 "의지와 표상"으로 본 아르투어 쇼펜하우어(Arthur Schopenhauer)[33] 등이 의지의 근원 존재에 대한 근대 형이상학적 사유를 장식한다. 그 가운데 절정을 찍은 것이 바로 니체의 영원한 회귀의 사상이라는 것이 하이데거의 평가이다. "동일한 것의 영원한 회귀는, 영원히 자기 자신의 의욕 자체를 의욕하는 의지의 형이상학의 최고의 승리이다."[34] 여기에서 비로소 '동일한 것'이 무엇을 가리키는지가 어렴풋이 드러난다. '나', '너', '거미', '달', '성문', '길' 등과 같이 개별화된 존재자가 '동일한 것'은 아니다. 오히려 그러한 존재자의 '존재'가 '동일한 것'이다. 털어놓고 말해 '동일한 것'은 '의지'이다. 동일한 것의 영원한 회귀는 의지가 의지 자신으로 영원히 회귀하는 것으로 보아야 한다. 그러나 니체의 경우에 의지는 힘을 향한 의지이다. 이제 '동일한 것'은 '힘 의지'이다. 힘 의지의 생성이 영원한 회귀를 유일한 존재방식으로 취한다는 앞의 풀이에서 예견된 것처럼, 동일한 것의 영원한 회귀는 힘 의지가 영원히 생성하기 위해 힘 의지 자신으로 영원히 회귀하는 것으로 보아야 한다. 곧이곧대로 말해 "힘에의 의지는 힘에의 의지라는 자신의 본성에 영원히 도달한다. 자신의 본성으로 영원히 회귀하는 것이다".[35]

힘 의지의 생성이 영원한 자기회귀를 유일한 존재방식으로 삼는다는,

---

31 마르틴 하이데거, 『사유란 무엇인가』, 107쪽.

32 같은 책, 120쪽.

33 같은 책, 107쪽.

34 같은 책, 120쪽.

35 백승영, 『니체, 디오니소스적 긍정의 철학』, 374쪽.

'정점'에 선 니체의 '고찰'에서 굽어볼 때, 실로 힘 의지는 '변함없이', '한결같이', '영원히' 생성하기 위해 힘 의지 자신의 본성으로 '변함없이', '한결같이', '영원히' 회귀한다. 그렇다면 힘 의지의 본성이 무엇인지가 궁금해질 것이다. 힘이나 의지의 두드러진 특징을 생각하면 힘 의지의 본성이 무엇인지를 어렵지 않게 알 수 있다. 누구라도 힘이 약화되고 의지가 쇠퇴하기를 바라지 않는다. 오히려 그 반대를 원한다. 그런 만큼 "…… 지배를 원하고, 더 많이 원하며, 더 강해지기를 원하는 의지작용(Herr-werden-, Mehr-werden-, Stärker-werden-wollen)"[36]이 바로 힘 의지의 본성이다. 실로 인간 등 우주 만법은 더욱더 강해지고자 하는 힘 의지의 의욕작용의 '어떻게'일 뿐이다.

우주 만법이 하나하나 다 더욱더 강해지고자 하는 힘 의지라면, 우주는 힘 의지의 역동적 체계, 곧 "관계-세계"[37]나 다름없다. 힘 의지끼리 서로 얽힌 상호관계의 세계에서 지배하는 주인이 되고자 하고, 더 많은 힘을 획득하고자 하며, 그렇게 더 강해지기를 원하는 것이 바로 힘 의지의 본성이다. 우주 만법의 힘의 총량이 늘지도 않고 줄지도 않는다면, 어떤 힘 의지는 지배자의 위치에서 더 많은 힘을 획득하는 데에 반해 다른 힘 의지는 복종자의 위치에서 더 적은 힘을 소유할 수밖에 없을 것이다. 그렇다고 해서 지배자와 복종자가 힘 의지의 본성을 서로 달리하는 것은 아니다. 지배자가 더 많은 힘을 원하듯이, 복종자도 더 많은 힘을 원한다. 이렇게 힘의 바다는 지배자와 복종자 사이에서 단 한순간도 멈추지 않고 출렁이기 마련이다. 지배자와 복종자 사이의 힘의 균형도, 곧 "평형 상태"[38]도 성립할 수 없지만, 이 힘의 서열이 "지속 상태"[39]로 고정된 것도 아니다.

---

36 프리드리히 니체, 『유고(1888년 초~1889년 1월 초)』, 니체 전집, 제21권, 71쪽.
37 같은 책, 83쪽.
38 프리드리히 니체, 『유고(1887년 가을~1888년 3월)』, 니체 전집, 제20권, 239쪽.
39 같은 책, 238쪽.

이렇게 항상 힘의 증가와 감소로 출렁이는 힘의 바다에서 서로 얽힌 채 인간은 매순간 "**싸움**으로서의 모든 생기, 모든 운동, 모든 생성…"[40]을 맞닥뜨리기 마련이다. 인간과 인간 사이에서는 "힘과 그것을 뛰어넘는 힘을 쟁취하기 위한 전쟁"[41]이 벌어지기 마련이다. 인간이 상호관계의 세계에서 저마다 힘 의지로 생성한다는 것은, 적어도 상호관계에서 볼 때, 더욱더 강해지고자 하는 힘 의지의 본성에 충실하게 서로 다투고 싸우는 것이나 다름없다. 요컨대, 상호관계의 세계에서 인간이 취할 수 있는 생성의 사회적 형식은 다툼이나 싸움이라는 말이다. 서로 얽힌 한에서 인간끼리의 싸움이나 다툼의 생성을 피할 수는 없다. 무엇보다도 그것은 "힘 증대에 대한 의지로부터 인간이 저항을 찾으며, 대항할 무엇인가를 필요로 하기"[42] 때문이다. 가령 학교나 직장 같은 사회적 상호관계에서 인간은 저마다 힘의 증대를 도모하기 위해 저항자나 경쟁자를 원한다. 다시 말해 인간은 저항자와 다투고 경쟁자와 경쟁하는 가운데 고유한 힘의 증대를 도모하기를 원한다. 그렇기에 인간과 인간 사이의 사회적 상호관계에서는 "'복종'과 '명령'"이라는 "투쟁 놀이의 형식"[43]이 자리하기 마련이다.

복종과 명령의 투쟁적 상호관계에서 오해해서는 안 될 것이 있다. 한 차례의 대결에서 명령자가 복종자의 힘을 모조리 몰수하는 반면에, 복종자는 다시 일어서지 못하고 명령자의 힘에 내내 굴복하는 것으로 보아서는 안 된다는 말이다. "…… 복종 속에도 저항이 있으며, 자주적 힘은 결코 포기되지 않았다. 이와 마찬가지로 명령 속에서도 적대자의 절대적인 힘이 타도되지 않으며, 동화되거나 해소되지 않는다는 사실의 인정이 있다."[44] 싸움의 과정에서 명령자에게 복종한다고 해서 복종자가 힘을

---

40 앞의 책, 63쪽.
41 프리드리히 니체, 『차라투스트라는 이렇게 말했다』, 니체 전집, 제13권, 165쪽.
42 프리드리히 니체, 『유고(1888년 초~1889년 1월 초)』, 니체 전집, 제21권, 192쪽.
43 프리드리히 니체, 『유고(1884년 가을~1885년 가을)』, 니체 전집, 제18권, 371쪽.

몽땅 빼앗긴 채 저항의 의지를 잃는 것은 아니다. 복종자는 복종하는 가운데 자신의 고유한 힘으로 명령자에 다시 저항한다. 또한 명령자는 다시 저항할 수 없도록 복종자의 힘을 모조리 강탈하지 않는다. 반대로 복종자가 저항할 수 있도록 힘의 소유를 허가한다. 명령과 복종을 둘러싼 싸움에서 드러난 힘의 서열이 내내 변함없이 고정되는 것보다는 그때마다 서열이 뒤바뀌는 것이 명령자와 복종자 모두에게 힘의 증대를 효과적으로 꾀할 수 있는 유리한 전략이기 때문이다. 매일 꾸준히 근력운동을 해야 근육과 근력이 증가하는 것처럼, 한 차례의 싸움으로 싸움이 멈추는 것보다는 서열을 뒤바꾸면서 그때마다 부단히 싸움을 이어가는 것이 힘의 증대에 필요하다는 것은 굳이 말할 나위가 없다.

그러나 부단한 싸움의 과정에서 복종자의 처지가 된다는 것은 불쾌한 일이다. 반대로 "부유하고 생명력 있는 자는 승리를, 극복된 적수를, 힘 느낌(Machtgefühl)이 지금보다 더욱 광대한 영역으로 넘쳐흐르기를 원한다".[45] 승리를 거두어 적수를 복종자로 삼을 때, 명령자는 자신의 힘이 넘쳐흐르는 느낌에서 쾌감을 맛볼 것이다. 여기에서 초인은, 곧 "초극하는 자는 동일한 것의 영원한 회귀를 의욕하는 의지를 향해서 …… 간다"[46] 라는 하이데거의 해석을 살펴볼 필요가 있다. 싸움에서 승리의 쾌감을 만끽하는 명령자, 승리자가 되어야 비로소 초인이 되는 것은 아니다. 거꾸로 복종의 불쾌를 씹어 삼켜야 하는 복종자가 된다고 해서 초인이 될 수 없는 것은 아니다. 승리하든지 패배하든지 간에, 명령하든지 복종하든지 간에, 쾌감을 누리든지 불쾌를 느끼든지 간에, 인간은 더욱더 강해지고자 하는 힘 의지답게 싸움의 과정에서 매번 힘 의지의 본성으로 회귀해야 한다. 명령자는 승리의 쾌감에 젖어 힘의 증대를 잊고 그 자리에

---

44 앞의 곳.
45 프리드리히 니체, 『유고(1888년 초~1889년 1월 초)』, 니체 전집, 제21권, 193쪽.
46 마르틴 하이데거, 『사유란 무엇인가』, 121쪽.

눌러앉아서는 안 된다. 명령자가 초인이 되기 위해서는 승리에 연연하지 않고 다시 힘 의지의 본성으로 돌아가 더 높이 오를 수 있도록 다음의 싸움에 임해야 한다. 복종자가 초인이 되기 위해서는 패배에 주저앉거나 그 아픔에 얽매이거나 하지 않고 다시 힘 의지의 본성으로 돌아가 역시 더 높이 오를 수 있도록 다음의 싸움에 임해야 한다.

실로 초인의 자격이 명령과 복종, 승리와 패배 사이에 달린 것은 아니다. 인간은 승패의 결과에 미련을 두지도 않고 쾌감과 불쾌에 흔들리지도 않는 가운데 힘을 증대할 수 있도록, 다시 말해 더 높이 오를 수 있도록 힘을 향한 의욕작용을 부단히 의욕해야 한다. 그것도 그때마다 매번 힘 의지의 본성으로 회귀함으로써 더 많은 힘을 향한 의욕작용을 지치지 않고 부단히 의욕해야 한다. 명령자이든지 복종자이든지 간에, 승패의 결과나 쾌와 불쾌를 떠나 힘 의지의 본성으로 영원히 회귀하면서 그때마다 더 많은 힘을 향한 의욕작용을 긍정하고 그렇게 더 많은 힘을 향한 의욕작용을 의욕하는 자가 바로 초인이다. 힘 의지의 본성으로 돌아가는 영원한 회귀가 힘 의지의 생성의 유일한 존재방식인 한에서, 인간이 상호관계의 세계에서 생성한다는 것은, 곧 삶을 영위한다는 것은 더 많은 힘을 향한 의욕작용에 대한 긍정과 함께 그 의욕작용을 그때마다 부단히 의욕하기 위해, 역시 그때마다 부단히 힘 의지의 본성으로 회귀하는 것이나 진배없다. 그렇게 삶의 힘을 증대할 수 있도록 힘 의지의 본성으로 회귀하는 것은 승리한 명령자와 패배한 복종자 등 누구에게나 열린 길이다. 니체가 영원한 회귀의 사상을 "도달될 수 있는 최고의 긍정 형식"[47]이라고 자랑스레 말하는 까닭도 여기에 있다.

더 많은 힘을 향한 의욕작용을 긍정하는 가운데 더 많은 힘을 향한 의욕작용을 영원한 회귀의 방식으로 그때마다 부단히 의욕할 때, 인간은 현재의 자기 자신을 넘어 그 위로 더 높이 상승하기 마련이다. 명령자

---

47 프리드리히 니체, 『이 사람을 보라』, 니체 전집, 제15권, 419쪽.

의 경우라면 명령하는 자신의 위치를 넘어 더 높이 상승할 것이고, 복종자의 경우라면 복종하는 자신의 처지를 넘어 역시 더 높이 상승할 것이다. 이렇게 영원한 회귀에서 더 많은 힘을 향한 의욕작용을 긍정하고 의욕하면서 자신을 넘어 더 높이 오르고자 하는 인간이라면, 누구라도 초인이 될 수 있다. 높이 오른다고 해서 오해해서는 안 된다. 다시 말하지만, 더 오를 수 없을 만큼 사회적 관계의 정점에 선 자만이, 예컨대 대학의 경우에 총장이나 기업의 경우에 총수만이 초인이 되는 것으로 오해해서는 안 된다. 낮은 곳에 있는 사람이든지 높은 곳에 있는 사람이든지 간에, 힘 의지의 영원한 자기회귀를 긍정하고 의욕하는 가운데 그때마다 부단히 현재의 자기 자신을 넘어 더 높이 오르고자 의욕한다면, 누구라도 초인이 될 수 있다.

허무주의의 시대에 신의 빈자리를 채워야 하는 것은 당연히 인간이다. 인간이기는 하지만, 탈가치화한 최고의 가치를 가차없이 뿌리치고 인간 힘 의지의 생성을, 곧 삶 자체를 긍정하는 유익한 가치 체계를 창조할 수 있는 인간이 채워야 한다. 한마디로 초인이 그 빈자리를 채워야 한다. "위대한 정오란 사람이 짐승에서 위버멘쉬에 이르는 길 한가운데 와 있고, 저녁을 향한 그의 길을 최고의 희망으로 찬미하는 때를 가리킨다. 저녁을 향한 길이 바로 새로운 아침을 향한 길이기 때문이다. 몰락하는 자는 자기 자신을 축복할 것이다. 그는 저편으로 건너가고 있는 자이기 때문이다. 그리고 그의 앞의 태양은 중천에 떠 있을 것이다. '모든 신은 죽었다. 이제 위버멘쉬가 등장하기를 우리는 바란다.' 이것이 언젠가 우리가 위대한 정오를 맞이하여 갖게 될 마지막 의지가 되기를!"[48] 맑은 하늘 한복판에 앞의 태양이 이글거리는 위대한 정오에, 의심의 여지없이 백일하에 드러난 신의 죽음에 직면해 새로운 아침의 희망을 창조할 수 있도록 인간은 초인이 되어야 한다. 인간은 더 많은 힘을 향한 의지답게 위

---

48 프리드리히 니체, 『차라투스트라는 이렇게 말했다』, 니체 전집, 제13권, 127~28쪽.

대한 정오에 한 점 어두운 형이상학적 그늘도 없이 환히 삶을 밝히는 앎의 태양으로 자기 자신을 넘어 상승해야 한다. 실로 초인은 "'자기 자신을 넘어서는'(über-sich-hinaus-gehen) 인간"[49]이다. 초인(Übermensch)의 '초'(Über-)는 '자기 자신을 넘어서 올라가는 것'(Über-sich-hinaus-gehen)을, 곧 현재의 자기 자신을 넘어서 위로 상승한다는 것을 뜻한다.

진정 놀라운 것은 하이데거의 현존재가 니체의 초인을 빼닮았다는 점이다. "현존재는 언제나 이미 》자기 자신을 넘어서(über sich hinaus)《 존재하되, …… 현존재 자신인 존재가능을 향한 존재로서 》자기 자신을 넘어서《 존재한다"(SZ, p. 192). 여기에서 현존재가 '자기 자신을 넘어서' 존재한다는 말은 니체의 '초'인을 염두에 둔 표현임이 틀림없다. 하이데거가 자신의 특유한 문장 부호(》……《)를 사용해 '자기 자신을 넘어서'를 강조하는 것을 보더라도 '초'인을 염두에 둔 것이 틀림없다. 물론, 자기 자신을 넘어서 높이 상승하는 초인의 운동을 하이데거는 "현존재는 그의 존재에서 그때마다 이미 자기 자신을 **앞질러** 존재한다"(SZ, p. 191)라는 말로 새롭게 풀이한다. 간단히 말해 그는 초인의 자기상승을 "현존재의 **자기 자신을-앞질러-존재하기**"(*Sich-vorweg-sein*)(SZ, p. 192)로 각색한다. '자기 자신을 앞질러 존재하기'를 그가 염려의 일차적 구조계기로, 곧 실존론성으로 취한다는 것은 이미 언급되었다. 염려의 실존론성이 존재가능 또는 가능성을 향한 존재로 존재하도록 현존재의 존재를 규정한다는 것도 이미 거론되었다. 게다가 현-존재의 호적에 죽음의 가능성이 입적된 이상, 가능성을 향한 존재가 죽음을 향한 존재, 죽음으로의 선구로 귀결된다는 것도 이미 해명되었다. 한마디로 염려의 실존론성이 없이는 죽음으로의 선구가 불가능하다. 실존론성의 계기 없이는 실존이 불가능하다는 점에서 이렇게 자기 자신을 앞질러 존재하는 실존론

---

49 백승영, 『니체, 건강한 삶을 위한 긍정의 철학을 기획하다』, 한길사, 2011, 135쪽. 또한 백승영, 『니체, 디오니소스적 긍정의 철학』, 229쪽 참조.

성의 일차적 구조계기야말로 현-존재의 '어떻게'의 근본 골격을 형성한다.

물론, 지금 톺아보아야 할 것은 니체의 초인과 하이데거의 현존재 사이에 동이점이 있다는 사실이다. 우선 초인의 생성과 현존재의 존재는 명사가 아니고 동사라는 점에서 같다. 생성하는 한에서 초인이 운동하는 것처럼, 존재하는 한에서 현존재도 동사답게 운동한다. 초인과 현존재가 운동한다는 점에서만 같은 것은 아니다. 둘은 운동의 방식에서도 같다. 초인도, 현존재도 운동하되 지금의 자기 자신을 넘어서는, 곧 지금의 자기 자신을 벗어나는 운동을 한다. 초인과 현존재는 공히 탈자적(脫自的, ekstatisch) 운동을 한다는 말이다. 이렇게 탈자적 방식의 운동을 한다는 점에서 같기는 하지만, 탈자적 운동의 방향이 다르다는 점에서는 둘이 서로 다르다. 초인의 생성은 지금의 자기 자신을 벗어나되, 위로 올라가는 수직적 상승의 운동을 펼친다. 이와 달리 현존재의 존재는 지금의 자기 자신을 벗어나되, 앞으로 달려가는 수평적 전진의 운동을 펼친다. 말하자면 초인이 지금의 자기 자신을 넘어 위로 올라간다면, 현존재는 지금의 자기 자신을 앞질러 앞으로 달려간다. 초인이 힘 의지의 본성을 향해, 곧 더 많은 힘을 향해 위로 올라간다면, 현존재는 죽음을 향해 앞으로 달려간다. 초인이 자기상승의 운동에서 힘의 증대를 추구하는 반면에, 현존재는 자기전진의 운동에서 죽음으로 선구한다.

둘 사이에 이렇게 다른 점이 있는 것은 사실이다. 그러나 탈자적 운동에서 볼 때, 현존재는 초인이되 운동의 방향을 달리하는 초인이라고 말할 수 있다. 한 걸음 더 내디디면, 현존재는 수평화된 초인이라고까지 말할 수 있다. 실로 수직화된 초인의 운동 방향을 수평화한다면, 초인은 앞으로 달려가기 마련이다. 이렇게 앞으로 달려가는, 자기 자신을 앞질러 달려가는, 자기 자신을 앞질러 존재하는 니체의 초인이 바로 하이데거의 현존재이다. 현존재가 수평화된 초인으로 판명되는 것을 보더라도, 이제 하이데거의 현존재는 니체의 초인의 후계자라고 기꺼이 말할 수 있다.

털어놓고 말해 하이데거는 니체의 후배이다. 적어도 『존재와 시간』
을 쓰던 초기 하이데거는 도덕적 허무주의의 역사적 공간에서 현-존
재의 '어떻게'를 현상학적으로 관찰한다는 점에서 역사적으로나 철
학적으로나 니체의 후배이다. 나중에 하이데거가, 존재역사적 사유
(seinsgeschichtliches Denken)의 길을 걷는 동안에 "힘에의 의지의 사상에
서는 형이상학적 사유 자체가 미리 완성되고 있다. 힘에의 의지의 사상
을 사유한 자인 니체는 서양의 **최후 형이상학자이다**"[50]라는 발언에서 알
아차릴 수 있는 것처럼, 니체를 도리어 전통 형이상학의 완성자로 평가
하면서 그렇게 니체의 역사적 공간에서 벗어나려고 한 것은 사실이다.[51]
그러나 도덕적 허무주의의 물결이 두 세기까지 파급될 것으로 내다본
니체의 예견대로, 초기 하이데거는 20세기로 파급된 도덕적 허무주의의
물결을 거스르지 않고 순조(順潮)한 것으로 볼 수 있다. 그가 도덕적 허
무주의의 역사적 환경에서 현존재의 현사실적 존재와 그 '어떻게'를 실
존론적·존재론적으로 관찰하고 분석할 때, 니체의 초인을 염두에 둔 것
이 분명하다.

도덕적 허무주의의 도도한 기운에서 하이데거는 신의 죽음을 니체와
공유한다. 물론, 그는 신의 사망을 나중에 "신들의 도망"으로 부른다.[52]
니체나 하이데거의 이 도발적인 명제 앞에서 신성모독적 언사라고 분개
할 필요는 없다. 인간이 어디에서 와서 어떻게 살다가 어디로 가는지에
대한 종교의 답에 만족하도록 플라톤주의적 종교가 인간의 빈 마음을
채워주는 대신에, 도리어 권력화되고 기업화되고 정치화될 때 신의 빈자

50 마르틴 하이데거, 박찬국 옮김, 『니체 I』, 도서출판 길, 2010, 461쪽.
51 니체의 원숙한 후기 철학을 전통 형이상학의 맥락에 놓고 옛 형이상학을 극복하기는커
    녕 도리어 완성한 것으로 평가하는 후기 하이데거의 니체 해석에 대한 비판으로는 백승
    영, 『니체, 디오니소스적 긍정의 철학』, 396~415쪽 참조.
52 Martin Heidegger, *Einführung in die Metaphysik*, GA Bd. 40, Frankfurt a. M.: Vittorio
    Klostermann, 1983, p. 41.

리는 역력해지는 법이다. 추상적으로 말해 종교가 인간의 삶, 삶의 현실과 서로 소통하지 못하고 폐쇄된 공간에서 실체화되는 데에서 신의 빈자리는 또렷이 드러나는 법이다.

또한 하이데거는 힘 의지와 그 생성의 무원인성과 무목적성을 니체와 공유한다. 힘 의지가 원인과 목적이 없는 것처럼, 현존재도 그의 존재에서 원인도 없고 목적도 없다. 신의 죽음을 알리는 도덕적 허무주의의 역사적 공간에 머물면서 둘은 이렇게 인간의 삶과 현존재의 존재에서 원인과 목적을 잘라낸다. 하이데거가 현존재의 실존론적 존재론에서 존재의 원인과 목적을 논외로 배제한 까닭이 무엇인지는 바로 여기에서 드러난다. 적어도 하이데거가, 현사실적으로 존재함에도 현존재의 존재의 '어디에서'와 '어디로'가 어둠에 파묻힌 것으로 본 것은, 그가 니체의 역사적 공간에서 신의 죽음의 사건을 공유하는 가운데 현존재의 존재를 실존론적·존재론적으로 분석하는 까닭이라고 말할 수 있다. 그가 현존재의 존재를 플라톤주의적 종교의 틀에 대입해 각색하는 것을 '비합리적인 것의 피난처'로 추방해 '위조'하는 행위로 몰아붙이는 때보다 신의 죽음에 대한 공명이 크게 잘 울리는 경우도 없을 것이다.

제 12 장

불안과 도성제(道聖諦)

알다시피 4성제의 '제'(諦), 곧 빠알리어 낱말 '삿짜'(sacca)는 진리를 뜻한다. 그래서 네 가지 성스러운 진리로 풀이된다. 이미 밝히기는 했지만, 4성제를 종교적 위조로 볼 수 없다는 것은 '삿짜'의 어원적 분석에서도 드러난다. "'되다'를 뜻하는 √bhū에서 파생된 술어" 대신에 "'이다'나 '있다'를 뜻하는 √as에서 파생된 술어인 삿짜(sacca)"를 사용한 것은 "'진실, 진리, 사실, 실제'"를 뜻하는 삿짜의 의미 그대로[1] 4성제가 삶의 진실에 명중하는 진리이기 때문이다. 현존재의 존재를 4성제에 견주는 것이 하이데거의 우려대로 문제되지 않는 것은 이러한 이유에서이다.

초기 하이데거가 니체의 후배답게 처음부터 현-존재의 원인과 유래 및 목적을 논외로 방출하는 만큼 현존재의 실존론적 존재론을 집성제와 멸성제의 맥락에 옮겨놓고 서로 견주어보는 것이 편하지는 않았다. 그러나 4성제의 마지막인 도성제를 앞에 두고는 현존재의 실존론적 존재론과 4성제가 다시 서로 대면할 수 있다. 물론, 집성제와 멸성제에서 그 둘

---

1 각묵 스님, 『초기불교의 이해』, 초기불전연구원, 2011, 88~89쪽.

이 반갑게 상봉하지 못한 탓에 서먹서먹한 분위기를 씻어낼 수 없을지도 모른다. 그럼에도 도성제가 둘을 다시 불러들인다. 도성제는 어떻게 존재할 것인가에 대한 가르침 또는 어떻게 살 것인가에 대한 가르침이기 때문이다. 멸성제의 열반이 범부, 수행승 등 인간의 세간적 삶과 출세간적(出世間的) 삶에서 목적지라는 것은 이미 거론되었다. 그렇다면 어떻게 살 것인가는 열반의 목적지에 이를 수 있도록 어떻게 살 것인가로 바꾸어볼 수 있다. 열반에 이를 수 있도록 어떻게 살 것인가는 다시 어떻게 청정한 삶을 살 것인가로 귀착한다.

붓다는 청정한 삶과 청정한 삶의 완성이 무엇인지를 궁금해하는 한 수행승에게 다음과 같이 말한다. "수행승이여, 이와 같은 여덟 가지의 성스러운 길이야말로 청정한 삶이다. 그것은 올바른 견해, 올바른 사유, 올바른 언어, 올바른 행위, 올바른 생활, 올바른 정진, 올바름 새김, 올바른 집중이다. 수행승이여, 탐욕이 소멸하고 성냄이 소멸하고 어리석음이 소멸하면 그것을 두고 청정한 삶의 완성이라고 한다."[2] 이른바 8정도가 청정한 삶이고, 그 길을 걸으면서 탐진치 3독 등 온갖 번뇌를 말끔히 소거하는 데에서 청정한 삶이 완성된다. 곧 열반에 이를 때에야 비로소 청정한 삶이 완성된다는 말이다. 어떻게 청정하게 살 것인가는 이렇게 8정도로 수렴된다.

8정도 가운데 첫째 항목은 올바른 견해, 바른 견해, 정견(正見)이다. "비구들이여, 괴로움에 대한 지혜, 괴로움의 일어남에 대한 지혜, 괴로움의 소멸에 대한 지혜, 괴로움의 소멸로 인도하는 도 닦음에 대한 지혜, 이를 일러 바른 견해라 한다."[3] 8정도의 길을 완주한 끝에 4성제를 있는

---

2 전재성 역주, 『어떤 수행승 1』, 『쌍윳따 니까야』, 제8권, 37쪽. 이 경에서 옮긴이는 8정도를 각각 올바른 견해, 올바른 사유, 올바른 언어, 올바른 행위, 올바른 생활, 올바른 정진, 올바름 새김, 올바른 집중으로 옮겼다.

3 각묵 스님 옮김, 『대념처경』, 『디가 니까야』, 제2권, 536쪽. 이 경에서 옮긴이는 8정도를 각각 바른 견해, 바른 사유, 바른 말, 바른 행위, 바른 생계, 바른 정진, 바른 마음 챙김, 바

그대로 통찰하고 체현(體現)할 때 비로소 바른 견해를 얻게 된다. 그렇다면 바른 견해가 8정도의 첫 자리를 차지하는 까닭이 무엇인지가 갑갑해질 것이다. 바른 견해가 세간의 관점에서 본 바른 견해와 출세간의 관점에서 본 바른 견해로 나뉜다는 데에서 그 까닭을 찾아야 한다. 출세간의 관점에서 본 바른 견해가 4성제에 대한 통찰과 그것에 대한 지혜라면, 세간의 관점에서 본 바른 견해는 "행위의 법칙, 즉 도덕적인 행동의 영향에 대한 올바른 파악", 한마디로 "업과 업보에 관한 올바른 이해"[4]를 가리킨다. 8정도의 출발점을 이루는 바른 견해는 세간적 관점에서 본 바른 견해이다.

둘째 항목은 올바른 사유, 바른 사유, 정사유(正思惟)이다. "욕망을 여의는 사유, 악의를 여의는 사유, 폭력을 여의는 사유"가 올바른 사유라면, 그 반대로 "감각적 쾌락의 욕망에 대한 사유, 악의에 대한 사유, 폭력에 대한 사유"[5]가 그릇된 사유이다. 세간에서 삶을 영위하는 동안에 감각적 쾌락을 향한 욕망에 물이 든 사유, 타인에 대한 악의가 깃든 사유나 해코지하고자 하는 사유가 진정한 지혜에 눈을 뜨지 못하게 만든다는 것은 두말할 나위가 없다. 세간적 지혜이든지 출세간적 지혜이든지 간에, 지혜를 얻기 위해서는 올바른 사유를 놓지 않아야 한다. 무엇보다도 타인에 대한 악의 없는 사유와 폭력 없는 사유는 각각 "모든 존재의 행복과 안녕을 바라는 특징"과 "모든 존재가 고통으로부터 벗어나기를 바라는 특징"[6]을 지닌 올바른 윤리적 사유이다. 이론이성의 인식과 실천이성의 윤리 사이에 견고한 불통의 벽을 설치한 칸트의 경우와 달리, 윤리

른 삼매로 옮겼다.

4 월폴라 라훌라, 전재성 옮김, 『붓다의 가르침과 팔정도』, 한국빠알리성전협회, 2002, 90쪽.

5 전재성 역주, 『커다란 마흔의 경』, 『맛지마 니까야』, 제4권, 한국빠알리성전협회, 2003, 486쪽.

6 월폴라 라훌라, 『붓다의 가르침과 팔정도』, 93쪽.

적 특징을 지닌 올바른 사유에서 세간적 삶과 출세간적 삶을 위한 지혜가 샘솟는다는 것이 불교의 고유한 시각이다.

셋째 항목은 올바른 말, 바른 말, 정어(正語)이다. "거짓말을 하는 것, 이간질을 하는 것, 욕지거리를 하는 것, 꾸며대는 말을 하는 것"이 그릇된 말이라면, "거짓말을 삼가는 것, 이간질을 삼가는 것, 욕지거리를 삼가는 것, 꾸며대는 말을 삼가는 것"[7]이 올바른 말이다. 거짓말은 동기나 의도가 있기 마련이다. 범부는 가령 탐진치 3독을 동기나 의도로 해서 거짓말을 하곤 한다. "우치를 동기로 하는 거짓말은 탐욕과 진에(瞋恚)를 수반하는 거짓말보다는 덜 악하다고 볼 수 있"지만, 이와 달리 "탐욕에서 비롯한 거짓말은 자기 자신이나 자신과 가까운 사람들의 물질적인 부, 지위, 존경, 찬양의 사적 이익을 목표로 하"고, "진에를 동기로 하는 거짓말은 다른 사람을 해치고 파괴할 의도를 수반하"[8]는 해로운 언어 행위이다.

거짓말만이 이렇게 3독 같은 번뇌를 그 동기나 의도로 품는 것은 아니다. 이간질하는 말 또는 중상모략하는 말, 욕설, 꾸며대는 말 또는 잡담 등과 같은 그릇된 말에도 타인에 대한 미움, 증오, 질투, 분노, 원한 등과 같은 번뇌가 그 동기나 의도로 내포되었다는 것은 어김없다. 범부는 세간의 삶에서 이러한 번뇌에 휘둘려 거짓말 등과 같은 그릇된 말을 일삼는 것을 삼가야 한다. 오히려 타인에게 진실이나 사실을 곧이곧대로 말하고 사람 사이에서 화합과 단결을 부르고 상대가 듣기에 좋은 부드럽고 온화한 말을 할 때, 거짓말 등과 같은 그릇된 말을 유발하는 번뇌의 영향력을 차단하는 한편 감소할 수 있다.

넷째 항목은 올바른 행위, 바른 행위, 정업(正業)이다. "살아 있는 생명을 죽이는 것을 삼가고, 주지 않는 것을 빼앗는 것을 삼가고, 사랑을 나

---

7 전재성 역주, 『커다란 마흔의 경』, 『맛지마 니까야』, 제4권, 487~88쪽.
8 월폴라 라훌라, 『붓다의 가르침과 팔정도』, 94쪽.

눔에 잘못을 범하는 것을 삼가는 것"이 올바른 행위인 반면에, 그 반대로 "살아 있는 생명을 죽이고, 주지 않는 것을 빼앗고, 사랑을 나눔에 잘못을 범하는 것"[9]이 그릇된 행위이다. 불살생인 만큼 사람의 목숨만을 살생하지 말라는 것은 아니다. 범부는 살아 움직이는 생명체를 살생하지 않고 도리어 더욱더 활발하게 생명력을 펼치도록 도와야 한다. 그럼에도 범부는 때때로 살생하되, 3독뿐만 아니라 원한, 증오, 교만 등과 같은 번뇌를 동기로 해서 살생하곤 한다. 남의 물건과 재산 등을 훔치고 폭력을 행사하거나 속여서 빼앗는 그릇된 행위에도 3독 같은 번뇌가 개입한다는 것은 틀림없다. 음행도 마찬가지이다. 성적 쾌락에 대한 탐욕이나 어리석음 같은 번뇌가 음행의 의도나 동기가 된다는 것은 분명하다. 역시 범부가 그때마다 그릇된 행위를 피하고 올바른 행위를 함으로써 번뇌를 약화할 수 있다는 것은 사실이다.

다섯째 항목은 올바른 생활, 바른 생계, 정명(正命)이다. "기만, 사기, 점술, 요술, 고리대금으로 살아가는 것"은 그릇된 생활이자 그릇된 생계이고, "잘못된 생활을 버리고 올바른 생활을 하는 것"[10]이 올바른 생활이자 바른 생계이다. 기만, 점술 등 다섯 가지 그릇된 생계 수단을 버리고 올바르게 생계와 살림살이를 꾸려가는 것이 올바른 생활이지만, 이 경에서 말하는 올바른 생활과 그릇된 생활 또는 바른 생계와 그릇된 생계의 사례는 비구나 비구니 같은 수행승에 해당한다.

세간에서 생활하는 재가(在家) 신자의 경우는 수행승의 경우와 다르다. "비구들이여, 재가 신자는 이 다섯 가지 판매에 종사해서는 안 된다. 무엇이 다섯 가지인가? 무기 판매, 생명 판매, 고기 판매, 술 판매, 독극물 판매이다."[11] 생명을 살상하는 무기 판매, 인신매매와 같은 생명 판매, 고

---

9 전재성 역주, 『커다란 마흔의 경』, 『맛지마 니까야』, 제4권, 489쪽.

10 같은 경, 『맛지마 니까야』, 제4권, 490~91쪽.

11 *Trades, The Numerical Discourses of the Buddha: A Translation of the Aṅguttara Nikāya*, tr. Bhikkhu Bodhi, Boston: Wisdom Publications, 2012, p. 790.

기 판매, 술 판매, 독극물 판매에 종사하는 것이 재가 신자의 그릇된 생계라면, 그 다섯 가지에 종사하지 않고 건전하고 부끄러움이 없는 바른 생업으로 살림살이를 하는 등 그렇게 바르게 일상생활을 꾸려나가는 것이 재가 신자의 올바른 생활, 바른 생계이다. 물불을 가리지 않는 자본주의적 이윤 추구가 도리어 존중되고 감각적 쾌락에 대한 욕망과 그 향유가 은근히 장려되는 오늘날 같은 사회에서 종사해서는 안 되는 그릇된 생활방식으로 다섯 가지만이 있는 것은 아니겠지만, 문제는 내적 제어장치 없이 돈을 벌고 재산을 축적하기 위해 이러저러한 그릇된 생업에 종사할 때, 무명, 탐욕, 방일, 무참(無慚), 무괴(無愧), 분노, 광(誑), 뇌(惱), 해(害) 등과 같은 번뇌가 기승을 부린다는 점이다. 떳떳하고 건전한 생업에 종사하는 것이 그릇된 생업을 검게 물들이는 번뇌에 휘말리지 않는 길일 것이다.

여섯째 항목은 올바른 정진, 바른 정진, 정정진(正精進)이다. "비구들이여, 여기 비구는 아직 일어나지 않은 사악하고 해로운 법〔不善法〕들을 일어나지 못하게 하기 위해서 의욕을 생기게 하고 정진하고 힘을 내고 마음을 다잡고 애를 쓴다. 이미 일어난 사악하고 해로운 법들을 제거하기 위하여 의욕을 생기게 하고 정진하고 힘을 내고 마음을 다잡고 애를 쓴다. 아직 일어나지 않은 유익한 법〔善法〕들을 일어나도록 하기 위해서 의욕을 생기게 하고 정진하고 힘을 내고 마음을 다잡고 애를 쓴다. 이미 일어난 유익한 법들을 지속시키고 사라지지 않게 하고 증장시키고 충만하게 하고 개발하기 위해서 의욕을 생기게 하고 정진하고 힘을 내고 마음을 다잡고 애를 쓴다. 비구들이여, 이를 일러 바른 정진이라 한다."[12] 여기에 소개된 바른 정진 또는 올바른 정진을 흔히들 4정근(四正勤)이라고 부른다. 4정근만큼 흠결 없는 완벽한 수선단악(修善斷惡)의 형식과 내용은 없다.

---

12 각묵 스님 옮김, 『대념처경』, 『디가 니까야』, 제2권, 538~39쪽.

수선단악에서 말하는 선법과 불선법은 해탈에 유익한 법과 해로운 법을 말한다. 그렇다고 해서 선하거나 불선한 것으로 평가될 수 있는, 다시 말해 윤리적으로 바람직한 삶을 살아가는 데에 이롭거나 해로운 인간의 윤리적 행위를 배제하는 것으로 보아서는 안 된다. 그러나 올바른 정진에서 무엇보다도 중요한 것은 "정신의 집중과 있는 그대로의 깨달음을 방해하는 만큼" 수행의 "장애"로서 올바른 선정 또는 바른 삼매에 나쁜 영향을 끼치는 5개(五蓋)를 깨끗이 제거하기 위해서 올바른 정진, 곧 4정근을 닦아야 한다는 점이다. 감각적 쾌락에 대한 욕망, 악의, 해태와 혼침, 들뜸과 후회, 의심이 바로 5개의 장애물이다. 그 가운데 "감각적 쾌락의 욕망과 악의"는 "탐욕과 성냄"을 동반하는 만큼 "선정이나 삼매의 수행에 가장 장애가 되는 것"이라면, 나머지 세 장애는 "어리석음"을 동반하는 것으로서 앞의 두 가지 장애보다는 수행에 덜 장애가 되는 것으로 볼 수 있다.[13]

일곱째 항목은 올바른 새김, 바른 마음 챙김, 정념(正念)이다. "비구들이여, 여기 비구는 몸에서 몸을 관찰하며[身隨觀] 머문다. 세상에 대한 욕심과 싫어하는 마음을 버리면서 근면하게, 분명히 알아차리고 마음 챙기며 머문다. 느낌에서 느낌을 관찰하며[受隨觀] 머문다. 세상에 대한 욕심과 싫어하는 마음을 버리면서 근면하게, 분명히 알아차리고 마음 챙기며 머문다. 마음에서 마음을 관찰하며[心隨觀] 머문다. 세상에 대한 욕심과 싫어하는 마음을 버리면서 근면하게, 분명히 알아차리고 마음 챙기며 머문다. 법에서 법을 관찰하며[法隨觀] 머문다. 세상에 대한 욕심과 싫어하는 마음을 버리면서 근면하게, 분명히 알아차리고 마음 챙기며 머문다. 비구들이여, 이를 일러 바른 마음 챙김이라 한다."[14] 이 네 가지 바른

---

13 월폴라 라훌라, 『붓다의 가르침과 팔정도』, 105쪽.

14 각묵 스님 옮김, 『대념처경』, 『디가 니까야』, 제2권, 539~40쪽. '마음 챙김'은 '사띠'(sati)의 번역어이다. '새김'도 사띠를 우리말로 옮긴 번역어이다.

마음 챙김은 흔히들 4념처(四念處)로 일컬어진다.

바른 마음 챙김에서 잘못 생각해서는 안 될 것이 있다. "마음 챙김은 일견 '마음을 챙김'으로 이해할 수 있겠지만, 그 구체적인 의미는 '마음이 대상을 챙김'이다"[15]라는 지적에서 알 수 있는 것처럼, 마음이 관찰하는 대상을 떠나지 않고 영상(影像) 같은 어떠한 매개물도 없이 직접 대면하는 작용을 마음 챙김이라고 한다. 다시 말해 마음이 대상에 대한 현재적 관찰에 머무는 것이 바른 마음 챙김이다. 마음 챙김 또는 새김으로 옮겨진 빠알리어 낱말 '사띠(sati)가 사전적 의미로는 "기억 혹은 억념(憶念)"[16]을 뜻한다 하더라도, 마음 챙김의 시간은 과거가 아니고 현재이다. 역설적 표현으로 보이겠지만, 마음 챙김은 현재에 대한 기억이나 진배없다. 말하자면 대상에 대한 관찰에서 마음이 과거나 미래로 달아나지 않고 그때마다 현재의 대상에, 현재에 머무는 것이 바른 마음 챙김이다. 그때마다 현재에 머물면서 대상을 관찰하는 한, 대상에 대한 인식론적 증감(增減)이 일어날 수 없다. 그런 만큼 바른 마음 챙김은 "대상을 있는 그대로 개현시킨다"[17]라는 점에서 대상에 대한 정직한 관찰인 셈이다. 물론, 바른 마음 챙김과 관련해 간과해서 안 되는 것은 "…… 그 대상이 어떤 것이든 마음 챙김이 없이는 표상에 집중하는 사마타도, 법의 무상, 고, 무아를 통찰하는 위빳사나도 있을 수 없다"[18]라는 점이다. 바른 마음 챙김의 정념 다음에 바른 삼매의 정정이 나오는 것도 같은 이유에서이다.

여덟째 항목은 올바른 집중, 바른 삼매, 정정(正定)이다. "비구들이여, 여기 비구는 감각적 욕망을 완전히 떨쳐버리고 해로운 법(不善法)들을 떨쳐버린 뒤, 일으킨 생각(尋)과 지속적인 고찰(伺)이 있고 떨쳐버림에

---

15 각묵 스님, 『초기불교의 이해』, 284쪽.
16 같은 책, 281쪽.
17 월폴라 라홀라, 『붓다의 가르침과 팔정도』, 114쪽.
18 각묵 스님, 『초기불교의 이해』, 288쪽.

서 생겼고, 희열[喜]과 행복[樂]이 있는 초선에 들어 머문다. 일으킨 생각과 지속적인 고찰을 가라앉혔기 때문에 [더 이상 존재하지 않으며], 자기 내면의 것이고, 확신이 있으며, 마음의 단일한 상태이고, 일으킨 생각과 지속적인 고찰이 없고, 삼매에서 생긴 희열과 행복이 있는 제2선에 들어 머문다. 희열이 빛바랬기 때문에 평온하게 머물고, 마음 챙기고 분명하게 알아차리며[正念正知] 몸으로 행복을 경험한다. 이를 두고 성자들이 '평온하게 마음 챙기며 행복하게 머문다'라고 묘사하는 제3선에 들어 머문다. 행복도 버리고 괴로움도 버리고, 아울러 그 이전에 이미 기쁨과 슬픔을 없앴으므로 괴롭지도 즐겁지도 않으며, 평온으로 인해 마음 챙김이 청정한[捨念淸淨] 제4선에 들어 머문다. 비구들이여, 이를 일러 바른 삼매라 한다."[19] 이 경에서 소개된 바른 삼매 또는 올바른 선정은 색계 4선(色界 四禪)이다.

색계 4선을 구성하는 요소는 "일으킨 생각(尋), 지속적인 고찰(伺), 희열(喜), 행복(樂), 심일경성(心一境性, 마음이 한 끝에 집중됨, 집중, 定)" 등 다섯 가지이지만, 여기에 "평온(捨)의 심리 현상"을 보태기도 한다.[20] 선정의 구성요소와 관련해 주목할 것은 "…… 초선은 심, 사, 희, 낙, 정의 다섯 가지 심리 현상들을 특징으로 하고 있으며, 제2선은 …… 희, 낙, 정이 두드러진 상태이고, 제3선은 …… 낙(樂)과 정(定, 삼매)만이 있는 상태이며, 제4선은 …… 사(捨, 평온)가 확립되어 사와 정(定)만이 드러나는 상태이다"[21]라는 점이다. 한편, 공무변처(空無邊處)에서 비상비비상처(非想非非想處)에 이르는 무색계 4선(無色界 四禪)의 경우에 색계 제4선처럼 "평온과 집중"[22]만을, 곧 사와 정만을 구성요소로 취한다.

그러나 무엇보다도 중요한 것은 선정을 닦으면서 번뇌를 없애간다는

19 각묵 스님 옮김, 『대념처경』, 『디가 니까야』, 제2권, 540~41쪽.
20 각묵 스님, 『초기불교의 이해』, 443쪽.
21 같은 책, 443~44쪽.
22 같은 책, 445쪽.

점이다. "장자여, 이 세상에서 수행승은 …… 첫 번째 선정을 성취합니다. …… 그는 그러한 상태에서 번뇌의 소멸을 성취합니다."[23] 색계 초선의 경우에서만 번뇌를 없애는 것은 아니다. 색계 제2선과 색계 제3선에서도 수행자는 선정을 경험하면서 번뇌를 없앤다. "장자여, 이 세상에서 수행승은 …… 네 번째 선정을 성취합니다. …… 그는 그러한 상태에서 번뇌의 소멸을 성취합니다."[24] 이렇게 색계 제4선에서도 수행자는 선정을 닦으면서 번뇌를 없앤다. 무색계 선정에서도 마찬가지이다. "또한 장자여, 이 세상에서 수행승은 …… 공간은 무한하다는 '무한한 공간의 세계'를 성취합니다. …… 그는 그러한 상태에서 번뇌의 소멸을 성취합니다."[25] 이렇게 수행승은 공무변처를 닦으면서 번뇌를 없앤다. 공무변처에서만은 아니다. "또한 장자여, 이 세상에서 수행승은 …… '무한한 의식의 세계'를 성취합니다. …… 그는 그러한 상태에서 번뇌의 소멸을 성취합니다. …… 또한 장자여, 이 세상에서 수행승은 …… '아무것도 없는 세계'를 성취합니다. …… 그는 그러한 상태에서 번뇌의 소멸을 성취합니다."[26] 수행승은 이렇게 식무변처(識無邊處), 무소유처(無所有處)에서도 번뇌를 없앤다.

이 경에서는 마지막 무색계의 선정, 곧 비상비비상처의 경우가 나오지 않지만, 번뇌가 남았다면 이 선정에서도 남은 번뇌를 없앤다는 것은 말할 나위가 없다. 비상비비상처에 이르기까지 번뇌를 다 없애지 못했다면, 상수멸에서 비로소 번뇌를 다 없애고 해탈을 성취하고 열반을 경험할 수 있다. "다시 도반이여, 비구는 일체 비상비비상처를 완전히 초월하여 상수멸(想受滅, 인식과 느낌의 그침)에 들어 머뭅니다. 그리고 그는 통찰지로써 〔4성제를〕 본 뒤 번뇌를 남김없이 소멸합니다."[27] 남김 없는 번

---

23 전재성 역주, 『앗타까나가라의 경』, 『맛지마 니까야』, 제2권, 388쪽.
24 같은 경, 『맛지마 니까야』, 제2권, 390쪽.
25 같은 경, 『맛지마 니까야』, 제2권, 393~94쪽.
26 같은 경, 『맛지마 니까야』, 제2권, 394~95쪽.

뇌의 소멸과 함께 수행승은 아라한의 지위에 오르면서 해탈을 성취하는 동시에 4성제에 대한 성스러운 지혜를 체현한다. 그뿐더러 아라한으로서 유여열반을 경험하고 나중에 5온의 지멸과 함께 무여열반에 든다. 수행승에게만 그러한 것은 아니고 재가 신자로서 8정도를 닦는 범부에게도 올바른 선정이 열릴 수 있다는 것은 어김없다.

지금까지 소개한 도성제의 여덟 가지 바른 길은 모두 다 하나를, 곧 열반을 향한다. 이렇게 8정도는 열반의 최종 목적지로 귀착하지만, 세 개의 범주로 분류할 수 있다. "벗이여, 비싸카여, 올바른 언어, 올바른 행위, 올바른 생활, 이러한 현상들은 계행(戒行)의 다발에 포함되고, 올바른 정진, 올바른 새김, 올바른 집중은 삼매의 다발에 포함됩니다. 올바른 견해와 올바른 사유는 지혜의 다발에 포함됩니다."[28] 요컨대, 8정도가 계온(戒蘊), 정온(定蘊), 혜온(慧蘊) 등 3온(三蘊) 또는 계학(戒學), 정학(定學), 혜학(慧學) 등 3학(三學)으로 분류된다는 말이다. 범부가 열반에 이르기 위해서는 마땅히 이 3학을 닦아야 한다.

알다시피 열반에 이르는 데에 관건이 되는 것은 번뇌의 소멸이다. 선정의 경험에서 번뇌를 없앤다고는 했지만, 감각적 욕망과 해로운 법을 떨쳐버린 뒤에 초선에 들어 머물 수 있다는 가르침에서 알 수 있듯이, 먼저 삶을 윤리적으로 청정하게 가꾸고 보살피고 다스릴 때나 비로소 선정에 임할 수 있다. 출가한 수행승이라면 말할 것도 없지만, 열반의 목적지에 다다르기 위해 범부도 우선 삶을 윤리적으로 보살피고 돌보아야 한다. 그렇기에 열반을 성취하는 데에 필요한 첫째 공부는 어디까지나 계학이다. 출가 여부를 떠나 범부가 계학을 필두로 해서 3학을 닦을 때, 범부도 끝내 아라한과 같은 성자가 되어 4성제에 대한 지혜 등 출세간적 지혜를 체현할 수 있다.

---

27 대림 스님 옮김, 『열반경』, 『앙굿따라 니까야』, 제5권, 초기불전연구원, 2007, 460쪽.
28 전재성 역주, 『교리문답의 작은 경』, 『맛지마 니까야』, 제2권, 280쪽.

언뜻 언급한 것처럼 "계학은 도덕적인 삶을 뜻하고 정학은 삼매 수행을 말하고 혜학은 통찰지를 의미한다".[29] 계학을 닦는다는 것은 수행승이나 범부가 몸과 말과 생각 등으로 바르지 못한 행동을 하지 않도록 그때마다 자신을 잘 단속한다는 것을 뜻한다. 붓다고사는 계(戒)의 단속기능을 "계목(戒目)을 통한 단속, 마음 챙김을 통한 단속, 지혜를 통한 단속, 인욕(忍辱)을 통한 단속, 정진을 통한 단속"[30] 등으로 잘게 나누어 풀이한다. 계목은 "수행자들을 단속하는 가장 기본이 되는 계의 목록"으로 비구의 경우에 "227(북방은 250)가지"[31]나 된다. 세간의 범부의 경우, 거짓말을 삼가고 살생을 하지 않는 것 등과 같은 정어, 정업, 정명의 행동지침이 수행승의 계목과 같이 범부의 행동을 단속하는 계목의 역할을 할 것이다.

그러나 무엇보다도 범부가 일상생활에서 잘 단속해야 할 것은 눈, 귀, 코, 혀, 몸 등 5근(五根)의 단속이다. 수행승이라면 5근의 단속에 더욱더 힘써야 한다는 것은 말할 것도 없다. 5근의 단속은 마음 챙김에서 할 수 있다. 5근에 대한 마음 챙김의 단속은 "…… 비구가 마음 챙김을 유지하면서 감각의 대상들을 대해야 하며 마음이 즐거운 대상에 달려가거나 싫어하는 대상을 향하여 적대감을 가지고 동요하게 해서는 안 되는 것을 의미한다".[32] 비구와 비구니 같은 수행승만 그러한 것은 아니다. 출가하지 않았을망정, 범부도 보고 듣고 냄새를 맡고 맛을 보고 만지고 할 때마다 대상에 대한 감각경험에서 촉을 조건으로 발생하는 수의 특징에 속아 갈애 같은 번뇌를 불러들여서는 안 된다. 그렇게 번뇌를 부르지 않기 위해서라도 대상에 대한 감각경험부터 마음 챙김으로 잘 단속해야한다. 또한 가령 주변 사람으로부터 욕설을 듣는 등 불쾌한 봉변을 당할

---

29 각묵 스님, 『초기불교의 이해』, 430쪽.
30 붓다고사, 대림 스님 옮김, 『청정도론』, 제1권, 초기불전연구원, 2004, 133쪽.
31 대림 스님 · 각묵 스님 옮김, 『아비담마 길라잡이』, 하권, 초기불전연구원, 2002, 784쪽.
32 같은 책, 하권, 785쪽.

때 즉각 분노나 미움 같은 반응을 보이지 않도록 인욕으로 행동을 단속해야 한다. 감각적 쾌락에 대한 욕망이 일어날 때는 정진의 힘으로 행동을 단속해야 한다.

계학에서 눈여겨보아야 할 것은 "윤리 규범은 번뇌의 불을 가라앉히고, 마음이 더 높은 상태들의 삼매를 성취하게 준비시키며, …… 우리의 소원을 성취시킨다"[33]라는 점이다. 윤리적 계학을 닦으면서 선업과 공덕을 차곡차곡 쌓아 좋은 세상에 다시 태어나는 것이 계학의 으뜸가는 이익이 아니다. 그것은 어디까지나 해탈과 지혜, 열반의 성취에 있다. 무고 안온의 열반을 증득하기 위해 삶을 윤리적으로 단정하고 청정하게 보살펴야 한다. 그 보살핌의 길은 번뇌의 힘이 약화되도록 계학을 닦는 데에 있다. 범부가 계목의 역할을 하는 정어, 정업, 정명 같은 윤리 규범의 구체적인 가이드라인으로 자신의 일거수일투족을 감시하고 단속하는 한편, 마음 챙김으로 대상에 대한 감각경험을 감시하고 단속할 때에 3독 같은 번뇌가 일상적 행동에 그리 쉽게 침투하지는 못할 것이다. 꾸준한 근력운동이 그러한 것과 마찬가지로, 번뇌는 현행할 때마다 그 힘을 증강하는 법이다. 계학에 대한 공부로 그때마다 몸과 말과 마음을 감시하고 단속하면서 삶을 윤리적으로 가꾸고 보살핌으로써, 번뇌의 근력운동을 막고 그 힘을 점차 약화해야 할 것이다.

이렇게 계학에 대한 공부로 삶을 윤리적으로 보살피면서 청정한 삶을 사는 가운데 정학을 성취해야 한다. 윤리적 삶의 성취 없이 색계 4선, 무색계 4선 등 정학을 공부하겠다는 것은 사상누각 같은 어리석은 짓이다. 계학으로 약화된 번뇌를 선정 또는 삼매의 힘으로 남김없이 근절할 때, 비로소 혜학을 성취할 수 있다. 앞에서 설명하기는 했지만, 요컨대 "계의 무더기〔戒蘊〕를 원만하게 갖추지 않고 삼매의 무더기〔定蘊〕를 원만하게 갖출 것이라는 것은 있을 수 없다. 삼매의 무더기를 원만하게 갖추지

---

33 달라이 라마·툽텐 최된, 『달라이 라마의 불교 강의』, 117~18쪽.

않고 통찰지의 무더기〔慧蘊〕를 원만하게 갖출 것이라는 것은 있을 수 없다"[34]라는 가르침에 준해 그 순서대로 3온을, 곧 3학을 공부해야 한다.

여기에서 8정도의 여섯째인 정정진의 위치를 좀 더 깊숙이 짚어볼 필요가 있다. 해탈에 유익한 법이 선법인 반면에, 해탈에 해로운 법은 불선법이다. 새로 일어나도록, 또 이미 일어났다면 유지되도록 의욕을 내고 정진하고 힘을 써야 할 선법에는 "생명을 죽이는 것을 금함, 주지 않은 것을 가지는 것을 금함, 삿된 음행을 금함, 거짓말을 금함, 중상모략을 금함, 욕설을 금함, 잡담을 금함, 탐욕 없음, 악의 없음, 바른 견해" 등과 같은 "열 가지 유익한 업의 길〔十善業道〕"[35]과 "해탈, 열반에 도움이 되는 37보리분법"[36]이 포함된다. 반면에 새로 일어나지 못하도록, 또 이미 일어났다면 제거되도록 의욕을 내고 정진하고 힘을 써야 할 불선법에는 그 반대인 "생명을 죽임, 주지 않은 것을 가짐, 삿된 음행, 거짓말, 중상모략, 욕설, 잡담, 탐욕, 악의, 삿된 견해" 등과 같은 "10불선업도"나 "어리석음(痴)", "양심 없음(無慚)", "수치심 없음(無愧)", "들뜸(掉擧)", "탐욕(貪)", "사견(邪見)", "자만(慢)", "성냄(瞋)", "질투(嫉)", "인색(慳)", "후회(惡作)", "해태(懈怠)", "혼침(惛沈)", "의심(疑)" 등과 같은 "14가지 해로운 마음부수법들"[37]이 포함된다. 닦아야 할 10선업도는 범부의 일거수일투족을 그때마다 윤리적으로 바르게 인도할 수 있는 행동의 구체적인 가이드라인이다. 정정진이 정학에 들어가지만, 8정도에서 이렇게 계학과 정학을 연결하는 매개로 정명과 정념 사이에 자리하는 것으로 볼 수 있다. 사실 정념도 5근을 단속하는 데에 쓰인다는 점에서 정학과 계학을 넘나드는 것으로 볼 수 있다. 이러한 점에서 윤리적으로 청정한 삶을 살지 않고서는 정학을 닦을 수 없다는 것을 다시 엿볼 수 있다.

---

34 대림 스님 옮김, 『공경하지 않음 경 2』, 『앙굿따라 니까야』, 제3권, 75쪽.
35 각묵 스님 옮김, 『십상경』, 『디가 니까야』, 제3권, 초기불전연구원, 2006, 528쪽.
36 각묵 스님, 『초기불교의 이해』, 302쪽.
37 같은 곳. '마음부수'는 '심소'의 번역어이다.

정학을 성취하면, 혜학을 성취한다. 혜학에는 신족통(神足通), 천이통 (天耳通), 타심통(他心通), 숙명통(宿命通), 천안통(天眼通), 누진통(漏盡通) 등 6통과 여기에 지(知)와 견(見) 및 마음으로 이루어진 몸 등 두 가지를 추가한 8통[38]이 속한다. 그러나 무엇보다 중요한 것은 누진통이다. 정학 에서 번뇌를 멸진한 이상, 혜학의 알짜는 누진통이다.[39] "그는 이와 같이 마음이 삼매에 들고, 청정하고, 깨끗하고, 흠이 없고, 오염원이 사라지고, 부드럽고, 활발발(活潑潑)하고, 안정되고, 흔들림이 없는 상태에 이르렀 을 때 모든 번뇌를 소멸하는 지혜(漏盡通)로 마음을 향하게 하고 기울게 합니다. …… '이것이 번뇌이다'라고 있는 그대로 꿰뚫어 압니다. '이것 이 번뇌의 일어남이다'라고 있는 그대로 꿰뚫어 압니다. '이것이 번뇌의 소멸이다'라고 있는 그대로 꿰뚫어 압니다. '이것이 번뇌의 소멸로 인도 하는 도닦음이다'라고 있는 그대로 꿰뚫어 압니다. 이와 같이 알고 이와 같이 보는 그는 감각적 욕망의 번뇌(欲漏)로부터 마음이 해탈합니다. 존 재의 번뇌(有漏)로부터 마음이 해탈합니다. 무명의 번뇌(無明漏)로부터 마음이 해탈합니다. 해탈에서 해탈했다는 지혜가 있습니다. '태어남은 다했다. 청정범행(淸淨梵行)은 성취되었다. 할 일을 다 해 마쳤다. 다시 는 어떤 존재로도 돌아오지 않을 것이다'라고 꿰뚫어 압니다."[40] 이렇게 수행승은 누진통에서 모든 번뇌의 멸진과 함께 해탈을 성취했음을 알고 이제 더는 윤회하지 않고 열반에 들 것을 꿰뚫어 안다.

다시 말하지만, 범부가 열반에 이르기 위해서는 먼저 윤리적으로 청 정한 삶을 살아야 한다. 청정한 삶을 살기 위해서는 번뇌를 약화해야 한 다. 갖가지 번뇌를 차근차근 약화하고 무력화하면서 청정한 삶을 가꾸어 가기 위해서는 8정도의 길을 걸어야 한다. 요컨대, 범부가 8정도의 길에

---

38 8통에 대해서는 각묵 스님 옮김, 『사문과경』, 『디가 니까야』, 제1권, 246~60쪽 참조. 또 한 각묵 스님 옮김, 『수바경』, 『디가 니까야』, 제1권, 519~32쪽 참조.
39 누진통이 혜학의 절정이라는 점에 대해서는 각묵 스님, 『초기불교의 이해』, 450쪽 참조.
40 각묵 스님 옮김, 『사문과경』, 『디가 니까야』, 제1권, 258~60쪽.

서 번뇌의 오염을 하나둘 약화하고 무력화할 수 있도록 윤리적으로 청정한 삶을 살 때, 비로소 정학과 혜학을 완성해 열반에 도달할 수 있다. 이러한 맥락에서 윤리적으로 청청한 삶을 성취하는 것은 정학과 혜학의 첫걸음, 다시 말해 무고안온의 열반에 다다르는 데에 첫걸음을 떼는 것으로 볼 수 있다. 이제 세간에서 어떻게 살아야 하는가를 묻는다면, 범부는 괴로움을 거듭 5취온의 삶으로 불러들이는 윤회를 그치고 번뇌의 오염이 멸진되도록 열반을 향해 윤리적으로 청정하게 살아야 할 것이라고 대답해야 한다. 4성제의 진실에서 볼 때, 이렇게 범부는 어떻게 살 것인가를 열반에 묻고 열반에서 답을 들어야 한다. 8정도의 도성제가 바로 그 답이다. 그러나 현존재의 실존론적 존재론은 그렇지 않다. 하이데거가 볼 때, 현존재는 어떻게 존재할 것인가를 고유한 죽음에 묻고 고유한 죽음에서 답을 들어야 한다. 물론, 죽음으로의 선구가 그 답이다.

죽음의 재판관이 죽음의 법정에서 어떻게 존재할 것인가를 묻는 현존재에게 내리는 판결은, 세인의 공공적 세계에서 현사실적으로 유통되는 뭇 가능성 가운데 죽음의 여과기에서 여과된 본래적 가능성을 선택하고 선택한 그 가능성으로 자신을 기투하라는 지침이다. 죽음의 지침을 따라 현존재가 존재할 때, 열반과 같은 존재의 목적이 현존재의 발걸음을 인도하지는 않는다. 열반의 목적이 없기에 8정도의 도성제와 현존재의 존재의 '어떻게'를 서로 비교하는 것이 불편스럽다. 그럼에도 둘을 비교한다면, 역시 삶의 윤리성 또는 도덕성에서 비교해볼 수 있을 것이다. 무엇보다도 죽음에서 삶에 대한 윤리적 정화의 효과가 기대되기 때문이다. 특히 "새가 장차 죽음에 그 울음이 슬프고, 사람이 장차 죽음에 그 말이 선하다"[41]라는 증자(曾子)의 말을 볼 때, 그 정화 효과가 더더욱 크게 기대된다.

---

41 미야자키 이치사다(宮崎市定) 해석, 박영철 옮김, 『논어』, 도서출판 이산, 2001, 122쪽.
   "鳥之將死 其鳴也哀, 人之將死 其言也善."

이 말은 위중한 병에 걸린 증자를 문병하러 찾아온 맹경자(孟敬子)에게 한 증자의 말이다. 증자의 말에서 나오는 죽음은 병으로 말미암아 목전에 닥친 죽음, 곧 현실적 죽음, 생물학적 죽음이다. 그러나 하이데거가 현존재를 죽음을 향한 존재로 규정할 때, 죽음은 생물학적으로 생명기능을 되돌릴 수 없도록 끝마치는 현실적 죽음이 아니다. 그가 염두에 두는 죽음은 가능성으로 본 실존론적 죽음이다. 하나는 현실성으로 본 죽음이고, 다른 하나는 가능성으로 본 죽음이다. 죽음의 윤리적 정화 효과에 관한 한, 이 차이를 덮어서는 안 된다. 실로 목전에 다가온 현실적 죽음이라면, 증자의 말처럼 사람이 곧 닥칠 죽음을 앞두고 몸과 말로 못된 짓을 도발하지는 않을지 모른다. 설령 죽음을 앞둔 사람이 사는 내내 예컨대 축재를 위해 못된 짓을 서슴지 않던 소인물일지라도, 죽음 앞에서까지 못된 짓을 범하지는 않을지 모른다. 죽음의 현실성은 얼마 남지 않은 삶의 시간에 못된 짓을 삼가고 오히려 타인에게 선한 행동과 말을 하도록 사람을 윤리적으로 정화하는 효과가 있는 것으로 볼 수 있다. 물론, 현실적 죽음을 앞둔 사람이라고 해서 예외 없이 다 윤리적으로 정화된다고 단언할 수는 없다.

문제는 가능성으로 본 실존론적 죽음이다. 실존론적 죽음도 과연 이러한 윤리적 효과를 발휘할 수 있을까? 실망스럽게도 증자의 말에서 기대할 수 있는 윤리적 정화 효과를 실존론적 죽음에서 기대하기는 더 어려울지 모른다. 실존론적 죽음의 경우, 죽음의 윤리적 효과는 죽음을 어떻게 받아들이냐에 달린 일이다. 만약에 사후에 대한 아무런 기약 없이 죽음과 함께 모든 것이 끝마감하고 소멸하는 것으로 그렇게 죽음을 받아들인다면, 사람이 '그러한' 죽음으로의 선구에서 선택된 가능성으로 자신을 기투한다고 해도 윤리적으로 정화될 수 없을지 모른다. 솔직히 말해 윤리적으로 정화되기는커녕 어쩌면 그 반대일 수도 있다. 한편, 죽음을 삶의 최후적 소멸로 받아들이지 않고 지금의 삶을 떠나 다음의 삶으로 건너가는 출구로 받아들일 때, 또는 열반을 향한 출구로 받아들일 때,

도리어 '그러한' 죽음으로의 선구에서라면 윤리적으로 정화될 수 있을 것으로 기대된다.

붓다와 동시대의 사문 가운데 한 사람인 아지따 께사깜발리(Ajita Kesakambalī)의 견해에서 윤리적으로 정화되기는커녕 그 반대임이 드러난다. 마가다(Magadha)의 왕 아자따삿뚜 웨데히뿟따(Ajātasattu Vedehiputta)의 질문, 곧 "아지따 존자여, 당신도 이와 같이 지금 여기에 서 스스로 보아 알 수 있는 출가생활의 결실을 천명할 수 있습니까?"[42]에 대한 아지따 께사깜발리의 답변에서 그 반대임이 밝혀진다. "'대왕이여, 보시한 것도 없고 제사 지낸 것도 없고 헌공한 것도 없습니다. 선행과 악 행의 업들에 대한 열매도, 과보도 없습니다. 이 세상도 없고 저 세상도 없습니다. 어머니도 없고 아버지도 없습니다. 화생(化生)하는 중생도 없 고 이 세상과 저 세상을 스스로 최상의 지혜로 알고, 실현하여, 드러내는 바른 도를 구족한 사문, 바라문들도 이 세상에는 없습니다. 이 인간이란 것은 사대(四大)로 이루어진 것이어서 임종하면 땅은 땅의 몸으로 들어 가고 돌아가고, 물은 물의 몸으로 들어가고 돌아가고, 불은 불의 몸으로 들어가고 돌아가고, 바람은 바람의 몸으로 들어가고 돌아가고, 감각기능 들은 허공으로 건너갑니다. …… 보시란 어리석은 자의 교설일 뿐이니, 누구든 [보시 등의 과보가] 있다고 설하는 자들의 교설은 공허하고 거짓 되고 쓸데없는 말에 지나지 않습니다. 어리석은 자도, 현자도 몸이 무너 지면 단멸하고 멸절할 뿐이라서 죽고 난 다음이라는 것은 없습니다.'"[43] 길게 인용한 아지따 께사깜발리의 말에서 그가 죽음에 대한 단견을 주 장한다는 것을 알 수 있다.

"…… 이 자아는 …… 몸이 무너지면 단멸하고 파멸하여 죽은 후에는 더 이상 존재하지 않습니다. …… 이런 까닭에 이 자아는 실로 철저하게

---

42 각묵 스님 옮김, 『사문과경』, 『디가 니까야』, 제1권, 205쪽.
43 같은 경, 『디가 니까야』, 제1권, 205~06쪽.

단멸합니다"[44]라는 극단적 견해가 단견이라면, 단견의 극단 반대편에는 상견의 극단이 있다. " '자아와 세계는 영속하나니, 그것은 생산함이 없고 산꼭대기처럼 움직이지 않고 성문 앞의 기둥처럼 견고하게 서 있다. 중생들은 〔이곳에서 저곳으로〕 치달리고 윤회하고 죽고 태어나지만, 이 〔자아와 세계〕는 영속 그 자체인 것처럼 존재한다. ……' "[45] 중생이 죽고 태어나면서 윤회할망정 불멸의 실체적 자아는 죽지 않고 영원히 존재한다는 것이 상견이다. 단견이 업과 그 과보, 윤회를 부정하는 극단적 사견이라면, 상견은 불멸의 실체적 자아를 윤회의 주체로 인정하는 극단적 사견이다. 아지따 께사깜발리는, 사람이 죽으면 그것으로 끝이고 사후는 기약할 수 없다는 단견을 취한다.

  아지따 께사깜발리의 단견을 받아들인다면, 과연 사람은 어떻게 살아야 할까? 그가 볼 때, 어려운 이웃에게 보시를 해도 공덕이 아니고, 친절을 베푸는 선행을 해도 공덕이 아니고, 공양을 바쳐도 공덕이 아니다. 이 세상도 없고 저 세상도 없으며, 보시와 같은 선행이나 반대되는 악행을 하더라도 과보가 없으며, 부모를 효로써 섬겨야 할 까닭도 없고, 지혜를 배울 스승도 없고 스승을 존경해야 할 까닭도 없다. 한마디로 삶을 선하게, 청정하게 윤리적으로 가꾸고 보살펴야 할 까닭이 전혀 없다. 죽음에 대한 단견은 이렇게 삶의 윤리성 또는 도덕성을 파괴한다. 실로 윤리적 행위의 가치와 그 과보가 없고 죽는 순간에 모든 것이 끝난다면, 어차피 단 한 번뿐인 삶을 사는 동안 일부러 일일이 윤리적 지침을 지키면서 힘들게, 어렵게, 괴롭게 살 까닭이 없다. 성가신 윤리적 지침을 몽땅 걷어치우고 단 한 번뿐인 삶을 되도록 만족스럽게, 즐겁게, 유쾌하게 살아야 할 것이다. 죽음에 대한 단견으로 이렇게 삶에서 윤리의 자리를 지우는 순간, 누구라도 감각적 욕망과 쾌락을 추구하지 않을 수 없을 것이다.

---

44 각묵 스님 옮김, 『범망경』, 『디가 니까야』, 제1권, 154쪽.
45 같은 경, 『디가 니까야』, 제1권, 107쪽.

감각적 욕망과 쾌락은 정신적 욕망이나 쾌락과는 달리, 신분, 계급, 지위, 직업, 남녀, 나이 등을 떠나 모두에게 공평히 분배된 자연적 재산이기 때문이다. 아지따 께사깜발리의 견해에서 죽음에 대한 단견이 삶에 대한 통속적 쾌락주의로 치닫는다는 것을 알 수 있다.[46]

서양 사유에서도 아지따 께사깜발리처럼 죽음에 대한 단견에서 출생한 쾌락주의를 만날 수 있다. 알다시피 고대 그리스 철학자 에피쿠로스가 바로 그러한 쾌락주의자이다. "우리는 한 번 태어나며, 두 번 태어날 수 없다. 또한 우리는 영원히 존재할 수 없다. …… 우리들 각자는 미루다가 인생을 낭비하며, 여가를 누리지도 못하고 죽는다."[47] 그가 볼 때, 사람에게 허용된 삶은 지금의 삶 단 한 번뿐이다. 게다가 사람에게는 불멸의 영혼이나 자아가 있는 것도 아니다. 사람은 사후에 종교적으로 창작된 다른 세상에서 영원히 살 수 있는 것도 아니다. 그야말로 단 한 번뿐인 삶을 살다가 죽으면 그것으로 끝일 따름이다. 바로 이 점에서 에피쿠로스는 아지따 께사깜발리와 죽음에 대한 단견을 공유한다.

죽음에 대한 단견은 에피쿠로스를 역시 쾌락주의로 이끈다. "X 나는 맛의 즐거움, 사랑의 쾌락, 듣는 즐거움, 아름다운 모습을 보아서 생기는 즐거운 감정들을 모두 제외한다면, 선을 무엇이라고 생각해야 할지 모르겠다. …… XII 아름다움과 탁월함(arete) 등은 우리에게 쾌락을 제공할 때 가치를 지닌다. 이들이 쾌락을 주지 못한다면, 우리는 그것들을 버려야 한다."[48] 쾌락주의를 표방하는 글은 「메노이케우스에게 보내는 편지」에서도 발견할 수 있다. "…… 우리는 쾌락이 행복한 인생의 시작이자 끝이라고 말한다. 왜냐하면 우리는 쾌락을 우리에게 타고난 첫 번째 선이라고 인식하며, 선택하고 기피하는 모든 행동을 쾌락으로부터 시작하기

---

46 죽음에 대한 단견에서 쾌락주의가 파생된다는 점에 대해서는 이중표,『근본불교』, 민족사, 2003, 57~58쪽 참조.
47 에피쿠로스,『쾌락』, 25쪽.
48 같은 책, 40쪽.

때문이다."[49] 에피쿠로스가 이렇게 쾌락주의를 역설하게 된 것은 그가 스토아학파의 전체주의와 반대로 개인주의를 선택한 까닭이라는 지적[50]이 있기는 하지만, 그보다는 죽음에 대한 단견을 채택한 까닭에 쾌락주의를 선양한 것으로 보아야 한다. 번거로운 사회적 삶의 족쇄에서 풀려나 사적 삶의 공간을 마련하고 거기에서 사적 삶을 소중히 아끼고 가꾸는 개인주의자들 가운데, 삶을 쾌락주의적으로 받아들이지 않는 경건한 사람이 적지 않다는 것은 틀림없다. 오히려 죽음과 함께 아무런 기약도 없이 마감될 단 한 번뿐인 지금의 삶에서 구태여 "자연적이지도 않고 필연적이지도 않으며, 다만 헛된 생각에 의해 생겨난"[51] 쓸데없는 욕망에 휘둘려 통속적 쾌락에 대취하다가 도리어 삶을 괴로움의 늪에 빠뜨리고 망가뜨릴 이유는 없다. 역시 죽음에 대한 단견은 삶에 대한 경건한 쾌락주의적 견해를 초빙한다.

에피쿠로스의 쾌락주의와 관련해 오해해서는 안 될 것이 있다. 방금 시사한 것처럼, 맛의 즐거움과 사랑의 쾌락 등을 언급한다고 해서 그를 마냥 감각적 쾌락을 즐기는 통속적 쾌락주의자로 오해해서는 안 된다. 쾌락주의를 표방한다고 해서 그것이 "…… 방탕한 자들의 쾌락이나 육체적인 쾌락을 의미하는 것이 아니다. 내가 말하는 쾌락은 몸의 고통이나 마음의 혼란으로부터의 자유이다".[52] 이렇게 진정한 쾌락을 몸에서 고통이 없고 마음이 흔들림 없이 평화로운 데에서 찾았다는 점에서 그는 경건한 쾌락주의자이다. "마음의 동요가 없음(ataraxia)과 몸의 고통이 없음(aponia)은 정적 쾌락이다. 하지만 즐거움과 환희는 운동을 동반한 실제적 쾌락이다."[53] 이렇게 그는, 쓸데없는 공허한 욕망을 충족할 때

---

49 앞의 책, 「메노이케우스에게 보내는 편지」, 46쪽.
50 김상봉, 『호모 에티쿠스, 윤리적 인간의 탄생』, 한길사, 1999, 141~42쪽 참조.
51 에피쿠로스, 『쾌락』, 20쪽.
52 같은 책, 「메노이케우스에게 보내는 편지」, 47쪽.
53 같은 책, 36쪽.

거칠게 휘몰아치는 통속적 쾌락주의자의 동적 쾌락 대신에, 몸과 마음에 아무런 고통이 없는, 평화롭고 평온한 정적 쾌락을 참된 쾌락으로 본다. 지나친 해석일지 모르지만, 그가 심신에 고통이 없는 평온한 상태를 진정한 쾌락으로, 정적 쾌락으로 간주한 것은 "······ 쾌락들을 가져다주는 수단이, 쾌락보다는 고통을 가져다준다"[54]라는 언급으로 미루어볼 때, 아마도 낙수와 욕애를 일으키는 대상의 무상한 변괴에서 엄습하는 괴고의 괴로움을 절감한 까닭이라고 볼 수도 있겠다. 필시 모든 쾌락의 끝이 괴고의 괴로움임을 절절히 통찰한 끝에, 그가 정적 쾌락을 진정한 쾌락으로 본 것으로 해석한다 한들 그리 문제가 되지는 않을 것이다.

고대 인도의 통속적 쾌락주의와 고대 그리스의 경건한 쾌락주의가 다 죽음에 대한 단견에서 태어난 것은 분명하다. 이러한 단견의 맥락에서 볼 때, 죽음을 앞에 둔 근원적 불안의 기분에서 결단한 채 죽음으로 선구하면서 현존재가 1인칭의 고유한 자기로서 선택하는 본래적 가능성은 윤리적으로 문제가 있을 수 있다. 정녕 죽음이 단 한 번뿐인 삶의 최종적 절멸이라면, 공공적 세계에 널린 현사실적 가능성 가운데 죽음이 여과해 현존재에게 제공하는 이른바 본래적 가능성이 그리 윤리적으로 숭고하거나 거룩하거나 청정하거나 하지 않을 수 있다. 굳이 노골적인 쾌락주의자로 살지는 않는다 하더라도, 어떤 현존재가 죽음으로의 선구에서 선택하는 본래적 가능성은 쾌락주의적인 것일 수 있다. 단 한 번뿐인 현-존재에서, 쉽게 말해 단 한 번뿐인 삶에서 즐거움, 만족스러움, 유쾌함, 짜릿함, 재미, 편안함, 행복감 등을 안기지 않는 그러한 가능성이나, 즐거움이나 행복감은커녕 도리어 고통, 번민, 후회, 아픔, 슬픔, 절망, 비탄 등을 남기는 그러한 가능성을 일부러 선택할 까닭은 없기 때문이다.

죽음에 대한 단견에서 볼 때, 근원적 불안의 위협을 달게 들이마시면서 죽음으로 선구한다고 해서 현존재가 어김없이 윤리적으로 정화되는

---

54 앞의 책, 15쪽.

것은 아니라고 말할 수 있다. 꼭 쾌락주의의 달콤한 유혹에 빠져 윤리적으로 정화되지 않는 것은 아니다. 아지따 께사깜발리의 경우에서 보듯이, 아예 윤리를 삶에서 도려낸 채 처음부터 윤리적 맥락을 떠나 본래적 가능성을 선택할 수도 있다. 심지어 반윤리적 가능성을 본래적 가능성으로 선택하는 현존재가 있을 수도 있다. 인류의 역사에 붉은 핏빛 오명을 남긴 아무개들처럼 많은 사람의 재산과 목숨이 위태로워지는 한이 있더라도 '눈을 감기 전에' 반드시 그 일을 하겠다고 나서는, 지배욕과 정복욕이 강한 현존재가 있을 수 있다. 적어도 죽음이 고작 한 번뿐인 삶의 절멸에 지나지 않는 이상, 이렇게 반윤리적 가능성을 죽음이 허락하는 본래적 가능성으로 선택하는 극단주의자나 모험주의자가 있을 수 있다.

현존재가 근원적 불안의 기분에 젖어 선구하는 죽음이 단견에서 말하는 죽음이라면, 현존재의 본래적 가능성은 비윤리적이거나 반윤리적일 수도 있다. 그렇다고 해서 본래적 가능성 가운데 윤리적 가능성이 없다는 말은 아니다. 죽음으로의 선구에서 현존재가 선택하는 본래적 가능성 가운데 자신과 이웃, 나아가 수많은 사람에게 유익하고 이로운 바람직한 윤리적 가능성이 얼마든지 있을 수 있다. 그것은 "세인이 사회성 및 사회 규범에 대한 개인의 복종과 관련이 있"[55]는 만큼 "세인의 복잡한 상호연관된 의미망(意味網)"[56] 가운데 윤리적 규범이나 가치가 내포되었기 때문이다. 쉽게 말해 세인의 공공적 세계에서 현사실적으로 유통되는 가능성 가운데 윤리적 규범, 가치, 기준 등에 맞는 윤리적 가능성이 얼마든지 분포되었기에, 현존재가 죽음으로의 선구에서 윤리적 가능성을 선택할 수 있다는 것은 사실이다.[57] 그렇다고 해서 문제가 없어지는 것은 아니

55 Edgar C. Boedeker, "Individual and Community in Early Heidegger: Situating *das Man*, the *Man*-self, and Self-ownership in Dasein's Ontological Structure", *Heidegger Reexamined. Dasein, Authenticity, and Death*, p. 212.
56 같은 글, p. 225.
57 올라프슨처럼 현존재의 실존론적 존재론에서 윤리적 함의를 찾으려는 경우, 본래성을

다. 단견인 한에서, 죽음 또는 죽음으로의 선구가 실존의 윤리성을 처음부터 보호하고 보장하지 못한다는 것이 역시 문젯거리이다. 현존재의 본래적 가능성은 그때마다 윤리적일 수 있는 것에 못지않게 그때마다 비윤리적이거나 반윤리적일 수도 있다. 적어도 죽음이 단견의 죽음인 한에서, 실존의 본래성에 비윤리적 가능성이나 반윤리적 가능성이 침투하지 못하도록 죽음이 현존재의 본래적 실존을 윤리적으로 보호할 수는 없다. 단적으로 말해 단견의 죽음은 본래적 실존의 윤리성 또는 도덕성을 무력화하고 만다.

사실 이뿐만은 아니다. 앞에서 살짝 짚었듯이, 윤리가 현존재의 실존론적 존재론 등 실존철학에서 선택의 문제로 쪼그라든 것 자체가 윤리에 대한 능욕이다. 윤리는 선택의 문제가 아니다. 이렇게 윤리가 죽음이 그때마다 허락하는 본래적 가능성의 선택에 달렸다면, 윤리의 보편성은 통째로 허물어지고 말 것이다. 무릇 윤리적 삶은 나를 향해서도 보편적이어야 할 뿐만 아니라 우리 모두를 향해서도 보편적이어야 한다. 칸트가 종교에 못지않게 숭고하고 거룩한 것으로 숭상하는, 나 한 개인과 우리 모두를 향한 도덕법칙의 보편성이 깨져서는 안 된다. 굳이 칸트를 끌어들이지 않아도 마찬가지이다. 사람이 일거수일투족을 그때마다 매번

윤리성과 동일시하고 싶은 유혹을 받는다. 그러나 그렇게 해석해서는 안 된다. 비본래적 현존재도 윤리적으로 행동할 수 있기 때문이다. 다시 말해 세인의 공공적 세계에, 예컨대 이웃에게 친절해야 한다든가 거짓말을 해서는 안 된다든가 하는, 윤리적 규범이나 가치에 맞는 윤리적 가능성이 퍼진 한에서, 비본래적 현존재도 세인-자기로서 일상적 공공성에 관한 매뉴얼을 따라 얼마든지 윤리적으로 행동할 수 있다. 그럼에도 본래적 가능성이라는 이유에서 그 가능성만을 윤리적인 것으로 보는 해석이 있다. "그러나 하이데거에게 윤리적인 선이란 현존재가 자신이 처한 역사적 상황 내에서 자신의 가장 본래적인 가능성들을 자각하고 실현하는 것이며, 죄란 이러한 가능성들에게 등을 돌리고 세계 내의 존재자들에 집착하는 것을 의미한다"(박찬국, 『하이데거와 윤리학』, 철학과현실사, 2002, 147쪽). 이렇게 본래적 가능성이라는 이유에서 그 가능성의 실현이 윤리적 선을 의미하는 것으로 해석해서는 안 된다. 비본래적 현존재도 윤리적일 수 있을 뿐만 아니라 죽음이 판결하는 본래적 가능성 가운데 윤리적 가능성이 있는 것에 못지않게 윤리적이지 않은 가능성도 있을 수 있기 때문이다.

윤리적으로 감시하고 단속해야 한다는 점에서 윤리의 단속기능이 예외 없이 항상 보편적으로 작동해야 한다. 애석하게도 단견의 죽음은 현존재의 존재에서 윤리를 보편화하기는커녕 고작 수많은 현사실적 가능성 가운데 하나의 선택지로 격하한다는 점에서 윤리적 실존의 의미를 제비뽑기인 양 욕보이고 만다.

그렇다면 과연 하이데거가 말하는 현존재의 실존론적 죽음은 단견의 죽음일까? 이 물음에 단견이 아니라고 확답할 수는 없다. 오히려 그 반대로 단견으로 보는 것이 옳다. "죽음이 현존재의, 곧 세계-내-존재의 》종말《로 규정될 때, 》죽음 이후에《 더 높거나 더 낮은 다른 존재가 가능한지, 현존재가 》삶을 계속하는지《, 아니면 》살아남아서《 》불사하는지《에 대해 존재자적으로 결정이 나는 것은 아니다. …… 죽음에 대한 태도의 규범과 원칙이 》교화《를 위해 제시되어야 하는 양 》피안《과 그 가능성에 대해 존재자적으로 결정이 나는 것은 아니다"(SZ, pp. 247~48). 여기에서 알 수 있듯이, 죽음 현상에 대한 실존론적 분석론에서 하이데거는 사후의 문제를 논외로 배제한다. 다시 말해 그는 현존재의 죽음이 단견에서 말하는 죽음인지 아닌지를 결정하지 않고 유예한다. 이렇게 사후의 문제를 망라한 죽음의 진실을 가공의 '죽음의 형이상학'에 떠넘긴 채 샅샅이 탐색하지 않고 우물쭈물 유예하다가 어쩔 수 없이 단견에 발을 담그게 된 것으로 보인다.

사실, 죽음에 대한 실존론적 분석론에서 볼 때, 하이데거가 죽음을 단견의 죽음으로 간주하는 것은 확실하다. 그가 현존재의 죽음을 극한적 가능성으로 보기에 그렇다. 죽음이 극한적 가능성인 만큼 죽음 바깥에 또는 그 너머에 어떠한 다른 가능성도 잔류하지 않는다. 아무런 가능성도 남지 않았다는 의미에서 극한적 가능성인 죽음은 또한 추월이 불가능한 가능성이다. 그가 죽음을 이렇게 추월이 불가능한 극한적 가능성으로 풀이하는 것을 보더라도, 현존재의 죽음을 단견의 죽음으로 여긴다는 것은 더더욱 확실해진다. 단견의 죽음이 현존재의 본래적 실존의 윤리성이나 도덕성을 무력화한다는 것은 이미 언급되었다. 죽음에 대한 실존론적 분석론이, 윤리적으로 교화될 수 있도록 현존재가 죽음과 어떻게 관계해야 할지를 규정하는 규범과 원칙을 제시할 것으로 기대해서는 안 된다는 그의 지적을 보더라도, 현존재의 실존론적 존재론은 처음부터 현존재의 존재에 죽음의 윤리적 문맥을 끌어들이지 않는다. 말하자면 그는 현존재에 대한 죽음의 윤리적 정화 또는 교화 효과를 인정하지 않는다.

어떻게 존재할 것인가, 어떻게 살 것인가를 두고, 곧 도성제를 두고 근원적 불안의 기분에서 죽음으로 선구하는 현존재와 열반의 목적지를 향해 걸어가는 범부를 서로 비교했지만, 둘은 상대를 바라보면서 서로 데면데면하고 낯설게 대한다는 것이 다시 드러났다. 현존재가 세인의 공공적 세계에서 양심의 소리를 듣고 죽음을 향한 존재답게 죽음으로 앞질러 달려간다면, 범부는 세간에서 열반을 향해 청정한 8정도의 길을 걷는다. 현존재가 책임존재로의 기투에서 되찾은 고유한 자기로서 실존의 주인 노릇을 하지만, 실존을 항상 윤리적으로 청정하게 가꾸어나가는 것은 아니다. 오히려 죽음으로의 선구에서 죽음이 건네주는 본래적 가능성을 선택할 때 심지어 반윤리적 가능성을 선택할 수도 있다. 이렇게 현존재가 죽음으로 선구함으로써 도리어 실존의 윤리성을 무력화할 수도 있다면, 범부는 정어, 정업, 정명 및 정정진의 10선업도 등을 닦음으로써 번뇌를 약화하고 무력화하면서 삶을 윤리적으로 청정하게 가꾸어갈 수 있다.

끝으로 불안 현상과 죽음 현상에 대한 실존론적 분석론이 현존재에게 어떻게 존재할 것인가에 대한 형식적 가이드라인을 제시한다면, 도성제는 어떻게 살 것인가에 대한 실질적 가이드라인을 범부에게 제시한다. 이를테면 현존재의 실존론적 존재론은 죽음으로의 선구에서 죽음의 재판관이 판결하는 본래적 가능성을 선택하고 그리로 기투하라는 실존의 형식적 가이드라인을 제시하는 것으로 그치는 반면에, 도성제는 세간에서 거짓말을 삼가고 이간질하는 말이나 중상모략하는 말을 삼가고 살생하지 않고 절도하지 않아야 한다는 등 삶의 실질적 가이드라인을 제시한다.

제13장

결론, 삶의 최종 물음과 귀향자

이 글의 마감을 앞두고 시 한 편을 들여다보고자 한다. 지연(只然)의 「치병」(癡病)이다.

花片何處飛(꽃잎은 어디로 날아가는가)
不知何時別(언제 떠날지를 알지 못한 채)
隨風只轉生(바람 따라 삶은 다만 굴러갈 뿐이네)
復問何處去(다시 묻노니, 어디로 가는가)

봄날의 벚꽃을 생각하면, 이 시를 생생하게 맛볼 수 있을 것이다. 질문자는 '꽃잎은 어디로 날아가는가'라고 묻는다. 이 물음에 숨은 것은 셋째 연에 나오는 바람이다. 필시 바람에 흩날리는 벚꽃을 보고 질문자가 물음을 던진 것으로 본다 한들 문제될 것은 없다. 추운 겨울을 견딘 끝에 봄을 맞이해 벚나무는 화사한 꽃을 일제히 터뜨린다. 나무가 꽃을 피운다는 것은 열매를 맺고 자손을 퍼뜨린다는 의미에서 화려한 삶의 절정을 보낸다는 뜻이다. 화려한 삶의 절정기에 꽃잎이 부질없이 바람에 날린다. 과연 어디로 날아가는 것일까? 바람이 부는 대로 날아갈 것이다. 구태여 질문을 던질 것까지는 없을 것이다. 그럼에도 질문자는 묻는다. 그것은 벚나무에 던지는 질문이 아니기 때문이다. 둘째 연과 셋째 연을 보더라도 삶의 절정기를 보내는 범부에게 던지는 질문이다.

꽃잎이 삶의 절정기를 나타낸다면, 꽃잎을 날리는 바람은 8풍(八風)에서 예감할 수 있듯이 번뇌의 바람을 가리킨다. 범부라면 8풍에 삶을 날리기 십상이다. 이풍(利風)을 따라 이익이 되는 것을 좇는 한편, 쇠풍(衰風)을 만나 위축되는 삶의 기운에 꺾이기도 하고, 예풍(譽風)에 좋은 평판으로 이름을 날리기를 바라는 한편, 훼풍(毁風)이 불어 평판이 나빠지기도 한다. 그럴 때마다 무명, 탐욕, 분노, 질투, 갈애, 미움 등과 같은 번뇌의 바람에 동요하고 흔들리고 날아가고 바닥에 떨어져 굴러가고 하는 것이 범부의 삶이다. 첫째 연의 물음은 사실 물음이 아니다. 오히려 벚꽃잎이 바람에 덧없이 날리는 것처럼 절정기의 삶을 번뇌의 바람으로 날리는 범부에 대한 질문자의 질책으로 보아야 한다.

번뇌의 바람에 휘둘려 삶을 허비하다가 범부는 끝내 죽음과 마주친다. 둘째 연의 '언제'는 죽음의 시점을 뜻한다. 언제 떠날지 알지 못한다는 것은 범부가 언제 죽을지 모른다는 뜻이다. 하이데거가 말하듯이, 죽음의 '언제'는 불확정적이다. 죽음이 이렇게 아무 때나 닥칠 수 있음에도 이익이나 명예, 칭송을 좇기도 하고, 그러다가 도리어 손실을 당하고 비방이나 비난을 들으면서 그때마다 일희일비(一喜一悲)하는 것이 범부이다. 이익을 챙기고 좋은 평판을 듣는다고 해서 우쭐대고, 손해를 보고 나쁜 평판이 뒤따른다고 해서 주눅이 들고 하는 범부의 삶을 보면 도대체 왜, 무엇을 위해, 무엇을 향해 삶을 사는지를 도무지 알 수 없다. 범부는 죽음이 당장 목전에 닥칠 수도 있다는 것을 눈감은 채, 왜 사는지도 모르고 그저 번뇌의 바람이 부는 대로 삶을 세세생생 굴릴 뿐이다. 번뇌의 노리개가 된 범부에게 질문자는 확고한 삶의 목적지를 당장 찾으라고 재차 묻는다. 요컨대, 질문자는 삶의 목적이 번뇌의 바람에 어지러이 이리저리 휘둘리지 않는 고요한 적정에 있다는 것을, 곧 열반이 삶의 목적이라는 것을 깨닫도록 범부를 경책한다. 역시 둘째 질문도 질문이기보다는 범부에 대한 경책으로 보아야 한다.

이 시는 삶의 진정한 목적지를 찾지 못하고 번뇌의 바람이 부는 대로 세세생생 굴러가는 범부의 삶이 얼마나 덧없는지를 바람에 흩날리는 화려한 꽃잎에 빗대어 그린 시이다. 그런 범부는 '어리석음의 병', 곧 무명의 근본 번뇌를 앓는 범부이다. 삶에 열반의 목적지가 있지만, 범부는 무명에 덮여 목적지를 찾지 못하고 바람 부는 대로 그렇게 3세에 걸쳐 굴러갈 뿐이다. 질문자는 어서 무명의 병을 떨치고 열반의 목적지를 향해 흔들림 없이 청정한 8정도의 길을 걸을 것을 범부에게 당부한다.

애석하게도 현존재의 실존론적 존재론과 4성제가 존재와 삶의 '어떻게'를 두고 갈라서는 것으로 드러났다. 현존재와 범부에게 길의 목적지가 있는가 없는가가 그 분기점을 이룬다. 세간의 범부에게는 무명의 가리개에 가려 잘 보이지 않을망정 어쨌든 열반의 목적지가 있지만, 현존재에게는 애초부터 어떠한 목적지도 없다. 열반의 목적지가 있는가 없는가를 따라 어떻게 존재할 것인가, 어떻게 살 것인가가 앞에서 밝혀진 것처럼 확연히 달라진다. 현존재에게 목적지가 없다면, 아마도 현존재는 바람에 날리는 꽃잎처럼 가야 할 곳에 안착하지 못하고 이리저리 떠돌지 모른다. 그러나 그렇지 않다. 현존재는 가야 할 목적지가 없기에 도리어 일상적 공공성에 관한 매뉴얼을 착실히 습득해 세인의 공공적 세계에서 산호처럼 붙박인 채로 그렇게 존재한다.

열반의 목적지뿐만은 아니다. 현존재에게는 존재의 원인과 유래로 통하는 문도 닫혔다. 하이데거는 현존재의 실존론적 존재론에서 존재의 원인과 유래를 논외로 방출하는 가운데, 현존재가 불안에서 유정하게 존재한다는 것을 더는 캐물을 필요가 없는 하나의 현사실로 간주한다. 절망스러운 것은 현존재가 불안의 유정성에서 현사실적으로 존재하는 내내 불안을 제거할 수도 없고 또 불안에서 탈출할 수도 없다는 점이다.

현-존재의 불안은 입구도 없고 출구도 없기 때문이다. 현존재에게 존재가 현사실인 것과 마찬가지로, 불안은 그저 현사실일 뿐이다. 다시 말해 현존재가 섬뜩하고 안절부절못하는 불안의 기분에서 유정하게 존재한다는 것은 하나의 존재론적 현사실이다. 존재의 원인과 유래에 대한 실존론적·존재론적 추방은 불안을 존재론적 현사실로 굳히는 한편, 존재의 목적에 대한 실존론적·존재론적 추방은 현존재를 불안의 존재론적 현사실에서 탈출할 수 없도록 가두는 셈이다. 이렇게 불안은, 존재의 원인이 없기에 제거할 수 없는 현사실인 동시에 존재의 목적이 없기에 탈출할 수 없는 현사실이다.

4성제로 돌아가면, 하이데거는 집성제와 멸성제를 철저히 도외시한 채 현존재의 존재를 실존론적·존재론적으로 분석한 셈이다. 그 불길한 여파가 어디까지 미치는지는 이미 밝혀졌다. 현존재가 졸지에 입구도 없고 출구도 없는 불안의 폐쇄병동에 갇혔다. 비본래적 실존방식을 취한다 하더라도, 현존재는 잠복한 불안으로 은근히 괴로워하기 마련이다. 설령 본래적 실존방식을 선택한다 하더라도, 현존재는 근원적 불안으로 노골적으로 괴로워하기 마련이다. 현존재가 세인의 공공적 세계에서 어떠한 실존방식으로 존재하든지 간에 불안으로 괴로워할 수밖에 없는 것은, 존재의 원인도 없는 터에 현사실적 존재와 그 '어떻게'를 현존재가 혼자 고스란히 떠맡아야 하는 까닭이다. 무엇보다 죽음에 대한 현재화에서 근원적 불안이 힘껏 쏜 첫 번째 고수의 화살을 맞은 현존재가 피하기는커녕 죽음으로 선구함으로써 거듭 고수의 화살을 맞는 것은 현존재의 죽음 바깥에 가야 할 목적지로서 열반이 없는 까닭이다. 왜 항상 불안의 기분에서 괴로워하는가에 관한 중간 물음은 이렇게 해소된다. 그것은 하이데거가 현존재의 실존에서 집성제와 멸성제를 지워버린 탓이다. 말하자면 현존재가 세계-내-존재로 어떻게 존재한다 하더라도, 불안을 뿌리칠 수 없고 가능한 죽음의 고고를 무릅쓰면서 죽음으로 선구할 수밖에 없는 것은 현존재의 존재에 집성제도 없고 멸성제도 없기 때문이다. 불안의 병동에 갇힌 현존재의 실존에서, 항상 그런 것은 아니지만, 때때로 삶의 도덕성이나 윤리성이 무력화될 수 있는 것도 집성제와 멸성제를 도외시한 탓임은 말할 나위가 없다.

짐작하다시피 멸성제의 열반이 있기에 도성제의 8정도가 있는 법이다. 목적지가 정해진 후에야 목적지를 향해 어떻게 갈 것인지가 마저 정해지는 것처럼, 삶의 목적이 있어야 어떻게 살 것인가의 문제도 비로소 풀리는 법이기 때문이다. 집성제와 멸성제를 도외시한 하이데거가 그럼에도 어떻게 존재할 것인가의 문제를 현존재의 실존론적 존재론에 거두어들인 것은 그의 놀라운 철학적 역량이다. 현존재에게 열반과 같은 존재의 목적이 없음에도 그는 어떻게 존재할 것인가의 문제를 형식적으로나마 풀어내는 데에 성공했다. 그 문제를 푼 비법은 죽음의 가능성, 곧 죽음으로의 선구에 있다. 하이데거는 어떻게 존재할 것인가를 존재의 목적에 맡기지 않는다. 그는 현존재가 세계-내-존재로서 세인의 공공적 세계에서 어떻게 존재할 것인가의 문제를 과감하게 죽음의 수중에 맡긴다. 노파심에서 하는 말이지만, 죽음은 물론 존재의 목적이 아니다. 오히려 죽음은 어떻게 존재할 것인가를 현존재 앞에서 판결하는 최후의 재판관이다. 죽음의 재판관은 불안의 힘을 기하급수적으로 증강해 일상적 공공성의 타성에 젖은 일상적 현존재를 고유한 자기로 돌아가도록 일깨우는 한편, 세입자의 처지에서일망정 존재의 주인 노릇을 하기로 실존적으로 결단한 고유한 현존재에게 본래적 가능성을 여과해 제공한다. 결단한 현존재로서 어떻게 존재할 것인가는 어떻게 본래적·전체적으로 존재할 것인가로, 다시 말해 어떻게 근원적으로 실존할 것인가로 귀착한다. 그 물음에 대한 하이데거의 해답은 이렇게 죽음으로의 선구, 현존재의 선구하는 결단성에 있다.

결국 현존재가 본래적으로 실존한다는 것은, 곧 본래적 전체성에서 근원적으로 실존한다는 것은 죽음의 판결대로 존재한다는 것 이외에 아무런 것도 아니다. 도성제의 청정한 길에서 삶을 윤리적으로 보살피는 가운데 삶과 죽음의 굴레로부터 얼마든지 자유로워질 수 있는 범부와는 달리, 본래적 현존재는 불안의 유정성에서 개시되는 죽음의 수인(囚人)에 지나지 않는다. "현존재가 선구하면서 죽음으로 하여금 자기 자신 안에서 힘을 행사하도록 할 때, …… 그는 죽음을 향해 자유로워지면서 그의 유한한 자유의 고유한 **위력**에서 자신을 이해하게 된다"(SZ, p. 384)라고 하이데거가 애써 역설한다 하더라도, 선구하는 결단성에서 근원적으로 실존하는 본래적 현존재가 죽음의 수인이라는 것은 변함없다. 죽음을 향해 자유로워진다는 것은 현존재가 생사의 굴레에서 해탈할 수 있도록 불사의 열반을 증득한다는 말은 아니다. 죽음을 향한 자유는 고작 죽음을 향한 현존재의 개방성을 의미한다. 다시 말해 현존재가 고유한 죽음을 아직 닥치지 않은 보편적인 사망 사건으로 부패하면서 죽음 앞에서 도피하지 않고 오히려 죽음을 향한 개방성에서 그리로 선구할 때, 죽음이 본래적 전체존재의 방식에서 근원적으로 실존할 수 있도록 그때마다 그에게 본래적 가능성을 건넨다는 것을 의미한다. 죽음을 향한 자유는, 죽음을 향한 개방성인 한에서, 거꾸로 근원적 실존의 '어떻게'를 전적으로 죽음의 손아귀에 일임하는 것으로 보아야 한다. 현존재가 죽음을 향한 자유에서 죽음의 수인으로 전락한다는 것은 놀라운 아이러니이다.

그렇다면 니체의 경우에는 어떤가? 우선 행위자와 행위, 작용자와 작용을 둘로 쪼개서는 안 된다는 니체의 탁견을 떠올릴 필요가 있다. 예컨대, '사람은 산다'라는 문장에서 '사람'을 행위자나 작용자로, '산다'를 사람의 행위나 작용으로 분리해 보아서는 안 된다. 그 대신에 사는 행위나 작용을 바로 사람으로 보아야 한다. 삶과 무관하게 사람이 따로 있는 것은 아니다. 사람이 곧 삶이고, 삶이 곧 사람이다. 힘 의지의 경우도 마찬가지이다. 힘 의지가 생성한다고 말할 때, 힘 의지가 따로 있고 생성이 따로 있는 것은 아니다. 오히려 힘 의지가 생성작용이고, 생성작용이 힘 의지이다. 잊어서는 안 되는 것은 우주 만법이 다 힘 의지라는 점이다. 인간도 힘 의지일 뿐이다. 인간도 힘 의지로서 그때마다 생성한다. 인간의 힘 의지의 생성작용이 바로 삶이다. 요컨대, "삶은 힘에의 의지이다".[1] 삶이 힘 의지이고 힘 의지가 생성작용이고 생성작용이 더욱더 강해지고자 의욕하는 의지, 더 많은 힘을 획득하고자 의욕하는 의지, 곧 "더 많은 것을 향한 의지"(Wille zum Mehr)[2]이다. 이렇게 인간이 삶이고 삶이 힘 의지이고 힘 의지가 생성작용이고 생성작용이 더 많은 힘을 획득하고자 의욕하는 의지라면, 삶은 "힘의 증대 형식"[3]일 따름이다.

삶은 더욱더 강해지고자 의욕하는 힘 의지의 생성작용이다. '관계의 세계'에서 삶의 힘 의지가 더 많은 힘을 획득하기 위해 그때마다 부단히 생성하는 것은 그 힘 의지가 부단히 힘 의지 자신의 본성으로 회귀하는 덕분이다. 영원한 회귀는 삶의 힘 의지가 생성으로서 취할 수 있는 유일한 존재방식이기 때문이다. 삶의 힘 의지의 생성 및 회귀와 관련해 주시해야 할 것은 "의미와 목표도 없는, 그렇지만 피할 수 없이 회귀하는, 무에 이르는 피날레도 없는, 존재하는 그대로의 실존: 영원 회귀"[4]라는 니체의 말이다. 삶의 힘 의지가 한순간도 멈추지 않고 그 본성으로 영원히 회귀하는 것은 최종적 목표가 없기 때문이다. 목표나 목적이 있다면 거기에 도달할 경우에 회귀의 바퀴는 멈출 것이다. 그러나 영원히 굴러가는 회귀의 바퀴를 멈추는 목표나 목적은 없다. 그뿐만 아니라 회귀의 바퀴를 처음으로 굴리기 시작하는 원인도 없다. 니체가 볼 때, "원인은 **결과를 일으키는 능력**으로서 생기에 덧붙여 날조된 것이다 …".[5] 삶의 힘 의지가 본성으로 회귀하는 데에는 힘 의지인 만큼 별도의 원인이 필요하지 않다.

1 프리드리히 니체, 『유고(1885년 가을~1887년 가을)』, 니체 전집, 제19권, 197쪽.
2 Friedrich W. Nietzsche, *Nachgelassene Fragmente Herbst 1887 bis März 1888*, KGW VIII-2, Berlin: Walter de Gruyter & Co, 1970, p. 282.
3 프리드리히 니체, 『유고(1888년 초~1889년 1월 초)』, 니체 전집, 제21권, 347쪽.
4 프리드리히 니체, 『유고(1885년 가을~1887년 가을)』, 니체 전집, 제19권, 265~66쪽.
5 프리드리히 니체, 『유고(1888년 초~1889년 1월 초)』, 니체 전집, 제21권, 89쪽.

여담이지만, 니체는 삶의 힘 의지의 영원한 회귀를 "불교의 유럽적 형식"[6]으로 칭한다. 일각에서는 니체의 추임새를 좇아 영원한 회귀를 "열반이 없는 영원한 윤회의 한 유형"[7] 또는 "윤회와 열반의 동일성에 대한 니체 식 표현"[8]으로 풀이하기도 한다. 그러나 니체가 언뜻 그렇게 내비쳤다고 해서 영원한 회귀를 열반의 목적이 없는, 그래서 결코 종지부를 찍을 수 없는 영원한 윤회로 해석해서는 안 된다. 윤회는 중생이 어떤 업을 지었는가를 따라 그때마다 생명 또는 삶의 형태를 달리하는 사생(死生)의 불연속적 연속성 또는 연속적 불연속성이지, 실체적 자아나 영혼과 같은 개별화된 동일자가 생사를 넘나들면서 옮아가는 현상이 아니다. 그보다는 니체가 '불교의 유럽적 형식'을 운운하는 곳에서 자신 있게 언급하는 것처럼, 영원한 회귀를 "모든 가능한 가설들 중에서 가장 과학적인 가설"[9]로 보는 것이 옳다. 영원한 회귀의 사상은 자연과학적 독서에서 그가 길어낸 힘 의지의 생성작용에 대한 물리학적 통찰이나 진배없기 때문이다.

그러나 앞의 인용문에서 간과해서는 안 될 것이 또 있다. 실로 회귀에 의미가 없다는 지적을 놓쳐서는 안 된다. 만약 회귀에 의미가 있다면, 사람들이 회귀의 의미에 더할 나위 없이 만족하거나 그 반대로 불만족할 수 있다. 만족하든지 불만족하든지 간에, 회귀에 의미가 있는 한에서 회귀는 멈추기 마련이다. 회귀의 의미에 만족하면 더는 삶의 힘 의지의 회귀를 일으킬 필요가 없다. 이와 마찬가지로 회귀의 의미에 불만족하면 역시 더는 삶의 힘 의지의 회귀를 일으킬 까닭이 없다. 의미는 회귀의 바퀴에 대한 제동장치에 지나지 않는다. 원인과 목적도 회귀를 제약하기는

---

6 프리드리히 니체, 『유고(1885년 가을~1887년 가을)』, 니체 전집, 제19권, 266쪽.
7 Robert G. Morrison, *Nietzsche and Buddhism. A Study in Nihilism and Ironic Affinities*, p. 153.
8 야니스 콩스탕티니데스, 강희경 옮김, 『유럽의 붓다, 니체』, 열린책들, 2012, 77쪽.
9 프리드리히 니체, 『유고(1885년 가을~1887년 가을)』, 니체 전집, 제19권, 266쪽.

마찬가지이다. 원인이 회귀의 동력을 공급하지 않을 때 회귀가 더는 일어나지 않을 것이고, 또 회귀가 목적에 도달하는 순간에 회귀는 멈출 것이기에 그렇다.

영원한 회귀에 회귀의 바퀴를 멈추게 할 원인도, 목적도, 의미도 없다. 회귀의 바퀴가 영원히 돌아가는 이상, 삶의 힘 의지에도 생성작용을 멈추게 할 원인, 목적, 의미가 없다. 만약 삶의 힘 의지에 목적이 있다면, 그때마다 더 많은 힘을 획득하고자 의욕하는 힘 의지 자신이 힘 의지의 목적이라고 해야 할 것이다. 목적이나 목표만 없는 것이 아니다. 이미 앞에서 언급했다시피 삶의 힘 의지에는 생성하기 시작하도록 힘 의지를 구동하는 원인도 없다. 삶의 힘 의지는 별도의 원인에 힘입을 필요도 없이 힘답게 그때마다 부단히 생성할 따름이다. 굳이 원인을 짚으라면, 힘 의지의 생성작용의 원인은 힘 의지 자신이어야 한다.

니체는 이렇게 삶의 힘 의지의 생성과 회귀에 부정적으로 영향을 끼칠 수 있는 형이상학적 장애물을 눈에 보이는 대로 다 제거한다. 예컨대, 인간 본성과 삶을 파악하는 데에 그 척도가 될 만한 "절대적 진리가 없는 것과 마찬가지로 영원한 사실도 없다".[10] 절대적 진리가 있다면, 삶의 힘 의지가 생성할 때마다 그 진리를 어겨서는 안 될 것이다. 절대적 진리는 힘 의지의 생성작용을 옭아매는 올가미나 다름없다. 삶을 이해할 때 반드시 참조해야 할 인간 본성의 영원한 사실도 없다. 가령 "역사적 감각의 결여"로 철학적 통찰의 빈곤에 시달리는 철학자가 "현대적 인간"에게서 발견한 "'본능'"을 "인간의 불변적 사실"[11]로 치부한 다음에 삶에 대한 이해의 척도로 남용하곤 하지만, 삶과 힘 의지의 생성에는 그러한 영원한 사실이 없다. 만약에 그러한 사실이 있다면, 삶의 힘 의지는 생성할

---

10 프리드리히 니체, 김미기 옮김, 『인간적인 너무나 인간적인 I』, 니체 전집, 제7권, 책세상, 2001, 25쪽.
11 같은 책, 24~25쪽.

때마다 그 사실에 걸려 덜컹거릴 것이다. 또한 도덕의 우열을 가리는 데에서 "도덕적인 척도"로 쓰일 "절대적인 도덕"도 없다.[12] 만약 절대적 도덕이 있다면, 도덕의 우열을 가름하는 것으로 끝나지 않을 것이다. 절대성을 참칭하는 순간, 참견하지 못할 것이 없을 것이다. 필시 삶의 힘 의지가 생성할 때마다 생성의 목적과 방향이 없다고 질책하면서 생성작용에 행복 같은 목적을 지정함으로써 삶의 힘 의지의 상승욕구를 구속할 것이다.

게다가 삶의 힘 의지에 절대적 진리가 없는 것과 마찬가지로 사물 자체, 사물 자체의 절대적 성질, 사물 자체의 절대적 가치도 없다. "진리란 없다는 것; 사물의 절대적 성질이란 없다는 것, '사물 자체'란 없다는 것 — **이것 자체가 허무주의이며 그것도 가장 극단적 허무주의**이다. 이 허무주의는 사물의 가치를, **어떠한** 실재도 그 가치에 대응하지 않고 대응했던 적도 없었으며, 오히려 **가치 설정자**가 지닌 힘의 증후이자 그의 **삶의 목적**을 위한 단순화에 지나지 않는 것, 바로 거기에 부여한다."[13] 삶의 힘 의지가 생성할 때마다 그것이 추종해야 할 절대적 진리가 없는 것처럼 역시 따라야 할 사물 자체와 그 절대적 성질이나 가치도 없다. 토마스 아퀴나스 같은 스콜라철학자는 인간의 인식이 사물의 본질이나 형상에 자신을 맞추어야 한다고 생각하겠지만, 삶의 힘 의지가 생성할 때 자신을 맞추어야 할 사물 자체의 절대적 성질이나 가치는 없다. 삶의 힘 의지가 사물의 절대적 질서를, 이를테면 본질적 질서나 형상적 질서를 추종하는 것은 아니다. 니체가 볼 때, 그 반대로 사물이 삶의 힘 의지와 그 생성작용을 추종해야 한다. 사물의 가치는 삶의 힘을 증대하기 위해 가치를 창조하는 인간이 사물에 부여한 인간적 재화에 지나지 않는다. 어디까지나 힘 의지는 우주 만법의 근원적 현사실, 최후의 사실, 존재의 가

---

12 프리드리히 니체, 박찬국 옮김, 『아침놀』, 니체 전집, 제10권, 책세상, 2004, 161쪽.
13 프리드리히 니체, 『유고(1887년 가을~1888년 3월)』, 니체 전집, 제20권, 23~24쪽.

장 내적인 본성, 유일무이한 실재이다. 삶의 힘 의지에는 생성작용을 옭아매거나 구속하거나 방해하거나 하는 거추장스러운 형이상학적 장치, 이를테면 철학적 플라톤주의와 플라톤주의적 종교에서 볼 수 있는 절대적 진리, 절대적 가치, 절대적 세계, 절대적 사실 등이 있을 수 없다. 오히려 삶에서는 힘 의지와 그 생성작용이야말로 절대적 현사실일 따름이다.

니체는 이렇게 절대성의 형이상학적 장치를 철거한다. 『이 사람을 보라』에서 그는 훗날 니체라는 이름을 들을 때마다 "지금까지 믿어져 왔고 요구되어왔으며 신성시되어왔던 모든 것에 대한 **거역을 불러일으키는 결단에 관한 회상**"[14]이 떠오를 것으로 예상한다. 그가 거역하기로 결단한 그 '모든 것'에 "'신' 개념", "'피안' 개념", "'참된 세계' 개념", "'영혼' 개념", "'정신' 개념", "'영혼의 불멸' 개념", "'영혼의 구원'", "'죄' 개념", "'자유의지' 개념", "**선한** 인간이라는 개념"[15] 등과 같은 철학적 플라톤주의나 플라톤주의적 종교의 개념들만이 연루된 것은 아니다. 삶에 대한 긍정을 가로막으면서 삶을, 곧 삶의 힘 의지를 위축하게 하고 부정하는 모든 것이 다 포함된다. 다윈주의(Darwinism) 같은 과학적 이론이라고 해서 예외가 되는 것은 아니다.[16] 이렇게 그는 삶을 절대화하기 위해 삶의 절대성에 해가 될 온갖 장치를 다 철거한다.

이제 니체로서 삶의 힘 의지의 절대화를 완결하기 위해 마지막으로 제거하지 않으면 안 될 장애물은 다름 아닌 괴로움의 문제이다. 괴로움의 문제에 관한 한, '삶으로서의 힘을 향한 의지/힘을 향한 의지의 심리학/쾌 불쾌'라는 제목으로 1888년 봄에 작성한 한 유고를 살펴보아야 한다.

---

14 프리드리히 니체, 『이 사람을 보라』, 니체 전집, 제15권, 456쪽.

15 같은 책, 466~67쪽.

16 찰스 다윈(Charles Darwin)과 니체가 본질주의, 목적론, 인과론, 결정론 등을 배척한다는 점에서 서로 소통할 수 있음에도, 니체는 다윈의 진화론을 비판한다. 다윈에 대한 니체의 비판적 견해가 어떤 오해에서 비롯되었는지에 대해서는 홍사현, 「니체는 왜 다윈을 비판했는가? 니체와 다윈의 진화론적 사유 비교를 위한 예비연구」, 『니체연구』, 제23집, 한국니체학회, 2013, 78~95쪽 참조.

이 유고는 니체 사후에 누이동생과 페터 가스트(Peter Gast)가 임의적으로 편집한 책『힘을 향한 의지』(Der Wille zur Macht)에 699번째 글로 실렸다. 흥미로운 것은 쾌와 불쾌의 문제를 니체가 신경생리학적 관점에서 분석한다는 점이다. 여기에서도 역시 니체의 철학적 사유에 밴 자연과학적 영향을 목격할 수 있다. 우선 그는 쾌와 불쾌 사이의 관계를 놓고 "고통은 쾌와는 다른 어떤 것이지만, — 반대되는 것은 **아니라고 말하고자 한다**"[17]라고 말한다. 힘 의지가 우주 만법의 근원적 현사실인 만큼 쾌는 "힘의 **증대감**"(Plus-Gefühl von Macht)[18]으로 규정된다. 힘의 증대에 대한 느낌이 쾌라면, 불쾌는 힘의 감소에 대한 느낌으로 규정되어야 할 것이다. 그러나 그는 불쾌를 그렇게 규정하지 않는다. 기껏해야 "저항하지 못하는 무능력"에 그때마다 몸서리치곤 하는 "소진한 자"의 진영, 이를테면 "허무주의적 종교와 철학"에서나 불쾌를 "힘에의 의지의 심각한 감소나 저하"[19]로 볼 뿐이다.

니체는 탈진한 자들이나 소진한 자들처럼 불쾌를 쾌의 반대로 보지 않는다. 오히려 그는 불쾌를 "힘을 강화하는 자극제"[20]로 본다. 그 까닭은 분명하다. 인간은 관계의 세계에서 저항자에 직면할 때마다 저항을 뚫고 자기상승을 꾀해야 하기에 불쾌를 느끼기 마련이다. 인간이 불쾌를 느낀다는 것은 저항을 물리치기 위해 "힘 소비의 극대-경제"[21]에서 그때마다 자신의 고유한 힘과 역량을 더할 나위 없이 몽땅 저항자에게 행사하는 것으로 보아야 한다. 관계의 세계에서 저항자에 직면하는 것은 병가상사(兵家常事)이며, 지든지 이기든지 간에 전투 경험이 축적되면서 차츰 전

---

17 프리드리히 니체,『유고(1888년 초~1889년 1월 초)』, 니체 전집, 제21권, 189쪽.
18 같은 곳.
19 같은 책, 193쪽. 우리말 번역본에 나오는 '허무적 종교'를 독일어 원본을 보고 '허무주의적 종교'로 바꾸었다.
20 같은 곳.
21 같은 책, 70쪽.

투 기술이 향상하는 것처럼 저항자의 저항에 대한 불쾌감은 힘 의지를 꺾기는커녕 도리어 강화하는 자극제로 쓰인다. "모든 힘이 저항하는 것에 당면해서만 방출될 수 있는 한, 이런 모든 작용 속에는 필연적으로 **불쾌의 요소**가 내포되어 있다. 오직 이 불쾌가 삶을 자극하는 작용을 하며: **힘에의 의지를 강화시킨다!**"[22]

이러한 맥락에서 볼 때, 불쾌는 힘의 증대감인 쾌를 낳는 방편이지 쾌의 반대가 아니다. 니체는 불쾌가 쾌의 반대가 아니라는 것을 생리학적으로 입증하고자 한다. "심지어 어떤 종류의 쾌가 미소(微小)한 불쾌한-자극의 **리듬감 있는 연속**에 의해 야기되는 경우들도 있다. …… 이를테면 간지러움의 경우나 성교 시의 일락(逸樂)의 경우들이 바로 그 경우들이다. 이런 모습에서 우리는 불쾌가 쾌의 요소로 작동하는 것을 본다."[23] 불쾌가 쾌를 유발한다는 것은 고수의 소멸이 즐거움으로 느껴진다는 담마딘나의 가르침과 언뜻 비슷한 것으로 보이지만, 그렇지 않다. 작은 불쾌의 감각이 연속적으로 발생할 때마다 그 자극량이 축적되다가 정점에 이르면서 쾌감으로 전변(轉變)한다는 것이 니체의 생리학적 견해라면, 고수가 유위법답게 무상하게 소멸할 때 고수의 빈자리가 즐거움으로 느껴진다는 것이 담마딘나의 견해이다. 한편, 언뜻 작은 쾌감의 축적으로 불쾌가 일어날 것으로 예상하겠지만, 그렇지 않다는 것이 니체의 견해이다. "그와는 반대로 미소한 쾌 자극이 밀어 넣어지는 것에 의해서는 고통 감각의 증대는 발생하지 않는다."[24] 물론, 낙수가 유위법답게 소멸할 때 낙수의 빈자리가 괴로움으로 느껴진다는 것이 담마딘나의 견해이다.

쾌와 불쾌가 서로 반대를 이루지 않는다는 것은 지금의 맥락에서 중요하지 않다. 중요한 것은 "그 자체로 고통이란 없다"[25]라는 니체의 도발적

---

22 프리드리히 니체, 『유고(1887년 가을~1888년 3월)』, 니체 전집, 제20권, 332쪽.
23 프리드리히 니체, 『유고(1888년 초~1889년 1월 초)』, 니체 전집, 제21권, 189~90쪽. 우리말 번역본의 '제약되는'을 독일어 원본을 보고 '야기되는'으로 바꾸었다.
24 같은 책, 190쪽.

명제이다. 물론, 인간이 고통을 아예 느낄 수 없는 목석이라는 뜻은 아니다. 이 명제가 무엇을 의미하는지는 "고통은 **지적인** 진행이 이루어지는 사건이며, 하나의 판단이 결정적으로 큰 소리를 낸다 — 오랫동안의 경험이 쌓아온 '해롭다'는 판단이"[26]라는 니체의 견해에서 풀이해야 한다. 그는 고통을 오랫동안 축적된 경험을 토대로 해서 지성이 내린 해로움의 판단으로 본다. 고통이 지성의 판단이라면, 고통의 "근원"은 "지성의 중추부"인 한편, 고통의 "전제"는 "한없이 가속된 지각작용, 질서 짓기, 분류하기, 검산하기, 추론하기"[27]일 것이다. 다시 말해 고통은 말초신경을 거쳐 들어온 감각적 자극의 신호들을 중추신경계가 더할 나위 없이 신속하게 지각하고 질서 짓고 분류하고 검산하고 추론하는 작용 끝에 도출된 "마지막 현상"일 뿐이지 "'원인'"은 아니다.[28] 요컨대, 고통은 감각적 자극들에 대한 의식의 지각작용 내지 추론작용 끝에 마지막으로 도출된 판단이지 원인은 아니다. 물론, 고통만이 그러한 것은 아니다. 쾌도 그렇다. 한마디로 "쾌와 불쾌는 나중에 추론된 지성-현상(Intellekt-Phänomene)이다 …".[29]

쾌와 고통을 이렇게 감각적 자극 이후에 일어나는 지성의 판단작용으로 보는 니체의 견해는 의구심을 자아낸다. 과연 고통이 지성 또는 의식의 여러 작용을 거쳐 나중에 일어나는 매개된 괴로움의 현상이란 말인가? "사람들은 본디 고통의 원인 때문에 (예컨대, 이러저러한 손상 때문에) 고통당하지 **않는다.** 오히려 그런 쇼크의 결과로 등장하는 오랫동안의 평형 장애 때문에 고통을 당한다"[30]라고 과연 말할 수 있을까? 예컨대, 칼

---

25 앞의 곳.

26 같은 곳.

27 Friedrich W. Nietzsche, *Nachgelassene Fragmente Herbst 1887 bis März 1888*, KGW VIII-2, p. 275.

28 같은 곳.

29 같은 책, p. 295.

30 프리드리히 니체, 『유고(1888년 초~1889년 1월 초)』, 니체 전집, 제21권, 190쪽. 독일

에 손가락이 베일 때, 베이는 작용 자체가 고통이 아닌가? 손가락이 칼에 베이는 즉시 통증이 느껴진다는 것은 경험해본 만큼 누구라도 부인할 수 없을 것이다. 통증은 지성이나 의식의 여러 작용을 거친 후에나 겨우 간접적으로 일어나는 매개된 아픔의 현상이 아니다. 반대로 통증은 칼에 손가락이 베이는 즉시 일어나는 무매개적·직접적 현상이다. 칼에 손가락이 베이는 물리적 현상이, 그 현장에서 즉시 통증의 감각적 현상을 직접 일으킨다. 칼에 베일 때의 통증이 그렇듯이, 무릇 고통은 지성이나 의식의 여러 작용의 매개를 거쳐 사후에 간접적으로 일어나는 판단작용이 아니고 현장에서 즉각 일어나는 무매개적이고 직접적인 괴로움일 따름이다. 고통의 특징은 이렇게 현장성 또는 직접성에 있다. 그렇기에 "고통은 상처받은 부위에 추후에 투사되는 것이다"[31]라고 말할 수는 없다.

고통이 현장에서 무매개적으로 직접 일어나는 괴로움이라면, 고통의 시간은 현재일 것이다. 다시 말해 고통은 칼에 베이고 난 후 나중에, 곧 의식이나 지성의 판단을 통과한 다음에 감지되지 않고 베이는 즉시 감지된다는 점에서 현재적이다. 손가락이 칼에 베여 현장에서 고통이 일어나는 순간, 그 즉시 고통이 느껴진다는 말이다. 고통을 느끼는 시간은 고통이 발생하는 현재이지 나중이 아니다. 물론, 칼에 손가락이 베이는 물리적 현상, 통증신호의 전달, 통증의 발생, 통증에 대한 운동반응 등 이 네 사건을 신경생리학적으로 볼 때, 사정은 달라질 수 있다. 말하자면 그 네 사건은 제각기 순차적으로 일어나는 고통의 신경생리학적 과정일지도 모른다. 칼에 베일 때의 물리적 자극이 일단 통증신호로 번역되고 그 신호가 말초신경계를 거쳐 중추신경계에 전달된 다음에 중추신경계에서 그 통증신호가 다시 통증으로 번역되고 통증에 대한 명령이 운동반

어 원본을 보고 '본디'를 추가했다.
31 같은 곳.

응이 일어나도록 말초신경계로 이첩될 때, 한 찰나보다 짧으나마 시간이 경과하기 때문이다. 그러나 통증에 대한 경험에서 볼 때, 네 사건은 각각 시간의 경과를 거치는 별개의 신경생리학적 과정이 아니다. 적어도 통증의 사건을 현상학적으로 볼 때, 네 사건은 각기 나뉠 수 없는 단일한 통증 경험의 사건이라는 점에서 통증의 발생과 그 경험은 현재적이다.

한편, 일에 열중하는 바람에 언제 손가락에 칼이 스쳤는지도 모를 경우가 있을 수는 있다. 그렇다고 해서 통증의 직접성이나 현재성을 의심해서는 안 된다. 언제 스쳤는지를 모르는 것은 일에 열중한 까닭일 수도 있지만, 손상이 아주 경미한 탓일 수도 있다. 통증의 크기가 칼에 손가락이 베일 때 입는 손상의 크기나 강도에 비례한다는 것은 분명하다. 통증의 크기가 경미할 때에는 현장에서 즉시 느껴지지 않고 나중에 스친 흔적만이 발견될 수는 있다. 그러나 통증의 크기가 역치(閾値)를 넘을 경우에는 그렇지 않다. 그때에는 칼에 베이자마자 즉시 통증이 느껴질 정도로 통증은 직접적이고 현재적이다. 신경생리학적으로 보더라도 "감각의 본질은 즉시성이다. 따라서 모든 감각은 현재진행형이며 즉각적 운동 반응을 촉발한다".[32] 니체가 지각하고 질서 짓고 분류하고 검산하고 추론하고 판단하는 지성이나 의식의 여러 작용 '끝에' 고통이 나타난다고 하지만, 그렇지는 않다. 과거의 망념이나 미래의 망상에 잡힌 의식을 고통의 현장에 오도록 낚아챌 만큼 고통은 직접적이다. 또한 과거의 망념이나 미래의 망상으로 달아나지 못하도록 의식을 고통의 현장에 잡아둘 만큼 고통은 현재적이다.

고통의 문제와 관련해 가장 중요한 마지막 물음이 남았다. 대관절 왜 니체는 고통을 의식적으로 또는 지성적으로 매개된 나중의 현상으로 볼까? 해답의 단초는 "다시 한 번 말하지만 사람들은 고통에 반응하는 것이 **아니다**: 불쾌는 결단코 행위의 원인이 아니다"[33]라는 니체의 단언에

---

32 박문호, 『박문호 박사의 뇌과학 공부』, 김영사, 2017, 71쪽.

있다. 만약 이 단언이 맞는다면, "인간은 쾌를 추구하지도 **않고** 고통을 피하지도 **않는다**"[34]라는 그의 견해도 옳을 것이다. 고성제에 대한 붓다의 가르침에서 볼 때, 인간은 그때마다 쾌를 추구하고 고통을 피하고자한다. 무명이나 갈애 같은 번뇌에 매인 범부이기에 그렇다. 그러나 힘 의지를 우주 만법의 근원적 현사실로 확신하는 니체의 눈으로 볼 때, 인간이 쾌를 추구하고 고통을 회피하는 것은 아니다. 다시 말해 삶의 힘 의지가 쾌에 대한 추구나 불쾌에 대한 회피 같은 반응을 보이게끔 그렇게 쾌와 불쾌가 삶의 힘 의지를 마구 좌우하는 것은 아니다. 쾌와 불쾌가 일어난다손 치더라도, 삶의 힘 의지는 그런 느낌에 영향을 받아 주춤하거나 동요하거나 흔들리거나 하지 않는다. 쾌와 불쾌는 자기상승 대신에 추구나 회피의 방식으로 운동하도록 삶의 힘 의지에 일종의 작용인으로서 인과적 영향을 끼치지 않는다. 쾌와 불쾌가 그때마다 삶의 힘 의지를 이리저리 조종할 수는 없다. 만약 쾌와 불쾌가, 무엇보다 괴로움이 그때마다 삶의 힘 의지를 동요하도록 이리저리 흔든다면, 삶의 힘 의지는 근원적 현사실도 아니고 최후적 현사실도 아닐 것이다. 도리어 삶의 힘 의지는 괴로움의 꼭두각시가 되고 말 것이다. 적어도 니체가 볼 때, 삶의 힘 의지는 그렇지 않다. 쾌가 일어난다고 해서 쾌를 추구하고 불쾌가 닥친다 해서 불쾌를 피하기는커녕, 오히려 "인간이 원하는 것, 살아 있는 유기체의 모든 최소 부분들이 원하는 것, 그것은 힘의 증대인 것이다".[35]

무릇 힘 의지는 '더 많은 힘을 향한 의지'이다. 인간은 '더 많은 힘을 향한 의지'답게 힘을 더욱더 많이 손에 그러쥐기 위해 그때마다 행동한다. 이를테면 인간은 어떤 행동을 취하든지 간에, 그때마다 더 많은 힘을 향한 의지로서 자기 자신을 넘어 그 위로 상승하고자 한다. 고통이 발생

---

33 프리드리히 니체,『유고(1888년 초~1889년 1월 초)』, 니체 전집, 제21권, 191쪽.
34 같은 곳.
35 같은 곳.

하자마자 인간이 고통을 회피하는 등 그렇게 소극적으로 즉각 반응한다면, 인간은 더 많은 힘을 향해 자기 자신 위로 상승하는 데에 실패할 것이다. 니체가 볼 때, 자기상승의 운동에서 고통이 인간의 발목을 잡아서는 안 된다. 그때마다 더 많은 힘을 향해 자기 자신 위로 상승하는 인간 힘 의지의 운동이 바로 삶이라고 할 때, 고통은 자기상승을 꾀하는 삶의 '어떻게'에 어떠한 발언권도 없다. 삶의 자기상승을 두고 이래라저래라 말할 권리가 없는 터에, 하물며 고통이 위로 오르려고 분투하는 삶의 방향을 다른 쪽으로 틀거나 아예 오르지 못하도록 발목을 잡거나 하면서 삶에 대한 주도권이나 결정권을 행사해서는 안 된다.

니체가 고통을, 과거나 미래에서 노닐던 의식을 고통의 현장으로 끌고 와서 떠나지 못하도록 의식에게 직접적이고 현재적인 영향력을 즉각 행사하는 괴로움의 현상으로 보지 않고 한낱 의식이나 지성의 사후적 판단으로 취급하는 것은, 결국 고통이 삶의 자기상승에, 그 날개를 꺾는 등 부정적으로 영향을 끼치는 장애가 되어서는 안 되기 때문이다. 직설적으로 말해 그가 "쾌와 불쾌는 결코 '근원적 사실'이 아니다"[36]라고 역설하면서 쾌와 불쾌를 의식이나 지성이 해로운 것으로 판단하는 삶의 "수반 현상"[37]으로 깎아내리는 것은, 그 둘이 인간의 힘 의지에 부정적으로 영향을 끼치기는커녕 더 많은 힘을 향한 힘 의지의 의욕작용에 수반하면서 삶의 자기상승에, 주인을 섬기는 하인처럼 이바지해야 하기 때문이다. 쾌와 불쾌는 삶의 자기상승, 더 많은 힘을 향한 힘 의지의 의욕작용의 수반 현상으로 삶의 상승과 힘 의지의 의욕작용을 시중들어야 할 뿐이다. 무엇보다도 고통은 삶의 상승과 힘 의지의 의욕작용을 꺾어서는 안 되고 삶과 힘 의지의 자극제나 강화제가 되어야 한다. 감내하기 벅찰 정도로 고통이 크면 클수록 고통은 삶의 힘 의지를 그만큼 더욱더 크게

---

36 프리드리히 니체, 『유고(1887년 가을~1888년 3월)』, 니체 전집, 제20권, 327쪽.
37 프리드리히 니체, 『유고(1888년 초~1889년 1월 초)』, 니체 전집, 제21권, 191쪽.

단련하고 강화하는 자극제로 쓰일 뿐이다.

아무리 견디기 힘든 고통이라고 하더라도, 고통은 삶의 적수가 아니다. 심지어 후회와 복수심을 부르는 지난 과거의 일조차도 위로 오르려는 삶의 운동을 꺾을 수는 없다. "'그랬었다.' 이것이 의지의 절치(切齒)와 더없이 고독한 우수의 이름이다."[38] 시간을 되돌릴 수만 있다면, 인간은 이미 과거가 되어버린 일로 후회하거나 절치부심하거나 할 필요가 없을 것이다. 그러나 시간은 의지로서도 되돌릴 수가 없다. "'과거에 있었던 것', 이름하여 그것은 의지가 굴릴 수 없는 돌덩이이다."[39] 굴릴 수 없는 돌덩이 같은 과거사를 앞에 두고 의지는 절치부심하면서 고통을 겪을 수밖에 없다. 이렇게 의지에 고통을 끼치는 한에서, 의지는 되돌릴 수 없는 과거사에 응분의 형벌이라는 미명으로 복수하고자 한다. 문제는 과거사에 대한 의지의 복수가 삶에 대한 의지의 창조적 의욕작용에 장애가 된다는 점이다. 오히려 의지가 창조적 의지로서 자유롭게 삶을 위로 상승하도록 창조하려면, 과거사에 대한 복수심에서 해방되어야 한다. 니체는 차라투스트라(Zarathustra)의 입을 빌려 과거사에 대한 복수심으로부터 의지를 구원한다. "지난날의 사람들을 구제하고 일체의 '그랬었다'를 '나는 그렇게 되기를 원했다'로 전환시키는 것, 내게는 그것만이 구제이다!"[40]

힘 의지가 근원적 현사실이라면, 삶도, 삶의 힘 의지도 근원적 현사실이다. 더 많은 힘을 향한 의지로서 위로 오르려는 삶의 운동은 근원적 현사실이기에 결코 한갓된 부정의 대상으로 추락할 수 없다. 되돌릴 수 없는 과거조차 '내가 그렇게 되기를 원한 것'으로 긍정하는 한, 상승하는 삶을 아래로 끌어내릴 수는 없다. 절대적 진리, 절대적 도덕, 절대적 세

---

38 프리드리히 니체, 『차라투스트라는 이렇게 말했다』, 니체 전집, 제13권, 231쪽.

39 같은 책, 232쪽.

40 같은 책, 231쪽.

계, 절대적 존재, 영원한 사실, 사물 자체, 사물의 절대적 성질, 고통, 과거 등과 같이 삶의 힘 의지를 비방하고 약화하고 쇠퇴하게 하고 위축하게 하고 주저앉게 하고 마취하고 구속하고 옭아매는 어떠한 형태의 장애도 있을 수 없다. 위로 날아오르려는 삶의 날개를 꺾을 것은 우주 만법 어디에도 없다. 니체는 이렇게 삶을 긍정하는 가운데 절대화한다. "삶—이것이 우리의 모든 것이고, 우리가 빛과 불꽃으로 변화시키는 모든 것이며, 또한 우리와 만나는 모든 것이다."[41] 2,000년이 넘는 지난 시절 동안 절대성을 참칭하면서 지상의 삶을 비웃던 갖가지 우상이 다 파괴된 빈자리에는 삶만이 오롯이 남았다. 니체의 눈에는 삶만이 견줄 것이 없는 절대자이다.

실로 인간에게 삶이 무비(無比)의 절대자인 이상, 인간에게 맡겨진 최대의 과업은 "아득하고 낯선 천상의 행복과 **은총**과 **은혜**를 꿈꾸며 학수고대하지 말고, 다시 한 번 더 살고 싶어하며, 영원히 **그렇게** 살고 싶은 것처럼 그렇게 살 것!"[42]이다. '영원히 그렇게 살고 싶은 것처럼 그렇게 살라!'에서 말하는 '그렇게'가 어떻게 살라는 것인지는 이미 밝혀진 셈이다. 형식적으로 말해 '그렇게'는 더 많은 힘을 향해 위로 상승하도록 그렇게 살라는 것이다. 관계의 세계에서 저항자, 도전자, 적대자가 외부에서 습격하든지 내부에서 자라나오든지 간에 안팎의 저항과 도전, 적대에 맞서 그때마다 아래로 추락하지 않고 위로 상승하도록 영원한 자기회귀의 방식으로 삶을 살라는 것이 '그렇게'이다. 실질적으로 말해 거침없이 위로 올라갈 수 있도록 영원히 회귀하는 초인의 힘 의지로써 그때마다 삶과 삶의 세계를 창조하고, 스스로 창조한 삶의 세계에서 저 높은 창공을 홀로 선회하는 독수리처럼 고독한 주인으로 삶을 살아가되, 그

---

41 프리드리히 니체, 『즐거운 학문』, 니체 전집, 제12권, 28쪽.

42 프리드리히 니체, 『즐거운 학문, 메시나에서의 전원시, 유고(1881년 봄~1882년 여름)』, 니체 전집, 제12권, 499쪽.

때마다 삶의 자기상승에 기여하도록 삶과 그 세계의 의미와 가치를 풍요롭게 창조하라는 것이 바로 '그렇게'이다. 이렇게 걸리적거릴 것 없이 자기상승을 꾀하는 절대적 삶은, 아래를 내려다보는 대중의 소란한 삶에서 표절하는 대신에 절대적 고독 속에서 위를 올려다보면서 기꺼이 고유한 삶의 의미와 가치를 스스로 창조하는 삶이다.

이제 4성제에 준해 삶에 대한 니체의 철학적 견해를 냉정하게 평가할 때이다. 알다시피 범부를 향한 4성제의 가르침은 병에 대한 의사의 치료 행위에 비유된다. "첫째 병을 잘 알"고 "둘째 병의 근원을 잘 알"며, "셋째 병의 대치(對治)를 잘 알"고 "넷째 병을 치료한 다음 앞으로 다시 생겨나지 않게 하는 것을 잘 알"면 "위대한 의왕(醫王)"이라고 하듯이, 역시 붓다도 "이것이 괴로움의 거룩한 진리라고 여실하게 알고, 이것이 괴로움의 발생의 거룩한 진리라고 여실하게 알며, 이것이 괴로움의 소멸의 거룩한 진리라고 여실하게 알고, 이것이 괴로움의 소멸의 길을 밟아나가는 거룩한 진리라고 여실하게 알기" 때문에 의왕처럼 "중생의 병을 치료한"[43]다는 비유가 그것이다. 삶에 대한 니체의 절대적 긍정을 평가하기 위해서는 의사의 비유에 대입할 필요가 있다.

4성제에 대한 의사의 비유에서 볼 때, 과연 삶에 대한 니체의 절대화는 어떻다는 말인가? 삶의 자기상승에 부정적으로 영향을 끼칠 것이 아무것도 없다면, 또 저항자의 저항에 무릎을 꿇는 패배의 고통조차도 영원한 자기회귀에서 삶의 힘 의지를 북돋는 자극제나 강화제 구실을 한다면, 심지어 이를 갈 정도로 복수의 불을 댕기는 지난 시절의 패배와 그 고통조차도 '내가 그렇게 되기를 원한 것'으로 긍정한다면, 삶은 관계의 세계에서 안팎으로부터 어떠한 과제, 난관, 시련, 도전 등이 밀어닥친다

---

43 『잡아함경』, 제15권, 제389경, 『대정신수대장경』, 제2권, 105쪽 상단, 중단. "一者善知病, 二者善知病源, 三者善知病對治, 四者善知治病已當來更不動發. …… 此是苦聖諦如實知, 此是苦集聖諦如實知, 此是苦滅聖諦如實知, 此是苦滅道跡聖諦如實知."

하더라도 그때마다 자기상승을 멈추지는 않을 것이다. 니체가 볼 때, 삶의 힘 의지가 일체의 장애를 돌파하면서 그때마다 자기 자신 위로 상승한다는 것은 삶의 본연이다. 관계의 세계에서 그 무엇에도 걸리지 않고 삶이 삶의 본연대로 영원한 자기회귀와 함께 위로 솟구치기를 의욕하는 한, 삶은 실로 건강하다고 말할 수 있다.

바젤 대학의 교수직을 사임할 정도로 편두통, 위통, 안구 통증 등에 시달리던 극심한 병고의 시절을 이기고 다시 건강을 회복한 니체 자신의 개인적 경험이, 삶의 본연이 건강에 있음을 증언한다. "나는 나 자신을 떠맡아, 나 스스로 다시 건강하게 만들었다: 그럴 수 있었던 전제 조건은―모든 생리학자가 인정할 것이지만―**사람들은 근본적으로는 건강하다는 사실**이었다."[44] 더 많은 힘을 향해 전개되는 삶의 자기상승은 삶의 본연이다. 이 삶의 본연을 생리학적 용어로 바꾸면, 삶의 건강이라고 할 수 있다. 자기상승이 삶의 본연이라면, 삶의 건강도 삶의 본연이다. 자기상승을 하는 만큼 건강하고, 건강한 만큼 자기상승을 하는 까닭에서 그렇다. 건강이 삶의 본연인 한에서, 누구에게나 "병들어 있는 것"이 "삶을 위한, 더 풍부한 삶을 위한 효과적인 **자극제**"[45] 구실을 한다. 이 점을 일시적인 병고의 덮개를 벗어젖히고 감추어진 본연의 건강이 솟아나도록 한 니체 자신의 개인적 경험이 입증한다.

니체는 "민족, 시대, 인종, 인류의 총체적인 건강의 문제를 진단하고" 허구의 너울에서 아른거리는 창백한 형이상학적 "'진리'"를 천착하기는커녕 "건강, 미래, 성장, 권력, 삶 등이라는 명제를 과감하게 천착하는 그런 의사"로서, 곧 "철학적인 **의사**"[46]로서 삶의 건강이 삶의 본연임을 천명한다. 다시 말해 그는 자기상승의 삶을 절대화하는 가운데 삶의 건강

---

44 프리드리히 니체, 『이 사람을 보라』, 니체 전집, 제15권, 334쪽.
45 같은 곳.
46 프리드리히 니체, 『즐거운 학문』, 니체 전집, 제12권, 27쪽.

을 절대화한다. 여기에서 오해해서는 안 될 것이 있다. 건강한 삶을 절대화한다고 해서 그가 신체적으로나 정신적으로나 인간에게 결코 단 한 번도 병이 생기지 않는다고 주장하는 것은 아니다. 그의 개인적 삶이 그렇지 않다는 것을 다시 입증한다. 인간에게 불쾌나 고통이 그렇듯이, 심신의 온갖 병이 다 닥칠 수 있다. 심신의 질병 등 갖가지 괴로움이 살아가는 내내 아무 때나 인간을 습격하기 마련이다. 그가 삶의 건강을 절대화한다는 것은 인간에게 어떠한 병이나 괴로움도 발생하지 않는다는 어처구니없는 희론(戱論)을 가리키는 것이 아니다. 오히려 그것은 그가 병을 병으로, 괴로움을 괴로움으로 인정하지 않는다는 뜻이다. 이를테면 건강한 삶을 삶의 본연으로까지 절대화하는 가운데, 예컨대 류마티스성 관절염, 근위축성측삭경화증, 당뇨병, 치매, 파킨슨병, 이명(耳鳴), 실명(失明) 등과 같은 질병의 괴로움을 질병의 괴로움으로 인정하지 않고 거꾸로 삶과 그 힘 의지를 강화하는 자극제로, 비유하자면 일종의 보약 정도로 치부한다는 말이다.

그러나 몸의 상태를 고려하지 않고 보약이라고 해서 무턱대고 섭취하다가 도리어 건강을 잃게 된다는 것은 누구나 다 아는 사실이다. 자기상승을 위해서라면 어떠한 고통이나 질병도 마다하지 않고 보약으로 삼아서 위를 향해 날갯짓하다가는 회복할 수 없는 추락의 고통 끝에 죽음에 이를 수 있는 법이다. 니체가 건강한 삶에 대한 질병과 그 괴로움의 발언권을 박탈한 것은 삶의 건강을 절대화한 탓이다. 이 점에서 그는 고성제와 엇나간다. 5취온의 작용으로서 삶이 괴롭다는 것이 고성제의 전언이지만, 이것이 전부는 아니다. 삶의 괴로움의 진실이 범부에게 진정하게 전하는 진실은 어서 괴로움이 없는 삶의 구경으로 가라는 다급한 통고이다. 범부에게 병이 병이 나은 건강으로 가라고 통지하는 것처럼, 괴로움은 괴로움이 종식된 열반으로 어서 가라고 통지한다. 괴로움이 삶의 거룩한 진리가 되는 것은, 괴로움이 괴로운 삶을 보이지 않도록 현란하게 치장해놓은 호화로운 의미의 껍데기에 속지 말고 어서 열반의 진실을 향해 가도록 범부에게 설득하는 까닭이다. 니체는 괴로움이 없는 삶의 구경을 찾아가도록 삶이 괴롭다는 것을 인간에게 솔직하게 통고하는 삶에 대한 괴로움의 정당한 발언권을 인정하지 않고 고작 삶의 자극제나 강화제로 취급한다는 점에서 고성제와 엇나간다.

이것뿐만이 아니다. 이미 앞에서 언급했다시피 삶의 힘 의지에는 힘 의지를 이리저리 조종할 수 있는 원인과 목적이 없다. 다시 말해 삶의 힘 의지에는 집성제와 멸성제 등 두 진리의 자리가 없다. 니체는 삶을 절대화하면서 이렇게 삶의 진실에서 집성제와 멸성제를 지운다. 그가 질병 등 괴로움의 정당한 발언권을 거부하고 괴로움을 삶의 강화제 정도로 가벼이 취급하는 배경에는 집성제와 멸성제에 대한 불인정이 깔린 것으로 보아야 한다. 일단 아무런 원인도 없이 삶의 힘 의지가 영원한 회귀의 방식으로 그때마다 부단히 생성하기 때문에, 삶의 힘 의지에 집성제의 자리가 없다는 것은 더는 말할 필요가 없다. 문제는 멸성제, 곧 열반이다. 삶의 힘 의지에 목적이 없다는 니체의 견해에서 짐작할 수 있듯이, 그는 멸성제의 열반을 "무(無)에 대한 동경"[47]으로, 곧 무로 간단히 처리한다. 그런 만큼 그는 "…… 고통 앞에서 사람들이 열반이라고 부르는 저 동양의 무로, 입과 귀를 닫는 완고한 자기포기, 자기망각, 자기소멸로"[48] 쓸려가는 것을 못마땅하게 생각한다. 여기에서 보는 것처럼 그는 청정한 5온이 지멸함으로써 성자가 열반을, 곧 반열반(parinirvāṇa)을 성취하는 것을 인간의 자기소멸로 취급한다. "여기의 자연적 세계 이외에 다른 세계가 없고 열반이 이 세계에서 성취하는 상태라고 생각하면, 반열반이 윤회의 종식을 함의하고 윤회가 유일한 세계이기 때문에 불교가 단견일 수밖에 없다"[49]라는 판단 끝에 니체가 열반을 단견의 관점에서 자기소멸

---

47 프리드리히 니체,『유고(1885년 가을~1887년 가을)』, 니체 전집, 제19권, 155쪽.
48 프리드리히 니체,『즐거운 학문』, 니체 전집, 제12권, 29쪽.
49 Robert G. Morrison, *Nietzsche and Buddhism. A Study in Nihilism and Ironic Affinities*, p. 59.

로 보았다는 것이 모리슨의 분석이지만, 중요한 것은 붓다가 단견과 상견을 모두 사견으로 내친다는 사실이다.

니체가 열반을 단견의 사견에서 무 또는 인간의 자기소멸로 본 것은 삶과 그 힘 의지의 목적이 없다는 그의 견해와 잘 맞물린다. 삶의 힘 의지가 영원한 자기회귀와 함께 시작도 끝도 없이 생성하는 한, 삶의 힘 의지에 최종 목적이 있을 수 없다는 것은 물릴 수 없는 니체의 철학적 견해이다. 이렇게 삶의 무원인성과 무목적성을 고수하는 니체의 견지에서 볼 때, 4성제에서 말하는 멸성제의 진실이 한낱 동양의 무로 폄하되는 것은 예정된 절차로 생각된다. 그러나 열반은 무가 아니다. 오히려 그 반대이다. "수행승들이여, 태어나지 않고, 생겨나지 않고, 만들어지지 않고, 형성되지 않는 것이 있다. 수행승들이여, 태어나지 않고, 생겨나지 않고, 만들어지지 않고, 형성되지 않는 것이 없다면, 세상에서 태어나고, 생겨나고, 만들어지고, 형성되는 것으로부터의 여읨이 알려질 수 없다. 그러나 수행승들이여, 태어나지 않고, 생겨나지 않고, 만들어지지 않고, 형성되지 않는 것이 있으므로, 세상에서 태어나고, 생겨나고, 만들어지고, 형성되는 것으로부터의 여읨이 알려진다."[50] 이 가르침에서 붓다는 열반을 '태어나지 않고, 생겨나지 않고, 만들어지지 않고, 형성되지 않는 것'으로, 한마디로 원인과 조건 사이의 상호성에 의지하지 않고 생멸을 떠나 상주하는 무위법으로 서술한다. 게다가 "수행승이여, 허망한 법은 거짓이고 허망하지 않은 법인 열반은 진실이기 때문이다"[51]라는 가르침대로, 무위의 열반은 종교적으로 창작된 허망한 허구가 아니고 삶의 궁극적 진실이다. 니체가 열반을 무로 본 것은 한낱 오해임이 분명하다. 아라한이 살아서 경험하는 유여열반을 생각하더라도 열반은 무가 아니다.

한편, 니체는 아라한과 같은 성자가 5온의 지멸에서 무여열반에 드는

---

50 전재성 역주, 『열반의 경 3』, 『우다나-감흥어린 시구』, 한국빠알리성전협회, 2009, 216쪽.
51 전재성 역주, 『세계에 대한 분석의 경』, 『맛지마 니까야』, 제5권, 343쪽.

것을 단견의 관점에서 인간의 자기소멸로 보지만, 역시 그렇지 않다. 유행자 밧차곳따(Vacchagotta)가 제기하는 여러 형이상학적 질문들 가운데, 여래(如來)의 사후 문제를 놓고 붓다는 불과 대양(大洋)의 비유로 그의 형이상학적 갈증을 씻어준다. 가령 불은 풀이나 섶 같은 땔감을 조건으로 타다가 땔감이 떨어지면 꺼지기 마련이다. "밧차여, 그대 앞에 불이 꺼진다면, '그 불은 이곳에서 동쪽이나 서쪽이나 남쪽이나 북쪽의 어느 방향으로 간 것인가?'라고 묻는다면, 밧차여, 그 물음에 대해 그대는 어떻게 설명하겠습니까?"[52] 땔감이 떨어졌다고 해서 이곳에서 타던 불이 동서남북 어느 방향으로 옮아가는 것이 아니라는 것은 누구나 다 아는 사실이다. 불의 비유는 여래의 사후에 그 실체적 자아가 열반으로 옮아가지 않는다는 것을 알린다. 곧 여래의 사후 문제를 상견으로 곡해해서는 안 된다는 것을 붓다는 불의 비유로 밧차곳따에게 설득한다.

그렇다고 해서 무여열반을 성취한 여래를 놓고 니체처럼 거꾸로 실체적 자아가 아예 파괴되고 절멸한 것으로 볼 수 있다는 말은 아니다. "여래는 의식의 뿌리를 끊고, 밑둥치가 잘려진 야자수처럼 만들고, 존재하지 않게 하여, 미래에 다시 태어나지 않게 합니다. 밧차여, 참으로 여래는 의식이라고 여겨지는 것에서 해탈하여 심오하고, 측량할 수 없고, 바닥을 알 수 없어 마치 커다란 바다와 같습니다."[53] 물론, 여기에서 나오는 의식은 5온 가운데 식온이다. 식온에서만 그러한 것이 아니다. 색, 수, 상, 행 등 나머지 온에서도 여래는 '심오하고, 측량할 수 없고, 바닥을 알 수 없는 커다란 바다'와 같다. 대양의 비유는 여래의 청정한 5온이 지멸한다고 해서 여래의 무여열반을 여래의 자기소멸로 보아서는 안 된다는 것을 알린다. 곧 무여열반에 든 여래를 단견의 관점에서 여래의 자기소멸로 곡해해서는 안 된다는 말이다.

---

52 전재성 역주, 『불의 비유와 밧차곳따의 경』, 『맛지마 니까야』, 제3권, 196쪽.
53 같은 경, 『맛지마 니까야』, 제3권, 199쪽.

니체가 왜 불교를 "데카당스 종교"[54]로 간주하는지는 밝혀진 셈이다. 그가 불교를 데카당스 종교, 수동적 허무주의로 치부한 것은 단견의 관점에서 열반과 여래의 무여열반을 무와 자기소멸로 본 탓이다. "이러한 허무주의의 반대는 더 이상 **공격**하지 않는 지친 허무주의일 것이다: 이것의 가장 유명한 형식은 불교이다: **수동적** 허무주의로서."[55] 그가 불교를 이렇게 "**정신력의 하강과 퇴행**으로서의 허무주의"[56]로 평가하는 것은 열반에 대한 그의 오해 탓일 따름이다. 그러나 그가 그릇된 오해를 버리고 열반을 바르게 이해한다고 해서 멸성제의 진실을 용납할 것으로 생각한다면, 그것은 오판일 것이다. 열반의 멸성제를 인정하는 즉시, 힘 의지의 생성과 삶에 최종 목적이 있다는 것을 인정할 수밖에 없기 때문이다. 그 경우에 힘 의지의 근원성을 포기해야 하고 힘 의지의 영원한 회귀마저 포기해야 한다. 그것은 니체의 원숙한 후기 철학의 토대 자체를 모조리 허무는 것이나 다름없다.

열반에 대한 바른 이해를 기도하기는커녕 니체가 삶의 힘 의지의 생성에서 최종 목적을 제거한다면, 도대체 도성제를 어떻게 처리할 것인가가 궁금해질 것이다. 열반이 도성제의 확고한 지침이라는 것은 분명하다. 과연 열반의 지침에 기대지 않고 그는 어떻게 살 것인가의 문제를 어떻게 해결할까? 전통 형이상학에서 절대자의 지위를 누리던 모든 형이상학적 장치를 다 철거하고 무엇보다도 삶에서 원인과 함께 목적마저 축출한 이상, 이 문제의 해결에 기여할 수 있는 것은 어디에도 없다. 남은 것은 삶의 절대성밖에 없다. 결국 니체로서는 어떻게 살 것인가를 삶 자신에 떠맡기고 삶 자신에 물을 수밖에 없다. 그러나 삶을 향해 어떻게 삶을 살 것인가를 묻는다는 것은 어불성설이나 진배없다. 이것은 마치 깊

---

54 프리드리히 니체, 백승영 옮김, 『안티크리스트』, 니체 전집, 제15권, 책세상, 2002, 235쪽.
55 프리드리히 니체, 『유고(1887년 가을~1888년 3월)』, 니체 전집, 제20권, 23쪽.
56 같은 곳.

은 숲속에서 길을 잃고 헤매다가 탈진한 사람이 숲속을 벗어날 수 있는 길을 숲속을 헤매면서 쓰러질 지경에 처한 자기 자신에게 묻는 것과 같다. 또한 이것은 어떤 기억의 진위를 판가름하기 위해 진위가 의심스러운 바로 그 기억에 진위를 묻는 것과 같다. 니체에게는 다른 도리가 없다. 삶을 절대화하는 그로서는, 이와 같은 불합리한 몽매를 무릅쓸 도리밖에 없다.

이미 설명했다시피 적어도 니체가 볼 때, 어떻게 살 것인지는 영원한 회귀에 달렸다. 그것은 삶의 힘 의지의 경우에 유일한 생성의 '어떻게'가, 곧 삶이 힘 의지의 '생성'으로서 취할 수 있는 유일한 존재방식이 바로 영원한 회귀이기 때문이다. 결국 삶의 '어떻게'에 대한 답은 삶의 힘 의지가 부단히 생성하도록 그때마다 그 힘 의지의 본성으로 부단히 되돌아가는 영원한 회귀에 있다. 안팎에서 달려드는 저항자나 도전자의 저항과 도전에 맞설 때마다 힘 의지의 본성으로 영원히 회귀하는 삶의 힘 의지를 발판으로 해서 위로 더 높이 상승하도록, 더 많은 힘을 장악하도록 그렇게 의미와 가치를 창조하는 등 삶을 살라는 것이 도성제의 물음에 대한 니체의 답변이다. 어떻게 살 것인가의 문제를 두고도 이렇게 니체는 도성제와 갈라선다. 자리이타(自利利他)의 빛나는 윤리적 삶을 근간으로 해서 열반에 다다르도록 청정한 8정도를 걸으라는 것이, 곧 계정혜(戒定慧) 3학을 닦으라는 것이 도성제의 답이기 때문이다.

니체는 4성제의 가르침과 하이데거보다 더 크게 엇나간다. 니체가 고성제와 반대로 삶의 절대적 건강을 도리어 삶의 본연으로 천명한다면, 하이데거는 고성제처럼 현-존재의 괴로움을 시인한다. 그러나 둘 다 집성제와 멸성제를 인간의 삶과 현존재의 실존에서 배제한다는 점에서는 다를 것이 없다. 삶과 실존에서 원인과 목적을 도려내고 나서 삶과 실존을 놓고 둘 다 절대화의 책략을 취한다. 니체가 건강한 삶을 절대화한다면, 하이데거는 어두운 죽음을 절대화한다. 둘은 열반의 가이드라인을 눈감은 채 도성제의 문제를 각자 절대자에 위탁한다. 니체가 어떻게 살 것인가를 삶 자신에 맡기고 삶 자신에 묻는다면, 하이데거는 어떻게 존재할 것인가를 죽음에 맡기고 죽음에 묻는다. 니체가 '어떻게'의 문제에 대한 답을 삶의 힘 의지의 영원한 회귀에서 찾는다면, 하이데거는 답을 죽음으로의 선구에서 찾는다. 물론, 범부가 열반의 목적에 삶을 맡기는 한편, 어떻게 살 것인가를 열반에 묻고 열반에서 답을 들어야 한다는 것이 4성제의 뜻이라는 것은 두말할 필요가 없다.

니체의 경우, 문제는 질병과 같은 괴로움을 괴로움으로 있는 그대로 차분하게 인정하지 않는다는 점에 있다. 다시 말해 삶이 괴롭다는 것을 솔직하게 진단하고 괴로움에서 벗어나도록 약을 처방하고 다시는 괴로움에 젖어 들지 않도록 괴로움을 근본적으로 치유하라고 괴로움이 삶에 말하는 긍정적 전언을 아예 귓등으로도 듣지 않는다는 것이, 그렇게 치유하기는커녕 거꾸로 괴로움을 삶을 위한 보약 정도로 경솔하게 취급하면서 삶의 건강을 도거(掉擧)의 번뇌에 빠뜨린다는 것이 문제이다. 삶의 힘 의지에 대한 도거작용 속에서 삶의 본연이 건강에 있다고 과신하는 것은 도리어 치유할 수 없거나 회복할 수 없는 질병의 위험에 삶을 내맡기는 어리석음일 뿐이다. 4성제에서 볼 때, 질병에 대한 바른 진단, 질병의 원인에 대한 바른 분석 및 질병의 근치(根治)를 등한시한 채 건강한 삶을 절대적으로 과신하는 것은 사견에, 도리어 삶의 건강을 파괴함으로써 평화, 평온, 안식을 주지 못하는 삶에 대한 극단적 견해에 지나지 않는다.

하이데거는, 삶의 건강을 확신하는 니체와는 달리, 현존재가 세계-내-존재로서 어떻게 실존하든지 간에 불안으로 괴로워한다는 것을 솔직하게 인정한다. 고성제를 인정한다고 해서 문제될 것이 없다는 말은 아니다. 하이데거의 경우, 문제는 현-존재를 불안의 폐쇄병동에 가둔다는 점이다. 다시 말해 그는 현존재를 치유 불가능한 환자로 취급한다. 다른 이유가 있는 것은 아니다. 역시 그는 니체의 후배답게 실존의 무원인성과 무목적성을 수용하기 때문이다. 실존에 원인과 목적이 없는 이상,

불안의 폐쇄병동에는 입구와 출구가 없다. 현존재의 실존론적 존재론에서 볼 때, 현존재는 출입구가 없는 불안의 폐쇄병동에 갇힌 환자나 다름없다. 병동에 있기는 하지만, 안타깝게도 불안은 치유할 수가 없다. 현존재에게 존재 또는 실존이 바로 불안이기에, 불안에 대한 치유법이 있을 수가 없다. 하이데거로서는 불안에 대한 치료법을 포기하지 않을 수 없다.

하이데거가 볼 때, 오히려 근원성의 방식으로 본래적·전체적으로 실존하기 위해 현존재는 불안의 괴로움을 치유하기는커녕 흠뻑 들이마셔야 한다. "영웅주의는 고통을 견디거나 고통을 **가하는** 힘이다"[57]라는 니체의 말대로, 현존재는 세인의 공공적 세계에서 세인-자기로 실존하면서 일상적 공공성의 위약으로 잠복한 불안의 고통을 견디거나 고유한 자기로서 죽음으로 선구함으로써 자신에게 근원적 불안의 고통을 가한다. 치유 불가능한 불안의 괴로움에 관한 한, 하이데거는 실존의 영웅주의를 선택한 것으로 볼 수 있다. 언뜻 삶의 오점으로 남은 하이데거 자신의 정치적 과오에서 엿볼 수 있는 것처럼, 문제는 영웅주의가 죽음을 건 극단주의나 모험주의로 덧날 수 있다는 점이다. 본래적 가능성에 대한 죽음의 여과작용이 많은 생명과 재산에 위해를 가하는 극단주의자의 반윤리성으로 치달을 수 있으리라고 능히 예상된다. 설령 거기까지 치닫지는 않는다 하더라도, 현존재의 실존에서 윤리가 가능성의 제비뽑기의 한 선택지로 전락하고 만다. 이렇게 죽음이 윤리를 대신한다. 사실, 어떻게 존재할 것인가를 죽음에 맡기고 죽음에 물을 때부터 이미 죽음이, 그것도 비윤리적 가능성이나 반윤리적 가능성을 본래적 실존의 가능성으로 불러들이는 단견의 죽음이 윤리를 대리하는 것으로 보아야 한다. 어떤 경우이든지 간에 끔찍한 일이다. 불안의 질병을 인정하면서도 애초부터

---

57 프리드리히 니체, 『즐거운 학문, 메시나에서의 전원시, 유고(1881년 봄~1882년 여름)』, 니체 전집, 제12권, 621쪽.

치료법이 없다는 이유로 치료를 포기하는 것은 현-존재에 대한 지적 비관주의에 지나지 않는다. 치료는커녕 죽음에 대한 혼침(惛沈)의 작용 속에서 죽음으로 선구하는 가운데 불안의 괴로움을 근원적 실존의 힘으로 이용하라는 하이데거의 처방은 역시 사견에, 결국 실존을 윤리적으로 청정하게 보살피고 보호하지 못함으로써 평화, 평온, 안식을 주지 못하는 실존에 대한 극단적 견해에 지나지 않는다.

니체가 삶에 대한 극단적 견해를 표방한다면, 하이데거는 실존에 대한, 곧 실존의 특출한 가능성으로 실존에 입적된 죽음에 대한 극단적 견해를 나타낸다. 이와 달리 4성제의 삶은 절대화된 삶의 낙(樂)과 절대화된 죽음의 고(苦) 사이의 중도(中道)이다. 삶의 중도는 계정혜 3학을 배우고 닦는 길이다. 무엇보다 범부에게 절실한 공부는 계학에, 곧 삶에 대한 윤리적 보살핌에 있다. 절대화된 삶과 절대화된 죽음 등 양극단 사이의 중도를 걸어갈 때, 범부는 삶을 윤리적으로 청정하게 보살피는 가운데 끝내 삶의 족쇄에서도 해탈하고 죽음의 올가미에서도 해탈할 수 있다. 이렇게 4성제의 청정한 삶은 범부에게 삶과 죽음에서 해탈할 수 있는 진정한 자유를 건네준다. 실로 4성제의 삶에서 범부는 삶의 무거운 짐과 죽음의 음습한 짐으로부터 모두 벗어난 자유인이 될 수 있다. 실망스럽게도 니체의 초인이나 하이데거의 현존재는 그렇지 않다. 니체의 초인이 괴로움을 삶의 강화제로 위장하지 않고서는 삶의 자기상승을 꾸려갈 수 없는 삶의 수인(囚人)이라면, 하이데거의 현존재는 근원적 불안과 같은 실존론적 괴로움을 들이마시지 않고서는 본래적 전체존재의 방식에서 근원적으로 실존할 수 없는 죽음의 수인이다.

생각하면, 현존재의 실존론적 존재론은 딱 두 용어로 압축된다. 앞에서 언뜻 말한 것처럼, 그 둘은 '자기를 앞질러 존재하기'(Sichvorwegsein)와 '죽음'이다. 다시 이 두 용어는 한 용어로 합쳐진다. '죽음을 향해 자기를 앞질러 존재하기'(Sichvorwegsein zum Tode)로 풀이되는 '죽음을 향한 존재'로, 곧 '죽음으로의 선구'로 합쳐진다.『존재와 시간』을 대표하는 표어는 바로 '죽음으로의 선구'이다. '자기를 앞질러 존재하기'는 실존론성으로서 현사실성, 퇴락성과 함께 염려를 구성하지만, 어디까지나 도래(Zukunft)가 시간성의 일차적 탈자태(Ekstase)인 것처럼 그것은 염려의 일차적 구성계기이다. 비본래적으로든지 본래적으로든지 간에, 그때마다 자기를 앞질러 존재하지 않고서는 현존재로서 달리 실존할 수 없다. 무엇보다도 현존재가 불안의 괴로움을 달게 섭취하면서 자기를 앞질러 죽음으로 달려갈 때나 고작 근원적으로 실존할 수 있다.

니체와 하이데거가 인간의 삶과 현존재의 실존을 두고 극단적 견해로 흘러가는 것은 둘 다 도덕적 허무주의의 역사적 공간에 위치한 채 있는 그대로 있는 삶의 진실을, 곧 4성제를 삶의 '어떻게'와 실존의 '어떻게'에서 꿰뚫어보지 못하는 까닭이다. 업과 번뇌의 원인과 열반의 목적을 삭제해버린 다음에 니체는 삶에 대한 형이상학적 증익을 감행하는 반면에, 하이데거는 실존에 대한 존재론적 손감을 감행한다. 어디에서 와서 어디로 가는지는 모르지만, 어쨌든 인간의 삶은 원인과 목적 없이 돌아가는 영원한 자기회귀에서 그때마다 더 많은 힘을 향해 높이 상승하는 힘 의지로 증익된다. 어디에서 와서 어디로 가는지는 모르지만, 어쨌든 현존재의 실존은 원인과 목적 없이 불안의 힘에 힘입어 그때마다 탈윤리적(脫倫理的)으로, 심지어 반윤리적으로나 비윤리적으로 죽음을 향해 달려가는 근원적 실존으로 손감된다. 이렇게 니체와 하이데거는 삶의 거룩한 네 가지 진실을 형이상학적 증익이나 존재론적 손감의 방식으로 일그러뜨린다.

그러나 인간은 목적도 없이 그때마다 위로 상승하지 않는다. 인간은 목적도 없이 그때마다 앞으로 달리지 않는다. 4성제에서 볼 때, 오히려 인간은 번뇌의 소란에서 고요한 적정으로, 괴로움에서 열반으로, 범부에서 성자로, 3계 9지 5취의 타향살이에서 열반의 고향살이로 차근차근 걸어간다. 어떻게 그리로 걸어갈지는 윤리적으로 청정해진 자리이타의 삶이 말한다. 정어, 정업, 정명 등 구체적인 행동의 가이드라인을 사심 없이 성실히 따르는 자리이타의 윤리적 삶은 8정도의 근간이고 계정혜 3학의 출발선이다. 세간의 타향에서 요란하게 살망정, 윤리적 삶을 바탕으로 해서 번뇌가 멸진되도록 선정을 경험하고 끝내 지혜를 성취해 열반의 고향으로 돌아가는 귀향자가 바로 인간이다. 인간의 삶에서 자리이타의 윤리성을 뺀다면 삶은 그야말로 비루해지고 비천해지고 더러워지고 추잡해질 것이다. 실로 윤리성이 없는 삶은 고작 비루한 삶, 비천한 삶일 뿐이다. 아무리 큰 재화나 권력이나 명예나 지위를 일구어낸, 남보란 듯이 성공한 사람의 삶이라도, 자리이타의 윤리성이 없이는 비루하기 그지없는 비천한 삶에 지나지 않는다. 모름지기 삶은 자리이타의 윤리성을 갖출 때야 비로소 청정해지고 평화로워지고 고귀해지고 거룩해진다. 설령 세간에서 가진 것도 없고 배운 것도 없고 차지한 것도 없는 아무개의 삶일지라도, 그렇게 고귀해지고 거룩해질 수 있다. 청정한 윤리적 삶은 열반을 향해 첫걸음을 뗀 거룩한 삶이기 때문이다.

4성제가 말하듯이, 인간의 삶은 타향에서 고향으로 돌아가는 귀향자의 삶답게 타향살이로 내모는 삶의 원인과 고향살이로 안내하는 삶의 목적을 아우른다. 업과 번뇌에서 와서 열반으로 가는 이상, 삶은 오는 곳과 가는 곳을 다 아울러야 마땅하다. 그것은 타향살이나 고향살이가 다 삶의 '어떻게'인 것과 마찬가지이다. 오는 곳과 가는 곳은 삶과 무관한 이물(異物), 삶 바깥에서 임의적으로 삶에 첨가된 종교적 이물이 아니다. 또한 오는 곳에서 가는 곳에 이르는, 그 둘 사이에 난 짧은 길만을 삶으로 보아서는 안 된다. 삶은 오는 곳과 가는 곳을 마저 포괄한다. 물론, 인간이 범부로서 지금의 삶에서 가는 곳에 도착하지 못할 수 있다. 곧 열반에 다다르지 못할 수 있다. 그렇다고 해서 삶이 아무런 보람도 없이 부실하고 허망하게 끝나는 것으로 자책해서는 안 된다. 어차피 삶에는 실체적 자아나 개별화된 주체가 없다. 요컨대, 삶의 실체적 자아나 주체는 없다. 5취온의 작용의 '어떻게'에 붙이는 관습적 낱말이 바로 '나'일 뿐이다. '나'는 5취온의 작용을 좌우하는 실체적 자아나 주체가 아니다. 그저 찰나마다 생멸하는 5취온의 작용이 삶이고, 그 삶이 그때마다 '나'이다. 5취온의 범부로서, 지금의 삶에 다다르기까지 세세생생 걸어왔던 지난 모든 삶과 앞으로 열반에 이를 날까지 세세생생 윤회하면서 걸어갈 모든 삶이 지금 여기에서 아무개라는 이름으로 불리는 '나'의 삶이다. 여러 장과 절로 구성된 글을 책이라고 하듯이, 지난 모든 삶을 포함해 열반에 이르기까지 앞으로 거쳐갈 수많은 삶을 '나'의 삶이라고 해야 한다. 삶은 지금의 현생 하나만으로 끝나지 않는다. 3세에 걸치는 삶은, 뒤로 무수히 뻗어간 것처럼 앞으로도 무수히 뻗어갈지 모른다. 열반에 이르러서야 비로소 무수한 삶은 완결될 것이다. 지금의 '나'의 삶에 이르도록 지나온 무수한 삶을 포함해 앞으로 열반에 이르기까지 살아갈 무수한 삶이 바로 그때 거기에서 아무개라는 이름으로 불릴 거룩한 '나'의 삶이다.

이 글의 끝자락에서야 비로소 여태까지 드러나지 않도록 꼭꼭 숨겨놓은 숭고한 최종 물음에 답변할 수 있게 되었다. 화가 폴 고갱(Paul Gauguin)이 타히티에서 그린 그림 한 점이 등 뒤에 내린 저녁노을처럼 이 글의 배경으로 숨어 있던 숭고한 최종 물음이다. "스스로를 미개인과 동일시했던 고갱은 유럽의 지식인들에게 '일종의 철학적 아틀란티스'로 여겨졌던 신비스러운 땅, 타히티를 향한다. 그곳에서 그는 삶의 경로와 생사의 수수께끼를 다룬 「우리는 어디에서 왔으며 우리는 무엇이며 우리는 어디로 가는가」를 완성한다."[58] 물론 그의 그림은 우리에게 제기하

---

58 홍일립, 『인간본성의 역사』, 에피파니, 2017, 32쪽. 이 책은 1,000쪽이 넘는, 보기 드물게 두툼한 대작이다. 책의 두께와 무게가 중요한 것은 아니다. 이 책은 어린 시절부터 고갱의 물음과 같은 숭고한 물음을 마음에 새기면서 답을 찾아나선 조숙했던 저자의 지적 성찰의 긴 여정에서 나왔다. 이 책은 '우리는 무엇인가?'를 둘러싼 "고대 동서양의 걸출한 사상가, 서양 근대 초기와 계몽기의 독창적인 철학자, 근현대 사회과학의 몇몇 선구자, 그리고 현대의 생물학 및 신경과학의 연구자들의 견해"(같은 책, 12쪽)를, 시원한 이해를 가로막는 군더더기를 빼고 꼭 필요한 것만을 추려 차분하고 구수하게 잘 풀이한 기념비적 작품이다. 책의 말미에서 저자는 겸손한 불가지론(不可知論)을 표방한

는 물음일 뿐이지, "그에 대한 어떠한 답변도 아니다".[59] 그의 그림을 볼 때마다 숨이 막히는 것은 거기에 답이 보이지 않아서는 아니다. 숨이 막히는 것은 그림이 인간에게 숭고하기 이를 데 없는 삶에 관한 삶의 최종 물음이기 때문이다. 숭고하다고 해서 인간으로서는 감히 풀 수 없는 물음으로 오해해서는 안 된다. 이 물음은, 인간적 삶의 근본에 대한 물음이기에 물음을 묻는 인간이 답할 수 있다.

이 물음은 '우주의 최초의 원인은 무엇인가?'와 같은 종류의 물음이 아니다. 이것은 언뜻 물음처럼 보이지만, 물음이 될 수 없는 사이비 물음이다. 그러나 고갱의 그림은 답이 있다는 점에서 사이비 물음이 아니고 진정한 물음이다. 게다가 고갱의 그림은 삶을 살면서 그때마다 직면하곤 하는 자잘한 갖가지 물음을 해소하거나 해결하는 물음이기에 최종 물음이다. 물론, 인간의 '어디에서'와 '어디로'를 논외로 방치하는 니체나 하이데거의 눈에는 이 최종 물음이 한낱 종교적으로 부풀려진 비합리적인 사이비 물음으로 비칠지 모른다. 그러나 그렇지 않다. 답을 제시할 수 없다고 해서 사이비 물음으로 매도해서는 안 된다. 다시 말하지만 불교는

다. "…… 우리가 알고 있지 못한 것들에 대한 대부분의 답은 아마도 자연 속에 있을 것이다. 나는 인간의 사유와 행위의 역사에서 이 이상의 진실을 발견하지 못했다. 나는 자연의 이치에 부합하지 않거나 명백하게 확증될 수 없는 수많은 모든 교설들을 의심한다. 나는 알지 못하는 것들에 대해서는 '모른다'라고 말하는 것이 옳다고 믿는다"(같은 책, 1,055쪽). 저자의 겸손한 불가지론은 인간 본성에 관한 물음을 더는 붙잡고 씨름하지 말라는 지적 비관주의자의 한숨소리가 아니다. "자연으로부터 주어진 소여물인 우리 본성의 핵심이 수수께끼로 남아 있는 한, 인간은 그것을 알아내려는 노력을 멈추지 않을 것이다"(같은 책, 1,054쪽). 고갱의 물음은 자기존재의 실존에 민감한 소수의 몫은 아니다. 그것은 인간인 한에서 모든 인간에게 열린 물음이다. 저자의 겸손한 불가지론은 누구라도 이 물음을 게을리하지 말라는, 자연의 질서를 가이드라인으로 삼아 겸손하게 풀어나가라는 경책이라는 점에서 지적 낙관주의의 서광일 따름이다. 자연적 질서의 가이드라인은 인간 본성을 놓고 사유의 형태로 창작하지 말라고 우리에게 경고한다. 이제는 2,500여 년의 긴 인간 본성의 역사를 이끌어온 사유의 패러다임을 불연속적으로 바꿀 때이다. 자연의 가이드라인이 일차적으로 우리에게 전하는 전언은 이것이다.
59 앞의 책, 33쪽.

삶의 현실에 대한 경험과 경험의 번역을 존중하는 지혜의 종교이지 옷에 몸을 맞추는 초월적 종교가 아니다. 4성제는 삶에 대한 종교적 창작이 아니다. 그것은 있는 그대로 있는 삶의 진실을 있는 그대로 옮겨놓은 삶에 대한 번역이다. 이러한 점에서 4성제를 종교의 울타리에 가두어서는 안 된다. 그렇다고 해서 철학의 진영으로 옮겨놓아야 한다는 말도 아니다. 있는 그대로 있는 삶의 진실을 두고 종교적이라거나 철학적이라거나 과학적이라는 수식어는 필요 없다. 도리어 그것은 진실에 대한 불경이 될 수 있다. 진실은 진실일 뿐이고, 진실은 진실인 것에 만족할 뿐이다.

사실, 고갱의 그림에 대한 답은 이미 제시되었다. 4성제가 바로 그 답이었다. 시원하게 말해 인간은 업과 번뇌에서 와서 열반으로 간다. 집성제와 멸성제가 '어디에서'와 '어디로'에 대한 답이다. '우리가 무엇인가'는 '우리가 어떻게 사는가' 또는 '우리가 어떻게 존재하는가'를 묻는 물음이다. 전통 형이상학에서와는 달리, '무엇'을 묻는 것이 '어떻게'를 묻는 물음이 되는 것은 인간에게 실체적 자아나 실체적 형상이 없기 때문이다. 이것은 앞에서 설명한 것처럼 니체와 하이데거에서뿐만 아니라 불교에서도 마찬가지이다. 우리는 5취온의 작용으로 그때마다 괴로움을 겪지만, 괴로움에서 해탈해 열반으로 나아갈 수 있도록 8정도를 닦아나간다. 괴로움에서 열반에 이르도록, 곧 번뇌의 소란에서 번뇌의 멸진에 이르도록 8정도의 청정한 길을 닦아나가는 그 걸음걸이 또는 그 걸음걸이의 '어떻게'가 바로 '우리가 무엇인가'에 대한 답이다. 한마디로 고성제와 도성제가 '우리가 무엇인가'에 대한 답이다. 인간은 업과 번뇌로 세세생생 3계 9지 5취와 같은 괴로운 타향을 드나들지만, 그럼에도 열반의 고향을 향해 8정도의 길을 윤리적으로 청정하게 걸어가는 귀향자이다. 인간은 타향을 전전할 뿐인 괴로운 나그네가 아니다. 아직 저 멀리 아득한 곳에 보일락말락 고향이 있을지언정, 고성제의 진실로써 화려한 타향살이의 속임수를 부수고 도성제의 진실을 따라 열반의 고향으로 돌아가는 랏타빨라와 같은 귀향자가 '우리가 무엇인가'에 대한 답이다.

노파심에서 하는 말이지만, 니체처럼 귀향자를 타향살이에 지친 수동적 허무주의자로 보아서는 안 된다. 윤회의 수레에 이리저리 끌려다니면서 갖가지 괴로움을 겪다가 넌더리를 내면서 문득 열반의 고향을 떠올린 것으로 보아서는 안 된다. 귀향자는 타향살이의 괴로움을 더는 견디지 못하고 반겨줄 이가 아무도 없는 고향으로 돌아가는 탈진한 자가 아니다. 업유를 조건으로 해서 태어남이 일어나고, 태어남을 조건으로 해서 삶과 죽음이 발생한다. 니체가 생각하듯이, 삶은 힘 의지의 근원적 현사실이 아니다. 하이데거가 생각하듯이, 죽음은 실존의 근원적 현사실이 아니다. 12연기설이 말하는 것처럼, 삶과 죽음은 태어남을 조건으로 해서 발생한 유위법적 현상이다. 삶과 죽음이 유위법적 현상이라면, 누구라도 다 삶과 죽음을 일으키는 원인과 조건을 발본해 삶과 죽음의 굴레에서 해탈할 수 있다. 랏타빨라의 출가를 보면 알 수 있듯이, 귀향자는 삶과 죽음에 쫓기는 도피자가 아니라 업과 번뇌를 발본해 삶과 죽음의 굴레에서 자신을 구출하는 위대한 자유인이다. 삶의 굴레에서 벗어날 수 없다고 해서 삶을 삶의 굴레에 맡기는 사람이 니체라면, 죽음의 굴레에서 벗어날 수 없다고 해서 실존을 죽음의 굴레에 맡기는 사람은 하이데거이다. 니체의 초인은 아무리 힘 의지의 영원한 자기회귀에서 위로 올라간다 하더라도 귀향자의 발걸음에는 미칠 수 없다. 하이데거의 현존재 역시 아무리 죽음을 향해 앞으로 달려간다 하더라도 귀향자의 발걸음에는 미칠 수 없다. 귀향자만큼 가볍고 경쾌한 발걸음은 없다. 삶과 죽음조차도 그의 발걸음을 무겁게 압박할 수 없기 때문이다.

참고문헌

1. 하이데거와 니체 관련 문헌

Heidegger, Martin, *Sein und Zeit*, Tübingen: Max Niemeyer Verlag, 1972.

_____, *Der Begriff der Zeit*, Tübingen: Max Niemeyer Verlag, 1995.

_____, *Wegmarken*, GA Bd. 9, Frankfurt a. M.: Vittorio Klostermann, 1976.

_____, *Prolegomena zur Geschichte des Zeitbegriffs*, GA Bd. 20, Frankfurt a. M.: Vittorio Klostermann, 1979.

_____, *Die Grundprobleme der Phänomenologie*, GA Bd. 24, Frankfurt a. M.: Vittorio Klostermann, 1975.

_____, *Metaphysische Anfangsgründe der Logik im Ausgang von Leibniz*, GA Bd. 26, Frankfurt a. M.: Vittorio Klostermann, 1978.

_____, *Einführung in die Metaphysik*, GA Bd. 40, Frankfurt a. M.: Vittorio Klostermann, 1983.

하이데거, 마르틴, 소광희 옮김, 『존재와 시간』, 경문사, 1995.

_____, 권순홍 옮김, 『사유란 무엇인가』, 도서출판 길, 2005.

_____, 박찬국 옮김, 『니체 I』, 도서출판 길, 2010.

_____, 김재철 옮김, 『시간 개념』, 하이데거 전집, 제64권, 도서출판 길, 2013.

Nietzsche, Friedrich W., *Menschliches, Allzumenschliches II*, KGW IV-3, Berlin: Walter de Gruyter & Co, 1967.

_____, *Nachgelassene Fragmente Herbst 1884–Herbst 1885*, KGW VII-3, Berlin: Walter de Gruyter & Co, 1974.

_____, *Nachgelassene Fragmente Herbst 1887 bis März 1888*, KGW VIII-2, Berlin: Walter de Gruyter & Co, 1970.

니체, 프리드리히, 김미기 옮김, 『인간적인 너무나 인간적인 I』, 니체 전집, 제7권, 책세상, 2001.

_____, 박찬국 옮김, 『아침놀』, 니체 전집, 제10권, 책세상, 2004.

_____, 안성찬·홍사현 옮김, 『즐거운 학문, 메시나에서의 전원시, 유고(1881년 봄~1882년 여름)』, 니체 전집, 제12권, 책세상, 2005.

_____, 정동호 옮김, 『차라투스트라는 이렇게 말했다』, 니체 전집, 제13권, 책세상, 2000.

_____, 김정현 옮김, 『도덕의 계보』, 니체 전집, 제14권, 책세상, 2002.

_____, 백승영 옮김, 『이 사람을 보라』, 니체 전집, 제15권, 책세상, 2002.

_____, 백승영 옮김, 『안티크리스트』, 니체 전집, 제15권, 책세상, 2002.

_____, 박찬국 옮김, 『유고(1882년 7월~1883/84년 겨울)』, 니체 전집, 제16권, 책세상, 2001.

_____, 김정현 옮김, 『유고(1884년 가을~1885년 가을)』, 니체 전집, 제18권, 책세상, 2004.

_____, 이진우 옮김, 『유고(1885년 가을~1887년 가을)』, 니체 전집, 제19권, 책세상, 2005.

_____, 백승영 옮김, 『유고(1887년 가을~1888년 3월)』, 니체 전집, 제20권, 책세상, 2005.

_____, 백승영 옮김, 『유고(1888년 초~1889년 1월 초)』, 니체 전집, 제21권, 책세상, 2004.

권순홍, 『존재와 탈근거, 하이데거의 빛의 형이상학』, 울산대학교출판부, 2000.

_____, 『유식불교의 거울로 본 하이데거』, 도서출판 길, 2008.

김동규, 「하이데거 철학의 멜랑콜리」, 『하이데거연구』, 제19집, 한국하이데거학회, 2009.

_____, 「만해의 '기룸'과 하이데거의 '멜랑콜리': 비근대와 탈근대, 동과 서, 그리고 시와 철학의 만남」, 『존재론연구』, 제23집, 한국하이데거학회, 2010.

_____, 『철학의 모비딕: 예술, 존재, 하이데거』, 문학동네, 2013.

문동규, 「일상에서 이상으로: '이상적인 삶을 위한 이정표'」, 『철학논총』, 제60집, 새한철학회, 2010.

박찬국, 『하이데거와 윤리학』, 철학과현실사, 2002.

_____, 『원효와 하이데거의 비교 연구』, 서강대학교출판부, 2010.

_____, 『하이데거의 『존재와 시간』 읽기』, 세창미디어, 2013.

백승영, 『니체, 디오니소스적 긍정의 철학』, 책세상, 2005.

_____, 『니체, 건강한 삶을 위한 긍정의 철학을 기획하다』, 한길사, 2011.

정기철, 「하이데거가 말한 죽음에 대한 비판적 고찰」, 『범한철학』, 제47집, 범한철학회, 2007.

정동호, 「니체 철학의 자연과학적 토대」, 『니체연구』, 제15집, 한국니체학회, 2009.

하피터, 「하이데거 철학에 있어서 '내버려둠'으로서의 결단성 개념」, 『하이데거연구』, 제13집, 한국하이데거학회, 2006.

홍사현, 「니체는 왜 다윈을 비판했는가? 니체와 다윈의 진화론적 사유 비교를 위한 예비연구」, 『니체연구』, 제23집, 한국니체학회, 2013.

래톨, 마크 A., 권순홍 옮김, 『How to Read 하이데거』, 웅진지식하우스, 2008.

오트, 하인리히, 김광식 옮김, 『사유와 존재, 마르틴 하이데거의 길과 신학의 길』, 연세대학교출판부, 1985.

콩스탕티니데스, 야니스, 강희경 옮김, 『유럽의 붓다, 니체』, 열린책들, 2012.

Blattner, William D., "The Concept of Death in *Being and Time*", *Heidegger Reexamined. Dasein, Authenticity, and Death*, ed. H. Dreyfus, M. A. Wrathall, New York: Routledge, 2002.

Boedeker, Edgar C., "Individual and Community in Early Heidegger: Situating *das Man*, the *Man*-self, and Self-ownership in Dasein's Ontological Structure",

Heidegger Reexamined. Dasein, Authenticity, and Death, ed. H. Dreyfus, M. A.
   Wrathall, New York: Routledge, 2002.

Inwood, Michael, A Heidegger Dictionary, Oxford: Blackwell Publishers, 1999.

Morrison, Robert G., Nietzsche and Buddhism. A Study in Nihilism and Ironic
   Affinities, Oxford: Oxford University Press, 1997.

Olafson, Frederick A., Heidegger and the Ground of Ethics. A Study of Mitsein,
   Cambridge: Cambridge University Press, 1998.

Zimmermann, Franz, Einführung in die Existenzphilosophie, Darmstadt, 1977.

2. 불교 관련 문헌

『디가 니까야』, 제1권, 제2권, 제3권, 각묵 스님 옮김, 초기불전연구원, 2006.

『맛지마 니까야』, 제1권, 제2권, 제3권, 제4권, 제5권, 전재성 역주, 한국빠알리성전
   협회, 2002~03.

『쌍윳따 니까야』, 제2권, 제3권, 제4권, 제5권, 제6권, 제7권, 제8권, 제11권, 전
   재성 역주, 한국빠알리성전협회, 1999~2002.

『앙굿따라 니까야』, 제1권, 제2권, 제3권, 제4권, 제5권, 제6권, 대림 스님 옮김, 초
   기불전연구원, 2006~07.

『법구경-담마파다』, 전재성 역주, 한국빠알리성전협회, 2008.

『우다나-감흥어린 시구』, 전재성 역주, 한국빠알리성전협회, 2009.

『이띠붓따까-여시어경』, 전재성 역주, 한국빠알리성전협회, 2012.

『잡아함경』, 『대정신수대장경』, 제2권.

The Connected Discourses of the Buddha: A New Translation of the Saṃyutta Nikāya,
   tr. Bhikkhu Bodhi, Boston: Wisdom Publications, 2000.

The Long Discourses of the Buddha: A Translation of the Dīgha Nikāya, tr. Maurice
   Walsche, Boston: Wisdom Publications, 2012.

The Middle Length Discourses of the Buddha: A Translation of the Majjhima Nikāya, tr.
   Bhikkhu Ñāṇamoli and Bhikkhu Bodhi, Boston: Wisdom Publications, 2009.

The Numerical Discourses of the Buddha: A Translation of the Aṅguttara Nikāya, tr.

Bhikkhu Bodhi, Boston: Wisdom Publications, 2012.

각묵 스님, 『초기불교의 이해』, 초기불전연구원, 2011.

권오민, 『아비달마불교』, 민족사, 2003.

_____, 『인도철학과 불교』, 민족사, 2004.

김동화, 『구사학 -소승불교의 유철학사상』, 동국대학교석림회, 1982.

달라이 라마 · 툽텐 최된, 주민황 옮김, 『달라이 라마의 불교강의』, 불광출판사, 2015.

대림 스님 · 각묵 스님 옮김, 『아비담마 길라잡이』, 상권, 하권, 초기불전연구원, 2002.

레디 사야도 · 마하시 사야도, 정명 편역, 『초기불교, 열반이란 무엇인가?』, 푸른향기, 2018.

보광, 박인성 · 김영석 옮김, 『구사론기 계품』, 주민출판사, 2008.

_____, 『구사론기』, 『대정신수대장경』, 제41권.

붓다고사, 『청정도론』, 제1권, 제2권, 제3권, 대림 스님 옮김, 초기불전연구원, 2004.

색건타라, 『입아비달마론』, 『대정신수대장경』, 제28권.

세친, 박인성 옮김, 『아비달마구사론 계품』, 주민출판사, 2006.

_____, 『아비달마구사론』, 『대정신수대장경』, 제29권.

월폴라 라훌라, 전재성 옮김, 『붓다의 가르침과 팔정도』, 한국빠알리성전협회, 2002.

이중표, 『근본불교』, 민족사, 2003.

전재성, 『초기불교의 연기사상』, 한국빠알리성전협회, 1999.

정승석, 『번뇌 업 고통』, 민족사, 2004.

3. 그 밖의 문헌

김상봉, 『호모 에티쿠스, 윤리적 인간의 탄생』, 한길사, 1999.

김상욱, 『김상욱의 양자공부』, 사이언스북스, 2017.

루카치, 게오르그, 권순홍 옮김, 『사회적 존재의 존재론 1』, 아카넷, 2016.

미야자키 이치사다(宮崎市定) 해석, 박영철 옮김, 『논어』, 도서출판 이산, 2001.

민성길 외, 『최신정신의학』, 일조각, 1996.

박문호,『박문호 박사의 뇌과학 공부』, 김영사, 2017.

배것, 짐, 박병철 옮김,『퀀텀 스토리』, 반니, 2014.

에피쿠로스,『쾌락』, 오유석 옮김, 문학과지성사, 2019.

이우주 엮음,『표준 의학사전』, 아카데미서적, 1993.

최무영,『최무영 교수의 물리학 강의』, 책갈피, 2009.

호킹, 스티븐, 김동광 옮김,『그림으로 보는 시간의 역사』, 까치, 2002.

홍일립,『인간본성의 역사』, 에피파니, 2017.